中国社会科学院 学者文选

陆志韦集

中国社会科学院科研局组织编选

中国社会科学出版社

图书在版编目(CIP)数据

陆志韦集／中国社会科学院科研局组织编选. —北京：中国社会
科学出版社，2003.4（2018.8 重印）
（中国社会科学院学者文选）
ISBN 978 - 7 - 5004 - 3753 - 6

Ⅰ.①陆…　Ⅱ.①中…　Ⅲ.①陆志韦—文集②汉语—音韵学
—文集　Ⅳ.①H11-53

中国版本图书馆 CIP 数据核字(2003)第 015483 号

出 版 人　赵剑英
责任编辑　周兴泉
责任校对　郭　边
责任印制　李寡寡

出　　版　中国社会科学出版社
社　　址　北京鼓楼西大街甲 158 号
邮　　编　100720
网　　址　http：//www.csspw.cn
发 行 部　010 - 84083685
门 市 部　010 - 84029450
经　　销　新华书店及其他书店

印刷装订　北京市十月印刷有限公司
版　　次　2003 年 4 月第 1 版
印　　次　2018 年 8 月第 2 次印刷

开　　本　880×1230　1/32
印　　张　15.5
字　　数　384 千字
定　　价　89.00 元

出 版 说 明

一、《中国社会科学院学者文选》是根据李铁映院长的倡议和院务会议的决定，由科研局组织编选的大型学术性丛书。它的出版，旨在积累本院学者的重要学术成果，展示他们具有代表性的学术成就。

二、《文选》的作者都是中国社会科学院具有正高级专业技术职称的资深专家、学者。他们在长期的学术生涯中，对于人文社会科学的发展作出了贡献。

三、《文选》中所收学术论文，以作者在社科院工作期间的作品为主，同时也兼顾了作者在院外工作期间的代表作；对少数在建国前成名的学者，文章选收的时间范围更宽。

中国社会科学院

科研局

1999 年 11 月 14 日

目　　录

证《广韵》五十一声类…………………………………………………（1）

三四等与所谓"喻化"………………………………………………（56）

《说文》《广韵》中间声类转变的大势 ……………………………（87）

试拟《切韵》声母之音值

　　——并论唐代长安语之声母………………………………（133）

《说文解字》读若音订………………………………………………（149）

释《中原音韵》………………………………………………………（281）

古反切是怎样构造的…………………………………………………（315）

对于单音词的一种错误见解………………………………………（394）

汉语的并立四字格……………………………………………………（399）

从"谓语结构"的主语谈起…………………………………………（454）

作者语言学论著目录

　　附作者心理学著译目录…………………………………………（471）

作者生平年表………………………………………………………（475）

编　者　的　话

　　陆志韦先生是我国著名的语言学家、心理学家、教育家和诗人。1894 年生于浙江省湖州府乌程县（今吴兴县）南浔镇。1913年毕业于东吴大学，1916 年赴美国留学，专攻心理学。1920 年获得芝加哥大学哲学博士学位。同年回国，历任南京高等师范学校教授、东南大学、燕京大学心理学系教授、系主任、燕京大学代理校长、校务委员会主席、校长等职。40 岁以前一直从事心理学的教学和研究工作，是我国现代心理学的开创者之一。30 年代中期，时局动荡，燕京大学经费短缺，无法再创造条件进行心理学的实验研究工作。由于心理学跟语言学的关系比较密切，他早已"由生理心理以知语言学之大要"①，于是就转而进行语言学方面的研究。此时他已就任燕京大学代理校长，终日校务缠身，但从来没有放松过语言学的研究工作。1952 年调入语言研究所以后，就更全身心地投入语言学的研究之中，直至 1966 年动乱开始，才被迫停止。

　　《陆志韦集》是《中国社会科学院学者文选》中的一种。入选的论文当然就只能是语言学方面的。心理学方面的就只能割爱了。

----

　　①　陆志韦：《古音说略·序》，《燕京学报》专号之 20，1947 年。

　　在 30 年左右的时间里,陆先生利用现代语言学的理论和方法,撰写了一系列论著,在语言学领域里取得了非常卓越的成就,而在汉语音韵学和语法学两方面尤为突出。

　　汉语音韵学是陆先生论著最多,贡献最大的领域。他所研究的语音史跨度很大,从上古到近代三千多年的音变大势他差不多都进行了深入的研究。他先从中古音入手,以便为上古音和近代音的研究打下必不可少的基础。1939 至 1940 年间,他连续发表了《证〈广韵〉五十一声类》、《三四等和所谓"喻化"》、《唐五代韵书跋》、《试拟〈切韵〉声母之音值并论唐代长安语之声母》等重要论文,并出版了用英文写的专著《The Voiced Initials of Chinese Language》。这些论著在批评高本汉的同时,考订并构拟了自己的中古音系统。然后进而面向上古,研究先秦押韵、谐声系统和《说文》读若等,发表了《〈说文〉〈广韵〉中间声母转变的大势》、《〈说文解字〉读若音订》等论文,并出版了《古音说略》一书。在先前已建立的中古音系的基础上,建立了自己的上古音系统。同时又以《说文》读若及汉代部分作家的押韵为依据,考订并构拟了汉代的语音系统,从而使自己成为从声、韵、调三方面对汉代语音系统进行研究的开创者。最后他再从中古往下,对近代音韵进行了规模性研究。不仅研究了近代语音的代表音系,即《中原音韵》音系,还研究了《中原音韵》前后记载官话的许多重要的韵书和韵图。连续发表了《释〈中原音韵〉》、《记邵雍〈皇极经世〉的"天声地音"》、《记兰茂〈韵略易通〉》、《记徐孝〈重订司马温公等韵图经〉》、《记毕拱宸〈韵略汇通〉》、《金尼阁〈西儒耳目资〉所记的音》、《记〈五方元音〉》、《记〈三教经书文字根本〉》、《国语入声演变小注》等论文。不仅构拟了《中原音韵》音系,而且也构拟了这些韵书和韵图的音系。并且相互比较,指出很多音位之间的发展线索,从而揭示了从北宋到清初六百年间官话语音发展的概貌。至此陆先生就完成了他对三千多年汉语语音史的几个主要发展阶段的全部研究工作。

比起罗常培、王力、李方桂诸先生来,陆先生研究音韵起步也许略晚一些。但他一经起步之后,便全速前进,不断地向纵深发展,最后却走在了前面,成为在高本汉的系统之外,用新的观点建立起自己新的中古和上古音系的第一个中国学者,同时也成为对三千年语音发展史的三个重要发展阶段进行全面研究的第一人。

陆先生在他的语音史系统里提出了一系列创见。如中古和上古全浊声母不送气;《切韵》没有 j 化声母;《切韵》庄组声母当作舌尖面混合音;四等没有 i 介音,三等有 i 和 I 两个介音;重纽的区别在于介音,三等为 I,四等为 i;端组与章组上古均为 t 等,端组后面有介音 I,章组后面有介音 i;明母与晓母相通的字上古声母作 Φ;上古不仅阳声和入声有辅音韵尾,阴声也全有辅音韵尾;上古有五个声调,去声分为两个,一长一短,短去与入声相通;《中原音韵》音系不是现代北京话的祖语,它的微母并不是 V,而是带有唇齿成分的半元音,可以写作 W,它的入声还未消失,且有阴阳之别;等等。这些新见解在国内外音韵学界产生了深远的影响。

陆先生很注意研究方法,他是引进西方语言学的理论和方法,推动中国传统音韵学研究走上现代化道路的少数几个语言学家之一。他还创制了概率统计法。在研究《广韵》声类和谐声、《诗》韵等问题时,用的都是这种统计法。这提高了他立论的可信度,对音韵学研究的科学化和精密化,起到了很大的推动作用。他所设计的统计公式经常为人们所沿用。

在语法方面,陆先生侧重于现代汉语词法的研究。他先从单音词入手。30 年代中期起就开始了收集和研究北京话单音词词汇的工作。研究的成果《北京话单音词词汇》一书虽然延至 1951年才问世,但他 1938 年发表的《国语单音词词汇导言》一文就是这部书中《说明书》的初版,估计这部书的写成大概就在 1938 年前后。此书是研究汉语单音词的首创之作,它有三方面的贡献。一是着力于解决单音词的离析和认定工作。创造了"同形替代法",用来分离和认定句子中的单音词。二是对词进行了语法上的分类。三是把离析出来的单音词逐一加以例证,编成字汇。实际上就是一部北京话单音词例解词典。

"同形替代法"虽然受到美国结构派重要人物哈里斯的称引和赞同[1],但后来陆先生发现它有缺点,在《对于单音词的一种错误认识》一文中就直言不讳地指出:"同形替代法"用来离析虚词很合适,用来离析实词则离析出来的往往是词素。陆先生这种一味求真的态度,体现了一个科学家的本色。

1955 年陆先生撰写了一篇长文《汉语的并立四字格》,对并立四字格哪些是词,哪些不是词,以及它们的结构、用法、来源等作了深入的分析和研究。并立四字格的词是汉语构成字数最多的词,是汉语构词法的重要特色之一。陆先生的开创性研究,为人们了解和掌握汉语的这一特色作出了重要贡献。

为了解决拼音文字的联写问题,从 1953 年冬季起,陆先生领导了一个研究小组,开始进行汉语构词法的研究。1957 年研究报告写成出版,名为《汉语的构词法》。此书共 20 章,除了《动宾格》和《动补格》二章外,都是陆先生起草的。这部书首先要解决的也是如何在句子或结构里辨认出词的问题。在比较了各种分析方法之后,陆先生采用了"扩展法",认为它可以避免其他方法,也包括"同形替代法"的一些缺点。方法上的改进,提高了结论的可信度。这部书是专门研究汉语构词法的第一部著作,利用的材料涵盖面之广,分析的细致和深入都是前所未有的。对语法研究、文字改革

---

[1]　Zellig sabbettai Harris, *Methods in Structural Linguistics*,芝加哥大学,1951 年出版,第 179 页。

和词典编辑等都具有重要参考价值。

陆志韦先生是中国现代音韵学的开拓者之一，也是现代汉语构词学的奠基人。

由于篇幅的限制，陆先生这部文集入选的论文不可能照顾到他所涉及的语言学的各个方面。既然如上所述音韵学和语法学是他取得重大成就的领域，我们就把论文挑选的范围限制在这两个领域之内。专著也不入选。全书共选论文10篇，其中音韵学的7篇，语法学的3篇，共约30万字。陆先生有关近代语音的一组论文，共9篇，他原想汇集为《古代官话音史》一书，惜未能成编。1988年中国社会科学院语言研究所近代汉语研究室把它们汇编成册，改名为《陆志韦近代汉语音韵论集》，由商务印书馆出版，才了却了陆先生的夙愿。这组论文内容多互相关联，本应全部入选，也因篇幅之限，只选了其中最重要的一篇，即《释〈中原音韵〉》，仅供一脔之尝而已。

入选的论文都以最初发表的版本为依据，逐一加以校核。明显的错误，即径直改正，个别有疑问的，加编者注说明。早年论文涉及或征引高本汉学说时，往往即沿用高氏所用音标，为了一致，也为了方便读者，今均改为国际音标。

文集在编辑和印刷过程中，中国社会科学院语言研究所古汉语研究室副研究员张洁同志帮助收集、复印资料、校对印稿等，花了不少工夫，特致谢意。

2000年2月5日龙年岁旦
邵荣芬于北京昌运宫寓所

证《广韵》五十一声类[*]

兹篇所述，限于《广韵》声类之数目，及其分组对立之势。非不得已，不言音理。所用切上字概以《泽存堂》本与《古逸丛书》本为据。篇末附（一）"陈澧《广韵》韵类考校补"一节，及（二）"《广韵》切上字统计表"，可参考焉。

一　评陈澧之系联法并及其他

陈澧《切韵考》以切语上字同用，互用，递用之例，归纳《广韵》声类为51类。又以"又切"之系联合并为40类。今世凡猎涉唐宋音韵者夫人而知之矣。五十一类之说，非谓唐代声母实有51之数也。今本《广韵》切上字之互相系联者实分为51组耳。此则不可增，不可减，事实如是。高本汉不知中土有《切韵考》，乃选《广韵》常用字3100余，亦用陈氏之法，系联之而得

* 助作统计者凌君大瑆，马君永霖。本文付印后，得见周祖谟《广韵校勘记》（1938 商务），据改数字。与拙见不合处，各行其是。

声类 47，此则匪予所思矣。^① 系联之法，病在唐五代之治韵学者用字如或偶尔疏忽，则切上字之本不系联者或因而系联焉。其本常系联者或因而不系联焉。此则方法之弊。陈氏之所求者，会计当而言矣。故其工作上略可讥议之处，似只在"於"类之应分应合。《广韵》"於"字"哀都切"，又"央居切"，而陈氏似未及深察也。^②

陈氏之错失乃在据又切而合并声类。书中凡两声类以又切系联者，陈氏辄举一例，余不辞费。此法近人颇有讥之者^③，盖以其取舍之间不无轩轾。五十一类可合并为 40 类固也，然此 40 类者未尝不可更以又切系联之。寝假而为 30，为 20 余，而唐音之系统乱矣。国人治学之法，于此等处举一反三，不求详尽。陈氏之掛一漏十，固不甚当，而尚论者亦复东鳞西爪，举例相牴，未足以见《广韵》又切之关乎声类者究属何种情形。间尝以他种研究整理《广韵》又切，兹择其有关本题者综述之如下：

（一）问陈氏所合并之 11 类，每类各得又切之例证若干则。

答曰，视下表可知也。（表中各类之次第，依陈表发现之先后。）

---

① Bernhard Karlgren, *Etudes sur la phonologie chinoise*, 1915. "Pour un grand nombre de caractères（plus de 3100），des fan-ts'ie mêmes, j'ai établi, par les renvois réciproques coutinuels, les séries synonymes de ts'ie—travail qui a demandé beaucoup de temps et qui a été souvent bien difficile……J'ai obtenu 47 séries synonymes désignaut des initiales." p. 93. 106 页"疑"母二类，《广韵》相系联，高氏若不知也者。（"疑"母实当为二类，然不因其不相系联之故，说详下。）122 页"来"母第一类，"卢"与"郎"不系联。124 页"端"母，"都"与"多"不系联，128 页"清"母，"仓"与"此"不系联。129 页"从"母，"疾"与"昨"不系联。134 页"敷"母第一类，"普"与"匹"不系联。然则高氏之误，不在所选之字过少，致未曾发现"郎多此疾匹"五类也。亦即其所用之方法不仅 les reuvois réciproques 而高氏未尝告人也。

② 同上书，页49。

③ 例如王力《中国音韵学》（1936，商务）页188。又其注三，页196。

	字	韵目	页	又切上字	韵目	页	切上字
"多"通"都"	冻	东	上平8上	都	送	去2下	多
	冻	东	上平8上	都	送	去2下	多
	阇	麻	下平19下	德	模	上平39下	当
	稬	果	上37上	丁	寒	上平58下	多
	湩	用	去4上	都	送	去2下	多
	舭	翰	去32上	丁	旱	上26上	多
	钉	径	去47下	得	青	下平32下	当
"居"通"古"	狅	养	上40下	居	梗	上43上	古
	攱	寘	去4下	居	纸	上5下	过
	溪	齐	上平42下	古	旨	上9上	居
"苦"通"去"	椌	东	上平10上	丘	江	上平16下	苦
	圹	荡	上42上	苦	荡	上42上	丘
	㚼	玱	上51下	弃	帖	入48上	苦
	横	至	去7上	口	至	去7下	丘
	掔	屑	入24下	口	狝	上30上	去
"於"通"乌"	癕	之	上平27下	乙	卦	去23上	乌
	污	模	上平39上	一	暮	去16上	乌
	讻	齐	上平41上	於	荠	上19下	乌
	翳	齐	上平41上	乌	霁	去18上	於
	毐	咍	上平46上	乌	海	上21上	於
	媧	麻	下平18下	於	果	上37上	乌
	嫈	耕	下平29下	乙	净	去46下	鷪
	颙	侯	下平26下	乙	侯	下平42上	乌
	暗	侵	下平45下	於	覃	下平46下	乌
	醅	侵	下平45下	於	覃(籭)	下平22下	乌
	媕	谈	下平48上	一	覃	下平46下	乌
	猗	纸	上6上	於	蟹	上20上	乌
	吙	耿	上20上	於	咍	上平26上	乌
	宴	铣	上28下	乌	霰	去35下	於
	嬿	铣	上28下	乌	霰	去35下	於
	褔	厚	上48上	於	侯	下平42上	乌
	灡	寝	上49上	於	感	上49下	乌
	瞌	至	去7下	一	末	入20下	乌
	餲	祭	去20下	於	曷	入19上	乌
	蔼	泰	去21下	於	曷	入19上	乌
	愠	恩	去31上	於	恨	去31下	乌

（续）

字	韵目	页	又切上字	韵目	页	切上字
晏	翰	去32上	於	谏	去34上	乌
阅	月	入17上	於	曷	入19上	乌
阅	月	入17上	於	先	下平2下	乌
欨	没	入18上	一	黠	入21下	乌
阅	曷	入19上	於	先	下平2下	乌
覆	麦	入34上	乌	陌	入34上	一
鞭	业	入50下	於	合	入45下	乌
"七"通"此" 赵	钟	上平15上	此	钟	上平15下	七
鉴	支	上平19下	千	支	上平21上	此
缲	线	去37上	七	仙	下平6上	此
"呼"通"许" 魻	支	上平18下	火	元	上平54下	况
歔	宵	下平9上	火	肴	下平12上	许
颣	宵	下平11上	火	萧	下平8下	许
焱	宵	下平11上	火	萧	下平8下	许
繁	覃	下平47上	呼	添	下平50上	许
繁	添	下平50上	呼	添	下平50上	许
瞒	旨	上9下	火	至	去9上	香
欦	麇	上15下	火	虞	上平33下	况
暖	缓	上27上	火	阮	上25上	况
洫	至	去9下	火	职	入41下	况
潝	铎	入32上	许	陌	入33下	虎
獡	乏	入50下	呼	曷	入19上	许
皛	养	上40下	火	漾	去44上	许
"普"通"匹" 颇	戈	下平17上	匹	果	上38上	普
蚆	麻	下平19上	匹	麻	上19上	普
頩	青	下平33上	普	迥	上44下	匹
佣	蒸	下平36上	匹	等	上45上	普
沛	泰	去22上	匹	泰	去22上	普
抛	效	去39下	普	肴	下平12上	匹
"武"通"莫" 梦	东	上平9下	武	送	去3上	莫
艨	东	上平11上	武	送	去3上	莫
脢	灰	上平44下	亡	队	去25下	莫
猫	宵	下平10下	武	肴	下平12上	莫
"武"通"莫" 蕄	耕	下平29下	莫	登	下平36上	武
瞑	青	下平34上	亡	先	下平3上	莫

（续）

	字	韵目	页	又切上字	韵目	页	切上字
	鸭	肿	上 4 上	莫	讲	上 4 下	武
	娩	阮	上 25 上	忙	狝	入 32 上	亡
	㳷	混	上 26 上	亡	恩	去 31 上	莫
	眄	铣	上 29 上	亡	霰	去 35 下	莫
	藐	小	上 33 下	亡	觉	入 10 上	莫
	荡	晧	上 36 上	亡	屋	入 3 下	莫
	梦	送	去 3 上	亡	东	上平 9 下	莫
	㳷	恩	去 31 上	亡	混	上 26 上	模
	秣	末	入 20 上	亡	屑	入 25 上	莫
	沫	末	入 20 上	武	泰	去 23 上	莫
	秣	屑	入 25 上	亡	末	入 20 上	莫
"卢"通"郎"	丽	支	上平 19 下	卢	霁	去 18 下	郎
	冷	回	上 44 下	卢	梗	上 43 上	鲁
"力"通"卢"	笼	钟	上平 13 下	力	东	上平 11 下	卢
	瓐	支	上平 19 上	力	茅	上 18 下	卢
	逨	咍	上平 46 下	力	代	去 26 下	洛
	徕	咍	上平 46 下	力	代	去 26 下	洛
	抡	谆	上平 50 上	力	魂	上平 56 下	卢
	阑	寒	上平 58 上	力	旱	上 26 下	落
	嘹	萧	下平 8 上	力	晧	上 35 上	卢
	熮	萧	下平 8 下	力	戈	下平 17 上	落
	膠	豪	下平 13 上	力	萧	下平 8 上	落
	唻	海	上 21 下	力	皆	上平 44 上	赖
	撩	篠	上 32 下	力	萧	下平 8 上	落
	㔻	果	上 37 下	力	缓	上 27 上	卢
	搂	厚	上 48 上	力	侯	下平 42 上	落
	喽	厚	上 48 上	力	侯	下平 42 上	落
	㭠	祭	去 20 下	力	曷	入 19 上	卢
	㭠	泰	去 23 上	力	曷	入 19 上	卢
	㗚	宥	去 49 下	力	萧	下平 8 下	落
	㳰	沃	入 8 上	力	铎	入 30 上	卢
"力"通"郎"	虏	模	上平 38 下	力	姥	上 19 上	郎
	鳞	真	上平 48 上	力	青	下平 33 下	郎
	岭	真	上平 48 上	力	青	下平 33 下	郎
	轮	谆	上平 50 上	力	霁	去 18 下	郎

（续）

	字	韵目	页	又切上字	韵目	页	切上字
	零	先	下平 2 下	力	青	下平 33 下	郎
	嘹	萧	下平 8 上	力	豪	下平 12	鲁
	料	萧	下平 8 上	郎	啸	去 37	力
	嫪	豪	下平 13 上	力	号	去 40	郎
	㨢	青	下平 33 下	力	径	去 47 下	郎
	欚	荠	上 18 下	力	霁	去 18 下	郎
	涝	晧	上 35 上	力	号	去 40	郎
	冷	梗	上 43 上	鲁	迥	上 49 下	力
	癃	寘	去 4 下	力	霁	去 18 下	郎
"力" 通 "郎"	珕	寘	去 4 下	力	霁	去 18 下	郎
	癞	泰	去 22 下	力	过	去 42 上	鲁
	甋	宥	去 49 下	力	灰(甋)	上平 45 上	鲁
	戾	屑	入 25 下	力	霁	去 18 下	郎
"昨" 通 "疾"	齌	脂	上平 23 上	疾	齐	上平 39 下	徂
	请	清	下平 30 下	在	劲	去 47 上	疾
	饯	獮	上 29 下	疾	线	去 37 上	才
	从	用	去 4 上	才	钟	上平 16 下	疾
	掅	寘	去 5 上	前	寘	去 5 下	疾
	眥	霁	去 17 上	才	寘	去 5 下	疾

上表可见陈氏所合并之 11 类无一孤证。其通转次数之多少不足以证明其合并之是否得当。盖切上字发现之次数各类多寡不等。例如"此"类正切全书只发现 5 次，而与"七"类以又切通者三次，是证据之甚确当者也。反之，"於"类与"乌"类系联凡 28 次，为数非不多也，然"於"者"哀"与"央"之合，"哀"与"乌"本同类字也。

（二）问 11 类除外，其他各类尚有可以又切系联者否。

事关乎《广韵》版本者甚大。若尽信《泽存堂》本与《古逸》本云云，唐代声类数不满十，揆之晚唐字母之说，以及宋明以来音读，此数距事实太远。下表所录乃版本上决无疑问者。除《切韵考》所已校改者外，尚有宋元本《广韵》及唐五代残韵可证。且所举又切与正切差异之处，所用之字类皆与唐五代若本相同。其详不及备载。表上名辞从宋，以便参照。

甲、类隔之属①	字	韵	页	又切	韵	页	正切
"端"通"知"	传	仙	下平 7 上	丁	线	去 37 上	知
	传	线	去 37 上	丁	线	去 37 上	知
	长	阳	下平 22 上	丁	养	上 41 上	知
	褚	语	上 13 上	张	语	上 13 上	丁
	缀	祭	去 19 下	丁	薛	入 27 上	陟
	喝	候	去 50 下	丁	宥	去 49 上	陟
	莿	觉	入 10 上	陟	号	去 40 上	都
"定"通"澄"	涂	鱼	上平 31 下	直	模	上平 37 下	同
	篆	霁	去 18 下	杖	模	上平 38 上	同
	掉	觉	入 11 上	杖	啸	去 38 上	徒
"泥"通"娘"	獳	虞	上平 34 上	女	侯	下平 42 上	奴
	桃	宵	下平 9 下	女	效	去 39 下	奴
	𧮫	黠	入 21 下	女	没	入 18 下	内
"帮"通"帮非"	份	谆	上平 50 下	布	真	上平 49 下	府
	稦	先	下平 3 下	北	铣	上 29 上	方
	蔇	先	下平 3 下	北	铣	上 29 上	方
	蔼	仙	下平 5 上	补	铣	上 29 上	方
	榜	庚	下平 28 上	甫	映	去 46 下	北
	棒	董	上 3 上	方	董	上 3 上	边
	茷	废	去 27 上	方	泰	去 22 上	博
	攘	觉	入 10 上	甫	沃	入 8 上	博
	苹	质	入 13 上	方	桓	上平 60 上	北
	绅	质	入 13 上	必	锡	入 39 上	北
"滂"通"滂敷"	继	齐	上平 40 下	芳	脂	上平 25 下	匹
	亨	庚	下平 28 上	匹	庚	下平 28 上	抚
	秠	尤	下平 39 下	芳	旨	上 9 下	匹
	胚	尤	下平 39 下	普	灰	上平 45 下	芳
	醅	尤	下平 39 下	普	灰	上平 45 下	芳
	仳	旨	上 9 上	芳	纸	上 7 下	匹

---

　① 宋人所谓"类隔"其意义广狭不同，指南但指"端知"互用，《广韵》类隔表则兼载"轻重唇"互通之例。《指掌图》及《等子》更兼"齿头正齿。"今并照₂系与照₃系之相通亦归入此类，宋人原无此问题也。

（续）

	字	韵	页	又切	韵	页	正切
	岐	旨	上9上	芳	旨	上9下	匹
	忿	吻	上24上	敷	问	去29下	匹
	紑	有	上47上	孚	尤	下平39下	匹
	濞	霁	去18下	芳	至	去7上	匹
	冹	卦	去23下	匹	震	去28下	抚
	妃	队	示25下	匹	微	上平28下	芳
	瞥	薛	入27上	芳	屑	入25上	普
	赴	德	入42下	孚	候	去50下	匹
"並"通"並奉"	飑	东	上平12下	步	幽	下平43下	皮
	椑	齐	上平40下	防	荸	上19下	傍
①	蟠	元	上平53下	扶	桓	上平59下	薄
	骿	先	下平3上	房	青	下平34上	薄
	辨	桐	去34下	步	獮	上30下	符
	鲍	效	去39下	旁	效	去39下	防
"照二"通"照三"	甄	仙	下平4下	章	真	上平47上	侧
	振	震	去27上	章	真	上平47上	侧
②"清"通"穿二"	刜	锗	入15上	祭	（斯）	去19下	此
	椒	尤	下平40上	叉	厚	上47下	仓
"从"通"床二"	鲰	厚	上48上	士	侯	下平43上	徂
"心"通"审二"	葰	果	上37下	苏	马	上39下	沙

乙、同系通转之属。

	字	韵	页	又切	韵	页	正切
"知"通"澄"	憕	蒸	下平34下	竹	耕	下平30上	宅
"从"通"邪"	咀	麻	下平18上	似	语	上14上	慈
	咀	马	上39上	才	马	上38下	徐
"照三"通"禅"	诪	尤	下平38下	之	宥	去50上	承
"床三"通"禅"	示	支	上平18下	时	至	去9上	神
	铊	支	上平20上	食	麻	下平20上	视
	蛇	歌	下平15下	市	麻	下平18上	食
	贳	祭	去21上	时	祸	去43上	神
"非"通"敷"	呼	尤	下平41上	拂	尤	下平39下	甫
	窝	梗	上42下	孚映	（窝）	去46上	陂
	茝	至	去7下	非	尾	上12上	敷

---

① "明"通"明微"之例已为陈氏所合并。

② 以下均宋人"精照互用"之例。

（续）

	字	韵	页		又切	韵	页	正切
"非"通"滂"	勵	震	去28上		匹	真	上平48上	必
"敷"通"並"	擘	锡	入39上		敷	麦	入34下	蒲
丙、其他。								
①"喻三"通"匣"	媏	旨	上9下		尤	卦	去23上	胡

上述各例，版本无可疑，音理所或有。其他凡可怀疑之处，概不妄录。凡宋人门法所不载者又特别从严。②即此数十例子，已可将陈氏之40类合并为24类。所得结论，既有背乎史实，又无当于今世方言。然则又切之系联，万不足以为分类之准则。而陈氏之所以不能贯彻其主张者，不得已者。

《广韵》又切之性质似尚未有详细考核之者。其参差糅杂之处，与正反之体例严整适相对比。甚或同一韵中，前后相隔数行，而正反切已不同类，且或不互注又切。窃谓陈彭年等断不至疏忽如此。意者又切所保存之声韵未必与正切同一系统，且每一

---

① 此例与《王一》同。（王一者《敦煌本》王仁煦《刊缪补缺切韵》也。简称从刘复《十韵汇编》下仿此。）宋人所谓"喻三"，以唐音论，实当作"匣三"（说另详）。然则"喻三匣"之关系相当于"许呼"："於乌"之关系，亦即"居古"……之关系。陈氏"居古"，"许香"……以又切合。"於胡"亦当依上例合。

② 录存疑二则，以概其余。

去声队韵"堁"字又"於卧切"，（《泰定本》同，《王一》同），过韵"苦卧切"。似"於苦"通也，然《王一》又"苦卧反"，则"於"字或误，故不录。

上平脂韵"谁"字又"十伴切"，同韵正切作"视佳"，似"士视"通也。然"士"字各本作"七"，作"卜"，作"十"，当从《王一》、《玉篇》，改"十"，故不录。

又述《广韵》脱误者二则，以明校勘之困难。

上平山韵"貓"字又"丑连切"，下平仙韵"力延切"，似"丑力"通也。然仙韵训释作"貓猭兔走儿"，仙韵"猭"字"丑缘切"，是山韵之"貓"字乃"猭"字之误，而他本《广韵》以及宋明以来韵书字均以误传误也。

上声感韵"鲹"字又"才枕切"，上声寝韵"式任（崔）切"，似"才式"通也。按下平侵韵"鲹"字"昨淫切"，下有"鲹"字训为"大鱼"，是则感韵之又"才枕切"或当作又"才淫，式枕二切"也，然《王一》、《王二》与《广韵》同。姑存疑。

又切各自有其来历，亦不必自成系统。唐五代残韵早已俱此规模，而《广韵》实仍孙恤韵之旧耳。此虽臆说，然吾人不能但据《广韵》又切以整理唐代声类，未始非审慎之论也。

　　然则陈氏之考证，究何以以 40 类为止，中途而废也。凡细读《切韵考》者，当知其於宋人等呼之学深致不满，而实则在在入其彀中，（参阅篇末"《广韵》韵类考校补"）曲乃至解门法，而擅改切上字。须知 40 类者，尚为字母等呼之所许。宋人以三十六母之外，重出"照"等四母，亦合 40 之数。所不同于陈氏者，"明微"分类而"喻三"亦称"喻母"耳。陈氏之"莫武"合一，深思不得其故。"莫武"以又切通转，《广韵》凡发现 17 次，然"普芳"通转亦 14 次，何以前合而后分也。或有讥其"囿于方音"者，事或有之，然非囿于任何一种方言也，不如曰"囿于今音"。陈氏或且不承认宋代有所谓"明微"之分也。然则陈氏之为《切韵考》也，胸有成竹。惟 51 类之不合符假定之学说，故以又切系联之，系联至合符成见而后已。例若"喻三喻四"（"于余"），陈氏不以其宋人同称"喻母"而强为合并，是固事实无可勉强，然"于胡"则固以又反相通者也，而陈氏不为合并，是则仍以宋人名称上之不同。苟其知"于胡"之关系，相当于"居古"之关系，恐亦合并之无疑也（前注②）。高本汉之分 47 类，（即近来国人所同认之 47 类），窃谓亦以字母等呼出发，而终于字母等呼，初未尝以《广韵》而整理《广韵》，以唐音而整理唐音，亦究不能说明系联所得明非 47 类而何以必作此数。以上所言，非谓《广韵》声类之数必非四十有七，乃向当代学人要求一切确不移，形式的，数理的证明（formal proof），而苦不得当也。故勉为冯妇。

二　述《广韵》声类之形式的证明

舍字母等呼而求《广韵》声类之数，能乎否乎？曰能。设若汉语已成死语，吾人全不知"端透定泥"，"都他徒奴"之为何声，则《广韵》声类之数尚可以推演得之乎？曰能。不特能之，且可以知若者为同类，若者为异类，若者相协和，若者相冲突。今试以陈澧之 51 类出发，问其中有偶不系联而实为同类者否？有偶相系联而实为异类者否？解答之法如下述：

　　第一，凡两类之字，若在同一韵类相逢，音理上相和协者也，或偶然也。其不相逢者，音理上相冲突者也，或偶然也。

《广韵》韵类暂作 319 之数，说见附录（一）。此数纯以切下字之系联为依据，非谓四声合计定有 319 韵。或增或减，于下述方法无甚关系。① 兹先造一表，以显各声类在各韵类相逢之势。其表横列 50 声类，而不列"於"类，盖"於，哀都切"，又"央居切"，实不知其是否一类也。五十类之排列以其在陈书发现之次第为先后，首"多"，次"都"，终"食"，（各以一类中最多数之字为名）。直列 319 韵类，首"东"系第一，终"凡系"。表内逐行排列每一韵类之切上字，亦从陈表而略加勘补，说见附录（二）。

―――――――――――

　　①　陈作 311，高本汉作 284，则据音理推测。二者各有得失。陈氏考古而未审音。高氏显未曾研究《广韵》，故不知有陈氏之所谓韵类。《广韵》凡三四等合韵，除可分开合外，时有以高氏之 type a 而兼 type b 之情形，当别为文论之。

此表造成后，先计算（甲）每一声类发现于若干韵类，例如"多"15，都70，陡79……。（乙）每次发现与其他声类何者相逢，何者不相逢，亦列为一详表，即第一表。表之读法如下例：

	81 丑
多	0
都	10
陟	53
之	54
⋮	⋮

"丑"类发现于81韵类，与"多"类相逢于同一类者〇次，与"都"类相逢者10次，与"陟"类相逢者53次，与"之"类相逢者54次，余类推。凡两类之和协冲突，视其相逢之数，可得其大概。[①]

第二，凡相逢之数远超乎机率所应得者，因两声类之协和也。凡远不及机率所应得者，因声类之冲突也。

甲乙两类相逢，按机率应得之数为甲之总发现数乘乙之总发现数，除319，即 $ab/319$。今其实在相逢之数为（ab），则 $319(ab)/ab$ 可以见协和冲突之势。此公式理论上困难滋多，[②] 然为

① 表上之相逢数以《附录》一之319韵类为依据，而切上字之数亦必以《附录》二校正表为依据。切上字之去取，韵类之分舍，如有变动，则相逢数亦当略有变动，然与本文之论据决无关系。各数已屡次校对。即有小错，与论据亦无关系。

② 此公式之最大困难在乎 $319(ab)/ab$ 之商意义不能确定。a数或b数愈近乎319，则此商必愈近乎1。譬如甲与乙，丙与丁，两两相协和，然若甲与乙发现之次数多于丙与丁，则甲乙之关系超乎机率者或将小于丁丙之关系，而实则同等也。其他方式较为繁琐，亦不能免于偏蔽，故仍用此简式。退而思之，各类发现之次数或相仿佛，或相迳庭，即此已具有互相协和互相冲突之意，为数相仿佛者虽未必即为同属，然为数相迳庭者似当为异属也。

分析声类之用，游刃有余，故不再求数理之精密。

此公式，可变为 log（ab）＋log319－log a－log b 乃按此式将第一表所列之数，全化为对数。（取一位小数，去小数点）。则±30 所以示两类之相逢超乎机率者±1 倍，±48 超±2 倍，±60 超±3 倍，±70 超±4 倍，余无须赘述。此类对数亦详列第一表内，各在相逢数之上。

第三，凡甲类与乙类丙类丁类等等相逢，远超乎机率之所应得者，则乙丙丁等之两两相逢亦远超乎机率之所应得。此一重要发现也。

兹先述相逢之数之超过机率数在 2.5 倍以上者。以对数言即其数在＋56 以上者，可布置如下例：

A 格

	之	昌	此	式	而	以	疾	时	徐
昌	59								
此	56	(50)							
式	61	60	(50)						
而	59	58	61	60					
以	58	60	(54)	59	59				
疾	60	61	57	62	(51)	61			
时	62	62	61	63	63	59	59		
徐	60	57	(55)	62	(55)	(54)	59	60	
食	60	70	83	65	60	61	73	57	57

B　格　　　　　　　C　格

	多	都	他	徒	卢
都	—				
他	56	(53)			
徒	58	(54)	58		
卢	(52)	(54)	57	58	
郎	(39)	59	59	61	—

	初	侧
侧	(52)	
士	56	56

第一表上凡超过 56 之数已尽见于 ABC 三格之中，所遗漏者仅一"芳符 57"。三格中空白之处又可以表上实得之数填补之，而加以括弧。其数除"多"与"郎"作（39）外，无一在 50 之下者。"多"之发现为数仅 15，其与他类相逢之机差（p. e.）必甚大，可不置论。惟"多"与"都"，"卢"与"郎"，则永不相逢，其理由详下。

然则吾人对于此类大数目之布置，有何结论。曰，声类之相逢而相和协，非偶然者也，而自然列成小组。A 格之 10 类一组也。（以宋人之名辞言之，为"照₃"等五母，日、清₄、从₄、邪、喻₄，而精₄、心₄不与焉）。B 格之 6 类一组也。（以宋人之名辞言之，为"端透定来₁"，而"泥"母不与焉）。此组之中，"多"与"都"永不相逢，"卢"与"郎"永不相逢。C 格之 3 类为一组（宋人之照₂、穿₂、床₂，而审₂不与焉）。

以上归纳 19 类为三组。

第四，声类之分组也，组与组之间或整体相协和或整体相冲突。

A 格任何一类与 B 格任何一类相冲突。B 格任何一类与 C 格任何一类相冲突，A 格任何一类与 C 格任何一类相协和。[惟"此"与"都"，"此"与"卢"，"此"与"士"，为例外。"此"类发现凡 5 次，为 50 类中最小之数，其机差（p. e.）之大可知也]。凡此情形详见第一表内。第二表之排列尤显，下详。

第五，推而广之，广韵声类可分为两大群。一群之内各类协和。两群之间任何一类与任何一类大致相冲突，或无关系。其详见第二表。

甲群　A 组　之、昌、食、式、时、而、此、疾、徐、以、 凡 10
（照三 穿三 床三 审三 禅　日　清四 从四 邪　喻四）

B 组　侧、初、士、所、陟、丑、直、女、力、　　　凡 9
（照二 穿二 床二 审二 知　彻　澄　娘　来三）

B 组两两相逢，其数之大小相仿佛，然其与 A 组各类之关系则"侧初士所"与"陟丑直女力"显不相同，前者少于后者。其与下述各组各类之关系大致亦有不同者，第二表上一目了然。故"侧初士所"为第一小组，"陟丑直女力"为第二小组。（如上法分析后，可见"侧实士所"之两两相关，所以略大于"陟丑直女力"之两两相关者，亦非偶然）

C 组　方、芳、符、武、于、　凡 5①
（非 敷 奉 微 喻三）

D 组　居、去、渠、许、　凡 4
（见三 溪三 群 晓三）

ABCD 共凡 28

D 组各类两两相逢，为数不若 ABC 各组之大，然各为正数无疑。D 组任何一类与 ABC 组任何一类之相逢平均亦不及 D 组

————

① 实当作"帮非，滂敷，並奉，明微。""于"类作"喻三"亦暂从宋人之名称。

本身两两相逢。

以上甲群 ABCD 四组共 8 类皆相和协。各组之内两两相逢，以 A 组之各数为最大，BC 组次之，D 组最小。此或以各类发现之总次数以 A 组为最小，而 D 组为最大也。① 然此 28 类之可显然分为四组或五组则无疑义。

与甲群任何一组任何一类大致相反者为乙群。

乙群　E组　多、都、他、徒、奴、卢、郎、昨、　　凡 8
　　　　　　（端 端 透 定 泥 来_ 来 从_）

"昨"类与其他各类之关系较弱，且与甲群各类之冲突亦参差不齐，然大体属于此组。②

　　　　F组　博、普、蒲、莫、　凡 4
　　　　　（帮 滂 并 明）
　　　　G组　古、苦、呼、胡、乌、③　　凡 5
　　　　　（见_ 溪_ 晓_ 匣_ 影_）

　　　　　　　　　　　　EFG 共凡 17

此群 17 类三组。每组之内两两相逢之数以 E 组为最大，F 组次之，G 组又次之，此又与总发现数之大小相反，然三组之自成经纬，则表上甚为明显。

甲群乙群共得 45 类。余 5 类无从归纳者，曰"五匹子七

---

① 参阅（12 页注②）

	甲A	B	C	D	乙E	F	G
各组之平均相逢对数	60	41	47	31	52*	51	31
各组之平均发现数	49	69	64	103	55	59	125

* 不计"多"与"都"，"卢"与"郎"之关系，否则当为 48。

② "昨"类有一"才"字，发现凡 12 次，与甲乙群相逢者各 6 次。如将"才"字除去，表上各对数更足以显明"昨"类确属 E 组。"昨"与"疾"永为参商，宋人名为"从_"与"从四"。《广韵》通例，乙群字不羼入甲群，而甲群则时羼入乙群。然则"才"字或竟可归入"疾"类。

③ 第二表之"乌类"与第一表略有不同。第一表之统计限于"乌哀安烟鸳爱"六字，第二表之"乌"类，已加入他字，说详下。

苏"，连同表上所未列之"於"类，共为6类。尚待分析。

第六，凡一类与甲乙两群之关系不为一正一反而错乱无轨，甚或与甲与乙两各相逢超乎机率之所应得者，或以其实为二类偶相系联而成一类也。当以他法分析之。——"五"类、"於"类之分析。

例如"五"类与其他49类之相逢其势如下：

```
       甲A食   -9
          此   -41
          疾   -1
          徐   -8
       甲B直   -7
       甲C武   -4
          于   -1
       乙E多   -4
          匹   -7
```

与其他40类之关系均为正数。即此相反之9类，甲乙混杂且为数极微，仅与"此"类不相逢为数-41，而"此"类自身为最不确定之一类，是则"五"类似为骈击之类，偶相系联也。

"五"类若果为二类之混杂，则类中各字就其与甲群或乙群在同一韵类中相逢之情形观之，必可分为二类。凡一字于某一韵类与甲群同现者于其他韵类亦必与甲群同现，而不与乙群同现，但可偶或错误耳。"五"类发现于163韵类，共164次。

与乙同用←字→与甲同用

与乙同用	字	与甲同用
82	五	0
4	吾	0
2	研	0
1	疑	0
1	拟	0
1	俄	0
0	鱼	40
0	语	14
0	牛	10
0	宜	4
0	虞	2
0	遇	1
0	愚	1
0	危	1

　　然则陈澧系联各字为一类，实以《广韵》"疑，语其切"，"拟，鱼纪切"之偶疏。今故分"五"类为二类，一仍作"五"而一作"鱼"，列入第二表内。"五"属乙群 G 组，"鱼"属甲群 D 组，别无其他地位可以布置。"五"者宋人之"疑_"，"鱼"者"疑_"也。

　　同理，"於"类亦可依各字之与甲乙相逢之势分析之。"於哀都切"又"央居切"，孰为"哀都"，孰为"央居"。凡与"於"字系联之字其切上字当作"哀"乎，当作"央"乎。凡为"哀"者，其字当与乙群相逢。凡为"央"者，则不得而知矣。

　　今以"乌"、"於"二类连同分析之，"乌"亦"哀都切"也。二类共发现于 221 韵类，计 227 次。

与乙同用←字→与甲同用

与乙同用	字	与甲同用
82	乌	0
3	安	0
1	哀	0
1	烟	0

1	鷖	0
1	爱	0
6	乙	2
2	一	1
1	握	0
1	委	0
21	於	89
0	伊	3
1	衣	2
0	央	2
0	纡	2
0	依	1
0	忆	1
0	挹	1
0	谒	1
0	忧	1

"乌……爱"6字为第一表之"乌"类，无一次与甲群同用者。"於"字与乙群同用者21次，与甲群同用者89次。"央"字显系甲群之字。今故以"於21、乙8、一3、握1、委1"归入"乌，哀都切"之类，余"於89、伊3、……忧1"，为"於，央居切"之类，此即第二表之"乌"类与"於"类也。"乌"类必属于乙群G组，"於"类必属于甲群D组。

依此法分析无意中或已将《广韵》驳杂之处强半校正。大凡唐人用切上字，其属于乙群者不易羼入甲群，惟属于甲群者时不免与乙群字在同一韵类相逢。以宋人之术语言，一等切上字不至误作三等用，而三等切上字则时作非三等用。原不独《广韵》然。① （例如"力"类属甲群，"力"字发现57次而有12次与乙群相逢。"武"为属甲群，"武"字发现24次而有10次与乙群相逢。）今以"疑

---

① 此事关乎唐音之"构拟"者极大，暇当另文详述之。向克、高本汉、马伯乐诸公不明此理，因亦曲解宋人四等字与唐音之关系。国人因误就误，以至唐音声系倍形复杂，殊应澈底澄清也。

拟"等字入"五"类，或为矫枉过正之举，盖亦未始不可视作
"鱼"类字而偶与乙群之字相逢也。即"於"字发现 110 次未始
不可全作"央居切"，而与乙群相逢之 21 次或即《广韵》之疏
也。

第七，其他各类之分析——苏七子匹

"苏七子"三类与其他各类之关系大致如"五鱼"之混合，
而以"苏"类为尤甚。四十九对数之中无一大负数，而各正数之
大小亦绝不能表示此三类者当属于何群何组，仅"七"与"此"
不相逢耳。"匹"类与各类之关系上发现二大负数，"芳-63、普
-63"，而"芳"属甲群，"普"属乙群。兹亦按"五"、"於"之
例分析之。

（一）"苏"类发现于 130 韵类，共 131 次。

与乙同用←字→与甲同用

与乙同用	字	与甲同用
41	苏	0
12	先	1
5	桑	0
4	素	0
1	速	0
1	息	30
0	相	10
2	私	6
2	思	5
0	斯	3
0	胥	2
0	虽	1
0	率	1
0	须	1
0	写	1
0	悉	1

0　　　司　　　1

然则"苏"类明系二类之混合，"苏先"等 5 字为一类，"息相"等 12 字另为一类。此即第二表上之"苏"类与"息"类，亦即宋人之所谓"心一"与"心四"也。"心四"属甲群 A 组，"心一"属乙群 E 组。

（二）"七"类发现于 107 韵类，共 110 次。

与乙同用←字→与甲同用

与乙同用	字	与甲同用
22	仓	1
8	千	2
3	苍	0
2	麤	0
2	采	0
1	庵	0
1	青	0
19	七	43
0	亲	2
0	醋	1
0	取	1
0	迁	1

（三）"子"类发现于 133 韵类，共 134 次。

与乙同用←字→与甲同用

与乙同用	字	与甲同用
15	作	0
12	则	0
5	祖	0
4	臧	0
1	借	0
1	饯	0
1	兹	1
23	子	38
0	即	16
1	将	6
0	资	3
1	姊	2

0	遵	2
0	醉	1

　　"七"、"子"二类与甲乙两群之相逢，其情形亦大似"苏息""五鱼"，惟"七"字与"子"字杂用耳。兹且不言"七"、"子"二字在音理上何以有此糅杂之情形。"七"字与甲群相逢43次，与乙群相逢19次，则"七亲"等5字可作一类，而"仓千"等7字另作一类。"子"字与甲群相逢38次，与乙群23次，故亦强可以"子即"等7字为一类，"作则"等5字为一类。"兹"字则归入"子即"之类以从众（"兹，子之切"）。如此分析，适可符合唐代甲群字隶入乙群字之通例。

　　第二表上"七"与"仓"已分为二类，"子"与"作"亦然。"七"、"子"为甲群A组，"仓"、"作"为乙群E组。综而言之："子"、"七"、"此"、"疾"、"息"、"徐"同为甲群A组，宋人之精清从心邪四等也。"作"、"仓"、"昨"、"苏"同为乙群E组，宋人之精清从心一等也。

　　（四）馀惟"匹"类尚未定系属。"匹"类凡发现于33韵类。

与乙同用←字→与甲同用

16	匹	16
0	譬	1

　　"匹"与"普"之关系为－63，与"芳"亦为－63，而"普"与"芳"永不相逢。然则"匹"类似徘徊于"芳普"之间，不入於杨，即入於墨。陈澧以又切系联"匹""普"为一类，实为大错。"匹"字与"普"类以又切相通者《广韵》凡6见，与"芳"类以又切相通反多至11见，何可舍多而就少。若不泥於字母等呼之说，"匹"类自当与"芳"为同类，乃合乎唐人乙群不隶入甲群之例。今为审慎起见，暂不合并。

　　以上分析《广韵》声类为54类，而"匹"不在内。

第八，凡两类同组而永不相逢，是同类也。归结 51 类。

两类同组者，谓两类与组内其他各类之关系相同，而与组外任何一类之关系亦大致相同也。内外关系相同，而彼此又不相逢，则不假思索，可知其同为一类。譬如甲乙二人，在家出外，权利义务，绝无分别，而永为参商，则甲必是乙，犹黑衣而出白衣而归也。故知"多"类即是"都"类，"卢"类即是"郎"类。乙群 E 组实止 5 类，字母家名为"端透定泥来"①。　"七"与"此"永不相逢，亦同为一类，宋人名为"清母四等。"上言 54 类，实止 51 类。

三　余论

（一）系联切上字之法为自来整理唐音声类之出发点。此法有时而穷。唐人用切之疏，不遑缕指，此无论矣。至如陈澧高本汉诸先辈泥於字母等呼之说，致将《广韵》声类强为分合，治丝益粉，而去出发之本意远矣。本篇所述，其旨趣在补充系联法之不足，而予《广韵》声系以数理之证明。其结论之新颖与否无足重轻，若于治学方法万一有得，亦不空此一举矣。

（二）《广韵》切上字大致可分为甲乙二群，甲群相当于宋人三等，及"精四，清四，从四，心四、邪、喻四。"乙群相当于宋人一等而不全然符合。每群之内又分若干组。此以数理求得者，证之字母之说以及当代方音，毫不纷乱，（惟"喻三"与"非四母"同组为例外耳。）

---

①　"都"类有一"丁"字，其与他类相逢之势与其他各字不同。唐五代残本及《广韵》中端知类隔之例类皆涉及"丁"字。

（第二表上纵横各列双线，以界甲乙二群。双线之下 171 对数无一非正。双线之左，496 对数，除五个无足轻重之负数及"床三喻三"之关系为 -46 外，其他无一非正数。双线之上之右，608 对数中，39 为正数，其中最大者为 19。三十九数之中，20 集中于"照二"等四母，是宋人之二等。其余 19 数中，15 数涉及"精四清四从一"，则以《广韵》之用"子七才"三字时不免杂乱。"精四"与"从一"为正 19，"清四"与"从一"为正 19，是正数中之最大者。四数涉及"娘"母，则因"泥娘"之特殊关系，表上"泥"与"照二"四母之相反不似"端透定"之甚，而"娘"与"照二"四母之相协则超乎"知澈澄"。此 12 母之发音地位影约可见矣。）

（三）形式的分析不能证明唐人有所谓四等之分立。甲群与乙群相反，而甲群之字时羼入乙群之中，其详细情形暇当别论。然《广韵》声系之纲领不外乎此。谈音理者，自当以此为格局。今人以字母等呼出发，已属舍近求远。至若以"三四等同韵不同声"之说为整理唐代声类之准则，则必至凭空捏造。须知宋人之所谓三四等在《广韵》本无不同声系之事。（其在《集韵》更无界限可言。）窃谓以甲群乙群出发，一步即踏上唐音之大路，以三等与一二四等之分歧出发，则问道于盲也。[①]

（四）《广韵》"子七疾息"与"作仓昨苏"之分，相当于"居古，许呼，方博"，……之分，而不相当于"于以，之侧"之分。（而"都陟"之关系又当别论。）今人似已不知"见一见三"与"精一精四"之界限纯为宋人之创作，而于唐音，今音，两无所当。此乃音韵学上一大关键也。[②]

（五）"于"类宋人作"喻三"，"以"类作"喻四"。其他字母

---

①　高本汉（前引书）归纳《广韵》声系与四等之关系为 $\begin{matrix} \text{I} & \text{II} & \text{III} & \text{IV} \\ \text{K} & \text{K} & \text{Kj} & \text{K} \end{matrix}$ （49 页）。国人治音韵者时引此说于《广韵》一无所当。

②　参阅曾运乾《切韵五声》《五十一纽考》，《东北大学季刊》第 1 期（1927 年）页 14—21，曾氏不谙现代术语，实则所言于《广韵》一无违失。

绝无纯以三四等相配者。（只有纯为三等者，曰"群，禅，日。"有纯为四等者，曰"邪。"）"匣"母之外亦绝无有一等而不配三四等者。"喻三喻四匣"之地位，宋人未尝说明其所以然。近今谈音理者於"影三喻三喻四"之分别画蛇添足。今请以相逢不相逢之理言之。宋人凡同一字母之字而分三四等者，在《广韵》不能在同一韵类相逢，惟"喻三喻四"为例外，其相逢之对数表上作 21，一望而知"喻三喻四"之名称于唐音无所依据。"于以"之关系断非三四等之关系。然则"于"类究若何安置。

陆法言曰："支脂、鱼虞共为一韵，先仙、尤侯俱论是切"，言时人之不明音理也。"先仙、尤侯"何以不能为切耶？"先"为"苏"类，宋人之"心一"，"仙"为"息"类，宋人之"心四"。《广韵》"苏息"之分显而易见，上文已重言之矣。"尤"为"于"类，"侯"为"胡"类。"先仙"与"尤侯"并举，然则宋人之所谓"喻三"与"匣"，其即唐人之"于甲胡乙"相配，犹"居甲古乙"之相配乎。本篇前引《广韵》"于胡"以又切相通之例与《敦煌本王韵》相合。《切韵残卷》第三种以"云雲"入"胡"类，则又以正切相通。可见唐代反语不必在在以陆生为法，而"于"类之配"胡"类非臆言也。[1]

以音理言"匣"母若有三等，其发音地位当与"见三晓三"等相近。今表上"于"与"居去渠鱼许於"之相逢为数介乎 30 与 37 之间，而与"方芳符武"之相逢反为 44 至 47，则或因各类发现之总次数不同。又"于"类与甲群各类相逢皆为正数，而独与"食"类为 -46。"食"类[2]发现之次数不多，其间显有互

---

① 上引曾运乾文。

② 人以"食"类为"床三"，今人于"床禅"之别概从宋人，证之今日方言，梵音汉译，唐代韵书同一字正反又反之关系，以及"床三禅"二母字之谐声部分，四者无一得当，会当详论之。兹所欲言者，"于食"二类之相反断非偶然。

相违反之处。即此以推"于"类之发音，未始不能得其梗概也。①

附录（一）

陈澧《广韵韵类考》校补

本篇所用《切韵考》是《东塾丛书》本。凡有困难处，用《古逸丛书》本及泽存堂本《广韵》校对。其刊刻错误显而易见者，如于陈氏学说无关，不在校补之例。又凡《内外篇》所记不同，一正一误，有《广韵》为证者，亦不录。凡引用唐五代残韵之处，其名称一依刘复《十韵汇编》。刘书偶有错误，按其所据原书改正之。陈云："《广韵》之书，非陆氏之旧。……今据《广韵》以考陆氏《切韵》，应可得其大略也"（内一、一下）②。今所校补，旨趣不在恢复陆氏之旧，只欲知《广韵》206韵共有若干韵类。陈氏因复古而删去若干小韵，须重补。重补之后，凡於韵类之分合不生影响者，兹篇不记。

陈氏之原则：（一）"切语下字与所切之字叠韵，则切语下字

---

① 高氏（前书页 379—384）未言"喻三喻四"当作何分别。马伯乐 Le dialecte de Tch'angNgan sous les Tang，BEFEO，20，No. 2，1920，p. 25 作与 'y（均浊音）。（信如马氏言，唐人说话每字必有前置辅音，至少必有喉音窒塞!!）Articulation laryngale faible 何以无一二等，亦不知如何"软化"乃合符宋人三四等之分别。

② 《内篇》一卷一页下。后仿此。《外篇》作"外"。

同用者，互用者，递用者，必同类也"（内一，二下）。

（二）"今考平上去入四韵相承者，其每韵分类亦多相承。切语下字既不系联，而相承之韵又分类，乃据以定其分类。否则虽不系联，实同类耳"（内一，三上）。"四声相承"之原则不易彻底应用。例如真三类，轸二类，震一类，质三类，事实如此，无可勉强，陈氏并不滥用"相承"之则。然有时又不免将事实抹杀。例如屋韵有不系联切下字三组，陈氏只提"木目二类"（内三，九下），因东，董，送，每韵只二类耳。反而言之，"脂韵鬐逵二类，又葵自为一类。葵字无同类之字，故切语借用追字"（内三，一下）。是则明以旨至各有三类之故，否则如"葵"字之"借用"切下字者，《广韵》有无数则，陈氏皆以为重复而删之。凡若此者，陈氏主观之见解甚多甚强，下文详细说明之。

一、东二类、董一类、送二类、屋二类。

东韵"丰，敷空切"，陈改"敷戎"。按《切二》、《王二》、五代刊本俱作"隆"。"空"或系"宫"误，然以改"隆"为是。

屋韵陈氏作"木目二类"。按"谷禄"为一组，"木卜"为一组，"六竹匊菊福宿逐"为一组（切下字无"目"）。陈氏以"木谷"同为一类，常因四声相承之故。唐五代韵书凡有屋韵可查者"木谷"皆不系联。然此两组小韵之切上字既无同类者，姑从陈氏合为一类可也。

二、冬一类、肿（分）一类，宋一类，沃一类。

肿韵删去"湩，莫湩切。"按《王一》、《王二》均于肿韵未收此小韵。《王二》作"莫奉反"，然"湩"字作"冬之上声"，可见二字原不同类。今兹校勘，既以《广韵》为主，此小韵须补。故"湩，都鹟切"亦无须改为"都倥。"

三、锤一类、肿一类、用一类、烛一类。

四、江一类、讲一类、绛一类、觉一类。

五、支四类、纸四类、真四类。[①]

支韵删去"骊，子垂切"，因与"劑，遵为切"同为第三类。按"骊，子垂反"，《切二》、《切三》、《王二》相同。然《切二》、《切三》、《王二》、《王三》均作"劑，嘴随反。""随"在陈氏第四类，是"骊劑"不同韵类也。今以《广韵》为主，暂从陈氏，"骊"字补入第三类（陈表"阚随"同类。《切三》"阚"以"垂"为切下字，"垂为"同类。是《切三》之疏更甚于《广韵》）。

"为，选支切"，"支"在第二类，"为"在第三类。"随，旬为切"，"为"在第三类，"随"在第四类。"为"以"支"为切下字，"随"以"为"为切下字，陈氏以为《广韵》之疏。[②] 然《切一》、《切二》、《切三》、《王二》均作"为，选支反"，《切二》、《王二》均作"随，旬为反"，是由来久矣。第二第三第四类不能系联为一类，揆之四声相承之原则，似未可厚非。姑从陈氏，支韵作四类。

纸韵"绮，墟彼切"，"彼"在第三类，"绮"在第一类。"绮"以"彼"为切下字，陈氏以为《广韵》之疏。按《切三》、《王二》均作"墟彼反"，且同为错类之例。唇音开合，唐人时与宋人不同，此一例也。

真韵开合四类，似无可讪，然界限实难划清。"避，毗义切"，"义"在第二类，"避"在第四类。"避"以"义"为切下字，陈氏以为《广韵》之疏。"避"为唇音，唐人难辨开合。两

---

① 《广韵》凡一韵二类者，东戈等特殊情形不计外，宋人类皆作同等一开一合。凡一韵在陈表作三类或四类者，其字宋人大都作三四等。高本汉分三四等韵为三种格式，说见 The Recoustruction of Ancient Chinese，《通报》Série Ⅱ，21，1922，页24—32，乃指每韵开合二类，或只具一类者而言。间尝依其格式整理支脂等系，时觉格不相入。兹所谓韵类者，未必全当于音理。

② 陈氏所谓"此其偶疏"（内四，一上）原指法言，实则《广韵》。下仿此。

类杂乱，《王_》、《王_》亦然。

"臂，卑义切"，陈氏强分此一小韵为第一类。又删去"倚，於义切"，因与"縊，於赐切"重复，又删去"骪，居企切"，因与"寄，居义切"重复。又删去"尯，卿义切"，因与"企，去智切"重复。以上五小韵俱以"义"字为切下字。且《王_》"避，臂倚尯"，均以"义"为切，断非《广韵》偶然之疏忽。实则最合理之分类法，不如将第二类中凡以"义"为切之小韵均改入第一类（"赐"除外），"倚尯"补入第一类，"臂，卑义切"则反从第一类移至第四类，以与"避"为同类，而置宋人开合于不问。诚然，则"寄"为"掎"之去声，"尯"为"倚"之去声，"帔"为"铍"之去声，"髲"为"皮"之去声，"袋"为"龇"之去声，"倚"为"倚"之去声，"戏"为"牺"之去声，于理尚无不合（今暂从陈氏，仅以"倚尯"补入第一类，移"寄"至第一类，而以"骪"补入第二类。盖恐多作主张，于音理无补，而反开罪于先贤也）。

六、脂三类、旨三类、至三类。

脂韵三类，然第二类"眉悲"互用，与他字不系联。陈氏合作一类，当以四声相承之故。按脂韵各小韵之排列，第一类与第二类界限分明，而"眉悲"杂出于第二类之间。此为《切_》、《切_》、《王_》所同，而各本亦"眉悲"互用，不与其他第二类字系联。陈氏之合并是也。

"葵，渠追切"同"逵，渠追切。"陈氏谓"逵"不当以"追"为切下字，因为此一小韵分出一第三类。"逵"，《切_》、《切_》、《王_》均"渠追反。""葵"字《切_》"渠惟反"，《切_》、《王_》"渠佳反"，亦第二类字。四声相承之原则殊不可不慎用也。今以脂韵第三类之应否成立于音理无可究诘，暂从陈氏。

旨韵三类，然第一类"视矢"互用，与他字不系联。陈氏又以四声相承合之。按《切三》、《王一》、《王二》"视"字均"承旨反",原与他字相系联。① 参之四声相承之理,自可合并。

"癸,居诔切","诔"在第二类,"癸"在第三类,陈氏又以此为《广韵》之疏。按"癸"《切三》、《王一》亦作"居诔反"而《王二》作"居履反",则又似第一类。第三类仅三个小韵,"诔癸"互为切下字,其应分出与否固可疑也,今亦暂从陈氏。

至韵删去"衁,火季切",因与"瞲,香季切"重复,今补回(然《王一》、《王二》"瞲"作"许鼻反","瞲"即《广韵》"瞗"字,是第一类也。同声类之"䎥"字《广韵》作"许位切",在第二类,而徐铉作"许利",亦第一类也。书此志疑)。

"弃,诘利切","利"在第一类,与"器,去冀切"重复。陈氏疑系"季"与之误,强归入第三类。按《王一》、《王二》,均作"诘利反",证明陈氏臆测之误。

七、之一类、止一类、志一类。

止韵一类,然"市止"互用,与他字不系联。按《切三》、《王一》、《王二》两组相通("以羊止皮","始诗止反",与《广韵》不同)。四声相承作一类,是也。

八、微二类、尾二类、未二类。

尾韵第二类,"尾厞"互用,不与他字系联。

未韵第一类,"胃贵畏"互用,不与他字系联。《王一》、《王二》均"沸谓贵"互通,实一类。然《王一》、《王二》、《唐韵》"既"字均"居未反",是又第一第二类相系联也。陈氏每韵二类,自以四声相承之故,而实以微韵为主。宋人每韵二类,一开一合,只可供参考耳。姑从陈氏。

---

① 以写本证《广韵》,此等处不可不慎,盖尽有《广韵》明系二类而写本相系联者也。兹不赘述。

九、鱼一类、语一类、御一类。

御韵"预如恕署"相系联，自为一组，《广韵》似仍蒋本《唐韵》之旧，但《王二》、《王三》只一类。

十、虞一类、麌一类、遇一类。

虞韵"无夫"互用，与他字不系联。《切三》、《王一》通，实一类。

麌韵"庾主"互用，与他字不系联。《切三》、《王一》、《王二》通，实一类。

十一、模一类、姥一类、暮一类。

十二、齐二类、荠一类、霁二类。

十三、祭三类，（陈作二类）

陈氏第二类"卫劣"互用，与"芮锐岁"不相系联，既无四声相承之例可凭，何以不分二类耶。今据《王二》两组互通之例，暂从陈氏。

陈氏删去"蹳，丘吠切"，"毳，呼吠切"，以为当在废韵。然废韵表上又不收此二字，盖以非"陆氏之旧"也。今兹校补，既以《广韵》为主，不如在祭韵仍保留此二小韵，另作一类。

十四、泰二类。

十五、佳二类、蟹二类、卦二类。

佳系每韵一类或二类均有问题。佳韵二类，《广韵》界限殊严，然《切三》、《土二》均作"娲，古柴反"，"柴，士佳反"，是二类相通也。蟹韵第二类，"扴，乖买切"，"买"在第一类。卦韵第二类"卦，古卖切"，"卖"在第一类。此二者陈氏已讥《广韵》之疏，然于蟹韵删去"夥蟹扮"三小韵，于卦韵则保存"过"等五小韵，自相矛盾。"扴"字《切三》以"解"为切下字，"解"亦"买"之类也。"卦"字《王二》、《王三》、《唐韵》均作"古卖反"（王一"嶭，方卖反，庍，方卦反"，亦与《广韵》同）。

今于蟹韵补"夥，怀丫切"，"挈，丈夥切"，"扮，花夥切"三小韵（《外篇》脱"丫"），每韵作二类。

十六、皆二类、骇一类、怪二类。

皆韵删去"崴，乙皆切"，因与"揿，乙谐切"重复。按《切₃》、《王₁》、《五代》刊本"崴"均作"乙乖反"，是"崴"本第二类字，而《广韵》疏也。今补入第二类。

怪韵"拜，博怪切"，陈氏从明本顾本改"布戒"，归第一类。按《王₁》、《王₂》、《唐韵》"拜"均作"博怪反"，唐代原可作"合口"，无须改也。

十七、夬二类。

"夬，古卖切"，陈从徐锴改"古迈。"按《王₂》、《唐韵》均作"古迈"，陈说是也。

"虿"《广韵》本"丑犗切"，陈从二徐改"丑介"，因不得不删去与"犗"互通之五小韵，而已改作"丑介切"之"虿"仍独立为一韵类。此字《王₁》"丑萘反"，《王₂》"丑界反"，《唐韵》"丑介反"，盖不借用怪韵字，即借用代韵字。"犗"字唐五代本无可证，然所删之五小韵则散见于《王₁》、《王₂》、《切₃》。今既以《广韵》为主，"虿"仍当作"丑犗切。"所删之"喝，於犗切"，"犗，古喝切"，"姗，所犗切"，"疧，火犗切"，"叡，何犗切"与"虿"同作第二类。

十八、灰一类、贿一类、队一类。

队韵"对队内缋"互用，不与他字系联。然《王₁》"对，都佩反"，又揆之四声相承之原则，当作一类。

十九、咍一类，海一类，代一类。

咍韵"才哉"互用，与他字不系联。按《切₃》《王₁》"才，昨才反"，又揆之四声相承之原则，当作一类。

二十、废一类。

二一、

真三类
谆三类（陈作一类）｝当合作三类。据《广韵》暂作六类。

轸二类
准二类（陈作一类）｝当合作二类。据《广韵》暂作四类。

震二类（陈作一类）
稕一类｝当合作二类。据《广韵》暂作三类。

质三类
术一类｝当合作三类。据《广韵》暂作四类。

真谆二系之分，《广韵》从《唐韵》。《唐韵》"率，所律反"在质韵，是二系之混乱不自《广韵》始也。然以《广韵》之严谨，此二系之分别似非全然不据音理。后人不能但以开合分者，特无从考证耳。今故分列十七类，不从唐五代写本合作十类。下分论焉。

真韵"赟，於伦切"（又"囷，去伦切"，陈表脱），借用他类字，非《广韵》之疏。真第三类据唐本当与谆韵合。

谆韵删去"趣，渠人切"，以为当在真韵，今补，一字作一类，庶合陈氏之原则。据唐本当入真韵第一类。

此韵"砏，普巾切"，陈从明本，顾本改"普均"，亦殊不必。今仍改"巾"，一字作一类。据唐本当入真韵第二类。以上平声。

轸韵第二类据唐本或当与准韵合。

准韵删去"睂，兴肾切"，"蝗，弁忍切"，"盨，组紖切"，"辰，珍忍切"，以为当在轸韵，今补，另作一类。据唐本当入轸韵第一类。以上上声。

震韵删去"呁，九峻切"，以为当在稕韵，今补，一字作一类。据唐本当入稕韵。以上去声。

质韵"密"字张本"美毕切",《古逸》本"美笔切",陈氏从徐锴改"美笔",是也。《切三》,《王一》,《王二》《唐韵》同。

二二、臻一类、栉一类。

二三、文一类、吻一类、问一类、物一类。

二四、欣一类、隐一类、焮一类、迄一类。

迄韵"讫,居乙切",陈氏从徐锴改"居乞",是也。《切三》、《王二》、《唐韵》切作"乞"。

二五、元二类、阮二类、愿二类、月二类。

愿韵"建,居万切","万"在第二类,"建"在第一类,陈氏以为《广韵》之疏。按《王一》、《王二》"建"均作"居万",是唐代已借用(《王一》"健,渠建反";"圈,白万反",亦与《广韵》同)。

月韵第二类"月厥"互用,不与他字系联。按《王二》"发,方月反",又据四声相承之理,实一类。

二六、魂一类、混一类、慁一类、没一类。

二七、痕一类、很一类、恨一类。

二八、

寒二类(陈作一类)
桓一类　　　　　}当合作二类。据《广韵》暂作三类。

旱一类
缓二类(陈作一类)　}当合作二类。据《广韵》暂作三类。

翰一类}
换一类}

曷一类
末二类(陈作一类)　}当合作二类。据《广韵》暂作三类。

寒桓二系之分,《广韵》从《唐韵》。《唐韵》"曷末"已杂乱,盖不自《广韵》始也。今暂作十一类,则以《广韵》为本。

据音理或当作八类。

寒韵"濡，乃官切"，陈氏以为当在桓韵，故删去。今补，一字作一类。据唐本自当与桓韵合。

缓韵"伴，蒲旱切"，陈氏以为当在旱韵，因从徐铉改"薄满"，此乃未见唐本之故，无须改也。"满，莫旱切"，以为同误。"摊，奴但切"，"但"亦在旱韵，故陈氏删此一小韵。今分"伴满摊"为一类，又"姅，普伴切"属焉。据唐本此类当与旱韵合。

曷末二韵《切三》、《王一》、《王二》不分，然"曷葛末拨割达"为一类，"活括秳"为一类（仅《切三》"跋，蒲活反"错类而已）。"曷葛"之类在《唐韵》《广韵》为曷韵。末韵之字大都为"活括"之类，但《唐韵》"末（拨）鬖跋"四小韵错韵。《广韵》之错亦即在此四小韵，其切下字为"末拨"，与末韵其他切下字不系联。今为此四小韵另立一类。据唐本自当并入曷韵。

末韵"纗，子括切"，陈氏删去，因与"鬖，姊末切"重复。今"末拨"已自为一类，"纗"应补（曷韵"撊，奴曷切"，《古逸》本作"葛"。末韵"掇，丁活切"，《古逸》本作"括"）。

二九、删二类、潸二类、谏二类、黠二类。

山二类、产二类、裥二类、镨二类。

删山二系混乱。《切三》删韵"奸颜"为一类，"远关斑蛮"为一类。山韵"间闲山"为一类，"顽鳏"为一类。《广韵》以"顽"字入删韵，两韵第二类因而杂乱。黠韵则《切三》已难分韵类，他唐本亦然。陈氏分为二类，盖与平声相承之故。至何字入何类，显以宋人开合分也。

潸韵"偂，下报切"，"赧"在第二类。《切二》作"下板反"，亦借用第二类字。陈氏以此一小韵为一类，因四声相承。

黠韵"黜，五骨切"，《古逸》本作"滑"不误。《切三》、

《王_》、《王_》、《唐韵》均作"滑"。

山韵"鳏古顽切"，陈氏谓系借用删韵字，是也。然"鳏"字既不删去，则"嬽，委鳏切"，"窀，坠顽切"，"䭼，力顽切"，"㒄，跪顽切"，"湲获顽切"应补，不论其是否陆生之旧也。

产韵"铲，初绾切"，又借用潸韵字，陈氏以此小韵为一类，且字在韵末，四声相承之理殊不易言也。姑从之。

裥韵"幻，胡辨切"与"苋，侯裥切"重复。陈氏谓系借用，故分此一字另立一类（"幻"以"辨"为切下字，《王_》、《唐韵》已然，非仅《广韵》之疏也）。然"扮，脯幻切"，"鳏，古幻切"，则又谓系后加而不录。今补，与"幻"同一类。"扮，脯幻切"，见《王_》。

以上删、山、谏、裥、锴每韵二类，似无问题。黠韵杂乱，然大体亦二类。上声潸、产是否每韵一类（从东系，齐系，皆系之例），殊不敢必。陈氏之分类似于音理无碍，暂从之。

三十、先二类、铣二类、霰二类、屑二类。

先韵第一类"先前烟"互用，与他字不系联。按《切_》"贤，胡千反"，"千，仓先反"，实一类。又依四声相承之理，作一类，是也。

先韵"边，布玄切"，陈氏从徐铉改"布贤"，是泥于宋人开合之分。《切_》、《王_》均作"玄"，此又唐人唇音开合杂乱之例。今改回，"边"在第二类。

霰韵"县，黄练切"，陈氏从徐锴改"黄绚"。按此小韵《唐韵》作"莫（黄）练反"，《王_》作"玄绚反"，《广韵》与《徐》各有所本。暂从陈氏，作第二类。

三一、仙三类、狝二类、线三类、薛三类（或每韵当作二类，暂从陈氏）。

仙韵"焉乾"为一组，"然仙延连"为一组，"缘川专宣全泉"为一组，"员圆权挙"为一组，各不相系联。"嗎"字《广韵》"许延切"，《切三》、《王二》"许延反"，似合符陈氏之三类，然"挙"字《王二》"吕缘反"，五代刊本"力全反"，似陈氏之第二第三类又当合为一类。

狝韵陈氏作二类，是也。

线韵"战膳"为一组，"碾箭贱线面"为一组，"倦卷彦变睠啭恋"为一组，"掾绢钏"为一组，不相系联。《广韵》"淀，辞恋切"，《唐韵》"淀，辞选反"，"选，息绢反"，是三四两组通也。《广韵》"骔，陟扇切"，《王二》"陟彦反"，是一三两组通也。广韵"选，息绢切"，《王二》"选，息便反"，"面，弥便反"，是二四两组通也。一二两组陈氏合为一类，反无直接系联之证。

薛韵"列薛竭灭热"为一组，"劣辍爇"为一组，"雪绝悦"为一组。陈氏平去入每韵三类之说似以此为据。然"矢"字《广韵》"失爇切"，《王二》"失热反"；又"昊"字《广韵》"许劣切"，《王二》"许列反"，是一二两组通也。"爇"字《广韵》"如劣切"，《切三》、《王二》"如雪反"，是二三两组通也。"欨"字《广韵》"丑悦切"，《唐韵》"敕列反"，是一三两组通也。

然则仙系仅狝韵有界限分明者二类，宋人一开一合。今若以此为据，每韵合为二类，陈氏表上仙韵惟"嬽，於权切"与"娟，於缘切"重复，余切上字均不同。线韵惟"睠，居倦切"与"娟，吉缘切"重复。薛韵惟"哕，乙劣切"与"妜，於悦切"，重复。均无碍也。今暂从陈氏仙系作十一类者，因音理之考证尚无把握，多一事不如少一事耳。

薛韵"朅，丘谒切"，陈氏据二徐改"丘竭"，是也。《切三》、《王二》、《唐韵》均作"竭"。又"焆，於列切"，陈氏以其"当是娟字入声"，从二徐作"因悦"，又以其与"妜，於悦切”重复而删去之，以武断也。《切三》、《王一》、《王二》、《唐韵》均作“於列”，今补入第一类。

三二、萧一类、筱一类、啸一类。

三三、宵二类、小二类、笑二类。

宵韵“遥招”为一组，“宵邀霄消焦”为一组，“乔娇嚣漅”为一组。

《切三》三组互通。今以一二两组为一类者，以四声相承故。

三四、肴一类，巧一类，效一类。

三五、豪一类、皓一类、号一类。

三六、

歌一类
戈三类（陈作二类）　　｝

哿一类
果二类（陈作一类）　　｝当合作二类。据《广韵》暂作三类。

个一类
过二类（陈作一类）　　｝当合作二类。据《广韵》暂作三类。

歌戈二系之分，《广韵》从《唐韵》。

戈韵“靴，许�“切”，陈氏从明本顾本改“许戈切”，因删去“脃，於靴切”，“膭，缕靴切”，“靴，去靴切”，“脞，子靴切”，谓“皆隐僻之字，必陆氏书所无”（内五，十三上）。此段议论殊属武断。按“靴”字《切三》云“无反语”。《王二》作“希波反”，明系后改。其他隐僻之字，惟“脞”字见《王一》、《王二》作“子过反”，亦似借用。《广韵》“靴”作“许脃反”，自属后改，然断非从“戈”改“脃”，盖祖本或“无反语”，或则借用他字，而编者以为不似“脃”字之适当也。今为“靴脃膭靴脞”另立一类，而“瘸，巨靴切”属之。

又此韵“伽，求迦切”。《切三》云“无反语，噱之平声”，与"靴"之"无反语"不同。"靴"胡音也,"伽"梵音也,各与戈类不同而相似,且无上平入声。"伽"为"噱之平声"而不在阳韵,是元音同"阳"而无收声也。当与后加字"脞伕迦"同一类。

果韵删去"爸,捕可切","跢,作可切",以为当在哿韵。今另立一类。据唐本当与哿韵合。

过韵删去"侉,安贺切",以为当在个韵。今亦另立一类,而陈氏所删去之"磋,七过反"属之。"磋"字《王一》"七个反",是歌韵"磋"字之去声。

三七、麻三类、马三类、祃三类。

麻韵"华"字张本"户瓜切",《古逸》本"户花切"。《王一》、《王二》同《古逸》、《切三》作"化。"

祃韵第二类陈表仅"化,呼霸切"一小韵,且借用第一类字(《王一》、《王二》、《唐韵》同)。今补所删去之"㧑,胡化切","诧所化切","瓦,五化切","㩺,乌吴切。"又陈氏校勘脱去"跨,苦化切"(内五,十六上),亦补入。

三八、阳二类、养二类、漾二类、药二类。

此系药韵二类,界限分明。阳韵第二类"王,雨方切","方"在第一类。养韵第二类"往,于两切","两"在第一类。漾韵第二类"况,许访切","访"在第一类。凡此陈氏以为皆《广韵》之疏。按"王,雨方反"《切三》、《王一》、《王二》均然(且"狂强方"三字之反切,唐本凡可查者,均与《广韵》同)。切下字"方"唐代开合不定。"况"字《王二》"许放反",《唐韵》"许访反"。开合偶疏,亦意中事。"往"作"于两反",《切三》、《王一》、《王二》已然,当别有故。

又养韵"慌,许昉切",有《切三》、《王一》、《王二》为证。陈氏从徐铉改"许往",殊不必。"昉"亦唇音,此例留作"《广韵》之疏"可也。

三九、唐二类、荡二类、宕二类、铎二类。

铎韵"博，补各切。"陈氏云，"此韵各字古落切，郭字古博切，则博与落韵不同类，即与各韵不同类。博字切语用各字，亦其疏也"（内五，十九下至二十上）。按其"疏"似不在"博，补各切"而在"郭，古博切"。《王二》，《唐韵》已然，"博"亦唇音也（且"各"字均作"古洛（落）"，"郭"字均作"古博"）。

四十、庚四类、梗四类、映四类、陌三类。

庚韵第二类"横，户盲切"，"盲"在第一类。"横"以"盲"为切下字，《切三》、《王一》、《王二》均然。"盲"唇音也（盲与庚为类，庚与横不能同类，三本均然）。

梗韵"打，德冷切"，"冷，鲁打切。""打冷"互用，与他字不系联。陈氏因庚系无"端母""来母"字，故删之。二字见《切三》韵末。今补。暂寄第一类（开口，且非宋人三等）。

梗韵第二类陈氏只有一小韵，"矿，古孟切"，借用第一类字。"猛"又唇音也。《切三》已然，不仅《广韵》之疏也。所删去之"䁕，苦猛切"应补。

梗韵第三类"影，於丙切"，"丙"在第四类。"丙"又唇音也。《切三》已作"於丙反"（"丙"与"永"为类，"永"与"影"不能同类，亦然）。

映韵第二类陈表上又只一小韵，"蝗，户孟切"，借用第一类字。《王一》、《王二》、《唐韵》同。"孟"又唇音也。所删去之"宖，乌横切"应补。

陌韵第二类陈表又只一小韵，"虢，古伯切"，借用第一类字。《切三》、《王一》、《王二》同。"伯"又唇音也。所删去之"擭，一虢切"，"蜶，丘擭切"应补。

以上庚系十五类。纯以系联而论，庚三类，梗二类（加"打冷"一类），映三类，陌二类而已。陈表以一小韵为一类，且其切下字又借用他类者，不止一处，今姑从之，因于音理尚无从考校也。

四一、耕二类、耿一类、诤一类、麦二类。

耕韵"宏户萌切"，陈氏谓"宏萌"不同类，是《广韵》之疏。实则此韵两类之杂乱病在"薨"（萌）字之以"耕"为切下字。若移"薨鞃"二小韵至第二类，则合矣（《切三》、《王二》均"宏，户氓反"，"莖，户耕反"，"萌，莫耕反"。"氓"音同"萌"）。又"绷，北萌切"，陈氏以为与"浜，布耕切"重复，故删去，当补入第二类。陈谓孙恒韵"绷"字不在耕韵，恐未必然。此字《切三》、《王二》均在耕韵，且切下字作"萌"。

四二、清二类、静二类、劲一类、昔二类。

昔韵"役，营只切"，"只"在第一类，"役"在第二类。《切三》、《王一》、《王二》、《唐韵》同。（又《切三》、《王一》、《王二》，"只，之石反"）。

四三、青二类、迥二类、径一类、锡二类。

迥韵"迥，户顶切"，与"婞，户顶切"重复，陈氏改"户颖"。按《切三》作"户鼎反"，《广韵》亦有所据，似不必改。广韵之"疏"不止此一处，不能一一改之也。

四四、蒸一类、拯一类、证一类、职一类。

拯韵"拯"字"无韵切"，故删去以"拯"为切下字之"庱，丑拯切"，"烝，其拯切"，又删去"烝，色庱切"。此韵隋唐只一小韵。今以《广韵》为主，仍当补所删者。

四五、登二类、等一类、嶝一类、德二类。

德第一类"墨北"互用，与他字不系联。五代刊本"墨，亡得反"，又揆之四声相承之原则，作一类。

四六、尤一类、有一类、宥一类。

此系有韵一类无疑。尤韵"浮谋"互用，在韵末，与他字不系联。《切三》、《王一》、《王二》同。《切三》"谋"且作"莫侯反"，其下联侯韵。窃疑尤、侯之分在唐不外乎开合之理，犹寒、桓也。"浮谋"均唇音。尤韵今从陈氏作一类，以承有韵。宥韵"就僦"互用，与他字不系联。小韵既无重复者，亦从陈氏作一类可也。

四七、侯一类、厚一类、候一类。

四八、幽一类、黝一类、幼一类。

四九、侵一类（陈作二类）、寝一类（陈作二类）、沁一类、缉一类（陈作二类）。

此系沁韵一类。缉韵陈作二类。然"急，居立切"，则两类杂。今合为一类，以"揖，伊入切"为"邑，於汲切"之重出字。其他小韵无重复者。侵韵《广韵》二类，而《王二》通。若合为一类，只"愔，挹淫切"为"音，於金切"之重出字，余小韵亦无重复者。寝韵《广韵》亦二类，而《切三》、《王一》通。若合为一类，亦只"坅，丘甚切"为"顣，钦锦切"之重出耳。今故每韵为一类。①

五十、覃一类、感一类、勘一类、合一类。

五一、谈一类、敢一类、阚一类、盍一类。

盍韵"毲"字张本"都搕切"，陈氏从明本、顾本、曹本改"盍"。按《古逸》本作"盍"，《王二》、《唐韵》亦然。

又"磼，仓杂切"，陈氏以其出韵故删。《王二》作"仓腊反"，五代刊本"子（千）鼠反"，是"磼"固盍韵字也。

五二、盐二类、琰二类、艳二类、叶二类。

---

① 重复之三小韵一作"溪母"，二作"影平"。此系或杂有高本汉所谓第二式之三等韵。今每韵作一类，纯为便利起见，只求于统计无碍耳。

　　此系每韵一类或二类，殊难断定。以系联而谕，平声入声每韵一类，仅"淹，央炎切"为"愿，一盐切"之重出，"敿，於辄切"为"魇，於叶切"之重出耳（唐五代本亦"借用"）。陈氏每韵分二类，故以此二者为《广韵》之疏。上去二声每韵二类，唐各本无一能通转者，此与侵系之大别也。今故从陈氏每韵作二类。然则盐韵"𬭚，巨盐切"与"箝，巨淹切"并不冲突，陈氏删之，误也。

　　五三、添一类、忝一类、㮇一类、帖一类。

　　忝韵"忝，他点切"，《古逸》本作"𦭼"。张本与《王一》、《王二》同，《古逸》本与《切三》同。

　　五四、咸一类、赚一类、陷一类、洽一类。

　　五五、衔一类、槛一类、鉴一类、狎一类。

　　五六、严一类、俨一类、酽一类、业一类。

　　五七、凡一类、范一类、梵一类、乏一类。

　　盐、咸、严、凡四系杂乱。《广韵》凡系平声凡韵借用咸系平声咸韵字，严系去声酽韵借用凡系去声梵音字，而上声俨韵则借用盐系上声琰韵字。考之唐本，似凡系先从咸系分出，而严系之从盐系分出则在后，且或尝寄韵在凡系。此言某系某系者，就一韵所知而推之四声，非断言全系必同一来历也。暇日当详论之。

　　《切三》、《王一》、《王二》"凡"字以"芝"字为切。《广韵》所本似尚在《切三》之前。

	类　数	改并之数	以四声合系计算
东系	7	7	2
冬	4	4	1
鍾	4	4	1
江	4	4	1
支	12	12（?）	4
脂	9	9（?）	3
之	3	3	1
微	6	6	2
鱼	3	3	1
虞	3	3	1
模	3	3	1
齐	5	5	2
祭	3	2	2
泰	2	2	2
佳	6	6	2
皆	5	5	2
夬	2	2	2
灰	3	3	1
咍	3	3	1
废	1	1	1
真谆	17	10	3
臻	2	2	1
文	4	4	1
欣	4	4	1
元	8	8	2
魂	4	4	1
痕	3	3	1
寒桓	11	8	1
删	8	8	2
山	8	8（?）	2
先	8	8	2
仙	10	8（?）	2（?）
萧	3	3	1
宵	6	6	2
肴	3	3	1
豪	3	3	1

（续）

	类　数	改并之数	以四声合系计算
歌戈	10	8	4
麻	9	9	3
阳	8	8	2
唐	8	8	2
庚	15	15（?）	4
耕	6	6	2
清	7	7	2
青	7	7	2
蒸	4	4	1
登	6	6	2
尤	3	3	1
候	3	3	1
幽	3	3	1
侵	4	4	1
覃	4	4	1
谈	4	4	1
盐	8	4（?）	1（?）
添	4	4	1
咸	4	4	1
衔	4	4	1
严	4	4	1
凡	4	4	1
	319	300	94

韵类 300 可视为研究之出发点，非谓审音之结果也。其中有以一二小韵为一类，且其切下字借用他类字者，大抵以四声相承之理订之。若者应分，若者应合，则有待于审音。所可得而言者，凡出类之小韵或切下字，以"唇音"居多。凡一类之内，只有三数小韵者，"喉音牙音"居多。此于韵类之实在意义关系至大，当详考焉。

附录(二)

《广韵》切上字统计表

此表以张氏泽存堂本及《古逸丛书》本为根据，以陈澧《切韵考》（《东塾丛书》本）及唐五代残韵为参考。其法先校补陈氏《外篇》各表而逐类归纳之。白涤洲《广韵声纽韵类之统计》，亦用此法①。王力之表亦据陈表就其偶失之处可知也。②

陈氏志在恢复"陆书之旧"，故删去若干小韵，又校改若干切上字。其删去者概因下列之理由：

（一）同一韵类之内，小韵重出。例如（内四，三下）送韵，"此韵末有懵……字莫弄切与䏡字莫凤切音同。……此增加字也。今不录。"

（二）甲字以乙字为切下字，而乙字则无反语，或其切下字借用他类之字而不用甲字。例如（内四，二七上）蟹韵，"丫乖买切。……此韵无同类之字，故切语亦用买字耳。夥字怀丫切，而丫字切语不用之。……此增加字也。今不录。"

（三）由他书证明某字系后加者。例如（内五，二二上）敬韵，"此韵末有榜……字北孟切。……徐铉于榜字下注云"李舟韵一音北孟切"，然则《唐韵》榜字无此音。……今不录"。③

（四）字涉怪僻。例如（内五，十五下）马韵，"龃字甚僻，

---

① 见该书页5。

② 《中国音韵学》上册，1936，页189—195。

③ 按蒋斧本《唐韵》已作"北孟反"，似不自李舟始也。

《玉篇》、《类篇》、《集韵》皆无之。……亦必增加字而实不必增加者也。今不录"。

[（五）间有脱漏者。祹韵表上不列"跨，普化切"，而（内五，十六上）校勘记不置论焉。]

凡此皆今表所应校补，盖旨趣不在重睹陆氏之旧而以《广韵》为主也。且陈氏所删各字见以唐五代残本者居多。即舍《广韵》而泛论唐代音韵，亦断无任意取舍之理。

陈氏校改切上字亦根据数种理由：

（一）因误解宋人之所谓"类隔"。凡《广韵》某字用"端等四母"、"知等四母"为切，合乎今读，而他书偶或"端知"互错，以致不合今读者，陈氏必改为不合今读。

眞韵"縋"字"驰"改"地"（内四，十一上）　《王二》作"驰"

脂韵"胝"字"丁"改"竹"　（内四，十三上）　《切三》、《王二》作"丁"

祭韵"滞"字"直"改"徒"　（内四，二四上）　《王一》、《王二》、《唐韵》作"直"

删韵"奻"字"奴"改"女"（内四，四七上）　《切三》作"女"

潸韵"赧"字"奴"改"女"（内四，四七上）　《切一》作"奴"，《切三》、《王二》作"怒"

（二）因不知唐音开合可与宋音不同，而眞谆，寒桓等原系同韵，乃据后出之本以改《广韵》。

怪韵"拜"字"博怪切"改"布戒切"　（内四，二八下）。《王一》、《王二》、《唐韵》作"博怪"

眞韵"筠"字"为赟切"改"王春切"（内四，三五下）。

震韵"沝"字"匹刃切"改"抚刃切"（内四，三五下）。《古逸》本作"抚"，应从陈改。

缓韵"伴"字"蒲旱切"改"薄满切"　（内四，四五下）。《切三》、《王一》作"薄"，五代刊本作"步"。

除"匹"改"抚"可从《古逸》本外，其他皆无须改者也。

（三）甚有擅作主张者

支韵"为"字"选"改"远"（内四，九下）。《切一》、《切三》、《王二》作"选"

劲韵"搟"字"畀"改"卑"（内五，二五下）。《王二》作"毕"，《切三》、《王一》作"早"。

此无谓也。

（四）实有他本可凭，而今则更可证以《古逸》本，或考之唐五代残本者，例如送韵"趋"字"子"改"千"（内四，三下）。凡若此者，概从陈氏，不赘述。

陈氏未见《古逸》本。张本与《古逸》本乖违之处甚多，类皆张本误而《古逸》本正。间有两本切上字不同而实同声类者，以版本论，不如改从《古逸》本。

哈韵"来"字陈表作"落"，今改从《古逸》作"洛"，《切三》、《王一》作"落"

歌韵"醝"字陈表作"酢"，今改从《古逸》作"昨"，《王一》、《王二》作"昨"

马韵"洒"字陈表作"沙"，今改从《古逸》作"砂"

宥韵"骤"字陈表作"鉏"，今改从《古逸》作"锄"，《王一》、《王二》、《唐韵》作"锄"

（《谏》韵陈表据张本以"屡"字为"穿母"，"初雁切"。《古逸》本"屡"字在"虥，士谏切五"一小韵之下，作"床母"。张本"虥"下实只五字，而《古逸》本则有六字，似《古逸》本误，《十韵汇编》页222校勘记殊武断。今从张本。《王一》、《王二》、《唐韵》之裥韵"屡，初见反，又初雁反"可证。)

（陷韵"顲"字陈表作"玉陷切"。商务影印张本作"五陷"。《古逸》本作"玉陷"而字体乖异，与本中其他"玉"字不同。疑陈氏所见张本亦作"玉"。然《广韵》以"玉"为切上字惟此一处。唐五代本无以"玉"为切者。《切三》用"玉"字处均系"王"字之误。今于《广韵》不如从商务影印张本作"五"。）

（又劲韵"聘，匹正切"，《古逸》本脱，虞韵"虞，遇俱切"，荡韵"髈，匹朗切"，祃韵"赼，充夜切"，梗韵"卝，呼瞢切"，寝韵"顲，钦锦切"，证韵"乘，实证切"，"錂，里甑切"，阚韵"赕，吐滥切"，薛韵"闂，士列切"，均从张本。）

附注

（一）用韵"拭，秾用切"，"秾"字今表作"娘母"，不作"日母"（内四，六下）。

（二）脂韵"推，叉佳切"陈表从徐锴，改"春佳切"（内四，十三上）。今表从《切二》、《切三》、《王二》改"尺"。

（三）文韵"芬，府文切"，陈表从明本、顾本，改"抚文切"（内四，三九上）。今表既以《广韵》为主，不如任其与"分，府文切"重出。"非敷"互通之例唐代韵书时有之。

（四）愿韵"敽，芳万切"，陈表据明本、顾本改"叉万切"（内四，四一上）。按《广韵》"敽"以"芳"为切上字，乃系"又切"而正切误脱。《王二》作"叉万反"可评。明本、顾本是也。

（五）薛韵"啜，姝雪切"，明本、顾本"殊雪切"，陈氏以"殊雪"为误，（内五，五下）。按《切三》、《王一》、《王二》作"树雪反"，《唐韵》作"殊雪反"，明本、顾本是也。故陈表不必删。

（六）侯韵"奏"字张本"侧候切"（外二，五六下），《古逸》

本"则候切"。按《王一》、《王二》、《唐韵》均作"则",应改从《古逸》本。

（七）谈韵"蓝,昨三切"。按《切三》、《王二》作"作三反"。故陈表不必删（内五,三八下）。

（八）凡韵"欦"字《外篇》作"丘凡切"（外二,六五上）。与内篇（内五,四六下）云云不符,应删。

《广韵》切上字统计表

古类（见乙）[①]

古$_{136}$　公$_3$　过$_1$　各$_1$　格$_1$　兼$_1$　姑$_1$　佳$_1$　诡$_1$　乖$_1$

居类（见甲）

居$_{79}$　举$_7$　九$_6$　俱$_4$　纪$_3$　几$_2$　规$_1$　吉$_1$

苦类（溪乙）

苦$_{86}$　口$_{13}$　康$_4$　枯$_3$　空$_2$　恪$_2$　牵$_1$　谦$_1$　楷$_1$　客$_1$
可$_1$

去类（溪甲）

去$_{42}$　丘$_{37}$　区$_4$　墟$_3$　起$_3$　驱$_2$　羌$_2$　绮$_2$　钦$_1$　倾$_1$
窥$_1$　诘$_1$　祛$_1$　岂$_1$　曲$_1$　卿$_1$　弃$_1$　乞$_1$

渠类（群）

渠$_{36}$　其$_{24}$　巨$_{24}$　求$_7$　奇$_2$　暨$_2$　臼$_1$　衢$_1$　强$_1$　具$_1$
跪$_1$　狂$_1$

五类（疑乙）

五$_{82}$　吾$_4$　研$_2$　俄$_1$　疑$_1$　拟$_1$

---

① "甲乙"之意义详正文。他表于此处用四等名称,与《广韵》不符。

鱼类（疑甲）

鱼$_{40}$　语$_{14}$　牛$_{10}$　宜$_4$　虞$_2$　愚$_1$　遇$_1$　危$_1$

呼类（晓乙）

呼$_{70}$　火$_{16}$　荒$_4$　虎$_4$　海$_1$　呵$_1$　馨$_1$　花$_1$

许类（晓甲）

许$_{73}$　虚$_{16}$　香$_9$　况$_7$　兴$_2$　休$_2$　喜$_2$　朽$_1$　羲$_1$

胡类（匣）

胡$_{90}$　户$_{32}$　下$_{14}$　侯$_6$　何$_2$　黄$_2$　乎$_2$　获$_1$　怀$_1$

乌类（影乙）

乌$_{82}$　於$_{21}$*　乙$_8$　一$_{33}$　安$_3$　烟$_1$　鷖$_1$　爱$_1$　哀$_1$　握$_1$
委$_1$

於类（影甲）

於$_{89}$*　衣$_3$　伊$_3$　央$_2$　纡$_2$　忆$_1$　依$_1$　忧$_1$　谒$_1$　挹$_1$

以类（喻乙）

以$_{24}$　羊$_{14}$　余$_{12}$　余$_8$　与$_7$　弋$_3$　夷$_2$　予$_1$　翼$_1$　营$_1$
移$_1$　悦$_1$

于类（喻"三等"或当作匣甲）

于$_{20}$　王$_8$　雨$_4$　为$_3$　羽$_3$　云$_2$　永$_1$　有$_1$　云$_1$　筠$_1$
洗$_1$　韦$_1$　洧$_1$　荣$_1$

陟类（知）

陟$_{41}$　竹$_{13}$　知$_9$　张$_8$　中$_2$　猪$_2$　微$_1$　追$_1$　卓$_1$　珍$_1$

丑类（彻）

丑$_{67}$　敕$_9$　耻$_1$　痴$_1$　楮$_1$　褚$_1$　抽$_1$

* "於"字分别二类，一以"哀"为切，一以"央"为切，亦据正文。如不分列，则全当入"於"类。

直类（澄）

直$_{55}$　除$_7$　丈$_5$　宅$_4$　持$_3$　柱$_1$　池$_1$　迟$_1$　治$_1$　场$_1$　仁$_1$　驰$_1$　坠$_1$

侧类（照“二等”）

侧$_{36}$　庄$_7$　阻$_6$　邹$_1$　簪$_1$　仄$_1$　争$_1$

之类（照“三等”）

之$_{29}$　职$_{12}$　章$_{12}$　诸$_7$　旨$_4$　止$_3$　脂$_1$　征$_1$　正$_1$　占$_1$　支$_1$　煮$_1$

初类（穿“二等”）

初$_{29}$　楚$_{23}$　测$_3$　叉$_2$　刍$_1$　厕$_1$　创$_1$　疮$_1$

昌类（穿“三等”）

昌$_{29}$　尺$_{16}$　充$_7$　赤$_3$　处$_3$　叱$_2$

士类（床“二等”）

士$_{33}$　仕$_9$　锄$_7$　鉏$_5$　床$_3$　查$_2$　雏$_2$　助$_1$　犲$_1$　崇$_1$　崭$_1$　俟$_1$

食类（床“三等”）

食$_{11}$　神$_6$　实$_1$　乘$_1$

所类（审“二等”）

所$_{45}$　山$_{14}$　疎$_6$　色$_5$　数$_3$　砂$_2$　沙$_1$　疏$_1$　生$_1$　史$_1$

式类（审“三等”）

式$_{23}$　书$_{10}$　失$_6$　舒$_6$　施$_3$　伤$_2$　识$_2$　赏$_2$　诗$_2$　始$_1$　试$_1$　矢$_1$　释$_1$　商$_1$

时类（禅）

时$_{15}$　常$_{11}$　市$_{11}$　是$_6$　承$_5$　视$_3$　署$_2$　氏$_1$　殊$_2$　寔$_1$　臣$_1$　殖$_1$　植$_1$　尝$_1$　蜀$_1$　成$_1$

而类（日）

而$_{23}$　如$_{17}$　人$_{16}$　汝$_4$　仍$_1$　儿$_1$　耳$_1$　儒$_1$

奴类（泥）

奴$_{54}$　乃$_{16}$　那$_3$　诺$_2$　内$_2$　妳$_1$

女类（娘）

女$_{35}$　尼$_9$　拏$_1$　秾$_1$

卢类（来乙）

卢$_{26}$　郎$_{16}$　落$_{10}$　鲁$_9$　来$_3$　洛$_3$　勒$_2$　赖$_1$　练$_1$

力类（来甲）

力$_{57}$　良$_{13}$　吕$_7$　里$_2$　林$_1$　离$_1$　连$_1$　缕$_1$

都类（端）

都$_{37}$　丁$_{23}$　冬$_{11}$　当$_9$　得$_2$　德$_2$　冬$_1$

他类（透）

他$_{54}$　吐$_{10}$　土$_6$　託$_2$　湯$_2$　同$_1$　天$_1$　通$_1$　台$_1$

徒类（定）

徒$_{64}$　杜$_4$　特$_2$　度$_2$　唐$_2$　同$_1$　陀$_1$　堂$_1$　田$_1$

作类（精乙）

作$_{15}$　则$_{12}$　祖$_5$　臧$_4$　借$_1$

子类（精甲）

子$_{62}$　即$_{16}$　将$_7$　姊$_3$　资$_3$　遵$_2$　兹$_2$　醉$_1$　锉$_1$

仓类（清乙）

仓$_{23}$　千$_{11}$　苍$_3$　麤$_2$　采$_2$　青$_1$　仓$_1$

七类（清甲）

七$_{62}$　此$_4$　亲$_2$　醋$_1$　迁$_1$　取$_1$　雌$_1$

昨类（从乙）

昨$_{27}$　徂$_{19}$　才$_{12}$　在$_{10}$　藏$_4$　前$_1$

疾类（从甲）

疾$_{16}$　慈$_9$　秦$_5$　自$_1$　渐$_1$　匠$_1$　情$_1$

苏类（心乙）

苏$_{41}$　先$_{13}$　桑$_5$　素$_4$　速$_1$

息类（心甲）

息$_{31}$　相$_{11}$　私$_8$　思$_7$　斯$_3$　胥$_1$　虽$_1$　辛$_1$　须$_1$　写$_1$

悉$_1$　司$_1$

徐类（邪）

徐$_{11}$　似$_{11}$　祥$_4$　辞$_3$　详$_2$　寺$_1$　辝$_1$　随$_1$　旬$_1$　夕$_1$

博类（帮乙）

博$_{23}$　北$_{11}$　布$_9$　补$_7$　边$_2$　伯$_1$　百$_1$　巴$_1$

方类（帮非甲）

方$_{32}$　甫$_{12}$　府$_{12}$　必$_7$　彼$_6$　卑$_4$　兵$_2$　陂$_2$　并$_2$　分$_2$

笔$_2$　畀$_1$　鄙$_1$　封$_1$　晡$_1$

普类（滂乙）

普$_{37}$　滂$_4$

匹类（滂甲、滂敷乙之间，或当作甲）

匹$_{32}$　譬$_1$

芳类（滂敷甲）

芳$_{15}$　敷$_{12}$　抚$_4$　孚$_4$　披$_3$　丕$_1$　妃$_1$　峰$_1$　拂$_1$

蒲类（並乙）

蒲$_{30}$　薄$_{22}$　傍$_5$　步$_4$　部$_2$　白$_2$　裴$_1$　捕$_1$

符类（並奉甲）

符$_{23}$　扶$_{13}$　房$_{11}$　皮$_7$　毗$_7$　防$_4$　平$_3$　婢$_1$　便$_1$　附$_1$

第一表　广韵声类在各韵类相逢之势

每格二数字，下为相逢数，上为其相逢对数。声类名称上之数字，乃作日者。

（本表为广韵声类相逢之势的大型数字矩阵，纵横均以声类名称为标目：都、莎、之、丑、苏、居、苦、古、去、方、昌、七、此、他、子、呼、许、博、普、匹、所、式、初、侧、直、士、而、以、于、武、莫、渠、符、虑、力、郎、胡、昨、疾、蒲、五、奴、时、女、徐、食等。表中各格为相应声类相逢之数据。）

第二表　广韵声类协和冲突之势

之 71	昌 60 穿三	食 19 床三	式 60 审三	时 63 禅	而 63 日	以 74 喻四	子 96 精四	七此 70 清四	疾 34 从四	息 67 心四	徐 36 邪	侧 53 照二	初 60 穿二	士 62 床二	所 79 审二	陟 79 知	丑 81 彻	直 82 澄	女 46 娘	力 82 来三	方 84 非	芳 41 敷	符 76 奉	武 70 微	于 48 喻三	居 102 见三	去 99 溪三	渠 100 群	鱼 73 疑三	许 110 晓三	於 101 影三	古 146 见一	苦 116 溪一	五 90 疑一	呼 96 晓一	胡 147 匣	乌 120 影一	博 55 帮	普 41 滂	蒲 67 並	莫 71 明	多都 85 端	他 76 透	徒 78 定	奴 78 泥	虑郎 71 来一	作 37 精一	仓 42 清一	昨 73 从一	苏 63 心一
照三	59 / 52	60 / 17	61 / 55	62 / 59	59 / 54	58 / 62	44 / 59	47 / 46	60 / 30	57 / 55	60 / 32	27 / 22	27 / 25	26 / 25	19 / 27	44 / 48	48 / 54	49 / 56	35 / 23	49 / 57	35 / 42	42 / 24	35 / 38	22 / 26	25 / 19	32 / 47	34 / 48	32 / 47	36 / 37	23 / 42	33 / 48	-104 / 3	-111 / 2	-130 / 1	-133 / 1	-152 / 1	-95 / 3	— / 0	— / 0	— / 0	-72 / 3	-50 / 6	-123 / 1	-94 / 2	-76 / 3	-120 / 1	— / 0	-67 / 2	-4 / 15	-115 / 1
穿三		70 / 18	60 / 45	62 / 49	58 / 45	60 / 55	43 / 49	45 / 37	61 / 26	59 / 49	57 / 25	32 / 21	27 / 21	30 / 23	21 / 24	45 / 42	45 / 43	48 / 47	40 / 22	48 / 47	32 / 33	44 / 21	35 / 32	20 / 21	22 / 15	31 / 39	33 / 40	28 / 36	32 / 29	28 / 39	31 / 39	-84 / 4	-86 / 3	-93 / 2	-96 / 2	-84 / 4	-66 / 5	— / 0	-59 / 2	-110 / 1	-52 / 4	-36 / 7	-86 / 2	-69 / 3	-69 / 3	-83 / 2	-54 / 2	-30 / 4	4 / 15	-77 / 2
床三			65 / 16	57 / 14	60 / 15	61 / 18	47 / 17	42 / 11	73 / 11	63 / 17	57 / 8	28 / 6	15 / 5	21 / 6	3 / 5	44 / 13	52 / 16	46 / 14	41 / 7	46 / 14	25 / 9	31 / 5	30 / 9	8 / 5	-46 / 1	26 / 11	18 / 9	13 / 8	26 / 8	22 / 11	22 / 10	— / 0	— / 0	— / 0	— / 0	-84 / 1	-86 / 1	— / 0	— / 0	— / 0	— / 0	-10 / 4	— / 0	-67 / 1	— / 0	— / 0	— / 0	-40 / 1	-34 / 2	— / 0
审三				63 / 51	60 / 47	59 / 54	48 / 54	50 / 42	62 / 27	55 / 45	62 / 28	34 / 22	35 / 25	35 / 26	24 / 26	44 / 41	49 / 47	48 / 47	44 / 24	51 / 50	35 / 35	41 / 20	38 / 34	26 / 24	22 / 15	32 / 40	33 / 40	33 / 40	38 / 33	23 / 35	33 / 41	-144 / 1	-104 / 2	— / 0	-126 / 1	-144 / 1	-75 / 4	— / 0	— / 0	— / 0	-65 / 3	-51 / 5	-116 / 1	-87 / 2	-87 / 2	-113 / 1	— / 0	-60 / 2	-2 / 13	-107 / 1
禅					63 / 53	59 / 57	46 / 55	50 / 44	59 / 26	58 / 50	60 / 28	32 / 22	32 / 25	23 / 21	22 / 26	45 / 44	48 / 48	50 / 51	36 / 21	51 / 52	35 / 37	45 / 23	36 / 34	27 / 26	28 / 18	32 / 42	34 / 43	33 / 42	40 / 36	25 / 39	36 / 46	-98 / 3	-106 / 2	-125 / 1	-128 / 1	-116 / 2	-90 / 3	— / 0	— / 0	-112 / 1	-67 / 3	-62 / 4	-118 / 1	-89 / 2	-71 / 3	-115 / 1	-86 / 1	— / 0	2 / 15	-79 / 2
日						59 / 57	43 / 51	47 / 41	51 / 22	56 / 48	55 / 25	30 / 21	34 / 26	27 / 23	19 / 24	44 / 43	44 / 44	45 / 46	36 / 21	50 / 51	30 / 33	41 / 21	30 / 30	22 / 23	28 / 18	32 / 42	31 / 40	31 / 40	35 / 32	25 / 39	31 / 41	-76 / 5	-76 / 4	-95 / 2	-98 / 2	-86 / 4	-60 / 6	-74 / 2	-91 / 1	-82 / 2	-37 / 6	-53 / 5	-70 / 3	-71 / 3	-59 / 4	-85 / 2	-56 / 2	-62 / 2	7 / 17	-79 / 2
喻四							42 / 59	47 / 48	61 / 32	56 / 56	54 / 29	25 / 22	27 / 26	20 / 23	17 / 27	41 / 47	42 / 50	45 / 54	31 / 22	48 / 58	33 / 42	40 / 24	33 / 38	24 / 28	23 / 19	31 / 48	34 / 50	32 / 48	34 / 37	25 / 45	32 / 49	-93 / 4	-95 / 3	-132 / 1	-105 / 2	-106 / 3	-84 / 4	— / 0	-98 / 1	-119 / 1	-62 / 4	-45 / 7	-95 / 2	-78 / 3	-78 / 3	-92 / 2	-93 / 1	-51 / 3	-3 / 16	-86 / 2
精四								41 / 54	48 / 31	44 / 56	46 / 31	16 / 23	19 / 28	7 / 22	7 / 28	30 / 47	33 / 52	33 / 53	24 / 24	37 / 58	26 / 46	23 / 21	23 / 39	20 / 33	12 / 19	18 / 47	16 / 43	20 / 48	19 / 34	12 / 44	22 / 50	-28 / 23	-18 / 23	-18 / 18	-18 / 19	-28 / 23	-22 / 22	-22 / 10	-19 / 8	-10 / 16	-10 / 17	2 / 27	0 / 23	1 / 24	-5 / 21	1 / 22	— / 0	4 / 14	19 / 34	4 / 21
清四									57 / 28	50 / 46	50 / 25	19 / 18	18 / 20	7 / 16	6 / 20	30 / 35	36 / 41	35 / 40	27 / 19	36 / 41	21 / 30	25 / 16	18 / 25	14 / 21	6 / 12	21 / 36	17 / 32	20 / 35	23 / 27	12 / 32	22 / 37	-30 / 16	-15 / 18	-12 / 15	-18 / 14	-25 / 18	-10 / 21	-13 / 9	-11 / 7	-17 / 10	-11 / 12	3 / 20	-2 / 16	2 / 18	2 / 18	4 / 17	-13 / 6	— / 0	19 / 25	-19 / 9
从四										54 / 25	59 / 15	33 / 12	23 / 11	26 / 12	15 / 12	37 / 20	51 / 28	47 / 26	42 / 13	52 / 29	37 / 21	36 / 10	37 / 19	24 / 13	7 / 6	34 / 24	32 / 22	29 / 21	34 / 17	25 / 21	38 / 26	-119 / 1	-79 / 2	— / 0	— / 0	-120 / 1	-81 / 2	— / 0	— / 0	— / 0	-88 / 1	-18 / 6	-91 / 1	-62 / 2	-92 / 1	— / 0	— / 0	-65 / 1	— / 0	-53 / 2
心四											58 / 29	30 / 22	30 / 25	21 / 21	16 / 24	42 / 44	42 / 45	46 / 50	38 / 23	47 / 51	33 / 38	41 / 22	32 / 33	25 / 26	25 / 18	32 / 45	30 / 42	30 / 42	31 / 31	24 / 40	31 / 43	-64 / 7	-91 / 3	-128 / 1	-70 / 4	-79 / 5	-70 / 5	-106 / 1	-46 / 3	-115 / 1	-48 / 5	-25 / 10	-51 / 5	-31 / 8	-52 / 5	-57 / 4	-41 / 3	-4 / 8	12 / 20	— / 0
邪												34 / 13	35 / 15	30 / 14	20 / 14	45 / 25	45 / 26	46 / 27	40 / 13	41 / 24	30 / 19	24 / 8	24 / 15	10 / 10	22 / 9	11 / 15	18 / 17	29 / 22	31 / 17	19 / 19	29 / 22	-122 / 1	-112 / 1	— / 0	— / 0	-122 / 1	-83 / 2	-79 / 1	— / 0	— / 0	-90 / 1	-51 / 3	-93 / 1	-95 / 1	-64 / 2	-90 / 1	-62 / 1	— / 0	-7 / 7	-55 / 2
照二													52 / 33	56 / 37	47 / 39	44 / 36	39 / 33	34 / 30	55 / 27	31 / 28	-3 / 13	12 / 9	4 / 14	-22 / 7	10 / 10	17 / 25	15 / 23	12 / 22	22 / 20	20 / 29	12 / 22	-4 / 22	-1 / 19	15 / 21	-20 / 10	-1 / 24	4 / 22	15 / 13	12 / 9	3 / 12	13 / 16	-31 / 7	— / 0	-111 / 1	-16 / 9	-77 / 2	— / 0	-84 / 1	-39 / 5	— / 0
穿二														56 / 42	52 / 49	38 / 36	38 / 37	36 / 35	44 / 24	30 / 31	10 / 20	29 / 15	10 / 18	6 / 15	22 / 15	19 / 30	23 / 32	17 / 28	28 / 26	25 / 37	15 / 27	-2 / 26	-9 / 18	7 / 20	-35 / 8	-1 / 27	-5 / 20	6 / 12	-19 / 5	1 / 13	2 / 14	-43 / 6	-116 / 1	-117 / 1	-26 / 8	-113 / 1	-84 / 1	-90 / 1	-36 / 6	-107 / 1
床二															48 / 46	44 / 42	38 / 38	38 / 38	45 / 25	29 / 31	11 / 21	28 / 15	9 / 18	-6 / 12	7 / 11	10 / 25	19 / 30	9 / 24	15 / 20	21 / 35	5 / 22	4 / 31	3 / 24	14 / 24	-16 / 13	6 / 33	5 / 26	12 / 14	-6 / 7	9 / 16	14 / 19	-44 / 6	-87 / 2	-70 / 3	-18 / 18	-66 / 3	— / 0	-61 / 2	-45 / 5	-79 / 2
审二																34 / 43	32 / 42	30 / 41	57 / 27	26 / 39	8 / 25	20 / 16	10 / 24	-4 / 16	20 / 19	18 / 38	14 / 34	16 / 36	20 / 29	17 / 40	11 / 32	-4 / 33	-10 / 23	7 / 26	-34 / 11	-2 / 35	-4 / 27	6 / 12	-10 / 8	-2 / 16	1 / 18	-48 / 7	— / 0	-129 / 1	-21 / 12	-95 / 2	-96 / 1	— / 0	-48 / 6	-119 / 1
知																	42 / 53	47 / 60	47 / 34	43 / 53	29 / 41	36 / 23	26 / 34	12 / 23	25 / 21	25 / 45	24 / 43	23 / 42	22 / 30	25 / 48	22 / 42	-24 / 21	-18 / 19	-9 / 18	-47 / 8	-20 / 23	-15 / 21	-9 / 11	-41 / 4	-11 / 13	-7 / 15	-63 / 5	-98 / 2	-81 / 3	-38 / 8	-64 / 4	— / 0	-72 / 2	-11 / 14	-119 / 1
彻																		47 / 62	44 / 32	42 / 55	28 / 41	34 / 23	29 / 38	9 / 22	6 / 14	23 / 44	23 / 43	25 / 45	25 / 33	19 / 43	25 / 46	-27 / 20	-27 / 16	-16 / 16	-49 / 8	-25 / 21	-28 / 16	-19 / 9	-32 / 5	-23 / 10	-5 / 16	-34 / 10	-99 / 2	-70 / 4	-30 / 10	-66 / 4	-67 / 2	-73 / 2	-19 / 12	-73 / 3
澄																			45 / 33	47 / 63	32 / 45	34 / 23	30 / 39	19 / 28	25 / 22	29 / 51	27 / 47	30 / 51	14 / 26	23 / 48	25 / 46	-27 / 20	-36 / 13	-37 / 10	-62 / 6	-28 / 20	-29 / 16	-15 / 10	-32 / 5	-20 / 11	-15 / 13	-56 / 6	-129 / 1	-130 / 1	-61 / 6	— / 0	— / 0	-56 / 3	-16 / 18	-121 / 1
娘																				40 / 30	17 / 18	23 / 10	19 / 17	-10 / 8	0 / 7	21 / 24	19 / 22	16 / 21	18 / 16	20 / 25	18 / 22	-7 / 18	-5 / 15	6 / 15	-36 / 6	-5 / 19	6 / 20	5 / 9	1 / 6	-3 / 9	-6 / 9	-19 / 8	— / 0	-58 / 3	— / 0	-101 / 1	— / 0	— / 0	-12 / 8	— / 0
来三																					34 / 47	32 / 22	31 / 40	21 / 29	23 / 21	31 / 54	30 / 51	32 / 54	33 / 40	24 / 49	28 / 50	-40 / 15	-40 / 12	-52 / 7	-79 / 4	-46 / 13	-31 / 15	-37 / 6	-102 / 1	-54 / 5	-42 / 7	-30 / 11	-56 / 6	-35 / 9	-40 / 8	— / 0	-68 / 2	-56 / 3	-7 / 13	-51 / 5
非																						51 / 35	48 / 61	43 / 50	44 / 35	27 / 50	27 / 49	28 / 50	28 / 37	23 / 49	30 / 53	-47 / 13	-49 / 10	-53 / 7	-50 / 8	-51 / 12	-55 / 9	— / 0	-33 / 5	-47 / 6	-32 / 9	-45 / 8	-60 / 5	-47 / 7	-47 / 7	-57 / 5	-99 / 1	-27 / 6	-8 / 16	-44 / 6
敷																							57 / 36	41 / 23	49 / 19	34 / 29	40 / 32	34 / 28	41 / 24	33 / 30	38 / 31	-80 / 3	-70 / 2	-106 / 1	-79 / 2	80 / 3	-89 / 2	-85 / 1	— / 0	-63 / 2	-36 / 4	-66 / 3	-69 / 2	-70 / 2	-52 / 3	-66 / 2	-38 / 2	-43 / 2	-7 / 8	-61 / 2
奉																								44 / 46	46 / 33	31 / 50	28 / 45	31 / 49	33 / 37	24 / 46	30 / 48	-70 / 7	-84 / 4	-63 / 5	-66 / 6	-70 / 7	-68 / 6	-52 / 4	-29 / 5	- / 0	-38 / 7	-35 / 9	-56 / 5	-49 / 6	-49 / 6	-53 / 5	-34 / 4	-22 / 6	-10 / 14	-48 / 5
微																									47 / 31	21 / 36	21 / 35	21 / 36	21 / 26	19 / 37	21 / 33	-36 / 14	50 / 8	-45 / 7	-55 / 6	-32 / 15	-52 / 8	-38 / 5	-35 / 4	-27 / 8	— / 0	-23 / 11	-27 / 9	-23 / 10	-28 / 9	-35 / 7	-61 / 2	-19 / 6	0 / 16	-36 / 6
喻三																										37 / 36	33 / 32	34 / 33	32 / 23	30 / 33	35 / 34	-104 / 2	-124 / 1	-113 / 1	-116 / 1	-135 / 1	-126 / 1	— / 0	— / 0	-100 / 1	-55 / 3	-81 / 2	-106 / 1	-107 / 1	-77 / 2	-103 / 1	— / 0	-80 / 1	-14 / 8	-98 / 1
见三																											31 / 65	38 / 77	39 / 58	30 / 70	35 / 72	-137 / 2	-127 / 2	-146 / 1	-89 / 4	-167 / 1	-98 / 4	— / 0	-112 / 1	— / 0	-88 / 3	-66 / 6	-109 / 2	-80 / 4	-80 / 4	-136 / 1	— / 0	-65 / 3	-33 / 11	-100 / 2
溪三																												32 / 65	39 / 56	27 / 63	32 / 66	-75 / 8	-126 / 2	-85 / 4	-87 / 4	-96 / 5	-73 / 7	-93 / 2	-111 / 1	-132 / 1	-74 / 4	-82 / 4	-137 / 1	-108 / 2	-108 / 2	— / 0	— / 0	-82 / 2	-24 / 13	-99 / 2
群																													40 / 57	28 / 66	37 / 74	-106 / 4	-156 / 1	— / 0	-88 / 4	-119 / 3	-97 / 4	-124 / 1	-81 / 2	-132 / 1	-65 / 5	-95 / 3	— / 0	-139 / 1	-109 / 2	— / 0	— / 0	-112 / 1	-25 / 13	-130 / 1
疑三																														37 / 59	42 / 61	-105 / 3	— / 0	— / 0	-134 / 1	-153 / 1	-84 / 4	-110 / 1	-97 / 1	-119 / 1	-73 / 3	-69 / 4	— / 0	-95 / 2	-95 / 2	-121 / 1	-93 / 1	— / 0	-38 / 7	-86 / 2
晓三																															26 / 64	-30 / 25	-32 / 19	-29 / 16	-152 / 1	-36 / 22	-30 / 21	-28 / 10	-55 / 4	-29 / 12	-28 / 13	-35 / 13	-52 / 8	-53 / 8	-48 / 9	-39 / 10	-63 / 3	-46 / 5	-26 / 14	-49 / 7
影三																																-119 / 3	-127 / 2	-146 / 1	-118 / 2	-137 / 2	— / 0	— / 0	-81 / 2	-133 / 1	-88 / 3	-73 / 5	— / 0	— / 0	-92 / 3	— / 0	— / 0	— / 0	-29 / 12	-130 / 1
见一																																	31 / 108	31 / 84	29 / 85	30 / 135	29 / 106	29 / 49	28 / 36	28 / 59	27 / 61	29 / 75	32 / 72	32 / 74	29 / 69	33 / 69	33 / 36	30 / 38	22 / 56	31 / 59
溪一																																		38 / 79	33 / 74	30 / 106	33 / 94	34 / 44	32 / 31	33 / 52	34 / 56	36 / 71	39 / 68	40 / 72	37 / 67	41 / 67	41 / 35	38 / 37	30 / 53	40 / 58
疑一																																			30 / 54	32 / 86	37 / 80	38 / 37	38 / 28	34 / 41	37 / 47	37 / 56	39 / 53	38 / 53	40 / 55	41 / 52	38 / 25	38 / 29	32 / 43	41 / 46
晓一																																				29 / 87	32 / 75	30 / 33	32 / 26	32 / 42	32 / 45	35 / 57	38 / 55	41 / 60	34 / 51	41 / 55	43 / 30	40 / 32	32 / 46	40 / 48
匣																																					29 / 109	32 / 53	29 / 37	31 / 63	29 / 64	26 / 72	31 / 71	31 / 73	30 / 71	32 / 68	32 / 36	28 / 37	21 / 55	31 / 59
影一																																						38 / 50	30 / 31	33 / 54	35 / 60	31 / 65	34 / 62	35 / 66	32 / 62	36 / 61	33 / 30	35 / 35	26 / 50	35 / 53
帮																																							49 / 22	55 / 41	51 / 40	31 / 30	36 / 30	33 / 29	39 / 33	37 / 29	40 / 16	32 / 15	28 / 24	38 / 26
滂																																								48 / 26	50 / 29	38 / 26	41 / 25	41 / 26	45 / 28	46 / 26	50 / 15	52 / 18	37 / 22	39 / 20
並																																									53 / 50	29 / 35	32 / 33	34 / 36	39 / 40	39 / 37	39 / 19	38 / 21	28 / 29	36 / 30
明																																										35 / 42	36 / 39	37 / 41	40 / 44	42 / 42	45 / 23	46 / 27	32 / 34	40 / 35
端																																											53 / 69	55 / 73	49 / 64	54 / 66	54 / 24	51 / 33	44 / 53	55 / 59
透																																												58 / 71	50 / 59	58 / 64	59 / 34	57 / 37	49 / 54	59 / 59
定																																													52 / 63	59 / 68	59 / 35	57 / 38	50 / 56	58 / 59
泥																																														52 / 58	52 / 30	49 / 32	41 / 46	54 / 53
来一																																															62 / 34	60 / 37	52 / 54	60 / 56
精一																																																61 / 20	55 / 30	60 / 29
清一																																																	54 / 33	56 / 30
从一																																																		50 / 46
心一																																																			

缚$_1$ 浮$_1$ 冯$_1$ 父$_1$ 弼$_1$ 符$_1$

莫类（明乙）

莫$_{65}$ 模$_3$ 谟$_2$ 慕$_1$ 母$_1$

武类（明微甲）

武$_{24}$ 亡$_{13}$ 弥$_{11}$ 无$_7$ 交$_4$ 眉$_3$ 靡$_2$ 明$_2$ 美$_1$ 绵$_1$
巫$_1$ 望$_1$

上表 51 类。"匹"类位在"普芳"之间，而括以括弧。此与今说作 47 类者不同。数字亦与白表王表稍有出入。孔子曰："会计当而已矣"，非易言也。

（原载《燕京学报》1939 年第 25 期 1—58 页，又载《陆志韦语言学著作集》（二）373—431 页，中华书局，1999 年第 1 版）

三四等与所谓"喻化"

一　隋唐声类"喻化"说评述

西方语言学者之所谓 palatalization 或 mouillure 此言齶化。所谓 yodicization 者此言喻化。

据 Schaank[①] 言，宋人三等字在隋唐以前作齶化，四等字则否。二者同具介音 i，而四等字出于一二等，独三等字另为切。高本汉[②] 沿袭其说，始用喻化之名。喻化可作二解。[③] 一则口出

---

①　Schaank, S. H., *Ancient Chinese Phonetics*, T'oung Pao, série I, VIII, 1897, 361377, 457-486; IX, 1898, 28-57.

②　Phonologie, 44 页以下。

③　同上书 44—45 页註：

Let terme "mouillé" a dans la linguistique moderne une signification très spéciale. Comme il est impossible de fixer, pour l'ancien chinois, s'il s'agit d'une vraie palatalisation des consonnes ("mouillure", auquel cas la position de "yod" ou i est prise par la langue simultanément avec l'articulation normale du son "mouillé") ou d'un yod suivant la consonne, je préfère, dans la suite, aux termes mouillure, mouillé etc., ceux de yod, yodisé. C'est en réalité ce qu'a voulu dire M. Schaank, sa graphie ty le prouve.

辅音字，舌位同时作 j 或作 i 势，则辅音颚化，或即马伯乐[1] 所谓 k 与 kʸ 等等之分也，k 颚化则为 kʸ。二则口出辅音之后舌位始作 i 势，中经 j 位。j 为间介之音，其如天竺学者之所谓 svarabharti 乎？

凡言颚化而以 k 等'喉牙'音为例以证隋唐音，殊属不当。何以故？隋唐音喉牙化颚，事非无稽，然非所以言三四等之分别也。神珙《四声五音九弄反纽图序》，'东方喉声'与'中央牙声'并列。今考其分别：

东方喉声		中央牙音	
何	匣₋等开	更	见₋等开
我	疑……	硬	疑……
刚	见……	牙	疑……
鄂	疑……	格	见……
誩	见……	行	匣……
可	溪……	幸	匣……
康	溪……	亨	晓……
各	见……	客	溪……

此中独无群母字。唐代若种方言中 k 系与 c 系[2] 必有分别。神珙以'牙声'为'中央'，似非偶然。有清一代之音韵学家不如二系与前后元音这关系及其在宋代等韵上之地位，辄以神珙图为儿戏。"更硬…"为"刚我…"之颚音，显而易见。此所云云，为喉牙音与一二等之关系，非一切辅音与三四等之关系。至若双

[1] Maspero, H., *Le dialecte de Tch'ang-Ngan sous les T'ang*, BEFEO, XX, no. 2, 1920, P. 3. 马氏书出高本汉之后而仍言 mouillé，其符号则用 Schaank 之-ʸ。本文所云或系误会。

[2] 此处音符从赵元任，《现代吴语的研究》(《清华研究院丛书》第四种，1928)。参阅王力《中国间韵学》上册(商务，1936)，页55。

唇音本无所谓齶音与非齶音之分别，然《切韵》、《广韵》于三等作"方芳符武"，四等作"博普蒲莫"，界限分明。齿音之切上字与等韵之关系更难一言而尽。约而言之，三四等之分别断不在乎辅音之真正化为齶音与否。

故凡言"喻化"，不如专指高氏之 j 而言，更不如以 j 介乎声母与介音 i 之间。高氏之言，[①] "辅音性短 i 之前声母必喻化，元音性长 i 之前声母必不喻化。"然其近作仍有作 ts i ēn，s ien 等等符号者，[②] 则何以自相矛盾？盖因今人以《广韵》声类作 47 之数，精清从心四母只在乙部而不在甲部，[③] 且等韵各图亦以齿头音为无三等，故不得已而自坏藩篱。设如韦说，精清从心亦可分隶甲乙二部，则高氏之喻化符号何尝不可作 tsj，ts'j，dzj，sj。宋人纯四等，齐先萧青添等 18 韵无一邪母字，而邪母则名为四等声母，宁非怪事。然据韦分析，邪母但属甲部而不属乙部，则若合符节矣。一得之愚可以贡之高氏（邪母字只见于三四等合韵中。合韵中之四等字作何解释，后当别论）。虽然，今兹所欲言者，殊不在齿头音之应否作喻化，而在隋唐音整体有无喻化之痕迹也。

据高氏言，[④] 三等喻化之佐证，不外数端。以见溪晓三母为例：（1）宋人一等字于今官话为"硬音"而三等字则已变为齶音破裂磨擦。（2）四等字与一等字同用切上字而三等字之切上字则别为一系。（3）四等与三等可同韵，在《切韵》、《广韵》必已同具介音 i。是则四等字之所以异于三等字者必在声母之性质。既

---

①　*The Reconstruction of Ancient Chinese*，T'oung Pao，Série Ⅱ，XXI，1922，p. 26.

②　*Word Families in Chinese*，The Museum of Far Eastern Antiquities，五号，1933，页 12。

③　见拙著《证〈广韵〉五十一声类》，《燕京学报》25 期，1939。

④　*Phonologie*，页 46—48。

非清浊之分，又非发音地位或发音方法之分，则除三等作喻化而四等不喻化外，更无其他理由可言。兹先论《广韵》切上字与今官话之关系。

三等字在隋唐已具介音，此为定论。自唐以来国人治音理者似无不知之。其在汉魏以前论者亦每用介音 i。至所谓喻化，不知当从何时起，意者：

	上古	隋	宋	官话
（1）三四等合韵中之四等字①	kj i-	kj i-	ki-	k∫ i-
（2）纯三等韵	"	"	?	"
（3）纯四等韵	ki-	ki-	ki-	k∫ i-

四等字与三等字在今官话既同作齶音破裂磨擦，则吾人断不能于中古音与今音之转变中求得隋唐三四等韵之分别。然则高氏之说祇可以证明三等与一二等之分别，而于三等喻化与否实风马牛不相及也。

反而言之，（甲）高丽，日本，安南三种汉音皆起源于隋唐之间，而绝不显 kj i-与 k i-之分别。（乙）今世方言遍中国无此痕迹。（高丽汉音与介音 i 长短之关系详后）。

二 《广韵》切上字与等韵之关系

今人但知宋人一二四等与三等之切上字在《广韵》不同部

---

① 即高氏之 types Alpha, Beta, Gamma. *Phonologie* 页 625 注云：

Il est vrai qu'un petit nombre de ces mots sont transportés, dans les tables de rimes, de la IIIe dans la IVe div., c. -à. -d. qu'ils ont perdu leur yod. C'est la une évolution aprés le Ts 'ie yun, car les fan-ts 'ie marquent le yod d'une manière absolument stricte.

此言合韵中齿头音以外之四等字，为数并不少。所言与史实不符，且显为"亏辞。"容后申说。

系。余前分《广韵》声母为甲乙二部,甲部用于宋人三等而乙部
则大体用于一二等。至于第四等则未明言,但谓"形式"的分析
不能证明唐人有所谓四等之分立。① 英文撮要则谓《切韵》甲部
字有介音 i 而乙部则否。② 此则与今人于齐先等 18 "纯四等韵"
作 i 者根本冲突,不能无所解释。

今于下表举例说明甲乙二部与四等之关系,尤详于第四等与
第一第三等之分别。例举见母一二三四等,溪母三四等,疑母四
等,从母四等,心母一四等;凡细读余前文者,自当知其所以
然。于心母举一四等者,因在《广韵》齿头音惟此母最易分甲乙
部。高本汉论四等切上字但以伪司马《指掌图》③ 为据,偶以最
晚出为"经史正音"之《切韵指南》校之。兹并列《七音略》、
《韵镜》,《指掌图》、《四声等子》、《指南》,以昭慎重。④ 五书总
计时,凡两本字体大同小异者合并之。《广韵》不收之字概缺,
不论其见于《集韵》与否。

---

① 前引拙著,页 27。
② 前引《燕京学报》英文撮要页 2。
③ 此言"伪司马"者盖从俗论。邹特夫以归之杨中修,语无实据,最奇者,
《指掌图》"自思寺"三字为一等而《皇极经世图作》"开。"司马光,洛人,而邵雍
寓洛最久。姑存疑以待时贤推考之。
④ 所用版本如下:
(1)《七音略》用至治本,概从罗校,但第五转不补"觫"字,第二三转"变"
字去,不改"卷"字,第三七转"矿"字不改等。此等处似不必以《韵镜》为据。
(2)《韵镜》用宽永本。
(3)《指掌图》用《四部丛刊续编》景瞿氏景宋本,与熊本同(高本汉用最恶劣
之《十万卷楼丛书本》)。
(4)《四声等子》,不得已用《咫进齐丛书本》,应校改之处甚多,不及备载。
(5)《指南》用崇祯己巳金陵圆觉庵重刊本,与《碧琳琅馆丛书》本同。

		所据字数	属于《广韵》甲部者	百分数
《七音略》	见一	62	0	0
	见二	55	0	0
	见三	87	85	97.7
	见四	42	17	40.5
	溪三	70	68	97.1
	溪四	38	16	42.1
	疑四	9	0	0
	从四	57	35	61.2
	心一	48	6	12.5
	心四	77	60	77.9
《韵镜》	见一	63	0	0
	见二	56	0	0
	见三	86	83	96.5
	见四	47	22	46.8
	溪三	74	72	97.3
	溪四	42	18	42.9
	疑四	13	2	15.4
	从四	59	34	57.4
	心一	47	6	12.8
	心四	80	63	78.8
《指掌图》	见一	57	0	0
	见二	36	0	0
	见三	52	50	96.2
	见四	35	14	40.0
	溪三	45	45	100
	溪四	32	13	40.6
	疑四	14	3	21.4
	从四	44	24	54.4
	心一	47	7	14.9
	心四	52	37	71.1

		所据字数	属于《广韵》甲部者	（续）百分数
《等子》	见一	58	1	2.1
	见二	38	0	0
	见三	58	58	100
	见四	37	13	35.1
	溪三	47	46	97.9
	溪四	34	13	38.2
	疑四	13	0	0
	从四	42	21	50.0
	心一	45	3	6.7
	心四	52	21	71.1
《指南》	见一	56	1	2.2
	见二	35	0	0
	见三	59	58	98.3
	见四	36	13	36.1
	溪三	52	50	96.2
	溪四	34	17	50.0
	疑四	15	1	6.7
	从四	48	28	58.3
	心一	46	4	8.7
	心四	56	47	83.9
总凡五本不同之字	见一	80	1	1.3
	见二	73	0	0
	见三	109	105	96.3
	见四	59	28	47.5
	溪三	93	90	96.8
	溪四	57	25	43.9
	疑四	20	4	20.0
	从四	68	36	52.9
	心一	64	9	14.1
	心四	92	74	80.2

据上表，《广韵》切上字与等韵之关系，终两宋之世未有若何变更，盖各本所得百分数与总百分数大致相同。刘鑑之图不代表当世语言而但为"经史正音"，亦显而易见。自渔仲以后，凡作等韵图者均据当世所谓"正音"。兹将总表所列百分数另行排

列，以便讨论：

	见	溪	疑	从	心
一等	1.3				14.1
二等	0				
三等	96.3	96.8			
四等	47.5	43.9	20.0	52.9	80.2

1.见母一等之切上字几全属乙部，即"古"类，高本汉及各家之言是也。心母一等亦大都属于乙部，然各表有7-15%属甲部。心母一等与见母一等自不可等量齐观。

2.见母二等之切上字全属乙部，即"苦"类，高氏及各家之言是也。

3.见溪母三等之切上字几全属甲部，即"居""去"二类，高氏与各家之言是也。

4.见母四等有35—47%之切上字属甲部，溪母四等有38—50%，从母四等有50—61%，高说大谬。疑母四等之百分数特小，其理由详下文。各图所列四等字几全为开口，而《广韵》甲部'鱼'类之字几全为合口。切上下字开合不同，于四等字之转变不无影响。总之，所举五母之中惟疑母四等之百分数差近乎今说。心母四等尤不近理，各图竟有71—84%之切上字属于甲部。各家于心母切上字不分甲乙，焉望其知宋人所为齿头四等当作何解释。

疑母除外，见溪从心四母四等切上字之属于甲部者无不以《七音略》、《韵镜》为多，《等子》与《指掌图》为少，而《指南》为最晚出之书，其百分数反近乎前者。刘氏"正音"，旨在稽古，是则宋图中愈近乎隋唐音者，愈不合符今世所谓一四等同用切上字之说。

事实与理论之矛盾，若是其浅显，如高氏者，岂明足以察秋毫之末而不见舆薪耶。此我所断不敢信，其错失自必有故。再四寻读其书，而恍然有悟！ *Phonologie* 页 625—626 论三四等韵，略谓：

> 甲种（三四等合韵）字见"喻化"母（三等）下，亦见不"喻化"母（四等）下。然除喻母三四等并见外，其他各母于"见属知属泥属非属"必为"喻化"而"端属"必为不"喻化"。
>
> 乙种（纯三等韵）止见于"喻化"母下，开口止有"见属"，合口则兼有"非属"。
>
> 丙种（纯四等韵）止见于不"喻化"母下。除"知属"外其他"见属端属泥属非属（即帮属）"均有之。①

其言乙种丙种则是，其言甲种则非。高氏囿于《指掌图》与《指南》而似疏于检查《广韵》。国人之步武高氏者固明知陈澧有《切韵考》，何不略翻《外篇》各表，以证高氏之误耶？试举支系为例：

---

① 失之毫里，差于千里，故备录原文如下：

a) Il y a des rimes qui se trouvent aussi bien après initiales yodisées (IIIe div.) qu'après des initiales pures (IVe div.)... Il n'y a qu'une seule initiale, yu... qui apparait tant yodisée que pure avec ces rimes. Les autres in kien, les in. tche, ni et fei sont toujours yodisées, et les in. touan toujours pures.

b) Certaines autres rimes se trouvent exclusivement après des initiales yodisées (IIIe div.) Ces rimes n'apparaissent, dans la catégorie k'ai k'eou, qu'après les in. kien; dans la catégorie ho k'eou elles se présentent avec les in. kien et fei.

c) Les rimes d'une troisième série existent uniquement après des initiales pures (IVe div.). Ainsi elles se présentent après toutes sortes d'initiales, àl'exception des in. tche.

支				纸				实			
见①	羁^{居开}宜三	妫^{居合}伪三		掎^{居开}绮三	诡^{过合}委三	枳^{居开}纸四		购^{诡合}伪三	寄^{居开}义四	觯^{规合}恚四	
	䞓^{居合}隋四										
知	知^{陟开}离三	腄^{竹合}垂三		揣^{陟开}侈三				智^{知开}义三	娷^{竹合}恚四		
娘				狔^{女开}氏三					诿^{女合}恚四		
非	陂^{彼合}为三	卑^{府开}移四		彼^{甫合}委三	俾^{并合}弭四			贲^{彼开}义三	臂^{卑开}义四		

是则高氏所谓"见属知属泥属非属,"在三四等合韵之中无不有四等字,何得言止有三等。高氏之意盖谓此类四等字在法言之世俱属"喻化",至宋代已失去 j,故列四等。② 此说凭空而来,其唯一证据不外此所谓四等者几全用三等切上字。此亦不足自圆其说。盖高氏所欲证明者,宋人三等字以《广韵》x 出切,而四等字以 y 出切。今则宋图三等字果全以《广韵》x 出切,而四等字则有 35-84％以《广韵》x 出切,其余为 y。乃谓凡四等作 y 者本当作 x,谈何容易。试问法言之世,

(1) "妫居为合三"果等于"䞓居隋合四",陆书何以分列小韵?

(2) 若谓陆氏抄袭旧文,何以唐代变音,变于此而不变于彼?

(3) 若谓自始即有分别,则是何分别,何以更言变起于唐代?

---

① 此行陈氏尚脱一"驳,居企切",兹未补。

② 参阅 59 页注①。

（4）且何以自解于"《广韵》一韵只有同一主要元音而喻化
声母之后只可有短 i"之说？[1]

（5）退一步言，即谓"喻化"母之后，i 之长短可不相同而
四等字之 i 在唐代为最长，三等字龥化不已（progressive
umlaut?）则变为四等，其说于音理固不可厚非。然仔细
思之，谓"四等之 i 长于三等之 i"有何佐证？（今人之言
三四等韵者似均以此节为已无可置疑。实则一般议论全是以甲
证乙而反以乙证甲。"喻化"说与"四长三短"说同属一丘之
貉，而后者似比附于前者。唐宋韵书无足证，比较方言全相违。
Schaank 一误而天下影从，我故不惜辞费，另作三四等说。）

吾人但患作法自蔽耳，事实固甚浅显。《切韵考》外篇据
《五音集韵》分等，与宋图略殊。今以《七音略》校之。凡《广
韵》不收之字，求之《集韵》。如《集韵》不收或《广韵》无此
小韵者不录。《七音略》等列行次错误者已校正。以三四等合韵
之字填补纯四等之处各从其类。乃与《广韵》切上字对校，则纯
四等韵之切上字与三四等合韵大相迳庭。

（甲）纯四等韵之切上字几全与一等字同类。齿头音之切上
字几全属《广韵》乙部，亦即与一等同类。兹言其详：

（1）喉牙音 116 则，全属乙部，惟见母"纪"字一见，
晓母"许"字四见，影母"於"字二见。"纪许於"
在《广韵》地位不确定。[2] 合口无疑母字。

（2）来母 17 则，情形略同，惟"力"字凡四见。"力"
字在《广韵》地位不确定。[3]

---

① 《广韵》一韵主要元音必完全相同之说，我以为书不足征，容后详论。
② 前引拙文《证〈广韵〉五十一声类》，页 5、22、23—24 等处。
③ 同上文，页 25。

(3) 唇音 38 则，略同，惟"方"字凡二见，"弥""明"各见一次。"匹"发现四次，"匹"① 字在《广韵》方位不定。

(4) 齿头音 46 则。心母全与一等字同，从母"渐"字一见，清母"七"字二见，惟精母"子"字六见，故甲乙二部杂。精清二母《广韵》最难分析。② 无邪母字。

(5) 舌头音 71 则。

今人谓四等与一等同用切上字者，此其确证也。

（乙）三四等合韵中四等字之切上字几全与三等相同。

(1) 喉牙音 106 则，全属甲部，惟影晓二母略有例外。匣母仅一字，而群母凡 15 见。疑母全缺。

(2) 来母 4 则，全属甲部。

(3) 唇音 71 则，全属甲部，惟敷母之切上字以"匹类"③ 代者十次。

(4) 齿头音 265 则，全属甲部，惟清母略有例外而从母大乱杂。

(5) 舌上音凡三见；舌头亦祇四见。

(6) 日字有四等，凡三见。

凡此种切，均高氏所谓在唐代从三等变为四等者，前已疑其立论牵强。总之，《广韵》声母与等韵之关系不外乎是：

---

① 《证〈广韵〉五十一声类》，页 25。
② 同上文，页 5、22、23—24 等处。
③ 同上文，页 25。

一等	乙部
二等	乙部
纯三等	甲部
三四等合韵	甲部
纯四等	乙部

与其谓中古音变在三等，何不言为在四等？其理后详。

三　丁度《集韵》慧琳《一切经音义》之切上字与等韵之关系

据白涤洲《集韵声类考》[①] 所列各表，《集韵》声类与《切韵》系韵书[②] 之声类有同有异。所谓同者，每母之下《广韵》无论一类二类，《集韵》必有一大类或二大类与这相当。所谓异者，《集韵》除此一二大类外，尚有不相系联者若干小类。例如见母：

《广韵》	古类	10 字	《集韵》	古类	15 字[③]
	居类	8 字		居类	24 字
		18 字		坚类	5 字
				吉类	3 字
				涓类	3 字
				均类	2 字
					52 字

其中相同者仅 11 字耳。此不系联之小类或则事出偶然，或

---

① 《中央研究院历史语言研究刊》第三本第二分（1931）150—236。
② 参阅本刊本期凌君文。
③ 字数均据白表，下仿此。白表似有脱漏者，例如见母当有"扱"字，与溪母之"扱"字不同。

亦以《集韵》用字"顾及等列"之故，^① 此其一。凡一母之下，有两大类者，各字之系联时与《广韵》略有区别。

见母"各"字在居类。

溪母"口"字在丘类。

疑母"疑俄"二字在鱼类，《广韵》亦病在"疑"字。

影母二类大乱杂，亦以"於"字重音之故。

来母"力"与"卢"为类，"缕"与"鲁"为类。"力"字《广韵》亦时出类。

精清从每母二类，界限亦不分明，然与《广韵》情形略异。

凡此皆与等列无甚关系，此其二。《集韵》泥、娘不分，食、禅不分，轻重唇音以今音分界，不从《广韵》，是分别之大者，此其三。《集韵》切上字为数约870，几为《广韵》之二倍，（《广韵》468），其相同者，据白表为354。其余新出之字有见于《广韵》又切者，有见于其他《切韵》系之韵书者，亦有见于《经典释文》者，但其最大数则与慧琳《一切经音义》相同，凡528字，为《集韵》（白表）之71%弱，《音义》之35%弱。^② 慧琳所据《韵英》一系之书今无传者，苟得窥其全豹，其切上字与《集韵》相同之数当远不止此。故即谓《集韵》新字类皆出于《切韵》系以外之书，亦无不可。然若谓《集韵》与《音义》或《韵英》之关系胜于其与《广韵》之关系，则又非是。《广韵》切上字有76%弱见于《集韵》而《音义》才35%弱耳。《集韵》者，集大成者也。此其四。

以上综论《广韵》、《集韵》切上字之同异。大势已明，然后

---

① 王力《中国音韵学》上册，页109。

② 据黄淬伯《慧琳一切经音义反切声类考》，《中央研究院历史语言研究所集刊》第一本第三分（1931），页165—182。

可言《集韵》与等韵之关系。上言《集韵》切上字于每母之下必有一类或二类相当于《广韵》甲乙两部。今于《集韵》亦借用甲部乙部之名称，以见溪心三母为例，分等言之，仍以《七音略》以下五图所见之字为据。凡《广韵》不收之字，《集韵》十之七八有之；间亦有《广韵》收而《集韵》不收者，为数甚少。

(1) 一二等

见一	《广韵》甲部	1.3%	乙部	98.7%	
	《集韵》甲部	40.5% (34 字)	乙部	58.3 (49 字)	
	其他小类	1.2% (1 字)			
见二	《广韵》甲部	0	乙部	100	
	《集韵》甲部	49.40 (35 字)	乙部	50.7 (36 字)	
	其他小类	0			
心一	《广韵》甲部	14.3	乙部	85.7	
	《集韵》甲部	20.9 (14 字)	乙部	49.2 (33 字)	
	其他小类	31.8 (20 字)			

(2) 三等

见三	《广韵》甲部	96.3	乙部	3.7	
	《集韵》甲部	89.0 (105 字)	乙部	8.5 (10 字)	
	其他小类	2.6 (3 字)			

(3) 四等

见四	《广韵》甲部	47.5	乙部	52.5	
	《集韵》甲部	14.7 (10 字)	乙部	17.6 (12 字)	
	其他小类	67.6 (46 字)			
溪四	《广韵》甲部	43.9	乙部	56.1	
	《集韵》甲部	25.0 (15 字)	乙部	23.3 (14 字)	
	其他小类	51.7 (31 字)			
心四	《广韵》甲部	80.2	乙部	19.8	

　《集韵》甲部　　56.3（49字）　乙部　　3.4（3字）
　其他小类　　40.2（35字）

请先论一二等。见母之下《集韵》切上字除一字外尽属于甲乙二部，而甲乙参半。《广韵》则几尽属甲部，可见《广韵》乙部与一二等之关系至《集韵》已完全纷乱。心母一等之字属于乙部者十之五，属于甲部者十之二，属于其他小类者十之三。后者在《广韵》大部当属甲部，故亦可作甲乙参半。心一与见一大致不殊。

以言见母三等，《集韵》切上字十分之九属于甲部。是则《广韵》甲部与三等之关系大体尚保存于《集韵》。

最难了解者厥为四等。《集韵》切上字不属于甲乙二部者，见四为十之七，溪四为十之五，心四为十之四，与一二三等迥异。其余属于甲乙二部者则甲乙之分配与《广韵》无甚差别，特心四甲部字较多耳。《集韵》与四等之关系自当于此不属于甲乙二部之字求之。所可疑者，《集韵》每母下各小类之不相系联者或出偶然，未必因顾及等列而别立小类也。然四等与一二三等不同，事实显然。

兹再以纯四等韵之切上字为证。其字在《广韵》几全属乙部，前已言之。《集韵》用切上字与《广韵》不同者居多，即同属一部，其字亦多改变，例如以"古"易"姑"，以"弃"改"去。"今以纯四等韵之喉牙唇音为例，试问两书切上字，凡《广韵》不以 i 为介音或主要元音而《集韵》有 i 者共若干则？（不妨以今官话为断）。

	《广》《集》同有	《广》《集》同无	《广》无《集》有	《广》有《集》无
见	2	4	21	0
溪	2	5	15	0
疑	1	0	9	1
晓	5	8	6	0
匣	0	11	12	0
影	7	1	10	0
帮（非）	2	3	3	0
滂（敷）	1	2	3	2
並（奉）	0	7	2	0
明	1	6	4	1

据上表《集韵》仅于牙音差具分列四等切上字之势，而喉音次之。其他混乱情形一望而知。喉牙音于唐代四等字之变化关系特重，兹不俱论。

我所以不惮辞费者，今人于唐后音韵四等另行出切之说，不论为《集韵》，为慧琳《音义》，每举三数字为例，如"坚轻"之类。凡治语言音韵史者，首当于唐宋韵书通盘核算，否则随心取舍，数理上查无实证，且贻误后学，不可不慎也。

约而言之，《集韵》一书（1）不为一二等专列声类，（2）三等切上字略如《广韵》，而严谨则远逊。（3）四等如一二等，而于喉牙音多用含有 i 之字。其于一二等已放弃切韵系韵书之界限，而谓四等切上字自为畦径，其说原不近情。丁度等袭取《切韵》、《唐韵》、《广韵》，以及其他唐代新起之韵书。其四等新字亦杂集而成。喉牙音之分列亦必仍唐代之旧，以校慧琳《音义》可知也。

慧琳反切断非全据元庭坚《韵英》及张戬《考声切韵》。仅一"梗"字已有七种不同反切,[1] 不能但据三数种本子。自王国维[2] 于"覆,敷务反"一条订为"全书起例",于是论者目为"秦音"。其凭空构拟,犹李涪之以陆书为吴音。黄淬伯《声类考》居然四等分别,然亦谓"各系反切上字,以少数字之错乱,遂使彼此胶缭,此不过十之一二耳。"[3] 实则所列四等,除误以"韦以"为同母三四等,[4] 及以"匹"为滂母[5] 四等外,其余无一不与一二等乱杂!四等字来历不明,自高本汉以来似无不指鹿为马者,咎固不尽在王氏师弟也。

《切韵》系以外之韵书偶然顾及四等,而尤以牙音为清楚,其事不容否认,然无一能如《切韵》、《广韵》甲乙分部之严格。慧琳《音义》,丁度《集韵》各仍旧贯耳。按等列分声类者,惟《切韵》系之韵书足以当之。

四　上溯三四等之分别

今世方言三四等韵举无分别,不论其系出《切韵》之前或《切韵》之后也。[6]《韵鉴》序例曰:"慈陵反缯……逐韵属单行字母者上下联续二位只同一音,此第四围亦陵字音也。余准之。[7] 此序例作于翼祖未祧之前,是则十一二世纪之间三四等音已无可辨析矣。宋图例以三四等合韵之字填补纯四等韵之隙,然

---

① 前引黄文,页 166。
② 《观堂集体》卷八,页 23—24。
③ 前引黄文,页 165。
④ 慧琳时恐已如此,元庭坚时未必然。
⑤ 匹类在《广韵》之地位见 58 页注③,页 25。
⑥ 略见高氏 *Phonologie*,页 704—898。
⑦ 宽永本页 5—6,他本有作"余准此"者。

所补之字各家未必全同。即以先仙二系为例。先系字全列四等，各家所同。然如《指掌图》以仙韵"鄹"字，线韵"卞"字为三等，《五音集韵》则在四等。《七音略》、《韵镜》以狝韵"卷圈"二字，线韵"卞"字为三等，复与《五音集韵》不同。反而言之，《五音集韵》作三等而他书作四等者，《七音略》有"甄"（仙韵），"遣"（狝韵），"谴绢"（线韵），"孑"（薛韵），《韵镜》有"甄"（仙韵），"蹇遣"（狝韵），"谴绢"（线韵），"孑列热劣"（薛韵）。《指掌图》有"遣衍"（狝韵）。似北宋正三四等字混淆之时也。邵雍《皇极经世图》更与各图迥殊，乃属于另一系统，后当亘述。

　　三四等之分别寓于《切韵》。其首列等围者，据今所知，始于守温残卷。[1]　其时但言"四等轻重"（宋图始以重轻为开合，至以洪细分等则江永[2] 前未曾有之）。其所举例，纯四等韵与三四等合韵杂集，略如宋图。守温立说显以当世语音为据，[3] 不得谓唐末无三四等之分别也。

　　再上溯之，唐代律诗用韵，三四等类无分别。《广韵》韵表注明独用同用，其例不知起于何时。纯四等韵与三四等合韵同用，惟青清为例外。唐写本韵书绝无所谓同用之例。今人以为肇始于唐初，则以曲解《封氏闻见记》所云："先仙、删山之类分为别韵，属文之士共苦其苛细，国初许敬宗等详议曰其韵窄，奏合而用之。"[4] 封演所记，正史无可考证。唐人律诗用韵每符宋本《广韵》韵表。《翰林学士集》载许敬宗诗寥寥二十馀首，

─────────────

　　① 刘复《敦煌掇琐》100（法国目录 2012），页 422—423。

　　② 《音学辨微》八，"一等洪大，二等次大，三四皆细，而四尤细，学者未易辨也。辨等之法，须于字母辨之。"

　　③ 试校共三十字，论类隔等等。

　　④ 卷二《声韵篇》（畿辅丛书本）页六上。

已见至志、虞模、先仙、萧宵、阳唐、庚清、宥候通用之例，寒桓、真谆尚不在内。然所谓 "韵窄" 而 "苛细"，断非二韵主要元音绝对相同。[①] 盛唐三四等合韵与纯四等韵（青除外）之元音相彷佛，事诚有之。许敬宗生于隋开皇十二年（592）[②] 与法言盖同时人。《切韵》一书，纯四等韵与三四等合韵之切上字迥不相同，自系六朝语音上之大一转变。四等韵之来历势必于此求之。

　　言念及此，深感于近人之治中世音韵者，于史实之了解略有参差，辄至作法自蔽。《切韵》甲乙分部，然其所代表者为魏晋以来杂糅之音，其用切字亦大都因袭六朝之旧。与元朗《释文》大致相似。[③] 法言序明言当时夜永酒阑，尚论 "南北是非，古今通塞" …… "随口记之。" …… "魏著作曰…… 我辈数人定则定矣。" 其后 "生死路殊，…… 贵贱礼隔，…… 遂取诸家音韵，古今字书，以前所记者定之为《切韵》五卷。" 四声 193 韵之数，原不详尽一时一地之方言。自吕静《韵集》以降，各家定韵，分合之间犹可以两本王仁昫《切韵》表仿佛构拟之。高本汉以《切韵》为隋初之音，最迟不出第五世纪，[④] 复以为三等韵与纯四等韵同具介音 i，而切上字之甲乙分部一若全为法言等人之创举，于是事实无可究诘。马伯乐固明知《切韵》之历史性者，故不得已而以《广韵》韵表构拟盛唐长安之音，然又误以甲乙分部为唐后韵书之通例，以致自惊伯有。"中世纪汉语于两系声母分别如此严谨，一喻（齴）化而一不喻（齴）化，而二者同用于 i 之

---

① 同 57 页注①，页 51 以下。

② 《唐书》卷八二，"咸亨…… 三年薨，年八十一"。

③ 据葛君启扬之校证，文未付刊。

④ 同 58 页注①，页 23。

前，似可怪也。"① 实则《切韵》所代表之杂合语音与唐诗所代表之当世语音断不可混为一谈。《切韵》系之韵书甲乙分部为一事，《集韵》与慧琳《音义》等书甲乙不分部，另为一事。自隋初至南宋，五百年间，中国音韵史上，绝无一书一说于下列二事兼收并蓄者：（1）按四等出切，（2）三四等同具介音。此节不明，喻化说因缘而起，甚不幸也。

五　三四等合韵略说

前言三四等合韵中之四等字其切上字与三等字同属，而与纯四等韵迥不相同。高本汉之意，以为此所谓四等字者，在法言之世尽当作三等读，盛唐之后始失去 j，而介音 i 变长。其为通辞显矣。

三四等合韵韵中多齿头字，在宋图概作四等。此所谓四等者，据高本汉言，在隋初即不"喻化"，与纯四等韵之齿头字初无分别。其说之误，由于拘执门法，且不知精清从心亦可甲乙分部。门法降齿头音为四等，以求图表之整齐，于音理本甚牵强，亦犹其圄唇音甲部于三等，而实则三四等合韵中之唇音在《广韵》居甲部而宋图列四等者，为数甚多。甚至日母字门法限属三等，而宋图与《五音集韵》亦有作四等者。此诸例者实应等量齐观，不当于齿头音独泥旧说。

请再申言之。守温残卷于三十母之等列概从后来门法，而于精等五母持论特异。其言精，照等九字"只有两等轻重"，则谓

---

　　① 同 58 页注 ①，页 25。Il peut sumbler étrange que le chinois moyen ait si nettement disingué deux séries de consonnes initiales, l'une mouillée, l'autre non-mouillée, pouvent toutes deux se placer devanti....

“归精、清、心、从、邪中字与归审、穿、禅、照丙等中字，第
一字不知，若将归精、清、从、心、邪中为切，将归审、穿、
禅、照中一第（第一？）字为韵，定无字何（可）切，尊生反举一
例诸也。”① 此以宋人照二等为“丙”等，则精母不能作四等明
矣。窃谓精、照之等列至宋始定。邵雍《皇极经世图》以精等一
等为开发，四等为收，而闭则为■，与轻唇音为开、发、闭而收
为■者相反。邵氏原意，齿头音与舌头音相同，只可有开发收
等，而不许有闭等。是则精等母之等列，北宋尚无定论。前言高
氏于 tsien……等音符自毁门法，若知精母之列四等但为宋人振
救之法，于《切韵》初无凭籍，则精一精四甲之关系本同于其他
一等三等之关系，音理上本无窒碍（齿头四等字介音之长短另
详）。

　　然则三四等合韵之特性，不在精等母之但作四等，而在（1）
舌头舌上音之绝无仅有，而（2）喉牙音与唇音之重出者特多，
兹分论焉。

　　（1）据《韵镜》，三四等合韵中之四等舌头音凡四见。②

至韵“地”字　　《广韵》“徒”切

质　“蛭”　　　　　“丁”

仙　“鷏”　　　　　“丁”

职　“剢”　　　　　“丁”

　　反之，《广韵》泥母字有于《韵镜》列三等者。唐代泥、娘
不分，此处无足具论。

止韵　“你”字　　　《广韵》“乃”切

---

　　①　同 74 页注①，页 423—424。
　　②　又侵韵“譖”字《广韵》在纯四等添韵，《集韵》侵添并收。昔韵“剔”字，
《广韵》在纯四等锡韵，《集韵》昔锡并收。此二字系唐代变音，本表不收。

沁　　"赁"　　　　　　　"乃"

舌上音概作三等，惟有作四等者：

支韵"锤"字　　　《广韵》"直"切

质　"姪"　　　　　　"直"

质　"昵"　　　　　　"尼"

约而言之，以端知为"类隔"，《切韵》三四等合韵中全无舌音，而上列"地蛭䶪䶦锤姪"六字为唐后变音，此与《广韵》舌头音不分甲乙两部，同一理也。

（2）次论三四等合韵中喉牙唇音之重出。常例，一韵作纯开或纯合者，一母之下，小韵不应重出；开合韵之中，一母之下小韵至多一开一合，不论宋人作何等列。凡小韵多于此数者，必有特殊理由。其中有显以《切韵》、《广韵》沿袭旧韵，而与音理绝无关系者，例如纸韵"跬，丘弭切"，又"企，丘弭切"。如此例者为数不多，自当一概摒除。其他重出之小韵当必有同此来源而无可征别者，则暂寄下表。总计重出之数：

见　　　晓 5　　　非　 6

溪 7　　　影 13　　　滂敷 2

群 7　　　　　　　　奉　 6

　　　　　　　　明微 5

其他床二三例，余母偶一见之耳。可见喉牙唇音之重出断未偶然，且为数亦不为少，断不全以补抄旧韵之故。

诚然，则此重出之喉牙唇音势必有读音上之分别。高本汉之解释，以为《切韵》时代三四等合韵之字，除齿头音外，尽当作三等读，其后有变为四等者，于是向之重出者今则三四等分列不重出矣。其说之不当前已言之。盖不能解释自始何以重出也，且重出之字何以集中于喉牙唇音也。故我以为法言之世，三四等合韵中之重出小韵，在若种方言中必不同音读。

其不同之处，据今音已无可"构拟"。然要不外（甲）介音长短之分别（假定一作 i，而一作i）。（乙）主要元音略有洪细（例如一作 ä 而一较窄，或一作 ε 而一较宽）。兹再分述之。（甲）首假定介母长短不同而主要元音绝无分别，其说当乎？何者为短 i，何者为长 i 乎？重出者为长，抑全韵之标准介音为长乎？事非不可解决也。一则六朝音中，唇音带撮口势，而喉牙音之洪大者其发音地位在口后。[①] 故高氏于纯三等韵之但具唇牙喉者，其介音拟作极短之 i[②] 此不易之论也。今三四等合韵之重出字即在唇牙喉音，则重出字之介音必较短，而全韵之介音必较长。二则《广韵》舌头音之切上字概属乙部，齿头音之破裂磨擦（即带舌头音 ts，dz）者，甲乙二部之界限不明，而心邪二母则否。《广韵》甲部位在介音 i 之前，杳无疑义。然而舌头音之后，果有 i，其势必短。齿头音之带破裂者准此。今三四等合韵几全无舌头音，而齿头音带破裂者则时以《广韵》乙部字为切上字，可见三四等合韵之基本 i 必较长。是故四等字因 i-umlaut 而出于三等之说断非所以言唐代语音转变之实情。

（乙）然此犹未尽我说。谓三四等合韵之主要元音每一韵中洪细合一，而等别只在介音之长短者，其说非不可能，而殊不足信。盖同一发音系统之中-ix 与-ix 之分别势不能持久也。故三四等合韵中重出小韵之解释，无宁谓主要元音上之不同，而介音之长短于史实反无足轻重。

此说与《广韵》同韵则同主要元音之说自是格不相入。后说亦起于高本汉。[③] 其言大致近似，而不足以言发音地位，洪细，

---

① 且或亦带撮口势，说另详。
② *Phonologie* 甚至作 j。
③ *Phonologie* 页 69 以下。

前后，稍有区别。请申言之。唐宋韵之数目，自 193 至 210 不等。《天宝韵英》言旧韵者为数几及五百。四声共 193 之数恐不论尽古今南北之主要元音，此其一。《切三》歌韵"靴"字注"无反语"，"伽"字亦注"无反语"，而不互为音切，亦不与一等合口字互注音切，故歌韵在《切韵》时期必不能纯一，此其二。真、谆二系《唐韵》始分，其反切已显杂乱之象，《广韵》则四声无不出韵。寒桓、哥戈之分离亦显此痕迹。窃谓编纂《唐韵》《广韵》之人，纵不详细检点，于此等处必能分辨。真谆二系除一开一合外，其主要元音内部尚不无差异，此其三。故我于三四等合韵每韵必具同一主要元音之假定亦不无间然。然如"妫，居为切"与"䣛，居隋切"之果当作何分别，则以今音去六朝之远，势难有所构拟。若谓法言之世俱作 k i̯wĕ（或 kj i̯ w ə）而其一在唐代变为 kiuĕ，则殊不足信。

如上所述，三四等合韵之介音较长，而纯三等韵较短，合韵中重出之喉牙唇音其介音亦短。其详细构拟不敢尝试。若原出 i-umlaut，则纯三等之所以限于喉牙或唇喉牙音者，乃属古音之遗留，其馀则主要元音已变为细弱而改韵矣。古音唇牙喉音若均作撮口势，舌面之地位或亦较低。其后 i 变长，甚至喉牙音齶化而失去唇势（delabialized），亦势所当然。总之，古今音之转变，以 i-umlaut 为一大关键，事诚有之。段氏《六书音均表》[1] 所称"音之敛侈必适中，⋯大略古音多敛而今音多侈"，无乃适得其反。

---

[1]　表一，古十七部音变说。

六 纯四等韵说

凡寻读前文者当已料及余今所欲言者矣。宋人纯四等韵在《切韵》为乙部字，与一等相同，与三等相反，绝不当构拟一介母 i。陆韵以乙部字出切，乃所以存古，以霁祭，先仙，萧宵，清青，盐添为次，则所以从时。隋唐霁祭，…同具介母，则为变音。

余于高本汉及近今国人之著作，再四考较，觉与此说略有不符者，厥惟高丽汉音。其可疑之处不在纯四等字之时有介音 i，而在三四等合韵中字间有不作 i 者。然其为例只限于仙先二系与盐添二系之喉牙音。其他声母之字不见有此分别；祭齐宵萧，清青等系亦无分别。[①] 高氏于三等字作短 i 而四等作长 i。自始至终，惟此一个证据，其喻化说亦全赖此出发，其他似尽为臆说。[②]

所不敢起信者，唐代清青独用，仙先，盐添同用，而高丽音于清青反无分别。似高氏之唯一例据内部已自相矛盾。高丽汉音之来历，其纯一性断不能如高氏之所意想。汉人之杂居三韩者，自秦乱后未尝绝迹。[③] 马伯乐谓新罗、高句丽之音一南一北，[④] 虽未免言之过甚，然如高氏谓唐后高丽读音必完全依据中土一时一地之方言，亦为武断。盖若纯出一源，则不论其为建康，为辽

---

① 余苦不谙高丽汉音，此节但据高氏 *Phonologie* 第 18 章。

② 参阅 58 页注①，页 24 以下。

③ 《三国史记》，《新罗本纪》一第 3 页即载："前此中国之人苦秦乱东来者众，多处马韩东，与辰韩杂居，至是寖盛。"

④ 见 57 页注①，页 9—10 小注。

冀，为隋唐之音，或为《玉篇》、《字统》、《字林》之音，[1]均不
当于中土不作 i 之字作 i，而中土作 i 者反是。然若其为不同时
代传拟之音，则未始不能有此变态也。高丽汉音于喻母字及齶
音三等字例不作 i。其在《切韵》，此等字无一不作 i 者，则为
本土方言之改变汉读。且数世纪中，高丽方音中之喉牙音若于
仙先盐添等系略有改变，则其译音上于中土之介音或亦有所损
益。不特此也，高丽汉音之应用，与其本土方言全然二致。前
者盖纯为诵读汉籍及举子应试之用。唐后科举盛行，侧重六韵
诗，八韵十韵诗，[2]其用韵为唐后之音，早非《切韵》之音。今
日之所谓汉音势必已屡经改纂。[3]非特唐前之来历不明，即宋后
之成规已乱。据此以求《切韵》三四等韵之分别，蛛丝马迹之
不若矣。

　　反而言之，下述二事足以证明仙与先，宵与萧，…古不同
部。一出原始汉台语系，一出上古《诗》声。其例据之重要自远
出乎高丽汉音之上，盖高丽音起于唐代，而今所讨论者则隋唐以
前之音也。高丽音专供诵读上国典章之用，而此则为一民族古语
之流传。

　　(1)《诗》声类。其分析最清楚者当推江有诰之 21 部。[4] 江
氏以萧肴豪半入尤幽（第二部），不全入宵（第三部）。齐半入支
（第七部），半入脂（第八部），而祭与泰夬废去声自为一部（第九
部）。先三之一入元寒桓山删仟（第十部），而大体与真臻为韵（第

　　① 《旧唐书》卷一九九上。
　　② 《高丽史》卷 73—75，《志》27—29，《选举》1—3，市岛谦吉所刊本，第二
册，页 494—545。
　　③ 《选举志》1，第二册，页 498，"忠肃王十七年十二月始令举子诵律诗四韵
一百，通小学五声字韵，乃许赴试。"此则纯为宋后重订官音。
　　④ 《诗经韵读》：古韵廿一部总目。

十二部），与段氏之第十二、第十四部相同。① 又江永② 第十二部盐覃谈之半与侵为韵，十三部盐覃谈之半与添严咸衔凡为韵。凡此皆后来三四等之区别之早见于《诗》本音者。约而言之，三等之来源或当作ia＞ie而四等作ɛ＞ie，古ɛ音一方与ä，a为韵，又一方与ĕ，ə为韵。三四等韵之转变窃以为不过如是耳。

（2）暹罗音。仙三等于暹音有作-ien者，先四等有作-ɛn者，马伯乐首举三数例，而其与三四等分别之关系则未了解。③

先系	坚	kèn④
	干	sèn
	片	p′èn

仙系	箭	sién
	轩	kién
	变	plién

此六字中，"坚"字音或当作käŋ；"干"之作 sän，训诂可疑；"轩"字属元韵，误入。然暹罗音具有 ä 与 iɛ 之分别，相当于《切韵》三等与纯四等，事或有之，"变"字之读音尤显。⑤兹就马氏所举略加补充，亦东鳞西爪而已。

先系	扁	bän	
	燕	än	（借汉音则作 iɛn）
			（然"眩"似即 wiɛn，则为反证）
添系	颒?	käm	

---

① 段玉裁《六书音均表》。

② 《古韵标准》。

③ 同 57 页注①，页 62。指先、仙对元之分别而言。

④ 暹罗音五声符号此处不载。

⑤ 《说文》"窆"声后属帮母；又属来母，上古为複辅音，犹存于台语，则"汉台母语"之本音也。

青系	屏	p'äŋ
清系	声	siɛŋ
	姓	siɛŋ

（然"清"似即 tʃäŋ，"停"或"定"似即 t'iɛŋ，则为反证）

| 萧系 | 枭 | säk |
| | 了 | läu |

（然"猫"作 mäu，可疑）

齐系　　　　　　　　　（"低"见《说文》新附，或即 tiɛ，可疑）

以上云云，未可据为实证。周秦音之构拟尚在尝试之期，台族古音更一无所知，势不可强求也。然视今人之以高丽汉音证六朝音者，窃谓此胜于彼耳。

诚然，则《切韵》纯四等于古即无介音，何以至隋唐几与三等音混而为一？其介音何者为长，何者为短？今人之作四长三短者其说当否？窃疑汉魏以后，ia, iä 之音以 i-umlaut 而介音化长，主要元音化窄。在此转变之期，以仿效作用（analogy）之故，ɛ音之前亦发生介音，复因 i-umlaut 之势而变为唐代之四等字。后者所具介音，复因 i-umlaut 之势而变为唐代之四等字。后者所具介音之长短，须视何时何地，且当知三等音窄化至何种程度始于后世四等音发生仿效之象。盖苟窄化未及 ɛ 之程度而即影响 ɛ，则后者所得之 i 未必不可较长。反而言之，如已超乎 ɛ 之程度，甚至为 ie，则 ɛ 前所受之 i 或可较短。

此节史实无足资证者。前言三四等至南宋已全混淆。刘鉴以等韵稽古，以损韵符今。韵书以四等标字者惟《五音集韵》为然，而其时三四等之分别已不可于语音求之。后起官话以及《中原音韵》等书更与《切韵》及唐音无涉矣。

其他方言中，今广州音与唐音之系统似最为相近，然齐先等

18 韵与其相当之三四等韵已完全同化（齐祭同作-ai，则为失去介音后之变音）。广州语之外，东南方言有若干处于《切韵》唐音间之转变不无可言者。例如：

（1）萧宵系　客家语汕头语作 iau，温州语虽大体作 iə 而于萧系 "尧鸟晓芍" 等字，宵系 "约爝" 等字则作 ia。

（2）添盐系　客家语汕头语作 iam。

（3）先仙系　仙头仙系合口作 uan。今世方言不论南北，大都仙开与仙合不同主要元音，犹存唐末宋初仙宣分韵之旧观。唐初分寒桓而不分仙宣。似仙系开合，其时音甚相近，而同时仙先已能同用，则先系之元音不能太窄。其后先与仙开口同作 e 音者，盖变音也。仙合口因介音 w（实不如作 u）而变化较少。

（4）青清系　客家语于 "青名颈领" 等字作-iaŋ，温州语于古喉牙音亦作 – iaŋ。

上举各例中三四等之主要元音作 a。东南方言中，三四等之转变苟亦同于《切韵》唐音间之转变，则此作 a 者必为三四等混合后之变音，盖不特三等有此，即四等亦有此也。三四等一方可同作 ie，iě 等，又一方可变作 ia，其变化之势似前后上下异趣。是则三四等在初混杂时，三等字之主要元音似不能较 ä→ɛ 为窄也。诚然则转变时之三四等图式或可如下例：

三等-iä

四等-iɛ

此则与今人所拟《切韵》图如出一辙。然《切韵》之构拟，据谓系根据北方之音。今日官话中断不论谓有此痕迹。宋人等韵并不根据官话。待官话兴起时，三四等已全不可分。可见今人于等韵三等作 iä 而四等作 ie 者，原无充分之证据，至多亦不过于后世东南语中约见端倪，如上云云耳。

此想象中之唐代北方音，马伯乐言之最详，即所谓长安音也。既以广韵同用独用之例为据，自不必再论三四等之分别，故其书与今兹所讨论之问题无甚关切之处。然其内部已不能言之一贯。例如韵表清青不同用，故马氏所拟表①上二者不同主要元音；同表又举日本汉音，则清青并无此分别。意者日本汉音不起于"长安"音而起于东北音乎？（则势必经高丽音得之。高丽汉音中，清青亦无分别，与日本汉音相同，然其于仙、先，盐、添，偶于喉牙音分三四等之处则并不见于日本汉音。）

窃谓唐代三四等之音读事已无可究诘。今人之言元音宽窄，只于音理尚不违背耳，原无实据也。以言《切韵》亦然。反视江永，殊不能谓后贤胜于前贤。

约而言之，吾人于《切韵》唐韵如必强作构拟，虽其细节繁目不得而知，其提纲挈领之处殊可推想。

（1）《切韵》所拟南北古今之混合音中，祭仙等韵作 iä，齐先等 18 韵作 ε。不能分四等。

（2）唐音北宋音三等作 iä，四等作 iε。

（3）南宋三四等混同之后，作 iε 或 ie。

（4）今官话有作 iä 者，乃后起之音。

（5）近今所谓等韵，甚有以齐撮为三四等者，与《切韵》，唐韵，宋等韵一概无涉。

（原载《燕京学报》1939 年第 26 期 143—173 页；又载《陆志韦语言学著作集》〔二〕477—506 页，中华书局 1999 年第 1 版）

---

① 同 57 页注①，页 95—97。

《说文》《广韵》中间声类转变的大势

　　研究中古声类的方法不外乎根据今音和别国译音来推拟《切韵》或《广韵》声母的音值。再往前，就得根据所拟《切韵》的音值来推求东汉以前的声音。所有的材料不外乎（一）经籍异文，（二）同"声"的谐声字。以声母而论，没有别的材料了。经籍异文的方法，清朝人最擅用。钱大昕证古无轻唇，一共举了一百多件例据。后来有章炳麟，最近有曾运乾，都是有特殊贡献的。

　　我们对于这种方法不可不有下面的了解。经籍异文只可以证明甲类和乙类在书本上有什么关系。从此推断甲的音值是从乙的音值变来的，或是乙是从甲来的，那又另是一回事。譬如钱氏"古无轻唇"，"舌头舌上古不类隔"，就是武断。"古时"实在没有轻唇，端知实在同声，然而不能单用经籍异文来证明，不管所举的例子有多少。

　　并且我们提到甲和乙有关系的时候，不可以忘了甲和丙丁……或者也有关系，乙和庚辛……或者也有关系。因此引出又一个问题来了：什么叫做"有关系？"偶然遇见甲乙二字可以替换，就可以说甲的声母和乙的可以通转么？前人应用经籍异文来解释谐声特例。譬如《说文》"亡声"字引出其他各声字。[①]

亡声	《切韵》	m^w, pj, s, l, ḍ, χ
忘声		m^w,
冘声		$m^w χ$
荒声		χ
良声		l
长声		ṭ, ṭʻ, ḍ

这些声音，按照经籍异文，全可以通，全可以转。我们不必钞录前人的考据。最末了吴孤鹏引《谷梁》异文，"奚"作"郎"。这难道就是 χ＜＞l 么？总而言之，m^w, pj, s, l, ṭ, ṭʻ, ḍ, χ 要是全可以随便变化，古音永远是一篇糊涂账。

其实《说文》"亡声"字在《切韵》作 s 的只有"丧"字，作 l 的只有"良"字，作 ḍ 的只有"长"字。这三个字许慎都说是形声。(1)"丧"字，"丧，亡也，从哭从亡，会意，亡亦声。（《系传》没有"会意"二字。）《说文》没有"哭声"字。古籀"丧"字的写法[②] 不像是从"哭"的。《说文》"亡部"注："亡，逃也。"段玉裁好像早已怀疑"丧亡"之说是望文生义，是小篆的错误。

(2)"良"字"从畐省，亡声。"钮树玉说，"按从畐省，则当作𣆟……，徐说恐未然"[③]。所批评的其实不是小徐，乃是许慎。"𣆟"古文"𣆟"，只见于《说文》，也不"从畐省"。古籀[①]没有从"亡"的。

(3)"长"字，许说，'𠂆者倒亡也"，因古文作 𠄌 （又见父

---

① 参阅吴孤鹏《隶前考声定韵》卷八，页14—15。注音暂从高本汉。
② 徐文镜《古籀汇编》二上页31；五下页26—27；九下页7—8。
③ 《说文解字校录》卷五，页17。

丙卣)①。古文别的"长"字没有一个像"倒亡"的。就算是"倒亡",何以见得就是"亡声"?

这样一怀疑,《说文》里真正的"亡声"字在《切韵》只作 m^w, pj, χ,音理上就说得通了。以上所说并非吹毛求疵,就是怕经籍异文的方法有些地方把没有的说成有的。结果,音理上绝对的说不通。

"亡声"字,"今声"字之类当然是《说文》里最没有办法的例子。经籍异文的法则当然很可以辅助谐声的解释,可是断不能作为独立的工具。经籍异文偶然发见一两个可以通转的例子,要是音理上是渺茫的,断乎不可信。以上说经传异文只可以做参考,不是独立的论据。

第二说到同"声"字的变化,看看《说文》的"声"和《切韵》、《广韵》的声类是怎样的关系。中国人对于这一点素来忽略,因为工具不足。"谐声表"都是为古韵分部用的,对于古声类没有贡献。高本汉《分析字典》的《引言》是这种研究的第一次大规模的尝试。我对于高氏有二点不免怀疑。(一)他所用的 6000 字有好些不见于《说文》,有好些是后来的俗字,不能用做古音研究的材料。(二)他的谐声条例不知道有什么数目字的根据,譬如说甲通乙丙而不通丁,好像是只凭大概的观察。单说甲通乙丙,大致是不错的。说一定不通丁,就是可疑。再说通乙过于通丙,或通丙过于通乙,就绝对的不可靠②。

他的谐声条例后面再加以批评。下面所报告的工作至少可以说可以补充高氏的不足。研究音理不同走马看花。大纲挈领必须

---

① 同上页注②。

② 本文付印之后才接到他的 Grammata Serica, Stockholm, 1940。

从琐碎之处归纳出来。有好些关系不是一目了然的。

本文所用的资料和方法

本文的材料是（一）全部《说文》和（二）《广韵》里注明的又切又音。关于《说文》的问题是：从某得"声"的字到了《切韵》时代他们的声母如何变化。关于《广韵》的问题是：凡是一个字有二种以上的读法，他们的声母有何关系？

这两个问题的实在情形也不妨略略的加于说明。形声字从某得"声"，我们万不可以假定那些字在汉朝是同声类的。那不是许慎"从〇〇声"的意思。也不可假定从某的某字的读音是这一组形声字的本音或是古音，好像其他有偏旁的字必得和他同音，否则就是后来的变音。古文是殷周两朝说不同方言的人在不同的时代创造的。一个字在成周是一种读法，在成皋未知就是那样读法。起先各地方的字形有些不同，到了"今天下……书同文"的时代读法还不免大同小异；"南蛮鴂舌"，不用说了。象形指事的字已然是如此；说到谐声更是变化多端。秦汉正音的用处至多不过像今日的所谓"标准国音"。当时汉字的用处也像后世大一统以后的情形。"书同文"并不是"语同音"。到了汉朝，扬子《方言》所保存的那些杂碎的记录有的确是方言的变化，不是字源上完全不同"语根"。例如"虔儇，慧也。秦谓之谩，晋谓之㦗"。"台、胎、陶、鞠养也。晋、卫、燕、魏曰台，……秦或曰陶，汝、颍、梁、宋之间曰胎……"《说文》本身就有不少方言的记录，只是变音的例子不多而已。

故此我们对于构拟上古声类的态度断不可拘执，比构拟《切韵》的音值还要小心。与其说是语音的研究，还不如说是历史的追溯。所谓上古音，时地都不宜严格的指定①。实际所要追求的是《切韵》或《广韵》的 51 类在汉魏以前如何流传下来。本文对于上古音不敢滥用语音的符号，单写某类某类，也是这个道理。《切韵》的音值已经有点虚构，只可说是汉魏以后的代表音。虚上加虚，危险性太大。

《广韵》一字又切又音的应用和形声字完全相同。一字两读或是三四读，和《说文》某"声"字在《切韵》时期变为两个以上的声类，在音韵史上的意义是一样的。《切韵》、《广韵》有好些字不见于《说文》。他们的来历，大多数也是出于六朝以前的著作。有些当然是晋以后字书里的俗字。俗字未必不保存古音。好在这些字的应用不至于发生任何危险。最后我们可以把这两种资料的统计结果互相校对，看他们是否不谋而合。凡是不同之处，解释上不得不特别留意。

下面述说这一次研究的详细步骤。

Ⅰ.《说文》研究凡例：

1. 一个字是否形声，一概以许说为断。许说有错的，有可以怀疑的。只要没有大错，对于我们的研究没有妨害。这就是统计研究的长处。反而言之，我们必得把《说文》逐字逐句和古文详加校对。段玉裁一生工作只落得武断二字的批评。想从地道的古文出发是不可能的。

2.《说文》版本一概从大徐。唐写本和辑佚的材料不够用，并且本身也未必可靠。小徐本有的地方比大徐来得合理，然而何取何舍，每点下一判断，实际还得武断。

3. 亦声字一概不用，因为许说太危险。

---

① 很想单用殷墟文字来做这个研究，可惜材料太少，并且好些字都在认识与不认识之间。用金石文字来参考，又越出范围，恐怕徒劳无功。

4. 省声字也一概不用。省声字的解释有的显而易见，有的就不其然。可用的资料份量上已经足够，不用省声字无妨。

5. 从某得声而某字不见《说文》的一概不用。

6. 反切一概从《广韵》，用大徐的所谓唐音作参考。《广韵》的校勘已经达到相当的真确程度。详细的条例如下：[①]

甲、《广韵》不收的字，反切从大徐。

乙、《广韵》、大徐反切不同，从《广韵》。

丙一、《广韵》一字二三读，则选那和大徐相同的音切（又音又切两书相同的并存）。我们另有《广韵》一字两读的研究，此处不必重复。并且《广韵》两切上字，一甲一乙，选哪一个都没有关系，因为其他同"声"之字在《广韵》的音切上大概已经甲乙都有了。（详下）

丙二、二三读和大徐都不相同，就选和大徐同韵类的。

丙三、没有同韵类的，就选同声类的。

丙四、连同声类的都没有，就在《广韵》二三切上字之中选一个和《说文》所从得声之字的声母比较相近的。

丙五、要是所从得声之字本身在广韵就有两读，都不能和大徐比较，就用下面的副例：

（子）甲乙……从丙得"声"，丙从丁得"声"，丙有两读，就从丁的声类。

（丑）两读同母或类隔，如"古居"，"端知"，就从《切韵》音没有介音 i 的。

（寅）要不然，两读之中无可选择，就采用同"声"字之中次数发现较多的。

---

① 开始作这研究的时间，用过高畑彦次郎的《周秦汉三代ノ古纽研究》下册，吃了一个大亏，此书错得不堪设想。

这样纪录的结果，得到像下面的初步材料。

"音声"字

音	暗	谙	暗	窨	瘖	罯	歆	猎	黯	湆	闇
於	於	乌	乌	於	於	乌	许	乙	乙	去	乌
金	金	含	绀	禁	金	感	金	咸	减	急	绀
切	切	切	切	切	切	切	切	切	切	切	切

"闇声"字　闇　澗

	乌	乙
	绀	感
	切	切

"音声"字和"闇声"字分别。凡乙从甲得声，丙从乙，丁从丙者，全分开研究，免得声类上转而又转，更是不可捉摸。

上面的"音声"字在《切韵》属于"於乌许去"四类，"闇声"字全属于"乌"，因此又立一表如下：

音　於　乌　许　去

闇　乌

表上这样的行列，一共有 1533 行。"亦声"，"省声""□声"的全都除去了。其中某声字只属于一个声类的（像上面的"闇声"字），一共 512 行。然后再详细检查"古"类发现于多少"声"，"苦"类多少，……结果得到下面的表一。

要解释这张表，不得不造出两个专门名词来，才可以免去说话的烦麻。（一）《说文》的字从某得"声"，那些字合起来叫做"声列"。例如上面的"音声"字成为一个声列。"闇声"字另是一个声列。"音声"字的一列在《广韵》属于"於乌许去"。"闇声"字只属于"乌"类。（二）一个声列所从得"声"的字叫做"声首"。"音"字是声首，属于《广韵》"於"类。"闇"字也是声首，属于《广韵》"乌"类。

第一表甲行的数目代表《说文》的声列在《广韵》单属于一个声类的一共有多少。例如"榦"声字全属"古"类，"乾"声字也是。这样的"古"声列一共有33列，所以表上作"古33"。乙行的数目字代表其他的声列。"古69"就是《说文》的声首有69个属于古类，而那些声列之中又有属于别的声类的字发现。例如"工声"字的声首属于"古"类，可是从"工"得"声"字的不但是"古"类，并且又属于"胡居渠苦"四类。甲乙二行加起来，代表《说文》的声列，凡是声首在《广韵》作某类的一共有多少。这就是表上的丁行。

表一

	甲	乙	丙	丁	戊		甲	乙	丙	丁	戊
古	33	69	77	102	146	侧	5	8	39	13	47
苦	12	18	75	30	93	初	2	7	26	9	33
呼	9	15	52	24	67	士	3	7	29	10	36
胡	26	46	100	72	146	所	6	16	41	22	57
五	7	14	45	21	59	都	6	24	44	30	68
乌	11	14	53	25	67	他	5	12	79	17	91
居	15	50	58	65	108	徒	12	28	85	40	113
去	8	17	52	25	69	奴	4	10	33	14	43
渠	13	19	67	32	86	卢	25	17	46	42	63
许	18	17	77	35	94	子	6	24	54	30	78
于	12	22	18	34	40	七	2	23	44	25	67
鱼	10	19	34	29	53	疾	5	12	28	17	40
於	26	29	47	55	76	息	14	34	47	48	81
之	4	31	52	35	83	徐	4	13	38	17	51
昌	4	10	37	14	47	作	3	12	21	15	33
时	9	20	34	29	54	仓	4	4	26	8	30
式	11	26	52	37	78	昨	4	17	34	21	51
食	3	7	13	10	20	苏	12	13	40	25	53
而	13	21	23	34	44	方	7	35	39	42	74

以	32	49	59	81	108		芳	2	13	46	15	59
陟	4	16	39	20	55		符	10	24	42	34	66
丑	3	8	52	11	60		武	20	23	21	43	44
直	9	18	67	27	85		博	5	12	35	17	47
女	2	7	21	9	28		普	2	8	24	10	32
力	23	33	41	56	74		蒲	5	12	46	17	56
							莫	22	18	31	40	49
								512	1021			

对于这一部分材料的研究法可以分为两种。（一）只检查声首的声类和同声列的声类的关系。例如"工声"字作"古"首，其下有"胡居渠苦"所以"古胡"、"古居"、"古渠"、"古苦"各相逢一次。这样统计起来就可以明了"古"和"居"，"古"和"渠"，……两两相关，从《说文》到《广韵》有何变化。我们不必假定，——也万万不可以假定——"古"是某声列的本音，古音，而"居"等是变音，只须知道《广韵》的两个声类在《说文》同一声列之中发现了，而这声列的声首在《广韵》属于"古"类。这样的关系分见于下面甲格上，乙格上，……戊格上，本文不列总表，因为这些关系按照《广韵》声类的分组而集合成几个大团体，很显而易见的。换句话说，六朝音的分组是沿着古音来的，《切韵》不是胡乱造作的。反过来说，从这些格式里可以研究出古音声母的转变，"上古音"和"中古音"有何分别。

这七个格式的排列法也得加上一点注释。例如"甲格上"顶上面的数目字102是从第一表的丁行抄来的。102"古"首的声列之中，34列有"苦"类字，11列有"呼"类字……。这个格式只能直念不能横念。

102
苦 古
34
33.3

　　表明 34/102 = 33.3％。"古"首的声列之中有 33.3％发现"苦"类字。余类推。我们不讨论一个声列之中，"古"类字一共有几个，"苦"类字一共有几个。形声字的多少，不是音韵的关系，也不代表语音转变的大势，乃是关乎字形和字义的。这一点万万不可以错过。

　　这些表格可以和《广韵》一字两读的资料在下文同时讨论。

　　以上说明《说文》声列严格的应用法。第二种的研究方法是不管某声类在一个声列之中是否占据声首的地位，只问他在同声列之中是否和别的声类相逢。例如"工声"字在《广韵》属于"古居渠苦胡"五类，就可以算"古"和"居"、"渠"、"苦"、"胡"各相逢一次，"渠"也和"古"、"居"、"苦"、"胡"各相逢一次。因此就可以列成一个大表，详载《广韵》51 声类在《说文》同声列两两相逢，各有多少次。一个声列的字要是只属于一个声类，当然不能利用。上面第一表上的丙行代表每类不占声首的发现次数。乙＋丙得戊行，代表每类发现的总次数，不论是声首与否。"独谐"的声列当然不在其内。至于那张两两相逢的大表不必在本文详录。反正那些相逢数对于语言研究的贡献并不很大。所谓甲乙相逢不一定是二者直接的转变。例如"工声"字以"古"为声首，所以"古"和"居"等相逢是直接的，而"居"和"渠"等的相逢是间接的，也许竟然是假的，因为"居"和"渠"都和"古"相逢而自身并不相逢。可是那些混同的相逢数另有他们的用处。有些研究的问题上可以不必问相逢是直接的还是间接的，只须问某声列之下某声类和某声类是否同时发现。譬如要问古浊音是否送气，理论上只须知道"居去渠"，"博普蒲"的两两相逢就够了，不可分辨哪一个字是声首。

　　为这类的应用起见，那些混同的相逢数要比单凭声首的直接相逢数还来得重要，因为单用声首，有些声类发现的次数太少，做起统计来正确度就得降低。所以我们必得研究那些混同的数字。

研究那些相逢数的方法和拙著《证广韵五十一声类》①文中所用的相同，也同样的有所限制。先问甲乙二项相逢是偶然的还是有意义的？相逢之数是否超乎机率所应得的？譬如按第一表"古"发现 146 次，"呼" 67 次，他们在 1021 声列之中，偶然相逢，也应当有 146×67/1021＝9.6 次。实际他们相逢 24 次，是机遇数的 2.5 倍，显而易见不能偶然的。这些实际相逢数和机遇相逢数的比较数也是很好的研究资料。本文把凡是够得上或是超乎 1.0 的比较数分载在甲格下，乙格下，……戊格下。这些表格之中，每一个格子有两个数，上面的一个有这儿所讨论的比较数，下面的是关于《广韵》一字两读的，下文再讨论。

有些数字虽然超乎机遇，也没有载在格式里面。因为各声类发现的次数大小很不一致。次数小的，两两相逢，也许只有一次二次而机遇数已然是超乎 1.0，甚至可以超乎 2.0。凡是因为相逢一次而超乎机遇的，这样的数目字一概不录。凡是因为相逢二次的，也是可疑，然而不妨录下，以备参考。例如下面甲格下"苦食 1.1$^{(2)}$"，意思就是"苦"类和"食"类的关系虽然够得上机遇数，然而两类相逢只有二次，余类推。凡是注明（2）的数目字本身不一定有意义。和同组的其他数目字合起来看，未必没有意义。这几个格式都是预备人家研究语言史用的，也许发现了特殊问题的时候，这些可以怀疑的数目字就有大大的用处。

Ⅱ.《广韵》研究凡例。

1. 又音又切只采取《广韵》所注明的。《广韵》一字两见三见而注里不注明又音又切的为数很多。有的因为脱漏了，有的因

①　《燕京学报》25 期，页 1—58，1939。

为唐朝人对于文字的怀疑。可惜法言旧例不注又切,《切三》等类的书也不可用。为慎重起见,凡是《广韵》不注明的一概不用。单用注明的资料已够丰富了。

2. 凡是一字三见,又切、又音可以系连的,作为三个例子,就是甲乙、甲丙、乙丙。一字四见可系连的为数极少;一字可作六例。

3. 重复的一概不录。一字切甲一、乙一,又切丙一、丁一,反过来切甲二、乙二又切丙二、丁二,而甲一、甲二、乙一、乙二,丙一、丙二,丁一、丁二声类韵类全相同的,只作一条计算。"古居","端知","卢力","作子","帮非"等类隔切算重复的。唇音开合不同切也算重复。

4. 凡甲音乙,乙有两切都和甲的又切相合,作两条。

除去版本可疑的,《广韵》里一共有 3505 例子。就此检查甲和甲,甲和乙,……相逢多少次。结果见附表一。甲甲,乙乙,……相逢的例子很多,表上也一目了然。

计算成绩的方法比《说文》的统计更为简单。3505 例一共牵涉 7010 字。其中"古"类发见的次数是 2×古古相逢＋古居相逢＋……,这些数目载在附表一的左边,也就是下面公式之中的 A 或 B。公式是 $\chi/AB/7010$,解释和《说文》的公式相同,[并且没有像《证广韵五十一声类》所说明的取样大小的限制]。

这些实际相逢和机遇的比较数也分载在甲格下,乙格下,……戊格下,跟《说文》谐声的比较数载在同格之中,是两数之中下面的一个。每一对数目字两两比较的时候,不可拘执很小的分别,因为计算机遇的两个公式意义上有点不同,并且取样一大一小,《说文》谐声 1021 则,《广韵》7010 字。《说文》的机遇数容易"差误"。

因此每一格式之中都有些地方按照《说文》显明相逢,可是

《广韵》不显示这种关系。除了"差误"大小的分别，还有一种理由可以使得谐声上多显出声类的关系。《说文》的材料比《广韵》一字两读究竟时代较远。有些声音原始是相近的，方言上可以互相变通的，到了汉魏以后就不能互相替代了。反过来说，《广韵》一字两读也可以显出某种声类的关系，是谐声的资料里所找不到的。后面的比前面的少，因为经过的年代较短，方言也比较的更为统一。

　　总而言之，格式里的数目字，凡是小于2.0的都可以怀疑，超过2.0的，在一字两读必定代表清楚的声类关系，在《说文》还得看他在同一组声类所处的地位，并且要参考所代表的声类在《切韵》时期作何音值。下文讨论各个格式的时候不常提到谐声的相逢比较数。那些数字只可以备参考和别人研究他种问题之用。

　　在没有讨论格式以前，可以再略略说明这统计方法在音韵研究上的地位。一则这方法可以超脱版本的错误。这也不一定是一个字体的错误，譬如《说文》某字，大徐的版本说是谐声，小徐不说谐声，这样的分别在统计全都是"偶然之事"。声类的大变化不会因为这样的分别而假造出来。二则可以超脱许慎自身"说文解字"的错误，和汉魏经师注音的错误。上面所引"亡声"的例子就显出这样的困难。实际我们断定许慎是错的，也有点靠不住。用了统计法，我们简直不必管谁的注解错了没有。这样的错误不会集中在某一个声类，或是某对声类的关系。

　　比起经籍异文的方法来，统计法是粗浅得多。我们不因为一个字的特别关系而搜索经典，也就是"不必读书"。研究语言史先得知道粗枝大干。有了这个，然后校对经籍异文，才有意义。像钱大昕的论轻重唇，端知类隔，章炳麟的日娘古读说，在我们的方法上可以一目了然。并且有好些同样的问题同时一齐解决。反而言之，像上面所举的"亡声"字，我们以为解释太渺茫。现在治学的阶段上这样的小节还是不谈为是。

说甲格上下——喉牙音

为便利起见，下文凡是提到《说文》谐声通转的百分数，简称曰"文"。提到《广韵》一字两读相逢的比较数，简称曰"韵"。据"文"某声通某声，简称曰"转"。据"韵"两声相逢远超乎机遇的，简称曰"通"。提到谐声相逢的比较数的时候特别申明。

单记声类的旧代表"古居"之类，有的人看来不方便，所以在括弧之内有时记上《切韵》的"音值"。所记的是国际宽式，并且和高本汉的大有不同之处。一则浊音不作送气[1]。二则不注喻化"，[j]。例如"古"和"居"的分别只作 q 和 q (i) [或 k][2]。三则床三母和禅母的地位颠倒[3]。四则照二等母不作舌上而作前腭。

1．破裂音。

（1）古、苦、胡通转[q.q.G > ʁ]而苦、胡的关系不很大。

（2）居、去、渠通转[q (i) 或 k，q (i) 或 k，g]而渠转去为数最小。

---

① 拙著 *The Voiced Initials of the Chinese Language*，哈佛燕京学社英文单行本第七种，1940；参下文。
② 拙著《三四等与所谓"喻化"》，《燕京学报》26 期，1939，页 143—173。
③ 参下文和拙著《试拟切韵声母的音值》，《燕京学报》28 期，页 41—56。

甲　格　上

	102 古	30 苦	24 呼	72 胡	21 五	25 乌	65 居	25 去	32 渠	35 许	34 于	29 鱼	55 於
古		10 / 33.3	—	25 / 34.7	1 / 4.7	1 / 4.0	11 / 16.9	4 / 16.0	3 / 9.4	3 / 8.6	3 / 8.8	1 / 3.4	2 / 3.6
苦	34 / 33.3		1 / 4.2	13 / 18.1	2 / 9.5	—	6 / 9.2	7 / 28.0	—	2 / 5.7	1 / 2.9	—	
呼	11 / 10.8	4 / 13.3		8 / 11.1	4 / 19.0	1 / 4.0	1 / 1.6	1 / 4.0	3 / 9.4	1 / 2.9	3 / 8.8	—	1 / 1.8
胡	46 / 45.1	6 / 20.0	1 / 4.2		1 / 4.7	3 / 12.0	8 / 12.3	1 / 4.0	2 / 6.3	2 / 5.7	7 / 20.6	2 / 6.9	1 / 1.8
五	11 / 10.8	2 / 6.7	2 / 8.3	3 / 4.2		—	4 / 6.2	2 / 8.0	—	1 / 2.9	2 / 5.9	9 / 31.0	—
乌	12 / 11.8	2 / 6.7	1 / 4.2	6 / 8.3	—		2 / 3.1	1 / 4.0	—		2 / 5.9		25 / 45.5
居	5 / 4.9	1 / 3.3	—	4 / 5.6	—	1 / 4.0		5 / 20.0	15 / 46.9	1 / 2.9	1 / 2.9	—	1 / 1.8
去	6 / 5.9	3 / 10.0	1 / 4.2	2 / 2.8	1 / 4.7	—	20 / 30.8		5 / 15.6	1 / 2.9	2 / 5.9	2 / 6.9	1 / 1.8
渠	5 / 4.9	1 / 3.3	—	3 / 4.2	1 / 4.7	1 / 4.0	32 / 49.2	7 / 28.0		1 / 2.9	2 / 5.9	—	1 / 1.8
许	5 / 4.9	4 / 13.3	3 / 12.5	5 / 6.9	3 / 14.3	1 / 4.0	7 / 10.8	3 / 12.0	3 / 9.4		10 / 29.4	4 / 13.8	2 / 3.6
于	1 / 1.0	—	—	4 / 5.6	—	1 / 4.0	3 / 4.6	—	1 / 3.1	—		—	—
鱼	3 / 2.9	—	2 / 8.3	—	6 / 28.6	—	5 / 7.7	3 / 12.0	2 / 6.3	—	2 / 5.9		2 / 3.6
於	4 / 3.9	4 / 13.3	—	5 / 6.9	—	10 / 40.0	5 / 7.7	1 / 4.0	2 / 6.3	—	7 / 20.6	—	
	以$_4$			以$_5$	以$_2$	以$_2$	以$_2$	以$_1$	以$_1$	以$_1$	以$_1$		以$_1$
	力$_3$		力$_1$	力$_1$	力$_1$	力$_1$	力$_1$	力$_1$	力$_1$	力$_1$		力$_1$	
	卢$_4$	卢$_1$		卢$_1$	卢$_2$	卢$_1$					卢$_1$		
				武$_3$						武$_1$			
	莫$_1$			莫$_2$						莫$_1$	莫$_1$		

（续）

102古	30苦	24呼	72胡	21五	25乌	65居	25去	32渠	35许	35于	29鱼	55於
之$_2$博	时$_2$	丑$_1$	之$_1$劳	他$_1$	他$_1$	昌$_1$子$_1$	昌$_1$	之$_1$	昌$_1$	昌$_1$	昌$_1$	式$_1$
陟$_1$蒲	式$_1$	奴$_1$	时$_1$符$_1$	式$_2$	徒$_1$	时$_1$息$_1$	丑$_1$	时$_1$	时$_1$	时$_1$	而$_1$	而$_1$
丑$_1$武	丑$_1$	息$_1$	而$_1$博$_1$	而$_1$	徐$_1$	式$_1$昨$_1$		式$_1$	式$_1$	式$_1$	陟$_1$	女$_1$
直$_1$苏	苏$_1$	苏$_1$	所$_2$都$_2$	而$_1$		而$_1$符$_1$		初$_1$	奴$_1$	丑$_1$	丑$_1$	奴$_1$
徒$_1$蒲	蒲	方$_1$	他$_2$	女$_1$		丑$_1$普$_1$		奴$_1$	士$_1$	士$_1$	所$_1$	侧$_1$
所$_1$		博	徒$_1$	他$_2$		奴$_1$蒲		徐$_1$	子$_1$	徒$_1$	七$_1$	
子$_1$			七$_1$	奴$_1$		侧$_1$		昨$_1$	息$_1$	苏$_1$	息$_2$	
七$_1$			息$_1$	息$_2$		士$_1$		苏$_1$	苏$_1$		苏$_1$	
徐$_2$			徐$_2$	徐$_2$		他$_3$		方$_1$	方$_3$		蒲	
方$_1$						徒$_2$						

（3）类隔的通转，苦、去最通，去转苦，其他有关系而不大。古、苦、胡转居、去、渠不及居、去、渠转古、苦、胡。

2. 破裂音与鼻音。

渠通鱼［N（i）或 ŋ］而居、去不通鱼。鱼不转居、渠。其他都有点小通转。

甲　格　下

	古	苦	呼	胡	五	乌	居	去	渠	许	于	鱼	於
古		4.8 / 3.3	2.5 / 1.3	4.4 / 4.9	2.8 / 1.3	2.0 / 1.6	1.9	2.1	2.0	1.9	1.4	1.5	1.3　卢 1.1
苦	4.8 / 3.3		2.3 / 3.1	3.6 / 1.7	3.3 / 1.3	2.1 / 1.4	1.6	3.0 / 3.3	2.0	1.9		1.4	1.7　昌 时 食 1.2 1.0 1.1^2
呼	2.5 / 1.3	2.3 / 3.1		2.7 / 2.9	2.8^2 / 1.0	1.1 / 1.2	1.6	2.0 / 1.5	1.9	2.9 / 5.9	1.5	1.2	1.2　式 食 而 丑 1.5^2 1.0 1.3 1.2^2 1.5　女 奴 武 莫 1.1^2 1.4 2.4 1.9 1.3 1.0^2
胡	4.4 / 4.9	3.6 / 1.7	2.7 / 2.9		2.4	2.3	1.3	1.4	1.5	1.9	3.1 / 1.3	1.2	1.5

（续）

	古	苦	呼	胡	五	乌	居	去	渠	许	于	鱼	於	
五	2.8 1.3	3.3 1.3	2.8 1.0²	2.4			1.6	2.5 1.5	1.2	1.5	1.3	7.5 17.2		昌 以 女 力 1.1 1.0 1.2² 1.0 士 他 奴 卢 1.0²　　1.1² 　　1.2　　1.1 徐 1.0
乌	2.0 1.4	2.1	1.1 1.2	2.3			1.0	1.5	1.2	1.3	1.9 1.8	8.8 11.1		女 2.3²
居	1.9 1.6	1.6	1.6	1.3	1.6	1.0		4.7 5.7	6.7 10.0	1.8 1.8		2.0	1.4	丑 力 卢 1.1 1.3 1.1
去	2.1 3.3	3.0 1.5	2.0	1.1	2.5 1.5	1.5	4.7 5.7		5.7 5.5	2.4 3.0	1.1	3.1	1.6	昌 以 丑 女 1.3 1.0 1.0 1.1² 奴 1.0
渠	2.0	2.0	1.9	1.5	1.2	1.2	6.7 10.0	5.7 5.5		2.0	1.2	2.2 2.2	1.4	式 奴 1.1 1.4
许	1.9	1.9	2.9 5.9	1.9	1.5	1.3	1.8	2.4 3.0	2.0		4.6 5.1	1.4 1.4	1.4 1.1	昌 式 丑 士 1.8　　1.1 1.2 1.0² 3.2 2.6 卢 息 徐 方 1.0 1.3 1.3 1.2 　　　　1.7 武 1.2
于	1.4		1.5 1.3	3.1 1.8	1.3 1.8	1.9		1.1	1.2	4.6 5.1		1.4	3.0 2.5	昌 以 奴 徐 1.1²　1.2² 2.0 　　2.0　　3.2²
鱼	1.5	1.4	1.2	1.2	7.5 17.2		2.0	3.1 2.2	2.2 1.4	1.4	1.4		1.8	时 丑 力 奴 1.1 1.1 1.0 1.8 卢 疾 息 1.2 1.0² 1.2
於	1.3	1.7	1.2	1.5		8.8 11.1	1.4	1.6	1.4	1.4 1.1	3.0 2.5	1.8		女 1.0²

3. 破裂音与摩擦音。

（1）苦、去通呼、许〔χ，χ（i）或×〕，其他都有点小通转。古转呼，居转许，可以特别留意。[呼通胡，然而胡的发音方法可疑。]

（2）于 [ɣ] 和破裂音只有极微的通转，不足凭。

4．摩擦音与鼻音。

五有点转呼，鱼有点转许。其他或有小通转，不足具论。

5．破裂音与影母 [（-）和（-i）]。

没有显明的通转，然而古有点转乌、於而乌、於不转古，可注意。

6．摩擦音与影母。

呼、乌、许、於不通转。于通於，于转於而於不转于。

7．摩擦音。

（1）胡通呼，不很互转，可见《广韵》又音的胡类较为纯粹的摩擦音。

（2）于通许，于转许而许不转于。

8．喉牙系的摩擦音 [呼许于] 和腭系齿系的摩擦音送气音小通转之处很多，特别是式、丑 [ɕ, ȶʻ] 通许，昌、息 [tɕʻ, s] 转许，于通徐 [z]。可是于和食类 [《切韵》ʐ] 不通转，那时候的食类字也许还不作 ʐ 音 [参丙格上，戊格上]。

9．所谓喉音喻四母 [j] 不见于喉牙音甲格下。据文，喉牙音有点转喻四母的趋势，特别是古胡二类。据下面丙格上，喻四母也有点转喉牙音，特别是转居。因此知道在文与韵之间喻四母的地位改变了（据音理应当是更腭化而失去破裂的趋势？）。

10．喉牙音与力、卢二类 [l] 的关系。据韵，这种关系只可以在附表一看出一点痕迹。甲格下不发现这种关系，只有关于谐声的那些比较数有几处牵涉到力、卢的。可是甲格上（参看己格上）很明显的表示至少古可以转卢，力可以转居，这一点也许是复辅音的遗迹，据文和据韵不同。

11. 呼、许和莫、武 [m] 不论据文据韵都像有一点通转（参看乙格上下）。

乙 格 上

	42 方	15 芳	34 符	43 武	17 博	10 普	17 蒲	40 莫
方		4 26.7	10 29.4	1 2.3	5 29.4	1 10.0	8 47.1	2 5.0
芳	16 38.1		16 47.1	3 7.0	2 11.8	2 20.0	3 17.6	1 2.5
符	26 61.9	8 53.3		—	1 5.9	1 10.0	2 11.8	—
武	1 2.4	—	—		—	—	—	11 27.5
博	14 33.3	2 13.3	6 17.6	1 2.3		1 10.0	7 41.2	—
普	6 14.3	1 6.7	4 11.8	—	6 35.3		3 17.6	—
蒲	15 35.7	3 20.0	10 29.4	—	7 41.2	4 40.0		—
莫	2 4.8	1 6.7	—	16 37.2	1 5.9	—	—	
	许$_2$			呼$_4$ 许$_3$	许$_1$	呼$_1$		呼$_1$ 许$_1$
	古$_1$ 于$_1$ 之$_1$ 以$_1$ 女$_1$ 所$_2$ 他$_1$ 卢$_1$	五$_1$ 力$_1$ 子$_1$	直$_1$ 徒$_1$	古$_1$ 渠$_1$ 直$_1$ 力$_3$ 卢$_1$ 苏$_1$	胡$_1$	式$_1$ 以$_1$ 丑$_1$	居$_1$	胡$_1$ 鱼$_1$ 式$_1$ 而$_1$ 以$_2$ 力$_1$

乙　格　下

	方	芳	符	武	博	普	蒲	莫		
方		7.0 5.4	8.4 8.0		8.2 6.0	6.9 1.5²	7.1 5.0	1.4	许 1.3	所 1.0
芳	7.0 5.4		10.7 8.5	1.2	7.4 4.6	5.4 13.7	6.8 5.2	1.4	许 1.0	
符	8.4 8.0	10.7 8.5			6.9 3.9	6.8 1.4²	8.0 6.7			
武		1.2					14.2 15.1		呼　许 2.4　1.2 1.3	食　而　力 　1.1²　1.6 2.7² 奴　卢 1.1²　1.5
博	8.2 6.0	7.4 4.6	6.9 3.9			12.2 13.9	11.2 10.1			
普	6.9 1.5²	5.4 13.7	6.8 1.4²		12.2 13.9		10.3 7.4	1.3²		
蒲	7.1 5.0	6.8 5.2	8.0 6.7		11.2 10.1	10.3 7.4				
莫	1.4	1.4		14.2 15.1		1.3²			呼 1.9 1.0²	力　卢 2.5　1.0

说乙格上下——唇音

1. 唇音自为一组，和喉牙的摩擦清音有点通转，和中口音全没有关系，除了力类和莫、武有点互转。力⇄莫武⇄呼许

2. 方、芳、符 [pʷ (i), pʷ (i), bʷ (i)] 互相通转。博、普、蒲 [pʷ, pʷ', bʷ] 通，大致也互转，因为发现的次数太少，难下确断。博、方等类隔的通远过于古、居等类隔的通，前者类隔的转也略略超过后者。意思就是喉牙音一三等的分别，在所研究的材料之中比唇音一三等的分别来得清楚。

3. 莫、武与破裂音不通转，界限分明，不像五、鱼和牙部破裂音的关系。

说丙格上下——腭音

1.破裂摩擦音之、昌、时［tɕ, tɕʻ, dʑ］相通。时转之、昌，之转昌、时，而昌不转之、时。(宋人所谓床三母和带破裂清音不通转)。

2.式类［ɕ］和之、昌、以相通，也有点互转。

3.食类通式、时、以、徐。这也是断定他是 ʑ 的一个证据。(同时以、徐二类已然失去破裂)。据文，食类的发现只有九次，转丑、徒各二次，陟、直、都、他各一次。食类的来源一部分也许是舌头音的腭化。

4.而类只和奴、女二类通转。此外就是和息类有点相通，也有点互转(参附表和戊格下)，反而比和式类的关系为近。想来古时的而类还不是中腭音而是 nʒ 音(他和徐类不通转，也许因为徐类字作 z 是较为后起)。

5.(1)腭音破裂磨擦和舌音破裂［t, tʻ, dʻ］前腭破裂［ȶ, ȶʻ, ȡ］大致全相通转，送气的和送气的通转之势较大于不送气的和不送气的。

(2)式类和他、丑相通，并且转丑、直。

丙　格　上

	35 之	14 昌	29 时	37 式	10 食	34 而	81 以
之		1 7.1	14 48.3	3 8.1	—		3 3.7
昌	7 20.0		5 17.2	2 5.4	—	1 2.9	3 3.7
时	7 20.0	—		2 5.4	1 10.0	—	4 4.9

（续）

	35 之	14 昌	29 时	37 式	10 食	34 而	81 以
式	6 17.1	2 14.3	3 10.3		1 10.0	2 5.9	14 17.3
食	—	—	2 6.9	2 5.4		—	6 7.4
而	—	—	1 3.4	1 2.7	—		—
以	5 14.3	—	1 3.4	3 8.1	2 20.0	1 2.9	
陟	12 34.3	2 14.3	5 17.2	2 5.4	1 10.0		2 2.5
丑	4 11.4	4 28.6	1 3.4	7 18.9	2 20.0	2 5.9	7 8.6
直	8 22.9	1 7.1	4 13.8	6 16.2	1 10.0	2 5.9	9 11.1
都	7 20.0	1 7.1	5 17.2	2 5.4	1 10.0	—	2 2.5
他	3 8.6	2 14.3	5 17.2	2 5.4	1 10.0	1 2.9	13 16.0
徒	9 25.7	1 7.1	7 24.1	2 5.4	2 20.0	—	18 22.2
	古$_1$ 渠$_3$ 苦$_1$ 许$_2$ 胡$_3$ 于$_1$ 五$_2$ 鱼$_1$ 居$_2$ 於$_2$ 去$_3$	呼$_1$ 胡$_1$ 五$_1$ 居$_1$ 去$_2$ 许$_3$	古$_1$ 苦$_2$ 居$_1$ 渠$_1$ 许$_1$ 鱼$_1$	苦$_1$ 渠$_2$ 许$_1$ 鱼$_1$ 於$_1$	呼$_1$ 渠$_1$ 许$_1$ 于$_1$ 鱼$_1$	五$_1$ 于$_1$	古$_2$ 渠$_1$ 苦$_1$ 许$_2$ 呼$_1$ 于$_1$ 胡$_3$ 居$_7$ 去$_1$
	力$_2$ 卢$_1$ 奴$_1$ 女$_1$	女$_1$ 卢$_1$	卢$_1$	奴$_1$	力$_1$	女$_9$ 奴$_{15}$ 力$_1$	力$_2$ 卢$_2$ 奴$_1$
	士$_1$ 徐$_2$ 所$_2$ 作$_1$ 子$_1$ 仓$_2$ 七$_1$ 昨$_3$ 息$_3$	士$_1$ 徐$_1$ 作$_1$ 苏$_1$	侧$_1$ 子$_1$ 苏$_1$	初$_2$ 息$_1$ 所$_2$ 徐$_2$ 子$_2$ 仓$_1$ 七$_2$ 昨$_2$ 疾$_1$ 苏$_1$	息$_2$ 徐$_2$	七$_1$ 息$_3$	所$_1$ 徐$_{16}$ 子$_2$ 昨$_1$ 七$_1$ 苏$_3$ 疾$_1$ 息$_9$
	博$_1$			武$_1$		武$_1$ 莫$_1$	

丙　格　下

	之	昌	时	弌	食	而	以			
之								丑直 丑	都他徒 徒	女 徐 仓 苏 1.8 1.2 1.2
昌	5.2 4.7							眳丑直 眳丑直	都他徒 都	苦 五 去 许 干 女 奴 徐 1.2 1.1 1.3 1.8 1.1² 2.3 2.5 2.1 1.0²
时	7.3 7.0	5.2 3.0					1.5	眳丑直 眳丑直	都他徒 他徒	侧 士 3.9 1.2²
弌	2.4 2.6	5.2 3.0	5.2 3.0			1.1	1.8 1.7	眳丑直 直	都他徒 都	苦 鱼 徐 1.0 1.1 1.1 初 2.6²
食	1.8	3.1 2.7	2.9 ²2²	2.9 ²2²	3.8 6.4	1.0² 1.7	1.4 2.5	眳丑直 丑	都他徒 他	渠 许 女 奴 息 徐 苏 1.1 2.8 2.1 1.9 3.3 1.0 1.2² 3.2 2.9 1.7² 侧 1.2 2.3²
而		1.0² 1.7	5.9 3.7²	5.9 3.7²	5.9 3.7²	2.1	3.0 4.0	眳丑直 丑	都²他徒 他	苦 息 徐 苏 武 1.1² 1.5² 3.2 4.0 2.9 1.2² 13.4 2.7² 所 1.0²
以	1.5	1.8 1.7	1.4 2.5	3.0 4.0	5.2 9.1		5.2 9.1		他	呼 息 武 1.0 15.7 2.0 1.1² 1.5 18.0 12.8 1.9
								丑直 丑	都他徒 他徒	五 去 干 女 力 卢 奴 息 1.0 1.0 1.0 1.0 1.1 1.2 1.2 2.1 2.0 徐 4.6 8.7

（3）以类通丑、他。徒，转丑他、直、徒，直、徒也转以。以类又前转息、徐而后转居（参看上说甲格第九）。以类的来源分前后两支，都由破裂腭化而变为破裂摩擦而变为摩擦。

6．腭音和侧、初、士、所（暂定为 tʃ 等）的关系，东鳞西爪而已（丙格下的"之侧3.9"可以怀疑。《广韵》"真，侧邻切"；《切三》作"职邻反"）。

7．腭音摩擦和齿音摩擦牙音摩擦都可以有点通转。

说丁格上下——舌音

1．（1）都、他、徒 [t, t‘, d] 互通，可是都他的关系不大。都、他、徒互转可是他转都特别的少，徒转他的特别的多。末了的一点很可以注意。

（2）陟、丑、直互通，互转的关系不那么明显。

（3）腭化音和不腭化音的相通不及腭化音或不腭化音自身相通的大（都他的关系除外）。谐声相转也有点这样的情势，只是不很明显（丑类发现的次数也太少）。

丁　格　上

	30 都	17 他	40 徒	20 陟	11 丑	27 直
都		2 11.8	5 12.5	7 35.0	1 9.1	4 14.8
他	6 20.0		18 45.0	2 10.5	1 9.1	7 25.9
徒	12 40.0	6 35.3		3 15.0	1 9.1	7 25.9
陟	5 16.7	1 5.9	—		1 9.1	3 11.1
丑	—	2 11.8	—	4 20.0		4 14.8

（续）

	30 都	17 他	40 徒	20 陟	11 丑	27 直
直	9 30.0	3 17.6	6 15.0	7 35.0	1 9.1	
之	10 33.3	—	1 2.5	4 20.0	—	4 14.8
昌	4 13.3	—	1 2.5	3 15.0	—	1 3.7
时	4 13.3	1 5.9	2 5.0	1 5.0	—	3 11.1
式	1 3.3	1 5.9	2 5.0	—	—	2 7.4
食	—	1 5.9	—	—	—	1 3.7
以	1 3.3	1 5.9	6 15.0	—	—	4 14.8
			力$_1$ 奴$_1$	女$_1$ 奴$_1$	而$_1$ 女$_1$ 力$_1$ 卢$_1$	力$_4$
	初$_1$ 所$_1$	昨$_1$	疾$_1$ 息$_2$ 徐$_3$ 昨$_1$		七$_1$ 疾$_1$	
	苦$_1$ 胡$_1$ 乌$_1$ 居$_1$		古$_1$ 胡$_1$ 许$_1$	居$_1$	呼$_1$ 许$_2$ 鱼$_1$	
	莫$_1$	芳$_1$ 符$_2$ 普$_1$ 蒲$_1$	普$_1$	普$_1$		

丁 格

	都	他	徒	胪	丑	直	之	昌	时	式	食	以	侧·初	其他
都		3.6 / 1.2	4.8 / 4.4	6.3 / 5.9	2.0	4.1 / 2.2	5.8 / 2.9	4.9	6.4 / 1.9	1.9	1.5^2	1.3	侧 初 1.0 1.0 / 2.0	女奴子 1.6 1.7 1.2
他	3.6 / 1.2		5.3 / 7.1	2.2 / 1.6	2.6 / 1.4	3.4 / 3.0	2.0	2.5 / 2.3	3.5	2.6 / 3.7	2.2	2.9 / 1.4		五奴徐息 1.3 1.4 2.2 / 1.2 2.3
徒	4.8 / 4.4	5.3 / 7.1		3.0 / 1.6	2.1	4.4 / 3.0	2.8 / 1.1	2.7 / 1.2	3.7 / 2.0	3.0	4.1	3.3 / 1.7		息徐 1.3 3.4 / 1.3
胪	6.3 / 5.9	2.2 / 1.6	3.0 / 1.6		3.7 / 4.8	5.0 / 7.1	6.0 / 2.5	3.6 / 1.5^2	5.2	1.9	2.8		侧 1.0 / 3.3	女徐 2.0 1.1
丑	2.0	2.6 / 1.4	2.1	3.7 / 4.8		3.0 / 6.3	1.8 / 1.3	4.0 / 3.5	1.9	3.3 / 2.1	2.6	2.2 / 1.3	初 所 2.1^2 1.0^2	呼居去许鱼女力奴 1.3 1.1 1.0 1.1 1.0 2.4 1.4 1.6 / 2.6 1.5 卢息 1.4 1.3 2.0
直	4.1 / 2.2	3.4 / 3.0	4.4 / 3.0	5.0 / 7.1	3.0 / 6.3		3.0 / 1.4	2.0 / 1.0^2	2.9 / 2.7	2.9	3.0	2.1		力息徐 1.1 1.0 2.1

2. 舌音和侧、初二类很有点相通而并不互转（参看下面戊格上）。再回看上面说丙格第六，也许谐声的系统里并没有照二等母。

3. 奴、女［n］和破裂音不很通转，除了他通奴，其他偶一见之。

4. 徒［d］、徐［破裂$_{>z}$］可以通转。（参戊格上）。

说戊格上下——齿音

1. 破裂摩擦音

（1）作、仓、昨［ts, ts', dz］互通。作转仓、昨，昨转作、仓，而仓不转作、昨。（据文，有几类发现的次数太少，难断定。）

（2）子、七、疾［ts (i), ts' (i), dz (i)］互通，也互转。

（3）据韵类隔和不类隔的分别很显，据文也有点可以看出。

2. 苏、息［s］仓、七［ts'］很有点通转。

3. 徐［z］通息［s］、昨［dz］、食［z］、以［《切韵》的 j］，也有点通徒［d］。徐转息、以、徒。以特别转徐。徐是 dz＞z（和徒类的关系指出徐类有另一个来源，此处暂不讨论），以是

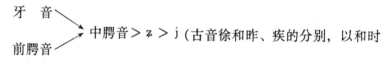

牙　音
前腭音　中腭音＞z＞ j（古音徐和昨、疾的分别，以和时的分别，不能确定）。[①]

---

① 今说以为昨、疾是 dz，时是 z（dz'），在别的方面不可通。此处我们不妨把徒、徐、以三方面的关系大概的述说，据表略：

相通比较数	以	徒	相转%	以	徒	徐
徒	1.7		以		15.0	22.5
徐	8.7	1.3	徒	22.2		22.5
			徐	19.7	7.5	

戊　格　上

	15 作	8 仓	21 昨	25 苏	30 子	25 七	17 疾	48 息	17 徐	13 侧	9 初	10 士	22 所
作		1 12.5	9 42.9	2 8.0	2 6.7	2 8.0	—	—	—	1 7.7	—	2 20.0	1 4.5
仓	4 26.7		5 23.8	4 16.0	3 10.0	3 12.0	—	2 4.2	—	—	1 11.1	—	1 4.5
昨	7 46.7	—		—	6 20.0	5 20.0	1 5.9			1 7.7	2 22.2	2 20.0	
苏	1 6.7		3 14.3		1 3.3	1 4.0	1 5.9	8 16.7			1 11.1	2 20.0	8 36.4
子	3 20.0	2 25.0	8 38.1	1 4.0		12 48.0	5 29.4	2 4.2		4 30.8	2 22.2	3 30.0	1 4.5
七	4 26.7	1 12.5	5 23.8	2 8.0	5 16.7		5 29.4	6 12.5	—	3 23.1	2 22.2	1 10.0	1 4.5
疾	2 13.3	1 12.5	4 19.0	—	7 23.3	3 12.0		1 2.1	2 11.8	3 23.1	—	—	1 4.5

据高本汉　d

　　　　　(i)。中国人从前只知道喻₄归定而没看见喻₄和徐关系更大。按照

　　z

我们试拟《切韵》的音值，徒 d，徐 dz＞z，以 ȡʑ＞z＞j，上表的关系是因为（1）徒、徐、以只在带破裂的时期方言上互相交替，而（2）徐、以又可以 z~z，所以这二类在《广韵》一字两读关系特大。

　　徐、昨的分别，以时的分别，正文说不能确定。其实古音通转，要是大部分出于方言的替代而不必是直接的辅音移动（consonautal shift），那末，徐和昨在一种方言里可以是 dz，在另一种方言里 z，后来互相假借，变成《切韵》的 dz 和 z。虽然不能言之过详，也未必有背于语言学的基本原理。徐和昨的关系在《广韵》十分明显而在《说文》音反而若有若无，很可能的 dz＞z 是后起的，其前还有舌头音变徐的一条路，因为牵涉上古浊音音值的问题，这儿不必详细推拟。以类最复杂，从破裂变摩擦，其间发现和舌音牙音的关系，时类和舌音通转，大体上远过以类，而和牙音的通转不及以类，不送气的时类和不送气的舌音通转，也许是后起的 d＞ȡ＞ȡʑ，在这期之前也许有过一个时期 d＞ȡʑ＞ȡʑ＞z；g＞ȡʑ＞z，在某种方言里，这前一期的变化存留较久，这又牵涉到上古浊音的问题。《切韵》的以类真是所谓喻₄；到了唐朝，时类 ȡʑ＞z，这些话都不过是可能的，近似的，推想的，然而为秦汉以前的古文汉字构拟音值，能否超乎这种程度，根本可以怀疑。

（续）

	15 作	8 仓	21 昨	25 苏	30 子	25 七	17 疾	48 息	17 徐	13 侧	9 初	10 士	22 所
息	1 / 6.7	—	1 / 4.8	1 / 4.0	3 / 10.0	4 / 16.0	1 / 5.9		4 / 23.5	1 / 7.7	1 / 11.1	—	3 / 13.6
徐	—	—	—	—	—	—	2 / 11.8	1 / 2.1		—	—	—	1 / 4.5
侧	3 / 20.0	—	4 / 19.0	—	8 / 26.7	6 / 24.0	3 / 17.6	2 / 4.2	—		2 / 22.2	4 / 40.0	—
初	—	2 / 25.0	2 / 9.5	1 / 4.0	2 / 6.7	6 / 24.0	2 / 11.8	1 / 2.1	—	2 / 15.4		—	4 / 18.2
士	2 / 13.3	1 / 12.5	6 / 28.6	2 / 8.0	3 / 10.0	4 / 16.0	—	1 / 2.1	—	3 / 23.1	2 / 22.2		—
所	—	—	1 / 4.8	6 / 24.0	2 / 6.7	1 / 4.0	1 / 5.9	11 / 22.9	—	—	1 / 11.1	1 / 10.0	
	都1 徒1	奴1		直2 徒1	力1	力1 卢1 都1 他1	他1	女1 徒1 直2 奴1	陟1 都1 直1 他1 他1	陟1 徒1 都1 他1	力1		丑1 力1
		之1 而1 芳1		於1	式2 食1 以1	时1 食1 以1	之1 式2 以2 而3	之2 式2 昌1 以4 时1	之1 昌1 时1				
				古1 胡1 许2 鱼1 於1	居1 渠1	呼1 胡1 渠1	古1 许3 呼1 于1 胡1 鱼1 五1 於2 居1	呼1 许1 胡1 于2 五1 居1 去1	苦1 渠1				许1
													方1 蒲1

4. 除徐、徒外舌头音和齿头音没有明显的通转。

5. 侧、初、士 [暂定为 tʃ, tʃ, dʒ] 互通也互转，只因谐声字发现的次数太少，难于确定。

6. 所 [ʃ] 和初 [tʃ] 通转。

7. （1）作系 [ts] 和侧系 [tʃ] 的关系极大，送气的和送气的最相通转，不送气的和不送气的，摩擦的和摩擦的。

戊　格　下

	仓	昨	苏	子	七	疾	息	徐	侧	初	土	所	其他
作	11.3 / 9.1	12.1 / 13.0	3.5	5.6 / 9.4	6.0	6.2			6.6 / 6.7	3.7	10.3 / 2.9^{2}	2.2	之 1.2
仓		7.3 / 4.7	7.7	5.2 / 6.0	7.1 / 14.6	8.4	1.7		4.3	4.1	5.7	3.0	
昨			1.9	6.7 / 6.5	6.0 / 2.0	5.5 / 5.1		6.1		3.0 / 2.1	9.5 / 5.7		奴 1.4
苏				2.0	2.9 / 2.8	1.4	3.6 / 7.0		2.0	2.9	3.2	5.7 / 6.8	武 1.0 / 1.7^{2}；之 1.0^{2}；食 2.9
子					6.3 / 6.0	7.9 / 12.5	2.1		7.2 / 4.4	4.8	6.5 / 2.0	2.3 / 1.0	都 1.2
七						6.5 / 8.4	3.0 / 2.9		6.5	7.8 / 7.9	5.9 / 8.9	2.7	
疾							1.9	3.0	6.5 / 4.1^{2}	3.9	6.4 / 2.6^{2}	1.8	鱼 1.0^{2}

（续）

	其他	作	仓	昨	苏	子	七	疾	息	徐	侧	初	士	所
息	许1.3 鱼1.2 而2.0 / 1.7 1.9；女1.8 奴1.5 / 2.8²；武1.9 食3.2 以2.1 / 2.9；丑1.3 直1.0；他1.4 徒1.3	1.7			3.6 / 7.0	2.1 / 3.0 2.9		1.9		2.2 / 7.4	1.1	2.7	1.1	3.3 / 7.7
徐	五1.0 许1.3；之1.2 昌2.1 时1.1；食3.3 4.0 / 13.4；以4.6 / 8.7；胁1.1 丑2.0 直2.1；他2.2 徒3.0 / 1.3			6.1	2.9		3.0		2.2 / 7.4					
侧	干2.0 3.2²；之3.9 时1.2 / 2.3²；胁3.3；都1.0	6.6 / 6.7	4.3	6.4 / 1.8²	2.0	7.2 / 4.4	6.5	6.5 / 4.1²	1.1	5.9 / 7.7		5.9 / 7.7	9.7 / 13.9	1.5
初	昌2.6²；都2.0	8.7	4.1	3.0 / 2.1²	2.9	4.8	7.8 / 7.9	3.9	2.7		9.7 / 13.9	8.6 / 4.1	8.6 / 4.1	6.0 / 3.8
士	许1.2；昌1.2²；丑2.1²；他2.0	10.3 / 2.9²	5.7 / 5.7	9.5 / 5.7	3.2	6.5 / 2.0	5.9 / 3.9	6.4 / 2.6²	1.1	1.8	5.9 / 13.9	8.6 / 4.1		2.0
所	力1.7 卢1.4 方1.0；武1.0²；丑1.0²；昌1.2²	2.2	3.0	5.7 / 6.8		2.3 / 1.0	2.7	1.8	3.3 / 7.7		1.5	6.0 / 3.8	2.0	

（2）据韵，作、子的通大于作、侧的通或子、侧的通。仓、七、初的关系也是如此。据文，这种分别全然看不出来，故疑谐声的系统里没有侧等四类（参看上面说丙格第六）。

说己格上下——来母

力、丑的关系可以断定是复辅音的痕迹。来母和明母的关系，见上说乙格第一。

己　格　上

	56 力	42 卢
力		10 23.7
卢	24 42.9	
	古$_2$乌$_1$苦$_1$居$_6$胡$_2$去$_1$	古$_2$五$_1$鱼$_1$苦$_1$居$_1$於$_1$胡$_1$渠$_1$
	之$_1$以$_3$	
	丑$_5$直$_1$	丑$_1$他$_2$
	所$_3$苏$_1$	所$_2$
	方$_1$蒲$_1$武$_2$莫$_3$	

己　格　下

	力	卢	古	五	居	许	鱼	以	丑	直	所	武	莫
力		9.2 15.2				1.3	1.0	1.1 / 1.5	1.4	1.1	1.7	1.6	2.5
卢	9.2 15.2		1.1	1.1	1.1	1.0	1.2	1.2	1.4		1.4	1.5	1.0

说庚格上下——日泥娘

庚格上

	14 奴	9 女	34 而
奴		3 / 33.3	15 / 44.1
女	4 / 28.6		9 / 26.5
而	7 / 50.0	3 / 33.3	
	呼₁	於₁	五₁ 于₁
	式₁ 以₁	之₁ 昌₁ 式₁ 以₁	昌₁ 式₂ 以₁
	陟₁ 都₁ 他₁ 卢₁	力₁	丑₂ 直₂ 他₁ 力₁
	息₁		七₁ 息₃
		莫₁	武₁ 莫₁

$$\text{呼}_1 \quad \text{於}_1 \quad \text{五}_1\ \text{于}_1$$
$$\text{式}_1\ \text{以}_1 \quad \text{之}_1\ \text{昌}_1\ \text{式}_1\ \text{以}_1 \quad \text{昌}_1\ \text{式}_2\ \text{以}_1$$
$$\text{陟}_1\ \text{都}_1\ \text{他}_1\ \text{卢}_1 \quad \text{力}_1 \quad \text{丑}_2\ \text{直}_2\ \text{他}_1\ \text{力}_1$$
$$\text{息}_1 \quad \text{七}_1\ \text{息}_3$$
$$\text{莫}_1 \quad \text{武}_1\ \text{莫}_1$$

庚格下

	奴	女	而	呼	五	去	渠	于	鱼	於	之	昌	武	以	眒	丑	都	他	息	昨	武
奴		14.4 10.2	15.1 12.8	1.4	1.1² 1.2²	1.0 1.2²		1.4	1.8	1.0²		2.5	2.1	1.0		1.6	1.7	1.3	1.8	1.5	1.4 1.1²
女	14.4 10.2		15.7 18.0	1.1² 1.2² 2.3²	1.2² 2.3²		1.1²			1.8	1.0² 1.8	2.3 2.8	2.8	1.0 2.4	2.0	2.4	1.6	2.3	1.8 2.8²		
而	15.1 12.8	15.7 18.0		1.0 1.5							1.1 1.7	1.0² 2.1		2.1					2.0 1.9		1.1²

这是日、娘归泥的实证。奴、女二类的通转反而不及奴、而或女、而。上面说，（丙格第四）我们所研究的材料里好像没有 nʑ 的音而是 nʒ。也许而类正是不喻化的 ndʒ→nʒ，所以一方面和息类都有一些关系。到了《切韵》时期才变长安音的 ndʑ 或是别的方言里的 nʑ。这一点不敢确定。

表格的应用举例

上文说，这一回研究的用意是要校正高本汉的谐声条例。那些表格造成之后，当时就发现他们的用处断不止乎此。有些问题已经在上面说明表格之中隐隐的提出来了。声类的关系一定还有些蕴藏在这些表格里。因为我们没有清楚的问题，所以不能发掘。我把这些资料公布出来，是公之同好的意思，可以省去别人好多的麻烦。总而言之，以后我们讨论上古声类，凡是立说和这些表格相冲突的，一定没有成立的可能。当然我们也不能说所有可研究的材料全在这里了。

我把一时所能想得到的应用问题举出几条来，在下面分别讨论。凡是研究音韵语言的人自然会明了我所以特别提出这几个问题的理由。

1．高本汉的谐声条例可靠到何种程度？

2．送气和不送气的通转那一方面强？

3．上古中古浊音是送气的还是不送气的？

4．切韵有介音 i 的字在古音有转一二等的，也有反转过来的。那一种转法为强？

5．上古有复辅音么？

例题一　校高氏谐声条例

1．端、透、定互转。The dental explosives are freely interchanged：*t*：*t'*：*d'*。

评：大致是对的。据文，透转端可疑。据韵，端、透也不很相通。

2．精、清、从、心、斜互转。The dental affricatives and fricatives are freely interchanged：*ts*：*ts'*：*dz'*：*s*：*z*。

评：（1）斜只和从、心通转，和精、清绝对不通转。

（2）心和清通转，和精从不很通。

3．侧、初、士、所互转。The supradental affricatives and fricatives are freely interchanged：*tʂ*：*tʂ'*：*dʐ'*：*ʂ*。

评：（四母不见得是卷舌音）所和初通转，和侧、士不通转（例同心母，而界限尤严）。

4．知、彻、澄互转。The palatal explosive are freely interchanged：*ȶ*：*ȶ'*：*ȡ'*。

评：大致无误。

5．端、透、定和精、清、从、心、斜不转。The dental explosives *t*，*t'*，*d'* on the one hand and the dental affricatives and fricatives *ts*，*ts'*，*dz'*，*s*，*z* on the other do not interchange.

评：大致无误。斜转定是大路，不是"例外"。

6．精、清、从、心、斜和侧、初、士所互转。The dental affricatives and fricatives *ts*，*ts'*，*dz'*，*s*，*z* and the supradental affricatives and fricatives *tʂ*，*tʂ'*，*dʐ'*，*ʂ* are freely interchanged.

评：（1）斜母和侧、初、士、所绝对不通转。

（2）心所通转，二者和带破裂音的旁转偶见而已。

7. 之、昌、时、食互转。The palatal affricatives tɕ, tɕ‘, dʑ‘ and the fricative ʑ are freely interchanged.

评：食和之、昌绝对不通转（食类高氏以为是 dʑ‘，实是 ʑ）。

8. 式类和之、昌、时、食大致不转。The palatal fricative ɕ and tɕ, tɕ‘, dʑ‘, and ʑ do not interchange as a rule.

评：式和之不是没有通转。和昌的关系虽然不清楚，至少比所、初的关系为大（参上第三，高说前后矛盾。再者，高氏以为时类是ʑ，食类是 dʑ‘，所以错误尤大）。①

9. 精、清、从、心、邪和侧、初、士，所大致两方都不转之、昌、时、食。The dental affricatives and fricatives *ts*, *ts*, *dz*, *s*, *z* and the supradental affricatives and fricatives tʂ, tʂ‘, dʐ‘, ʂ do not as a rule interchange with the palatal affricatives and fricatives tɕ, tɕ‘, dʑ‘, ʑ.

评：大致无误，然而须留意在《切韵》的系统里邪、食相通。

10. 端、透、定不但转知、彻、澄，并且转之、昌、时、食（可是不转式！）。The dental explosives t, t‘, d‘ interchange freely not only with the palatal explosives ȶ, ȶ‘, ȡ‘, but also with the palatal affricative tɕ, tɕ‘, dʑ‘ and the fricative ʑ（not the fricative ɕ!）.

评：（1）端、知等互转大致不误，可是他、丑的地位很特别。其中送气和不送气，清和浊的关系都待研究。

（2）端、知等和之、昌、时互转，也大致不误，然而他、丑绝对不转之、昌、时，虽然反过来是可以的。

（3）食（是 ʑ，不是 dʑ‘）可以转端、知等然而反过来绝对

---

① 近国人颇注意审三母，好像那是问题的中心点，许是误于高说。

不转。

（4）式转丑、直。和其他四类也不能说绝对无关。式［ɕ］不见得有什么特别之处。①

其他 11. 论喉牙音，最主要的一点是 g'＞胡，而 g＞喻三。中古浊音送气与否，下面再讨论。g＞喻三，全得看喻三有没有和破裂音通转的趋势。据表格，于只和胡许通转，胡、于类隔，许、于一清一浊。好像于类从古就是 ɣ，不是 g。②

其次，论喉牙音，不可不留意呼类和苦类，许类和去类的关系。

12. 论 d，z＞喻四而徒是 d'；徐是后起的 dz＞z。这一条也得看（1）中古浊音是否送气，（2）喻四是否"tomb"。据上文的推测，以类大致是破擦音变纯擦音。

13. 论复辅音。可以和表格校对。除牙部复辅音外，应当加"丑力"一类。唇部的复辅音虽然上古必有，谐声系统里已经看不见了。

例题二　送气音和不送气音互转

上面说，一个声首的声类未必就是那一声列的古音或是本音，然而同一发音部位的两个带破裂音，要是送气的转不送气的百分数和反转的百分数很不相同，并且各发音部位的趋势都是一样，那就代表汉语转变上的一桩大事。据上面的表格：

---

① 同上页注①。

② 译梵音，于类可以当破裂的 'j'，方言也许有分别，现在只讨论谐声系统里的于类。这于类要真是从破裂音变来的，断不能是不送气 g。

？	古→苦	33.3		？	苦→古	33.3
	居→去	30.8			去→居	20.0
	之→昌	20.0			昌→之	7.1
	陟→丑	20.0			丑→陟	9.1
×	侧→初	15.4		×	初→侧	22.2
	都→他	20.0			他→都	11.8
	作→仓	26.7			仓→作	12.5
×	子→七	16.7		×	七→子	48.0
	博→普	35.3			普→博	10.0
	方→芳	38.1			芳→方	26.7

上表除了侧子二行，其他都是送气转不送气的少，而不送气转送气的多。其中有些分别很小，并且一类声首发现的次数太少。侧子二类在谐声的系统里也许就是一类。[参上] 然而这两对百分数显然是例外。

就大体说，汉语古音送气转不送气没有反过来的容易。其中分别并不大。现代方言也有这一种现象① 所以音理上要是有人主张某音变某音，因为整体把送气失去了，这样的论调是很危险的。高本汉论吴语浊音所以不送气的理由，就是一个恶例。

例题三　古浊音送气否②

利用上面的表格，可以造成许多像下列的格式。

壹　居→渠　百分数 A　　　渠→居　百分数 C

---

① 参 100 页注①引文末段。
② 同上引文也引用这部分的资料，参数士英《古代浊声考》，《辅仁学志》第 2 卷第 1 期页 55—110（1930），此文结论大致与本文相同，方法上未免偏蔽，只考浊声从何得声而不考清声是否转浊声，尤其是大错。

去→居　百分数 E　　　居→去　百分数 B
去→渠　百分数 D　　　去→渠　百分数 F

要是前面的三个百分数比后面的三个大，表明浊音和不送气的清音关系大，和送气的清音关系小。反过来，就和送气的清音关系大。

贰　居渠　比较倍数 A
　　居去　比较倍数 B
　　去渠　比较倍数 C

居渠的相通要是超乎去渠的相通，那末浊音和不送气的清音关系大。反过来说，去渠的相通要是超过居渠的，情形就相反。有两种材料都可以这样用法：（一）是《广韵》一字两读的比较数，（二）是《说文》谐声互相通转的比较数。下面分列壹贰两项证据。

壹　居渠　49.2　　　渠居　6.9　　？　去居　20.0
　　居去　30.8　　　渠去　15.6　　　　去渠　28.0

　　之时　20.0　　　时之　48.3　　　昌之　7.1
　　之昌　20.0　　　时昌　17.2　　　昌时　0

　　陟直　35.0　　？　直陟　11.1　　　丑陟　9.1
　　陟丑　20.0　　　　直丑　14.8　　　丑直　9.1

　　侧士　23.1　　　士侧　40.0　　　初侧　22.2
　　侧初　15.4　　　士初　0　　　　初士　22.2

　　都徒　40.0　　×　徒都　12.5　×　他都　11.8
　　都他　20.0　　　　徒他　45.0　　　他徒　35.3

作昨 46.7	昨作 42.9	仓作 12.5
作仓 26.7	昨仓 23.8	仓昨 0

子疾 23.3	疾子 29.4	七子 48.0
子七 16.7	疾七 29.4	七疾 12.0

博蒲 41.2	蒲博 41.2	×普博 10.0
博普 35.2	蒲普 17.6	普蒲 40.0
		[上普只九见]

方符 61.9	×符方 29.4	×芳方 26.7
方芳 38.1	×符方 47.1	×芳符 53.3

	《说文》	《广韵》
贰 居渠	<u>6.7</u>	<u>10.0</u>
居去	4.7	5.7
去渠	5.7	5.5
之时	<u>7.3</u>	<u>7.0</u>
之昌	5.2	4.7
昌时	5.2	3.0
陟直	<u>5.0</u>	<u>7.1</u>
陟丑	3.7	4.8
丑直	3.0	6.3
侧士	<u>9.7</u>	<u>12.8</u>
侧初	5.9	7.6

初士	8.6	3.7
都徒	4.8	4.4
都他	3.6	1.2
他徒	×5.3	×6.1
作昨	<u>12.1</u>	<u>13.0</u>
作仓	11.3	9.1
仓昨	7.3	4.7
子疾	<u>7.9</u>	<u>12.5</u>
子七	6.3	6.0
七疾	6.5	8.4
博蒲	11.2	10.1
博普	×<u>12.2</u>	×<u>13.9</u>
普蒲	10.3	7.4
方符	8.4	8.0
方芳	7.0	5.4
芳符	×<u>10.7</u>	×<u>8.5</u>

这些数字的意义是一目了然的，因为三项研究的结果大致可以互相参证。(第壹格里，有?的地方表示数目的差别虽然和一般相反，可是在统计学上那一点差别是靠不住的。有几个和一般趋势相合的差别为数也是很少，统计上也靠不住，读者须留意)。

(1) 不送气的清音通浊音，转浊音，胜过和送气的的清音通转。据上表左行（其中唯一例外是博、蒲和博、普的分别。普类发现的次数太少，上表的分别也太小，并且表上第壹和第贰不相符。《切韵》有一"匹类"，地位介乎普、芳之间，情形格外紊乱）。即此一端已经可以证明古浊音近乎不送气的清音，比两个清音（一送气，一不送气）还来得接近。

(2) 反过来说，浊音和清音通转，大致也是近乎不送气的清音，只是有两个极明显的例外。一是徒、他的关系，二是符、芳的关系。在这二点上三种研究的结果是完全相同的，并且也就在这两点上送气清音的转浊音胜过转不送气的清音。因此我们不得不特别查考他、芳两类的性质。理论上断不能把徒、符二类作为送气的，因为要和上文（1）相冲突。

下文再细论他类的地位，联带着说说芳类。总而言之，凭我们所研究的资料，古浊音断不能是完全送气的，大致是不送气的。

《切韵》浊音每一发音地位只有一类，不能同时是送气的又是不送气的。今说《切韵》浊音作 b'，d'，g'等，稍无依据，只是从后起官话推想的。上面的证据只是好几种反证之中的一种。我已有专论[①] 讨论这一点，不必再详。陆法言的反切都是沿袭旧韵书和字书的。可以推想汉以后，唐以前，汉语只有一套不送气的浊音。

然而《说文》所代表的浊音能不能说得这样干脆呢？我们从《广韵》的反切把《说文》的形声字分类，不能就此断定汉以前也只有一套浊音。并且上表有两个很显著的例外，就是都、他、徒，方、芳、符的百分数和比较数，应当如何解释？

王静如氏另有专文[②] 讨论上古声类，比我的见解详尽得多。此处我提出几个疑问来。先从都、他、徒的例外说起。

他类的地位在上面的甲乙……格里再特别不过。表格里各个类隔相通的比较数都是很大的，只有他、丑是 1.4（据文，也只有 2.0），和他类关系最大的是徒类，其次是以类，再其次是时类。凭今说，《切韵》音值：t'，d'，ẓ，－i，无论如何不能通。假若

---

① 　即 100 页注①引文。
② 　未刊。

徒类不送气，时类是 ʤ 而不是 ʑ，再假若以类是 ʤ 或 ʤ'，再假若他类之中含有古音 d'的痕迹，这四类的古音变成 d，d'，ʤ，ʤ'，不但上面的例外可以解释，并且各方面都说得通了。

徒确是 d 而时确是 ʤ，敢说没有问题。汉魏以后的以类字屡次用来翻译梵音'j'，有某种方言里还是 ʤ>ʑ。这些不送气的浊音字也有和他类字谐声的。可是以类还有别的通转的途径。以类转式类比转时类清楚得多，并且又可以转息。因此可以猜想以类在某种方言或者可以送气，就是 ʤ'（>ʑ>ɕ?）的变化。这样说来，他类字之中也未始不可以有 d'送气。这 d'的音值一定是汉以前的音，不是汉以后翻译佛经用的不送气音。

我们从他、徒、时、以的关系，以、式大于以、时的关系，以、息的关系，推想古音也许有已经失去的送气浊音，当然是很冒险的。推而广之，再看渠、许、昨、苏等的关系，也可以叫人怀疑。详细的构拟留待更为知音者。

反过来说，要是他、以的关系是 d'和 ʤ 而不是间接从 d'和 ʤ 得来的，当然困难很多。以和时在古音有什么分别呢？我以为古音的纠纷不在《切韵》的式类而在以类。以类又可以转牙音居类。译经，居类有时代 c，而于类可以代 j。谐声以类的地位又和在《广韵》一字两读的地位很不相同。《切韵》以类的来源是五方八门的。①

这样的困难不但是以、时的不能分别。上文已经提到古音

---

①　大体来说：

（1）据文，据韵，g 都不变 ɣ，然而在某种方言里，《切韵》于类字有的作 g，就是偶然用来翻译梵音 j 的。

（2）g>……以
　　ɖ……以

（3）d>……时
这是可能的。

昨、徐的不可分别。从此出发似乎有两条路可通，（一）是假设古浊音分两类。到了汉朝除ḍ外送气的浊音都失去了（也许是变了清音送气或清音摩擦了）。这种说法和今说绝对相反。所失去的不是不送气的而是送气的浊音。（二）是假设形声字代表不同的方言。那些方言的分别不能构拟。据我看来，将来也不会再有新的构拟方法。古声类的转变的详细情形以后不会再知道。再往下我不敢说了。

以上猜拟他、徒两类何以有那种特别的关系。至于芳类和符类的通转，应否同样解释，更没有把握。唇音和其他部位的音不相通转，所以他方面无可借镜。据乙格上，蒲类和方类互转远过于和符类。蒲、符好像不是类隔音，然而普、芳的关系也不见得很大。到了《切韵》时代，蒲、符应当是不送气音。再往前符类之中也许含有送气的痕迹；要不然，芳类之中含有浊音的痕迹。那都不过是猜想而已，反正没有上古音 b 和 b̪分开的证据。

例题四　古音在 i 前和不在 i 前的互转的分别

据谐声相转：

古居	4.9	苦去	10.0	胡于	5.6	呼许	12.5
居古	16.9	去苦	28.0	于胡	20.6	许呼	2.9
五鱼	28.6	乌於	40.0	都陟	16.7	他丑	11.8
鱼五	31.0	於乌	45.5	陟都	35.0	丑他	9.1
徒直	15.0	奴女	28.6	卢力	23.7	作子	20.0
直徒	25.9	女奴	33.3	力卢	42.9	子作	6.7

×	仓七　12.5	昨疾　19.0	苏息　4.0	博方　29.4
	七仓　12.0	疾昨　5.9	息苏　16.7	方博　33.3

×	普芳　20.0	蒲符　11.8	莫武　27.5
	芳普　6.7	符蒲　29.4	武莫　37.2

以上 19 项比较，大多数显示非三等转三等的少而反转的多。五个例外之中精、清、从的分甲乙在《切韵》本来不清楚。普、芳的关系也因为《切韵》有"匹类"系属在甲乙之间。惟独呼、许互转是真正的例外。谐声表上呼、许和其他三等声类的相转时常发现"类隔"＞不"类隔"的情形。

再回到第一表，把每类声列的次数去除每类独谐的次数，也得到同样的证据。例如古类 33/102＝33.3％大

居类 15/65＝20.0％小

这样的 19 项比较之中大多数显出三等声列独谐的少。实在和这结论不合的也只有呼、许的百分数：呼 9/24＝37.5％，许 18/35＝51.4％是明显的。

我对于这些分别的解释以为三等字较为后起。古音有介音 i 的字比《切韵》时期要少得多。

例题五　古音有复辅音么？

这些表格之中，复辅音的痕迹差不多完全消灭了。要研究这个问题，第一先在附表一检查力、卢两类和其他各类的相逢次数。一字两读的比较数表上只发现丑、力 1.5，五、卢 1.1（？），谐声表上只有下面的几项可以注意。

力→居	6次	古→力	3次
丑	5次	卢	4次

以　3 次　　　直→力　3 次
莫　3 次

唇部的复辅音已经完全无可稽考。像"变"从"䜌"得声之类在《说文》是孤证，然而古音作 pl 或 pr 可以断定是决有其事，只是单凭汉语的记录是不可能的了。古音也许有 ml，只限于几个声首，大大的可疑，不可胡乱的构拟＊ml＞m.＊ml＞l。

kl 或 kr，gl 或 gr 的辅音古音是一定有的。

此外就是 ȶʻ和 l 的关系，也许＜tʻl 或 tʻr，仿佛现代暹罗音。也许还有 ȡ 和 l（＜dl 或 dr），ʃ 和 l（＜sl 或 sr）。[力→以的关系也许是从 gl 转来的。]

呼类和莫类、武类的关系也大可以注意，然而不必是复辅音 χm 的痕迹。

我把这些表格贡献给共同研究的人。那些例题可说是随便写的。表格的说明也未必一定确当。这一套数目字的用处，"神而明之，存乎其人"。音韵一道，我还是"野人"。"曝背采芹"，聊尽此意而已。

（原载《燕京学报》1940 年第 28 期 1—40 页；又载《陆志韦语言学著作集》〔二〕189—230 页，中华书局 1999 年第 1 版）

试拟《切韵》声母之音值

——并论唐代长安语之声母

言切韵声母之音值者，自高本汉、马伯乐以来，已屡有述作。国人则大都从高，创作实鲜。兹编所述，乃参订各家论据，佐以二三年来一得之愚，所谓集思广益者欤。所用音符一本国际宽式，不从高本汉，以便阅览。

读我文者请参考拙著（1）《证广韵五十一声类》[《燕京学报》25期1 - 58，1939]，（2）《三四等与所谓'喻化'》[《燕京学报》26期143 - 173，1939]，（3）《说文广韵中间声类转变的大势》[《燕京学报》本期1 - 40，1940]，（4）*The Voiced Initials of the Chinese Language* [哈佛燕京社英文单行本第七种1940] 四文。别家著作，凡于四文中详加评述者，兹不再引徵。若夫自辟畦径之处更不宜反复申说，仅于前此未曾述说各节略一疏明。读者幸不以详略为重轻也。

夫所谓'构拟音值'者，盖欲据今日方言与别国译音以推求某时期汉字之音读也。西人之治汉学者擅为此等说，而有清一代，则凡言声韵，无不以经传异文为主。间或参以谐声通转，则以不谙整理古籍之方法，未得门径。窃谓探求音值自当以语音为准，自为西人所长而国人所短。然若据今论古，不上溯隋唐以前声类转变之源流，未免失之也浅。今日治学大势，不外以今音求切韵，以切韵求古音，殊不知今音与谐声殊途同归，酌古沿今，而反视中古音值是否承上启下之枢纽，庶可言之近理。是则我文之本旨也。

又凡言《切韵》音值者万不可如西人之胶柱鼓瑟，以为法言之音切表出一时一地之方言，即五六世纪洛阳音或长安音也。法言捃论"南北是非，古今通塞"。凡读《切韵》序者莫不知之，仅西人或失之耳。法言所用反上下字大都袭取汉魏六朝旧切，与《经典释文》正同。故凡言《切韵》音值，只可规划其大概。如言 q，非谓中古方言之不可作 k，亦非谓六世纪之洛阳音之必作 q，但谓"牙"部不送气清音足矣。当日各处方言中或且有作送气，作浊音者，甚或作非"牙"部音者，然《切韵》声类之系统中自当以 q 当"古"类为宜，可名为代表音。此所云云，与构拟七世纪之长安音，或言神珙图，守温残卷之音值者迥不相同，盖彼则考证一时一地之方言也。

兹文所述，与今说不符之处甚多。其宜首先表出者二端，余无足重轻。

（一）则本文不言"喻化"jodisization。"喻化"说所以济等韵之穷。今知纯四等韵在《切韵》不具介音，而所谓四等字者其声母在纯四等韵与在三四等合韵绝不相类，则亦知唐末以来所言三等韵与四等韵之分别实与《切韵》系统不符。故喻化与不喻化（-i 与-ji）之纷辩于《切韵》为盲人说象。我意，中古方言中，凡一声母位在介音 i 之前，其实在语音未尝不可作-ji，然若以（-i 与-ji）为不同"音位"phonemes，则史无足徵。此不特考证《切韵》为然，即言等韵，亦为蛇足。国人不察，亦重言三等作-ji-而四等作-i-，乃于《切韵》"先仙"，"宵萧"之分别亦作此解。复据此以拟先秦音读，其纰缪至于无可究诘。故本文言

"作"、"子"等分别，但谓后者用在 i 之前而前者则否。退而言之，此亦不过等韵常识耳。今人学西语者辄以西洋拼法解释反切，乃从高本汉谓切上字与韵类无关，切下字与声类无关。反切常例，上下字弘细必同。切下字以 i 起者其切上字必具 i 或其他窄元音，亦罕用以鼻音收音之字。其有例外，则以造切者方言之纷杂，或浅学不知汉魏惯例耳。故《切韵》"作子"二类以韵类之介音为别，自然之势也。

（二）则浊音不作送气。今说于"並"（"蒲"、"符"）等作 b' 等，但以近今官话为据，亦凭高本汉说。高氏亦谓《切韵》时代浊音之送气与否以地而殊，盖答马伯乐以自圆其说。本文所据，不仅为旧译梵音，且以谐声通转，《广韵》一字两切，证明《切韵》系统中之浊音断不应作送气。说详前举第三第四文中。

一　"喉牙音"古居苦去渠五鱼呼许　　胡于乌於凡十三类

影	见	溪	群	疑	晓	匣	喻三	[喻四]
－ 乌	q古	qʻ苦		N五	χ呼	ʀ胡		
－ (i) 於	k居	kʻ去	g渠	ŋ鱼	x许	ɣ于		[j以]

或简称－, k, kʻ, g, ŋ, x, ɣ, j

一、"古"系作小舌音而"居"系作软腭音者，因具下列理由。

（1）谐声系统中已具后世三等与非三等之分别，而以喉牙音为最明显。

（2）谐声，"以"类介乎喉牙与腭音之间，"居"之转"以"特盛。"居"系与"之"系时相通转。盖不必问"以"类古作何音，而"居"系要近乎腭。谱经，有时可以"居"类当 c，"于"类与"时"类、"以"类并可当 'j'。

（3）《切韵》系统中"古"系与"居"系不对称，"渠"类无配匹，其理与齿头"徐"类之无配匹不同。

今日若种方言中果有"古"为 q 而"居"为 k 或 k>tɕ 者。

二、G 与 G（i）或 g（i）之分别古必有之。汉魏以后，G 合于"胡"。谐声"古、胡"相通较其他任何二类为盛，实则 q <G> ʁ 三者相通也。今吴音 G 与 ʁ（半元音）[或 g 与 ɣ] 分别綦严。G 之变"胡"已当为北音之特征。其破裂地位或较今吴语"伽"音更近喉部。

三、χ 在当时若种方言中或已作 h。今言《切韵》，以 χ 为适当音符。

四、"匣"、"于"类隔之说殊无可议。佛经有时以"于"类译 'j'。《切韵》系统中其摩擦性必甚显著。"胡"之为 ʁ 亦必为明显摩擦浊音，不同今日吴音。

五、"乌"与"於"同为无声之声。高本汉、马伯乐作 ʔ，则与喻母强作分别，初无一丝证据。今以喻三、喻四并作摩擦，则影母无作 ʔ 之理由。

二 "齿音"之昌时式食以六类

照三	穿三	禅	审三	床三	[喻四]
tɕ 之	tɕʻ 昌	dʑ 时	ɕ 式	z 食	[j 以]

一、以上各类作中腭音，一仍时说。

二、"时"、"食"二类之地位与宋图相反，其理由略如下述：

（一）《切韵》"于"、"食"二类相连，仅《广韵》"食，乘力切"与"域，雨逼切"在"职"韵相逢。《切三》系之韵书无可考，然《王二》、《唐韵》与《广韵》相同。此二字宋图开合不同，亦即韵类不同，故即谓"于、食"二类永不相逢可也。纵非同一音位，其音值必甚相近。则"食"类必为摩擦音而不带破裂。

（二）据谐声实例与《广韵》一字两读，"食"、"以"二类之相转超乎"时"、"以"二类，且"食"类与"息"类、"徐"类相通，而"时"类则否。是则汉魏以来，凡方言中有"时、食"之分者，"食"类即为纯摩擦音而"时"类则否。

（三）"食"类之字甚至可当梵音ś，阿术达（Aśokadatta）、实叉难陀（Śiksananda）等是也。

"时"类于后世 ʥ＞ʑ，其事已无足疑。若以"食"类为 ʥ'，则妄作矣。

宋图于二母所以倒置之故，余百思不得其解。纵也误读《切韵》，亦必有其原委。今日东南语中二类混同，无可分析。官话区各方言于中古仄声字此二类之今音相同，然于平声合口殊有蛛丝马迹可寻。今撮录高本汉 *Phonologie* 407 页与 413 页所录之音于下表，非官话区者不载。

		禅	床三
兰	州	tʼ, f	f
平	凉	tʼ, ʂ	ʂ
泾	州	tsʼ, s	s
西	安	pfʼ, f	f
三桥镇		tsʼ, s	s
三	水	tsʼ, s	s
归	化	tsʼ, s	tsʼ
大	同	tʂʼ, ʂ	tʂʼ

忻 县	ts', s	ts'	
太 原	ts', s	ts'	
太 谷	ts', f	ts'	
文 水	ts', s	ts'	
平 阳	ts', f	ts'	
Fengtai（泽州）	ts', s	ts'	
北 京	tʂʂ	tʂ	
开 封	tʂ, ʂ	tʂ	
怀 庆	tʂ, s	tʂ	
固 始	ts', s	ts'	
汉 口	ts', ʂ, s	ts'	
四 川	tʂ, ʂ	tʂ	
南 京	ts', ʂ	tʂ	
扬 州	ts', s	ts'	

中古床三禅二母之平声合口字于今陕甘语（一）床三作摩擦而（二）禅则摩擦与破裂摩擦并存。于其他官话区之方言，（一）床三作破裂摩擦而（二）禅则破裂摩擦与摩擦并存，表中无一例外。是则《切韵》"时"、"食"二类大似今日陕甘区之禅、床三二母而宋图之床三与禅大似后世中原音之床三与禅。此二系方言中，腭音变化之详情不得而知，而宋图与《切韵》之矛盾，要非无因也。意者《切韵》时代"时"、"食"二类之分别不独于秦陇为然，大河南北无不如是。晚唐以后，东北语盛行；宋图之床三、禅则汴梁语之床三、禅也。宋人因此误解《切韵》耳。此臆说惟精于近世语者是正之。

（四）"以"类与喉牙音"于"类为地位相近之摩擦浊音。在若种方言中或可替代，如同为梵字 j 之译音是也。用"以"之时多于用"于"。谐声系统中之"以"类与喉牙音之关系极大，不同《切韵》系统。其来历可拟为 $\begin{matrix}d_{z}（或\ d_{z}^{\prime}）\\g（或\ g^{\prime}）\end{matrix}>dz（或\ dz^{\prime}）>z>j$。摩擦愈轻，其发音地位亦愈近中腭。法言之时必已作 j。《切韵》系统中"时"dz，"食"z，"以"j 三者并有之。当"以"类 z>j 之时，"食"类起而代之。故 51 类中惟食类为数特少。别种方言中，床三与禅不分，终唐之世犹然，同作 dz（或 dz'），最后乃化为 z。

又若种方言中，"食"类之腭化至唐末犹未至中腭。守温《残卷》"两字同一韵凭切定端的例"，"神绳"二字俱"食邻反"，与"侧、士、疏"为列而不与"章常书"为列，此其证也。

三　所谓"卷舌音"侧初士所四类

	照二	穿二	床二	审二
今说作	tʂ 侧	tʂ' 初	dʐ' 士	ʂ 所
改作	tʃ	tʃ	dʒ	ʃ

今说此四类所以称卷舌者，盖有二故。（一）说，高本汉以此四类与《切韵》腭音于今官话同作卷舌，而宋图则"侧"二等"之"三等因谓"侧"四母在中古已作卷舌，其后例不连介音 i。其说不具他种理由。窃按今日方言，于照二、照三作不同音位者，或则一作 ts 而一作 tʂ，或则一作 tɕ（tʃ）而一作 ts，绝无一作 tʂ 而一作 tɕ（tʃ）者。且卷舌之音仅发现于后起官话，其他方言中偶一见之，未必非官话之影响。复次，三四等合韵中，照二等母与三等母及所谓齿头四等母并列。即如高本汉言，三四等韵必具介音 i。宋图中照二等母可用在介音之前，亦可用在其他较窄元音之前。其用在介音前时，此介音当作何音值乎？（二）说，

梵音汉译，自汉魏以来似即以"初"类当"kṣ"，而"所"类当s。反之，"之"等类则当"c"等类。余按"kṣ"，当"初"类，不当"昌"类或"仓"类，界限綦严，初无可议。至如"ṣ"与"ś"之分别，则"ṣ"大致当"所"类，间亦作"式"类，而译"ś"时则"式"、"所"二类杂糅，大不似汉音之一作中腭而一作卷舌者。此等处以译经之字审订六朝中土之音，疑窦滋多。盖即"ṣ"与"ś"之译划如鸿沟，亦不足以证"所"类在《切韵》当作卷舌。苟中土素无卷舌之音，势必以类似卷舌者当梵音之"ṭ"，"ṣ"等，绝无他途可通也。唐代译音甚至以精清等一等字当梵音"c"，"cʻ"，亦同此理，非长安音于精照三等母有何音变也。

（三）更可疑者，《切韵》之"之"等类与"侧"等类之分别果如中腭与卷舌之甚，而唐音宋音复仍其旧，何以胡僧造字母时同称为照等乎？汉音梵音既同具此显著分别矣，乃同称为照等乎？

谐声精等母与照二等母相关至切，大似类隔，如端、知、帮、非，断非齿头与卷舌之关系。守温《残卷》以精等为"齿头"，照等为"正齿"。所谓"齿头"实舌头抵上下齿之间或下齿之中。所谓"正齿"，乃舌向后缩，舌头或抵上齿，而破裂或摩擦之音起于舌面，盖今日所谓舌面前音或前腭音也。

照二等母不见于一等韵与纯四等韵，（"先厚"二韵之床二字变等），亦不见于纯三等韵，而二等韵与三四等合韵中无不有之，惟"清"韵系为例外耳。故疑《切韵》系统中此四声类之后例当有 i。六朝以后译经者凡于 c 等字有时不翻照三等，则宁用"左"等歌系一等齿头字而不用照二字，非以照二为卷舌也，乃以其仍如照三字之具介母而元音过窄也。

余说可议之处厥为 tɕ，tʃ 之分别不为过显，何以能在《切韵》系统中为不同音位？且谐声照二、照三虽时亦相转，远不如精与照二为甚。此二说者，后者殊不足怪。盖照二与照三来历不同。照二为精母腭化之音，照三则与知等相通，且直接与端等相通。余虽不敢迳谓古音 t>ȶ>tɕ，但其转变与 ts>tʃ 实不同途。其第一说实为余说之难关。然照二、照三之所以同称为照或即以此也。余于"侧"等为前腭音不敢确信为定论，要较作卷舌音稍为合理。抑有言者，"陟丑直"等类若果为前腭破裂，则"侧"等类自当为同地位之破裂摩擦与摩擦。余证《广韵》五十一声类时所定之表固明示"陟"等与"侧"等为同群，前不与"子七"等同群，后不与"之昌"等同群也。

四　"舌头音"都他徒与"舌上音"
陟丑直六类

端	透	定
t 都	t'他	d 徒

知	彻	澄
ȶ 陟	ȶ'丑	ȡ 直

高本汉以知等母为前腭破裂音，余无间然。自来翻佛经者以"陟"等当 t 等。《切韵》时代"都陟"之作"类隔"，其分别必已超乎泥娘。故拟"陟"等当与"侧"等同为前腭音。

近年来国人有不浃于高氏之说者，始谓"陟"等类当作卷舌，以从所谓卷舌之"侧"等类作破裂音。是说之论据他无足述，惟于汉译梵音一端殊不可不辩。译音以"吒"等当"ȶ"，法显已然。所可疑者，知、彻、澄三母之二等字尽多通用者，苟其为卷舌，译者何以多用"吒咤"等怪字，甚或造作"咂嗻"等

"口"旁字，此其一。译音中亦有不以"吒"等当"ṭ"等者。僧迦婆罗译《文殊师利问经字母品》(大正藏，四六八种，第十四册498页)，尚用"轻多轻他…轻那"，时已在六世纪之初（518），故疑当时"ṭ"等字在汉语并无切当之译音，此其二。最无可说者，译音何以有时以来母字当'ṭ''ḍ'也。举余所知，则有

究罗瞋摩罗	Kuṭa śalmali
僧伽梨	Samghati
舍勒	Śaṭaka
俱俱罗	Kukkuṭa
首罗	Cūḍa
周利槃陀迦	Cūḍapanthaka
陀毗罗	Drāviḍa
迦楼罗	Garuḍa
吠瑠琍耶	Vaidūrya
拘邻　居轮	Kauṇḍinya

说来母字时，舌头抵上齿或齿龈之间，意者汉魏以来已如此矣。故以当梵音卷舌之势，反以为破裂音之不重要。当时并无卷舌之破裂音概可知矣，此其三。

《切韵》系统中齿头与前腭各具破裂音，中腭则无，惟破裂摩擦音则三者皆有之。古谐声大较，齿头之破裂音与破裂摩擦音不混，今音亦然。茍"陟"等与"侧"等于中古同为卷舌，今音似不应同作破擦。破裂与破裂摩擦至中腭乃混，故知今北音于照二等母与知等母之所以同为卷舌破裂摩擦或卷舌摩擦者，乃因照三等母变卷舌时乘势而来。此则为官话兴起后之现象。南音照二、照三与精皆作正齿，亦为近代之音。此其大较，其详非我所敢言也。

五 "齿头音"作仓昨苏子七疾息徐九类

精	清	从	心	邪
ts 作	ts'仓	dz 昨	s 苏	
ts (i) 子	ts' (i) 七	dz (i) 疾	s (i) 息	z (i) 徐

此九类之为齿音 ts 等殊无可议。精等五母当分九母之说，首详《曾运乾》，盖以切下字之弘细分类。余则以统计证明之。

ts 等见于一等韵与纯四等韵，ts (i) 等见于三四等合韵。邪为纯四等母，而反不见于纯四等韵。

《切韵》系统中苏、息二类之界限分明，而带破裂音之六类则两两相混。谐声系统中似不具"侧"等母。六朝以前或仅有 ts 与 tʃ 之分别而 ts (i) 不为独立之切类，或其时 tʃ 之音尚作 ts (i)，(tsj)。

六 "唇音"博普蒲莫方芳符武八类

	帮非	滂敷	并奉	明微
《切韵》	p⁽ʷ⁾博	p⁽ʷ⁾'普	b⁽ʷ⁾蒲	m⁽ʷ⁾明
唐音	p⁽ʷ⁾	p⁽ʷ⁾'	b⁽ʷ⁾'	mb⁽ʷ⁾
《切韵》	p⁽ʷ⁾(i)方	p⁽ʷ⁾ (i) 芳	b⁽ʷ⁾(i)符	m⁽ʷ⁾ (i)
唐音	pf	pf [同非]	bv'	ɱ

一、古无轻唇之说由来之久。然钱氏所谓"古音"，乃据经籍异文，至轻唇起于何时，初未具论。今说每假定隋唐已有轻唇，则据别国方言之译音，不无可疑。《切韵》系统中"博"等类与"方"等类之分别不合宋后轻重之界限。六朝语音中当无纯

粹轻唇。唐末字母于唇音止立四母。其时汉语苟具有纯粹轻唇音者，岂翻经沙门尚有不为梵音 m 与 v 分立二母之理。至于梵音之 v，旧译作"和愬啴婆"等。《切韵》之后始作"缚嚩"。据余所知，以"缚"字译字母者始于玄奘《大般若波罗密多经》(大正藏，二二〇种，第五册302)。玄奘译音一仍魏晋旧法，而独于"和"字改"缚"字，于《切韵》为不同类。梵语 v 字之音自身或已变化，然译"婆"译"缚"，必因汉音变化之故。初唐译音中"嚩"字作"房可反"或"房下反"。安然《悉昙藏》引宗叡和上云，"上齿唇呼"(《大正藏》，二七〇二种，第八四册415)。其时"符"类字似已作唇齿音。至不空，慧琳等音"无可反"，则以长安音破裂浊音送气，不可用也。故曰，纯粹轻唇起于三十六母之后。其中非、敷二母不知作何分别。唐写本韵书于"方芳"二类界限已不严谨。大徐之所谓唐音至将此二类全然混杂。敢言纯轻唇音起于五代。今人以为非、敷当分作 pf, pf 或 f, f，但求图案之整齐耳，殊不知宋图为经史正音，所言者唐前之音也。岂 f 与 f' 可为不同音位耶？

二、《切韵》唇音当作撮口势，高本汉已为此说。下文言《切韵》唇音与今音轻重之关系则由同事王静如氏首先指出，谓可与余论三四等韵互相阐发。余整理之结果如下：

《切韵》凡两韵开合相配，或一韵开合二类，则唇音有开即无合，有合即无关，或开合相杂而不重复(即每一唇音声类下只有一小韵而开合不重见)。其有例外，皆因特殊原因。以言三四等韵，则可分为四类。

    (一) 纯三等韵微废文元严凡   开口无唇   唇音今音变轻

    (二) 三四等合韵中喉牙音   开口无唇   唇音今音变轻

        纯作三等者钟之鱼虞阳尤

        (阳系中之唇音概当作合口)

（尤系开口。其唇音之变，因主要元音"合口"也）

（东系中之三等韵类属此）

（三）三四等合韵中喉牙音　　唇音开合　　唇音今音不变轻
作三等又作四等者支脂　　不重

祭真谆仙宵清侵盐

（幽系字全作四等，然其体例与纯四等韵不合，当作三四等合韵。《切韵》时期已具介音 i）

（四）纯四等韵齐先萧青添　　合口无唇　　唇音今音不变轻

上表不列庚、蒸二系。庚系之三等字宋图全作开口，不如《五音集韵》之开合混杂而于唇音作合，殊不合纯三等韵之体例。其唇音字后世亦不变轻唇。蒸系似为钟之系之类，然开口而有唇音，于今音亦不变轻唇。此二系者以中元音为主要元音，其体例貌似上列第一类与第二类，而其唇音之变则从第三类。ɘ e 之前介母变长，甚至喧宾夺主，音理上时有之。总之唇音变轻起于短 i，而不起于长 i。

上表于三四等分四类，而前二类音变相同。以此代高本汉之甲乙丙三类，上符《切韵》，下启等韵，而唇音轻重之势实为其中一大枢纽。由此观之，《切韵》齐、先等韵于后世作四等者，其介母之起源必在双唇音变为唇齿音之后。断为六朝以后之事，当不大谬。[①]

今故于《切韵》之"方"类作 $p^{(w)}$ (i)，唐长安音作 pf。《切韵》之 $p^{(w)}$ 可名为"假合口"。《切韵》以前之唇音无所谓开合之分（王静如氏云将另文论古音开合。）表中于 ^{w} 加 $^{()}$，意谓后世一等字与纯三等字之唇声在《切韵》必作撮口无疑，而二等字与纯

---

① 正误：前于《三四等与所谓"喻化"》文中断定四等韵在《切韵》无介音。然三四等韵之分类则仍误于高说，故以上文第二第三类为同类，同具长 i 介音。今于唇音之变化得知第二类与第一类为同属，其介音较短。

四等字殊不必也。

七　卢力二类

来　　　1卢　　　1 (i) 力　　　今说无可议。

八　而女奴三类

泥　　　　娘　　　　日

n 奴　　　n (i) 女　　　nʑ (i) 而

（一）唐音泥、娘为一，而日母分明。守温《残卷》以端、透、定、泥对、知、彻、澄、日，此为方言之现象，亦犹"食"类之尚未中腭化。若在《切韵》则据余统计表，"而"类与"之昌"等同属。惟娘母则起后起无疑。《切韵》系统中"奴女"之别亦当较"都陟"为微，故拟为

都　　　　陟　　　　奴　　　　女

t　　　　ȶ　　　　n　　　　n (i) 其音或正作 nj (i)

（二）日、娘古出于泥之说大致可信。　n: n (i) >ɲ>nʑ 犹 t>ȶ>tɕ。"而"类发源至早。今吴音分化犹作 ɲ 与 z。谐声系统中"而"类之地位似较其他中腭音为前，或为 nʒ 之音。舌头之鼻音至腭部而带摩擦不必定至中腭。《切韵》之"而"类则为 nʑ。唐代长安音作 ndʑ，与 mb, nd, ŋg 为同列，可证之唐译梵音。

《切韵》声母表

– (i)	p⁽ʷ⁾ [P⁽ʷ⁾ (i)]	t	ȶ	k (i) q
	p⁽ʷ⁾' [P⁽ʷ⁾' (i)]	t'	ȶ'	k' (i) q'

b^(w)	[b^(w)(i)]	d		ɖ		g(i)	
m^(w)	[m^(w)(i)]	n	[n(i)]			ŋ(i)	N
		l	[l(i)]				
		ts	[ts(i)]	tʃ	tɕ		
		tsʻ	[tsʻ(i)]	tʃʻ	tɕʻ		
		dz	[dz(i)]	dʒ	dʑ		
		s	[s(i)]	ʃ	ɕ	x(i)	χ
		z(i)		ʒ	ʑ	ɣ(i)	ʁ
				i			
				nʑ			

凡作 [-(i)] 者其音或可作喻化 -ji，但非特殊音位。法言之方言亦未必即作此。此表或不代表汉魏以来任何方言，但中古韵书之大概情形当作此。

中腭音用于长 i 之前，前腭音用于短 i 或其他前窄元音之前，说可疑。

试拟唐长安语之声母

–	p^(w)		t	ȶ		k	q
	p^(w)ʻ	pf	tʻ	ȶʻ		kʻ	qʻ
	b(w)ʻ	bvʻ	dʻ	ȡʻ		gʻ	G
	mb^(w)	ɱʋ	nd	(nȡʻ)	ndʑ	ŋg	NG
			l				
			ts	tʃ	tɕ		
			tsʻ	tʃʻ	tɕʻ		
			dzʻ	dʒʻ	dʑʻ		
			s	ʃ	ɕ	χ	χ
			z		ʑ	ʁ	ʁ

k q 之分别或与《切韵》略殊。神珙图分二等声类为中央音至丁度《集韵》而《切韵》甲乙分部之旧规全废。喉牙二等似已

腭化，第不知唐长安音当作此否耳。

　　表中不列纯粹鼻音。马伯乐以为 m 等与 mb 等并存，即凡以鼻音收声之字其声母作纯粹鼻音，余考之慧琳《音义》，安然悉昙藏，殊不确。

　　（原载《燕京学报》1940 年第 28 期 41—56 页；又载《陆志韦语言学著作集》[二] 507—521 页，中华书局 1999 年第 1 版）

《说文解字》读若音订[*]

序

一

许书凡形声字"从某某声"。"某声"者，音或同"某"，而或为一音之转。例如"功工声"，"工功"今音同，此理之易知者也。"江"亦"工声"而今方言"江"无"工"音，是为一音之转，理之不易知者也。昔人以理之不易知，或且谓许君解字之时，凡同声之字音必尽同，其不同者为魏晋以后之变音。此谬说也。即以读若之例证之，许音固不如是。盖读若用字时即为小篆正文所从得声之字。"瑂读若眉"，"脀读若丞"，如是者许书凡二十余见。反之，正文时亦可从读若之字得声。　"邕读若雝"，"豊读作礼"，亦不下十见。同声果必同音也，则诸如此类举为废辞矣。

---

　* 本篇所用音符概从国际音标。所拟上古音与高本汉 *Grammata Serica* 颇多出入。其理由备详余所著《古音说略》，书在印刷中。

先儒之论古今音者，其书汗牛充栋，然于变音之理初无一语中肯者。三代以下，音已非古，则必复之于古；而其所以不同者未闻其原委。秦汉以后无论矣，《国风》之音非尽《雅颂》之音，郑卫之音亦略异于秦豳之音。亭林先生云："《诗》三百五篇，上自《商颂》，下逮陈灵，以十五国之远，千数百年之久，而其音未尝有异。帝舜之歌，皋陶之赓，箕子之陈，文王周公之系，无弗同者"（音学五书序）。夫岂然哉？特未深考耳。

古音之难知尚不在乎先秦韵文，而形声字同声孳乳，即经典寻常用字在先秦已同声而不同音，此韦初治谐声时所大惑不解者也。再以"工声"字为例。"巩工声"，"工"koŋ＞kuŋ平声，"巩"kıoŋ＞kıwoŋ上声。kıoŋ上声何以从koŋ平声得声欤？将谓古本同音欤？则今音何以歧异？同一方言之中，同音同变，此不易之理也。将谓古无kıoŋ音之字，造字者不欲多立形象，故借"工声"为之欤？则已假定古者同声不必同音。此例一开，仓颉之威名堕地。不特此也，kıoŋ上声自有"艸"篆，"巩"字何不从"廾"得声耶？此最近最浅之事，而三百年来音学家竟无一语道及者。近国人随瑞典人高本汉治音符之学，亦复于同声异变之象等闲视之。其于文字音韵之学尚能穷源归本乎？

古人逝矣。其所为象形文字尚存，其口音但可彷佛摹拟而已。韦尝于《古音说略》一书论列同声异音之例，亦为臆说，姑重述之。一曰，同声字之所以不同音者，因方言之假借也。秦隶以前，书不同文。别国方言更多绝代之语。大河流域异语同原。淮、徐、吴、越，以至南楚之郊，则多为夷语。故如"楛橜"，"荔枝"，"猩猩"，"狒狒"，南方语也。北人睹物起义，借其字亦借其音。楚人谓牛羊乳"彀"。北人借其字又仍其音。盖形声字之起原也，本与偏旁同音。"彀彀声"，音正同"彀"。北音之"彀"不同楚音之"彀"，而借楚音之"彀"，于是"彀读若构"，而与"殹"音不同矣。虽然，方言假借，偶一为之而已。所以借别国之音者，必土语本无其音，或无同一语原之转音。否则借其字，即当以土语之转音读之。同一形声字而方言异读，亦各与其所从得声之字同音，犹今音"工功"北平并如 kuŋ 而吴语并如 koŋ 而已。阙其字并阙其音，事不多遘。积数百年，形声字之读音未始不可大变，然以先秦同声变音之繁，疑必有他因在焉。

二曰，形声所以济假借之穷也。许书云："假借者，本无其字，依声托事，令长是也"。"令，瑞信也"，"长，久远也"，别无引申之义。其有他训者，本无其字，而借"令长"为之。依声托事，则"弄也"之"伶"，"建伶"之"伶"，"狂也"之"伥"，"仆也"之"伥"，无不可为"令"为"长"。古者文少而事繁。单音文字析离过甚。孳生之义日多，甚至诵其文而不能会其意。乃有大智慧者创为偏旁，以义训为别。假借之乱，以形声治之。其时形声字之音同于单文之音，此取譬相成之本意也。然象形之字，其音口授而耳受。传音之业，亦犹医巫龟祝，世有专职。仓颉造字，天雨粟而鬼夜哭，其神奇为何耶？六书传之国子，非庶人之所敢知。惟其为口授也，故形声字缔造之初即不必与原文之音若合符节。"工"益"水旁"为"江"，一若谓此"江"也，其音其义，俱非"巧饰"之"工"，而为"出蜀入海"之"江"。古人不为 koŋ 平声立一专文。《说文》"江豇杠扛"以至《集韵》"古双切"下凡十六字无不从"工"得声。推而广之，形声字之以音别义亦不限于字之元音。以"工声"字言，"贡"为 koŋ 去声，以声调别也。"虹"为 goŋ 或 ɣoŋ 平声，以辅音别也。"巩"为 kıŋ，以介音别也。其有以收声别者，则 -ŋ 之取譬为 -g，-k。"椳读若陪"，"彊读若郭"是也。要之不离古文者近是。若其相去甚远者，则为假借之音。音随训转，而非一声之转。虽亦取譬相成，而逸乎形声之道矣。然则形声之所以济假借之穷者，造字之切已寓殊音于别形别义。目逆其形，而其音以比况得多。

许君之世去古已远。其所传形声字七千有奇大都音韵纷歧。其与声首同音者十不得二。若者为殷周方言之假借，若者为得声时本不同音，无复能睹其旧。其言"某声"，"某亦声"，"某省声"者，非谓古必同音也，但为类似之音而已。解字之例非以明音，亦非谓汉音之必同乎古音。注音之例存乎读若。

<h2 style="text-align:center">二</h2>

自大小徐以来，先儒治《说文》者无不兼论读若。专著惟近人叶德辉《读若考》七卷较为赅备，然惑于形声字同声同音之说，其考证每无当于音理。韦所大惑不解者，《说文》九千余字，而注"读若某"或"读与某同"者乃不及十之一。其余八千余字何以不注读若耶？不明某字某字之何以无读若，即不明某字某字之何有读若也，而昔人未尝有此见解也。《系传》读若之文多于大徐，然亦有大徐所有而小徐脱略者。大徐本后出，不应更有伪夺，因疑《系传》读若有为宋、元人所擅增者，然或二家不同原本。今考唐写本"木部"残卷，"杞读若骇"，"杅读若丑"，二徐本并夺。"楮读若骊驾"，"桻读若鸿"，大徐同，小徐夺。"楥读若指㧬"，大徐同，小徐作"檴"。"极读若急"，小徐同，大徐作"或读若"。《〈尔雅·释虫〉疏》释文引《说文》"㩼读若笥"，二徐并夺。唐人所见各本差异实多。各家引《说文》，如《玉篇》、《切韵》，玄应、慧琳《音义》鲜及读若，无可据补者。要之，许君原书九千余字，十之八九无读若，可断言也。

许书之所以有读若者，昔人释例，或主明音，或主假借，余说琐琐不足述。若曰明音，岂八千余字之音无不明，或无可明，而惟此注读若者始不得不明，或始可以明耶？岂"森宋算雁"等字之音尚为经生所不识，而必有待于读若耶？若言假借，则《说文》开宗明义"一部"之"天"字借为"颠"，"丕"字借为

"负"，不闻读若"颠"若"负"也。就其有读若者言之，"俌辅也，读若抚"，"辅抚"同音，而不以"辅"为读若。"削读若兀"而不读若"扤"，"扤"与"兀"同音而与"削"为假借。"规读若镰"而不读若"廉"，"《读若佥同"而不读若"浍"，皆此类也。然则不注读若者非无假借，而注读若者非尽假借也。

许君原意杳不可知。以意逆志，更为辞费。且又有至可怪者，五百四十部所注读若或多或少。多则"走部"八十五文而有读若者居二十六，少则"鸟部"一百十六文止有二读若耳。书中往往某处连出数读若，越若干文无读若，其下又连出数读若。一若注音与否，许君本率意为之。兴之所至则注之，随其所止而息焉。是岂所谓"晓学者，达神旨……万物咸睹，靡不兼载，……其于所不知盖阙如"耶？韦因于许书这来历不能无疑焉。昔人云：《仓颉》，《爰历》，《博学》，《训纂》诸篇，大都简陋之作；四七言成句以便初学讽诵。至许君而巨斧开山，创此五百四十部之伟著，以为字书之楷式。其所以尊许君者至矣尽矣。窃疑汉儒治学之方本不若是。许君，好学者也。谚云："五经无双"。及其壮年，犹执业于贾达。苟亦如郑玄之事马融者，则卑恭甚矣。许书博采群言。止读若已称杜林、贾达、窎严、桑钦、傅毅、尹彤，而"一曰"、"或曰"之例尤多。《汉书·艺文志》称"小学十家，四十五篇"而姓氏篇目不俱备。其《杜林》二篇"史籀"十五篇，即许君所据也。韦疑许君之前，为说交解字之学者已大有人在。即读若之文亦大都为前人所本有。许君审订之，增广之，然大致则述而不作。且各部师承并不一贯。凡原文多读若者许君仍之，否则阙焉。而间有增益者，则别有所受也。是亦犹《易》、《书》、《诗》、《礼·周官》、《春秋·左氏》、《论语》、《孝经》，皆宗古文，而书中所引时不免为今文。同引一诗，而毛氏韩氏间出。盖许书旧本如是，非后人以今文窜改。《叙》尊古文者，一时风尚而已。一得之愚，或且以为厚诬许君，则我罪深矣。

三

读若之文，以今本所存八百余条言之，有非许君之旧者，以大小徐异文知之也。两本各有脱文，此无伤也。异文相似，如"盒"大徐读若"蓝"，小徐读若"监"，亦无伤也。凡若此者数十条，举可以音理证之。若者为正，若者为伪，无可犹豫。甚或两本并伪，或反可据以推测许书之原文，以复其旧。如"茜"大徐读若"陆"，《系传》读若"侠"，韦订为读若"陕"是也。若有两本异文，令人无可抉择，则原文不可知矣。其故凡二。一为形式上之差异。

大徐"膏读若庸"。小徐"读与庸同"。"盆、劢、楠"三条例同。

大徐"㬷读与赧同"。小徐"㬷读若赧"。"泐、胅、离"三条例同。

并其他"亦读若"，"又读若"，"或读若"，"一曰读若"，两本不同文者都凡二十九条，皆非校改者所可任意增损。所据原本不同耳。二为两本读若之字互异，而与本字音理并谐，且或并为假借，则无所取舍，而原文亦不可知。

大徐"镨读若熏"。	小徐"读若训"。
"丐读若《周书》若'药不瞑眩'。"	"读若《书》曰'药不瞑眩'。"
"囹读若聂"。	"读若籥"。
"翼读若澶"。	"读若翌"。
"涸读若狐貃之貃"。	"读若狐貉之貉"。
"屵读若臬"。	"读若蘖"。

许书叙于永无困顿之年（100A.D.）。许冲上书事在建（延）光元年（122A.D.）。许君卒年不可考（或据《后汉书夜郎传》，

"桓帝时，牂柯人尹珍…从牧南许慎应奉（？）受经书图纬"，谓在 147A.D. 之后。按范书传误耳）。然其书前后不止一本。所上之本与家传之本或不无异文，而并传于世。则二徐所见或皆许君原文欤？所不敢必。

要之，二徐本读若之文大同小异。其不能以音理校订者百不得一二。余为《读若音订》，所志不在雠校。异文之无乖乎音理者，并存之可也。

<h3 style="text-align:center">四</h3>

欲审音者，必先祛妄。昔人之妄执多矣。有不可不辞而辟之者二。一曰："许言读若皆古文假借，非拟其音也"（近人严章福《说文校议》议"纛"字下）。二曰："汉儒注经，读为某者改字也，读若某者定音也"（张度《说文补例》，见丁氏《说文诂林前编》页二六三下）。二说不相容，而皆无依据。许君读若用字不尽为假借，前已言之。各家多谓许书寓假借于读若，鲜有若严章福之偏执者。盖假借明音，二者本不背道而驰。明音者，许君之本旨。古者依声托事，凡字之同音者无不可为假借。音以时地而变，而旁转对转，要与本部相去不远。故段君有假借必同部之说。诚然，则以同音字为读若，即或人地之名俯就方音，甚或读经口授，破字而从方音，亦无在而非假借。自段注《说文》以后，言假借者蜂起。韦故不惮辞费，略撮各家所集经典异文，参以己意，以证读若用字何者与本文为假借，何者为非假借。则知假借之文十才一二，其余七百条概为音读。其中如上述"俌劘觌≪"等字，经典明有假借字而许君不之用。如是者指不胜屈。他若"羊"训"言稍甚也"，乃不读若"甚"而读若"能"（《系传》作"饪"）。"卺谨身有所承也"，乃不读若"谨"而读若"《诗》云：'赤舄己己（几几）'"。然则假借者非许书之本意。许君初不欲寓假借于读若。随音释字，而假借在所不免耳。此不可不辟

者一。

段注"霖"字下云："凡言读若者皆拟其音也。凡传注读为者皆易其字也。注经必兼兹二者，故有读为，有读若。读为亦言读曰，读若亦言读如。字书但言其本字本音，故有读若，无读为也。读为读若之分，唐人作《正义》已不能知。"此妄作分别也，其说不攻而自破。

> 《说文》"弓嘌也，艸木之华未发函然，……读若含。"《周礼·考工记序》"燕无函"，郑司农云："函读如国君含垢之含。"

> "卤读若仍。"《周礼·春官·司几筵》"凶事乃几"，郑司农云："乃读为仍。"

> "翌读若皇。"《周礼·春官·乐师》"教翌舞"，郑玄云："翌读为皇。"

> "鼛读若戚。"《周礼·春官·眡瞭》"鼛恺献亦如之"，杜子春云："读为忧戚之戚。击鼓声疾数，故曰戚。"

> "㪣读若斛"。《周礼·考工记·陶人》"鬲实五㪣"，郑司农云："㪣读为斛。"

"读若"，"读如"，"读为"，果何者为拟音，何者为破字耶？《说文》"瓶读若抵破之抵（瓶破之抵）"，《周礼·考工记》"陶瓶"，先郑"读为甫始之甫"，后郑"读如放于此乎之放"。今音如后郑而许读为疑。《说文》"倗读若陪位"，《周礼·秋官·士师》"为邦朋"，郑玄注："故书倗作倗，郑司农云：'读朋友之朋。'"则大似先郑拟音，而许君易字矣。

许君读若，杜、郑读为，并以注音，初无异义。读若用字亦多与谐声不符者，未始非易字，破字，要为方言假借。许君与二郑方音不能尽同，固不待言。汝南音与开封音，高密音，其于古韵部之离合不无歧异。史称齐语，如《方言》"嫁转为徂"，郑君"萌读为蒙"，显多特异之处。郑玄传经，共徒遍天下。尤而效之，则后人读经破字实即方言也。清儒不识方言，故段氏曲说风行。即此以复圣人之音，不其殆乎？

五

许君以读若明音，其道不一。有直指其音者，"瓅读若柔"，"厶读与私同"是也。其变例为"珛读若畜牧之畜"，"玖或曰若人句脊之句"。盖"畜句"字不止一音，故特称之。其如"广读若俨然之俨"，"俨"止一音，而亦特称者，或引经以明音也。引经之例，"玤读若《诗》曰'瓜瓞菶菶'。"经生以口中之音识目中之字。许书之作，非为隶人诵习，而志在传经。古者经以口授，或有如今人之习《金刚经》《可兰经》者，诵之终身而未尝尽识其字。故曰："鎎读若《春秋传》曰'鎎而乘它车'"，则识"鎎"字之音矣。"辵读若《春秋·公羊传》曰'辵阶而走'"，则识"辵"字之音矣。推而广之，"玤读若《诗》曰'瓜瓞菶菶'"，经生识"菶"字之音，斯识"玤"字之音矣。"諟读若'行道迟迟'"，"徟读若'三年导服'之导"，不称《诗》《礼》，而经生无不知其为引经以明音矣。许书引经多不注读若。"祡"下云，"《虞书》曰至'于岱宗祡'。"繛下云，"《诗》曰'祝祭于繛'。"自经生读之，固皆寓音于训，其不注读若无损于音。故《说文》之为音书不止读若八百条已也。凡此皆引经之例也。读若又有引谚语以明音者，"嬿读若人不孙为（不）嬿"，"扰读若（告）言不正曰扰。"其例殊鲜，亦不必以本字为读若。"纂读若……芥荃"，"缩读若鸡卵"，"趍读若小儿孩"，"遆读若棹苕之棹"，"帴读若末杀之杀"，皆是也。更有比况其音而不直指者，或求其读若之字而不得，乃借方言以明音者。"睒读若白盖谓之苦相似"，"俙读若汝南泧水"，"蠦读若蜀都布名"（"㜰读若蜀郡布名"），"卸读若汝南人书写之写"，"饸读若楚人言恚人"，"䰡读若江南谓酢母为䰡"，"瞯吴楚之外凡无耳者谓之瞯，……言若断耳为盟（朙）。"以方言注音者，音变则不复可稽考。孙炎以前无反切，服虔以前无直音，然读若犹直音也。以譬况摹拟之辞注音者，始于何休"长短言"，高诱"缓急气"，刘熙"横呥口"。许君言"相似"，则更非耳受者不能得其影响。汉儒注音，其精焉者为读若，读为，粗焉者为双声叠韵。许《序》云："著于竹帛谓之书。书者，如也。"此叠韵也。然其为书，则惟义训或用双声叠韵，而读若则否。遇不能直指之音，宁借方言，或混言相似。其苦心孤诣盖可钦矣。惜乎时无孙叔然也。清儒贱视反切，而敝帚自尊，殊不知切音之术固许、郑所求之不得者也。

六

许君之世，上距陈灵，已六百余年。其所注之音为古音耶，为今音耶？为读经之音耶，抑确为口语耶？则非先知汉音之何为异乎古音者不可以读《说文》。段氏以其十七部音为读音之准绳，削足适履，时称合韵，实不知许音也。韦不揣冒昧，尝为《汉魏六朝韵例释》一卷，详于扬雄、班固之音。扬雄，成都人，卒于新莽天凤五年（52 B.C.—18 A.D.）。班固，长安人，卒于和帝永元四年（32—92 A.D.），时许君或正草《说文》。能识扬、班之音，不特以见汉音之一斑，即许书读若，其音苟不背乎此者，则亦时下音也。

汉人用韵，与《诗》韵之区别，有彰明较著者，不独扬雄、班固为然。兹述其大要。

（一）元音之改变。　（甲）前元音受介音之影响而窄化。ᵢa＞ᵢæ, ᵢa＞ᵢæ, ᵢæ＞ᵢɛ, ᵢæ＞ᵢɛ; ᵢɛ＞ᵢě, ᵢɛ＞ᵢě。除《切韵》麻韵系之三等字古作 iad, iag 者外，其余不论古收声为－m，－n－ŋ，

-p, -t-k, -d, -g, 主元音无不窄化。（乙）阳部 -ŋ, 鱼部 -g 之元音向后移动，惟入声字则否。$ɑŋ > ɒŋ$, $ɑg > ɒg$, $ɪɑg > ɪɒg$, $iɒg > iɒg$（$_iɑŋ$, $_iɑŋ$ 及古元音 a 至此性质不明）。

（二）收声之改变。（甲）古支部字之收 -g 者，脂部字之收 -d 者，除韵文可证与 -k-t 通叶者外，其余全失去收声。（乙）歌部不论字之声调，古收声 -d 全已消失。（丙）鱼部之麻马韵（平上声）字之收声 -g 全已消失。（丁）中部之收声 -m > -ŋ。（戊）班韵 -m > -n，扬韵则否。

此言汉韵之大概。方言错杂，多有不易了了之处，无烦缕述。许君读若之音果亦如扬、班韵耶？

七

凡言古今音之沿革者，元音与收声之改变可于韵文求之，辅音则否。汉人以双声为训，时涉臆想。至若刘熙《释名》则巧于运思，而不免诪张为幻。韦尝欲就双声之例推汉方言之辅音，杳无归宿。不得已而求之译音。其音问题之主要者凡二。（一）为古复辅音 PL, T'L, KL 等之消失。（二）为古舌音 t, t', d, n, nd 之龂化，以成《切韵》之"之"（照）、"昌"（穿）、"时"（禅），"式"（审），"食"（床），"而"（日），"以"（喻）。梵译始于迦叶摩腾、竺法兰，与许君为同时人支娄迦谶、安世高等稍为后出，亦在东汉。西汉人译西域人地文物之名，其可与原文对照者，寥寥无几。然辅音之沿革似可于译音求之，而许君读若实一大佐证也。

（一）复辅音之消失始于西汉。"乌弋山离"（古音 ɑg- [1] Iək -san-dlɪæ$_d$）译 Alexandria，则"离声"字尚为复辅音也。"楼兰"（古音 KLog-KLan）译 Kroraimna（?），则方言 KL 有失有不失也。至许音而复辅音已绝无痕迹。古 PL, T'L, sl, KL, ŋl 与 p, t, s, k, ŋ 字，与 l 字，并与为读若，毫无隔阂。音详本篇各条下。

（二）舌音之颚化分为二期。其先起者为 ti 之变 tɕi。其后起者为 tI 之变 tɕI（知），与 tsI 之变 tʃI（照二等）为同时。六朝反切端知类隔，精与照二等时亦类隔，盖远在许君之后。《淮南·修务训》，"胡人有知利者而人谓之駤"，高诱注："駤读若质，缓气言之者，在舌头乃得。""駤"《广韵》"陟利切"，古 tIɐd ＞ ţIĕd。是为汉末方言新起之音，时无可为读若，故以比况出之，许君无此音也。反之，若 ti 之变为 tɕi 则事出许君之前。自来译梵音者无不以照审三等音译ćš等颚音。迦叶摩腾又称竺摄。"叶摄"者，梵音ś。竺法兰译"文殊师利"，"殊"为梵音n̄。汉译"《佛说旃檀树经》"，"《旃》"为梵音ć。约而言之，古 ti, t'i, ndi 东汉时已变为今音 tɕi, ɕi, n̩ʑi。然则许君云"胥读若丞"者，二字并作 tɕiən 非 tiən 也。"枳读若仍"者，并 n̩ʑiə，非 ndiə 也。说亦详各条下。

八

二徐以前，《说文》旧本已有注反切者，唐写本有之。近人所辑《说文》旧音或即《音隐》之音。欲知许音，自必从反切溯求之。大徐切谓本《唐韵》，然如支脂之混淆，非敷乱杂，似为无知妄作，非唐代韵书之旧观。《系传》切为朱翱所增，其人与小徐同时，而其音最为浅陋。小徐音自当以《说文篆韵谱》十卷本为正，五卷本亦不足恃也。即大小徐之音，以及世所传《说文》旧音，以释读若，而本字与读若字音不尽符者随在皆是。反切之误欤？许音多不传欤？抑读若者本为彷佛之音，无可审订欤？此不易言也。试再以其他旧传反切校之。宋前反切流传至今者，有陆德明所集魏晋以来经师之音，有唐写本韵书之音，有孙强《玉篇》音，有玄应，慧琳等所传之音。要皆汇萃于《广韵》，脱者几希矣。元朗、慧琳之音检查为难，或有余所未及见者。就所知宋前反切以读《说文》读若，其合乎今 音者已十得其七。乃更以《集韵》校之，则十得八九矣。其不同者，许音之异乎今音者也。其同者，本字之音与读若之音相同，非谓许君音值之同乎今音。音值为何，固不难求，但当于《诗》音与《切韵》之间，纵观两汉韵文，以及经师之音，翻译之音，推比而斟酌之，不至谬以千里。订音之次第大致如斯，而窃有所不安焉。

韵书反切出乎经师者居多。魏晋以后，治《说文》者代有其人，安知其不依比读若之文造为反切，以流传于后世乎？曰，事诚有之。反切之有当与否，惟在人善择之耳。已备详各条说解下。用得其当，则俗所谓按图索骥，否则所谓班门弄斧也。要之，反切之合乎谐声与否，可参证者一也。可揆之以两汉韵之大势与否，可参证者二也。许音不尽符反切，则其可符者亦未必尽为后人之改冠易服，此可反证者三也。韵书之中惟《集韵》之反切最不可不慎于抉择。《广韵》成于1008 年，《集韵》成于1034① 年，而增字多至一倍以上。丁度等序云："凡字训悉本许慎《说文》。慎所不载则引它书为解。……凡经典字有数读，各欲名家，今并论箸，以粹其说。"盖所增益者以重读字为多，然其音每不详出处。至其托音于许君读若，则有甚可噱者。"嬳读若《诗》纠纠葛屦"，《集韵》"嬳纠"二字并"举夭切"又并"古酉切"。"蚵读若周天子蚵"，《集韵》"乃版切"下收"蚵字"。"蛬读若《诗》云'赤舃己己'"，本"几几"之误，《集韵》"蛬"竟作"苟起切"。 此皆不知音之尤者也。然所增反切，有未始不可供参考者。据二徐与《广韵》之音，本字与读若用字间或本同音式，而惟声调不同，据《集韵》则为同调。例如"闽读若

---

① 编者按：《集韵》成书于宋仁宗宝元二年，即1039 年，此处"4"可能为"9"之形误。

郴"，"闽"去声，"郴"平声，《集韵》并作平声。或有二音同属喉唇舌齿，惟清浊不同，送气与否不同，据《集韵》则辅音全同。例如"熛读若摽"，"熛" piʌg，"摽" pʻiʌg，《集韵》并 piʌg。凡若此者，当不尽出乎《集韵》之伪托，亦以读若之音尚不能尽符《集韵》知之也。

许 音 说 略

一、许音有不可解者，例如"棳读若指㧗"，"虡读若蘮蕠草之蘮"。如是者凡四十余条。其中大都为烂文，或为已失方音，类可以想象得之。然无从据校，第恐言之不经，故但于各条下略注臆说。有不敢勉从旧说者，为音理所不许也。

二、许音有一字重读之例，时称"又读若"，"亦读若"，"一曰，或曰读若"，"某君读若"。凡称"一曰"，"或曰"，"某君曰"者，皆许君所闻旧音，而寓疑疑亦信之意。读若用字，时亦一字重读，例如"觠读若畜牲之畜"，不同"珛读若畜牧之畜"。间有一字二音，绝非一声之转者，例如"畾读若蘽藟，一曰若存"（"弄"误），"丏读若三年导服之导，一曰……读若沾，一曰读若誓"。"畾丏"字本各有二音，甚或古文各有二体，形声义皆别。许君以读若辨之。

三、读若有音随训转之例。某字训同某，因借某音，与谐声无涉。例如"篧读若《春秋》鲁公子彄"，"瘛读若沟洫之洫"。俱详各条下。

四、地邑之名许君从方言。间复以方音比况为读若。"蠷读若蜀都布名"，"馆读若楚人言恚人"等是也。其音有可推测者，有已随方音而消歇，无可重闻者。

五、读经之音或亦时从方音口授，不知其详。例如之、幽、宵、侯、鱼五部，其主元音在许君方言固自有别，读若不出部。然偶亦通转，略如汉人叶韵，而不可揆以谐声反切之正理者。

之幽　"阄读若三合绳纠"。kɪɯəg，kɪɯg。

"尣"《系传》"读又若丘"。gɪɯg，k'ɪɯəg。

"嬬读若《诗》纠纠葛屦（"嬬"本之部字转）。kiʌg，kɪɯg。

幽宵　"赳读若镐"。kiɯg，kiʌg。

幽侯　"丂读若畜"。t'ɪok，t'ɪɯk。

"绚读若鸠"。kɪog，kɪɯg。

侯鱼 "䞤读若龋"。k'ɪog，k'ɪɒg（k'ɪɔg?）。

"鏊读若库"。k'og（?），k'ɒg（k'ɔg?）。

"囲读若拘"。kɪɯɒg（kɪɔg?），kɪog。

"瞿读若章句之句"。同上。

"趜读若仇"。gɪog（gɪɒg?），gɪog。

"邭又读若区"。xɪɯɒg（xɪɒg），k'ɪog（地邑之名，"邭"或从k'音）。

侯、鱼二部谐声《诗》韵不通转。许音亦显为二部，说详"䞤"字下。故"䞤"等字之读若疑许君从汉时新起方言，或齐语也。之、幽之通转，幽、宵，幽、侯之通转，古音时有之。然上举各条不可证以反切，或许君方言本作如是读，而其音不传，然或亦借音也。以上十二条中，除"丂"字外，余皆为喉牙音，更足知其为方言性。

六、许君方言中，m 音之后，时或失去介音ɪ，例同近代方言。

"鿓读与冈同"。mɒŋ，mɪɑŋ。

"皿读若猛"。mɪæŋ，maŋ。

"宀读若猛"。同上。

"钯读若苗"。mʌg，mɪʌg。

"朊读若谟"。miɒg（mɪɒg?），mɒg（mɔg?）。

喉牙音之后，亦偶有失去 I 者。

"軏读若穹"。k'wəŋ，k'ɪwəŋ。

"旭"《系传》"读若好"。xɪwok（?），xʌg。

他若"醒读若禳"，naŋ，nʑiaŋ，"臘读若纂"，tsiwæn，tswɑn，音亦不传，不知其详。

　　此外许君之音与扬雄、班固之音无大出入。其辅音系统亦即为早期胡僧译音之系统。可试就余所订上古音分述其沿革。

甲　声母

　　古复辅音 PL，T'L，sl，KL，ŋl，mb，nd，ŋg 至东汉已消失无遗。KL 与 k 为读若，与 l 亦为读若，一无差别，余类推。nd＞n，或＞d，或＞nʑ。　ŋg＞ŋ，或＞g。

　　凡谐声喉牙音与唇音通转之例，喉牙音与舌音或齿音通转之例，或舌音与齿音通转之例，许君已概从今音（即合乎反切而不合乎谐声也）。

　　舌音 t，t'，d，nd，凡位在介音 i 之前者，腭化为 tɕ，tɕ'，dʑ，ɕ，z，nʑ，j。z 亦＞j。读若严于 i 与 I 之区别。ti 等绝不读若 tɪ 等。[惟'苧'（古 dɪag）读若"煮"（古 tiag），"煮"字似伪]。疑所以别者不仅在介音，而辅音已不同发音地位。他如"棚"（古 tiuŋg）读若"丩"（古 kiuŋg），"敫"（古 giʌk）读若"龠"（古 diʌk），"脂"读若"指"（古 tied），似非喉牙音与舌音直接通转。盖其时 ti，di 已腭化为 tɕi，dʑi，而方言 ki，gi 亦腭化为 tɕi，dʑi，许音实同。参以佛书译音，汉语至此，已具有腭音照三 tɕ，穿三 tɕ'，禅 dʑ，审三 ɕ，床三 z，日 nʑ，喻四 j。然则许君方言之辅音凡二十八母，p，p'，b，m，t，t'，d，n，l，ts，ts'，dz，s，z，tɕ，tɕ'，dʑ，ɕ，z，j，nʑ，k，k'，g，x，ɣ，ŋ，-。其与《切韵》之别，惟尚不具知、彻、澄及照、穿、床、审二等而已。

（订音之时，辅音之实在音色时不免有疑问。"饰读若式"，本文二字并作 t'iək＞tɕ'iək＞《切韵》ɕiək。许音龊化，不能从古音，然当从 tɕ'iək 抑从 ɕiək 耶？"趣读若懂"，本文二字并 k'ıwɒn＞xıɐn，许音从 k' 耶，从 x 耶？许君之辅音系统已大致如今音。凡若此等例者，可概从反切之音。）

读若八百余条，其本字与读若字之辅音时有于《广韵》不合者。即以《集韵》校之，不能尽符者尚不下四十条。如"姑" tɕ'读若"占" tɕ，"颛" k'读若"赣" k，"㛥" ts'读若"谨敕数数" s，皆不传之音。惟发音地位无类隔者。

乙　收声

读若字之收声多与古音不符，然皆可与两汉韵文相参证。

（一）古中部字已 -m＞-ŋ，汉韵无不如是。然今本中部字屡读若东部字者，则必非许君之旧，说详中部各条下。

（二）汉方言有 -m 全变 -n 者，班固音是也。许音 -m 与 -n 不同部。"箈" -m 读若"钱" -n，"镮" -n 读若"瀸" -m，或为烂文，或为音随训转而非一音之转，要不足为语音 -m 通 -n 之证。

（三）汉韵真、耕通转，或为通俗叶韵，或方音 -n 实转 -ŋ。许君"郇" -n 读若"泓" -ŋ，"蛊" -n 读若"骋（蜃）" -ŋ，其音不传。此外 -n 与 -ŋ 之界限綦严。二条或为汝南方音（叙以"灵"字叶 -n，则从汉韵陋习）。

以上为 -m，-n，-ŋ 通转之例。

（四）谐声 -n 转 -d（古为塞而不裂之音）。"萑"（-n）读若"和"（古 -d），"莙"（-n）读若"威"（古 -d）。反之，"纸"（古 -d）读若"《禹贡》玭珠"（谐声"玭" -d 转 -n），其音皆不传。许君时，歌、脂部之 -d 音已失（详下），"萑玭"皆读若开音缀（open syllable），而"威"收－n，说详"威"条下。

以上为－n转古－d之例。

（五）古阴阳声对转。许音亦有对转而为反切所不传者。"夔"（－k）读若"矱彼《淮夷》之矱"（并"犷"误，－ŋ）。"陵"（－k），《系传》读若"洞"（－ŋ）。许君或皆读若－ŋ。

以上为－ŋ转－k之例。

（六）古去入声通转。许音亦有不传者。"谨"（－k）读若"戒"（－g），"蘁"（－k）读若"憘"（－g），"疼"（－k）读若"劳"（－g），"鬴"（－k），读若"库"（－g）。其第五声与入声通转者，"米"（－t）读若"辈"（－d）。许音"戒"等字之收声，为清为浊，殊不可知。

以上为－k－t转－g－d之例。"虓"xɔg平声，读若"嚣"（本作"㚂"）xɔk。象声字方言多异音，许读或正如xɔk。

凡此皆许君读若为反切所不传之音，韵书当据补也。然许君方言之收声，其与古音之大别殊不大此，而在古－d，－g音之消失。准两汉韵文，许君之世，下列各部之收声全已失去。

支部－g平上去声。

歌部－d平上去声。

脂部－d平上去声（第五声仍叶入声，收－d）。

鱼部之麻马韵字－g平上声（其转入佳齐韵系者，即去声字亦失收声）。

读若之音与此无一不合。故大致为汉音。汉韵之部字亦有偶失收声者，许音则否。

丙　元音

汉人韵缓，其元音之音色每不易确订。然如上述扬雄、班固韵中，前元音窄化，而鱼、阳部主元音向后移动，则似为其时口语之普遍趋势。许君韵文之传世者，惟《叙》叶"嵩分贯联原

冥明中滂方|传年申神辛藩灵濒门山|才疑辞尤之"。元音之乱杂
殊甚。然读若审音，则不必相提并论。许音固有不传者，第以反
切上溯汉音，则 α 读若 ʌəɐɐ，æ 读若 ʌɛɐ̆，类是者凡二十余则，
以短音入声字为多，已备详篇中。凡此本皆谐声通转时所有，且
或许读本字与读若字元音本同，惟反切无可稽考耳。许音东、阳
不通转，鱼、侯二部亦自分立。故其喉牙音字之偶通者，读经之
音借自别一方言，已如上述。中部与东部似混，然其读若类皆非
许书之旧，亦如上述。惟读若之严谨，致元音之实在音色反不易
明。何以言之？"兆读若瞽"，许音为 kɑg 耶，为 kɒg 耶？"夐读
若眷"，许音当从古音作 gɪwan，抑窄化为 gɪwæn 耶？凡审音必
识其时代性。故许音与汉音相辅而行。韦意许书之元音系统，但
可斟酌汉韵之大势约略推考之。

　韦前为扬雄韵释，曾将古韵与汉韵之沿革列成一表，兹重录
之，以示许君韵部之界限。此非谓汝南音之同乎成都音也，亦非
谓读若之音必为汝南音而扬韵必为成都音也。要不过以若干符号
代表两汉音之概况，其有不能符合者，方言之变音耳。许音小
变，备见篇中。

　（此表凡古音兼开合口者，止以开口音为代表。其格式为"古音×＞汉
音×"。）

蒸之

登 əŋ＞əŋ	德 ək＞ək	咍 ɐg＞əg
蒸 iəŋ＞iəŋ	职 iək＞iək	之 iəg＞iəg
东₃ ɪməŋ＞ɪmɐŋ₃	尤屋₃ ɪmək＞ɪmək	尤 ɪmɐg＞ɪmɐg
		皆 ɐg＞ɐg
		（侯 ug?＞ug?）
		脂 iĕg＞iĕi
		iĕg＞iĕi

中幽

　　冬 um＞uŋ　　　沃 uk＞uk　　　侯 ɯg＞ɯŋ

　　东三 ɪmɯ＞ɪɯŋ　　屋三 ɪɯk＞ɪɯk　　尤 ɪɯg＞ɪɯŋ

　　（iɯm＞iɯŋ）　　（iɯk＞iɯk）　　幽（iɯg＞iɯŋ）

　　江 ɔmɛ＞ɔŋ

宵

　　　　　　　　铎 ʌk＞ʌk　　　豪 ʌg＞ʌg

　　　　　　　　乐 ɪʌk＞ɪʌk　　宵 ɪʌg＞ɪʌg

　　　　　　　　（iʌk＞iʌk）　　iʌg＞iʌg

　　　　　　　　觉 ɔk＞ɔk　　　肴 ɔg＞ɔg

　　　　　　　　锡 ɘk?＞ɘk?　　萧 ɘg?＞ɘg?

东侯

　　东-oŋ＞oŋ　　　屋-ok＞ok　　　侯 og＞og

　　钟 ɪoŋ＞ɪoŋ　　烛 ɪok＞ɪok　　虞 ɪog＞ɪog

　　江 ɔŋ＞ɔŋ

阳鱼（与扬雄音不同，ɑ 未变为 ɒ）

　　唐 ɑŋ＞ɑŋ　　　铎 ak＞ak　　　模 ɑg＞ɑg

　　阳 ɪɑŋ＞ɪɑŋ　　药 ɪak＞ak　　　虞 ɪɑg＞ɪɑg

　　（iɑŋ＞iɑŋ）　　（iak＞iak）　　鱼 iɑg＞iɑg

　　耕 ɒŋ＞ɒŋ　　　麦 ɒk＞ɒk　　　旨在之部

　　庚二 aŋ＞aŋ　　　陌二 ak＞ak　　　麻二 ag＞ag 去

　　　　　　　　　　　　　　　　　　　＞a 平上

　　庚三 ɪaŋ＞ɪæŋ　　陌三 ɪak＞ɪæk　　麻三 iag＞iag 去

　　　　　　　　　　　　　　　　　　　＞ia 平上

耕支

　　*庚三 ɪæŋ＞ɪɐŋ　　　　　　　　支 ɪæg＞ɪɛi

　　　　　　　　昔 iæk＞iɛk　　　　iæg＞iɛi

清 iɐŋ＞iɐŋ（iɛŋ?）iɐk＞iɐk（iɛk?）

青 ɛŋ＞ɛŋ　　　锡 ɛk＞ɛk　　　　齐 ɛg＞ɛi

　　　　　　　　　　　　　　　　　佳 æg＞æi

寒歌祭

寒 ɑn＞ɑn　　　曷 ɑt＞ɑt　　　　歌 ɑ_d＞ɒ

　　　　　　　　　　　　　　　　　泰 ɑd＞ɑd

删 ɐn＞ɐn　　　黠 ɐt＞ɐt　　　　皆 ɐd＞ɐd（第五声）

　　　　　　　　　　　　　　　　　　＞ɐi

山 an＞an　　　镭 at＞at　　　　麻二 a_d＞a

　　　　　　　　　　　　　　　　　麻三 ia_d＞ia

　　　　　　　　　　　　　　　　　夬 ad＞ad

　　　　　　　　　　　　　　　　　佳 æd＞æd（第五声）

　　　　　　　　　　　　　　　　　　＞æi

元 ɪɐn＞ɪɐn　　月 ɪɐt＞ɪɐt　　　废 ɪɐd＞ɪɐd

仙 ɪan＞ɪæn　　薛 ɪat＞ɪæt　　　祭 ɪad＞ɪæd

　ian＞iæn　　　iat＞iæt　　　　iad＞iæd

　　　　　　　　　　　　　　　　　支 ɪæd＞ɪɛi

　　　　　　　　　　　　　　　　　iæ_d＞iɛi

真文脂

先 ɛn＞ɛn　　　屑 ɛt＞ɛt　　　　齐 ɛd＞ɛd（第五声）

　　　　　　　　　　　　　　　　　　＞ɛi

真 ɪĕn＞ɪĕn　　质 ɪĕt＞ɪĕt　　　脂 ɪĕd＞ɪĕd（第五声）

　　　　　　　　　　　　　　　　　　＞ɪĕi

　iĕn＞iĕn　　　iĕt＞iĕt　　　　iĕd＞iĕd（第五声）

　　　　　　　　　　　　　　　　　　＞iĕi

　ɪɛn＞ɪĕn　　　ɪɛt＞ɪĕt　　　　ɪɛd＞ɪĕd（第五声）

　　　　　　　　　　　　　　　　　　＞ɪĕi

iɛn＞iĕn	iɛt＞iĕt	iɛd＞iĕd（第五声）
		＞iĕi
*臻 ɪɛn＞ɪɑɪ	*栉 ɪɛt＞ɪɑɪ	
痕 ən＞ən	没 ət＞tə	哈 əd＞əd（第五声）
		＞əi
欣 ɪən＞ɪən	迄 ɪət＞ɪət	微 ɪəd＞ɪəd（第五声）
		＞ɪəi

谈叶

谈 ɑm＞ɑm	盍 ɑp＞ɑp
衔 am＞am	狎 ap＞ap
咸 ɐm＞ɐm	洽 ɐp＞ɐp
添 ɛm＞ɛm	帖 ɛp＞ɛp
严 ɪɐm＞ɪɐm	葉 ɪɐp＞ɪɐp
盐 ɪam＞ɪæm	叶 ɪap＞ɪæp
iam＞iæm	iap＞iæp

侵缉

覃 ʌm＞ʌm	合 ʌp＞ʌp
侵 ɪʌm＞ɪəm（？）	缉 ɪʌp＞ɪəp（？）
iʌm＞iəm（？）	iʌp＞iəp（？）
（ɪɛm＞ɪĕm）	（ɪɛp＞ɪĕp）
（iɛm＞iĕm）	（iɛp＞iĕp）

* 庚三陌三臻栉在《切韵》独立，不与清昔真质同韵，故此处主元音不作窄化。

丁 声调

许君严于声调。据反切，偶有去入声通转之例，概为不传之音，非去入声随意为读若也。汉语平上去入声与第五声，自上古以至六朝末年，迄未有变。惟音之高低（pitch）以方言而别，为不可知耳。

由此观之，许音之系统与《切韵》之分别亦几微矣。ti 等已腭化。喉牙唇通转，喉牙舌通转，已概从今音。则唇化喉牙音当已发现。中古音之噘口势至少已相当完成。故许君之唇音，凡在《切韵》变为"合口"者实当作 pʷ 等。兹篇概作开口，从古音，为便利起见而已。前元音之窄化，鱼阳歌等部之主元音向后移动，亦为同一趋势所造成（惟许音鱼、阳之 α 殊未变为 ɒ）。其他若东与阳，侯与鱼之分立，则犹存古意。许音适介乎《诗》音与六朝音之间，其详可参韦所著《汉魏六朝韵例释》。

凡　例

一、本篇各条排列之先后一依韦著《古音说略》二十一部之次第（凡谐声对转之例，如"霹读若斯"，列入所转之故，故"霹"在脂部。然如"彊读若郭"，仍列在阳部，因"黄声"尚有"矿读若矿"故也）。每部之下，先古唇音 p, pʻ, b, m, f, PL, 次舌音 t, tʻ, d, n, l, TʻL, 次齿音 ts, tsʻ, dz, s, z, sl, 终喉牙音 k, kʻ, g, x, ɣ, ŋ, -, kL, ŋl。各分部之下，以声首字之笔书为次序，惟偶有因读若用字系联而变更位置者。

二、大徐本从日本岩崎氏所藏北宋本（即段玉裁所称王氏本）。《系传》从寿阳祁氏本。并见丁福保《说文诂林》景印。二本所阙各条，据唐写本及段注所引补正。

三、各条上注明大徐本出处，以便检查。例如"7 上 6 下"，即北宋本卷七上第六页下。藤花榭本，平津馆本并同。

四、小徐反切从《说文篆韵谱》十卷本。篇中凡称小徐音，或《韵谱》音者指此。偶引朱翱《系传》音，则特称之。引李焘《五音韵谱》，亦特称之。

五、反切用字非必要时不详载，以省篇幅，但以音符表之。式如甲＞乙。甲为韦所订上古音，详《古音说略》。乙为所摹拟之许君读音。有时用《切韵》音，则特称之。例如——>（《切韵》）——。

六、旧说谓许君寓假借于读若。凡本字与读若用字可互为假借者，备注各条下。所据十九采自丁氏《诂林》。丁书景印，故未校各家原书。然各家所引经籍异文时不免脱略伪误，则就所知补正之。

七、读若之唇音已概似《切韵》。篇中全作开口者，仍古音，为便利起见而已。

读 若 音 订
谈 部 第 一

侵部字之主元音汉时作 ʌ，抑作 ə，不得而知。

故注疑?。汉时侵覃偶互叶，韵缓不足为据。

一　古唇音字　无

二　古舌音字

12下2下 姑或读若占。《系传》无"或"。t'iam>tɕ'iæm 读若 tiam>tɕiæm，辅音 t'，t 别。

8上10上 耆读若耿介之耿。未详。"耆" tɛm 上去声，与"耿"音迥不同，绝非一声之转。苗夔《说文声订》曰："当作耿弇之弇"，似据《汉书·严助傅》"处之上淦"，苏林音"淦音耿弇之弇"。"耆弇"音亦不合。韦疑"耿介"字为"舾"之烂文，篆体酷似"耿介。"浅人又增"之耿"字。"舾" dɪʌm>dɪəm? 许君读"耆"或果若 dɪʌm 也。姑存此说。

5上2下 箈读若钱。王筠《说文解例》，"或是镵字减笔作钱（《集韵》甏或作霾），或以为非字而改之。""箈" dziam>dziam，"镵" tsiam>tsiæm。辅音 dz，ts 有别。

所可议者，"箈"字亦有收 – n 之音。《玉篇》"才田，子田二切"，《广韵》"昨先切"，岂唐人因此"读若钱"而造作此等反切耶？"才田，昨先"dzɛn。"钱"字大徐切亦作 dzɛn（《韵谱》亦"昨先反"，惟列在仙韵）。汉方言 – m ＞ – n，数见不鲜。"箈"字之音或 dzɛm ＞ dzɛn。然汉韵惟侵与真通转，盐、添、仙、先韵殊鲜其例，不无可疑耳。

二说当以王说为近似（参元部"镈读若攥"）。

7 下 6 上痁读若"枬"。又读若襜。（《大徐》无）。《广韵》"痁"有二音。ndiam ＞ ṇẓiæm，音同"枬"。又从 nd 转 t，tiam ＞ tɕiæm，音同"襜"。

8 上 1 下倓读若谈。并 dɑm ＞ dɑm。

6 上 1 下棪读若"三年导服"之导。许书三引"襌服"，皆作"导"，古文如是。盖古方言 dʌm 转 dʌb ＞ dʌg。汉音"导引"字作 dʌg，而经生读"导服"如 dʌm。"棪"diam ＞ dʑiæm ＞ jiæm，与"导"音殊不合。惠栋《读说文记》，"棪音淡"，不知何所据。然许君音或果近"淡"，dɑm 转 dʌm。许君音 ɑ 偶转 ʌ，ə，此例谐声有之，方言性不详。

4 上 1 下睒读若白盖谓之苫相似。《系传》夺"读"字。"睒"t'iam ＞ tɕiæm ＞ ɕiæm 上声，"苫"同音平声（《广韵》又去声）。然《集韵》"睒"又"舒赡切"，则与"苫"同为去声。言"相似"者，王筠《说文句读》云："苫平睒上也，盖四声已萌于汉末。"王说自较顾段各家为胜一筹，然韦疑此"相似"不作如是解。许君以读若辨四声，自有其例，"盉读若灰，又读若贿"，一平一去是也。此处不应言"相似"。且《广韵》"失冉切"下尚有"陕、闪、规"等字皆见于《说文》，尽可用为"睒"上声之读若。韦意"睒、苫"二音之别，不在声调而在辅音，例如一作 tɕ'，一作 ɕ，甚或一作古舌音而一作后起齶音。所不敢必。

14 上 3 下锬读若老聃。dɑm＞dɑm 读若（nt＞tʻ）tʻɑm＞tʻɑm。《集韵》"锬"又"他甘切"同"聃"。

14 上 1 下銛读若棪，桑钦读若镰。《系传》"棪"作"掞"，意者原本有烂文。"銛"tsʻiam＞siæm，不能读若"棪"。许君"棪"读若"导"dʌm。即以今音言之，"棪"diam＞jiæm 亦与"銛"音不合。"掞"不见《说文》，音亦不合。疑为"錟"字之讹，dziam＞ziæm，与"銛"为清浊之别（二字古方言皆从 t，d 转）。《集韵》且并作上声，"习琰切"，汉音 dziæm 或 ziæm。

桑钦"读若镰"。《系传》作"鎌"，"镰、鎌"同音。 KLɪam＞lɪæm。其义不详，或有讹夺。

8 下 3 下觍读若镰。段注改"觍"为"觌"。"觌"ndɪam＞nɪæm，方言转 lɪæm。读若"镰"，KLɪam＞lɪæm。汉音同。

三　古齿音字

12 下 6 上戗古文读若咸，读若《诗》云攕攕女手。《系传》"咸"下有"一曰"二字。各家多以"古文"为衍文，则"戗"直误若"咸"矣，音乖。严章福《说文校议议》"盖谓今文作戗，与咸义别。古无戗字，借咸为之。许所见当有以咸为戗者，故云古文读若咸。犹言古书通用咸也。""戗、咸"同部，然不能为假借，辅音固有别。意者古文形近而讹，非"戗"字本有"咸"音。"咸"gɐm＞ɣæm。

读若"攕"者，戗 tsiam＞tsiæm。"攕"《集韵》音同"戗"，然大小徐，《广韵》作 tsʻɐm＞sɐm。疑许君读"戗"若 sɐm。参下"霰读若芟"。

11 下 3 下霰又读若芟。《系传》无"又"。"又读若"者，说者谓音本若"子廉切"tsiam＞tsiæm，而又若"芟"sam。

"霰"字《广韵》又"所咸切"sɐm。《集韵》又"师衔切"sam，音正同"芟。"

13下3上 纔读若谗。并 dzɐm > dzɐm。此从二徐（《广韵》"纔，所衔切"sam）。

6上7下 鄽读若谗。并 dzɐm > dzɐm。《左·昭三年》"谗鼎之铭"，服虔云："谗地名"。或即"鄽"字。

四　古喉牙音字

9下2下 广读若俨然之俨。"广"ŋam > ŋæm，"俨"ŋgam > ŋæm，汉音同。此从二徐（《广韵》二字并 ŋɪɐm）。

9下4下 嵒读若与岩同。"嵒"ŋɐm > ŋɐm，"岩"ŋgam > ŋam（大徐音二字适得其反）。按"嶜岩"又作"巉岩"。许读二字或同。

9下1下 喦读若吟。"喦"ŋɐn > ŋɐn，今音同"嵒"，许读则否。"吟"ŋgiʌm > ŋɪɐm?。《广韵》"嵒"又"鱼金切"ŋiʌm，即许君"喦"字之读音。

10上10上 黔读若染缯中束缬黚。句有讹夺，然以本字为读若，不烦改字。gam > gæm。

5上5上 唐读若画。"唐"为"麘"讹。"唐"当从《广韵》"胡甘切"gam > ɣam。"画"gʌm > ɣʌm。许音 a 时或转 ʌ。（参上"核"）

2上3下 唅读与含同。"唅"gɑm >《切韵》之 dɑm。"含"gʌm > ɣʌm。岂许君二字并读古音欤？恐不能若是巧合。且凡谐声 k，k'，g 通 t，t'，d 之例，许君例从今音。韦疑"含"为"贪"字之讹，"贪"k'ʌm > t'ʌm。许君读"唅"或如 t'ʌm。同下"欿"。

8下5上 欿读若贪。"欿"字今音 ɣʌm，k'ʌm，由来已久，惟大小徐作 t'ʌm 平声，或即以此读若"贪"而云然。"贪"k'ʌm > t'ʌm。然许读或正如 t'ʌm。"臽声"字从喉牙音转"阎声"字作舌音，则"欿"字未始不可因方言之流变从"口含反"之 k'ʌm 转 t'ʌm，正作"贪"音，不必因"欿"训若"贪"而借

“贪” 音也。

4 下 6 上脂读若陷。并 gɐm＞ɣɐm。

10 上 5 上獑读若槛。并（KL＞g）gɐm＞ɣɐm，从二徐（《广韵》“胡黤切” ɣam）。

9 下 4 下磏读若镰。并 KLɪam＞lɪæm。

7 上 7 上稴读若风廉之廉。《系传》“读若风廉”。“风廉” 义不详。大徐并 KLɛm＞lɛm。小徐，《广韵》音稍异。

13 上 7 下蠊读若嗛。“蠊” KLɪam＞lɪæm（《集韵》ɣɐm）。“嗛” 大小徐（KL＞g）gam＞ ɣam，平声，《广韵》（KL＞k‘）k‘ɛm＞k‘ɛm，音俱不合，惟《集韵》之 “蠊” ɣɐm 与 “嗛” ɣam 略相近耳。“嗛”，字疑 “溓螊磏镰” 等字之讹，皆 lɪæm 字。

14 下 1 下隒读若俨。“隒” ŋlɪam＞ŋɪæm。“俨”大小徐ŋgɪam＞ŋɪæm，音同 “隒”。二徐琰、俨二韵乱杂，《广韵》“俨”ŋɪɐm，然《切韵》残卷第三种，敦煌本王韵，“俨” 字已在琰韵。许读二字或正同音。

5 下 2 下䭥读若风溓溓。“风溓溓” 不知何所取义。潘岳《寡妇赋》“水溓溓以微凝”。大小徐并 Klɪam＞lɪæm，平声，《广韵》并上声。

9 上 4 下鬑读若慊。“鬑” kLɪam＞lɪæm，与 “慊” 音 ɣɛm 不合。“慊” 疑 “螊” 字之讹。参上蠊。

9 上 3 下㶣读若蓝。《系传》作 “监”。“读若蓝” 者，大小徐二字并 KLɑm＞lɑm。读若 “监” 误。“礛诸” 之 “礛”《说文》作 “㶣”，然高诱注《淮南·说山·说林·修务》“礛诸” 三见，皆音 l，不音 k。

9 上 4 上鬛读若《春秋》“黑肱以滥来奔”。《系传》夺 “奔” 字。滥，地邑之名，当从《集韵》“卢甘切”，音同 “鬛” KLɑm＞lɑm，平声。

侵部第二

侵部字之主元音汉时作 ʌ，抑作 ə，不得而知。

故注疑?。汉诗侵覃偶互叶，韵缓不足为据。

一 古唇音字

5下7上豕读若范。"豕" mɪam＞mɪəm。"范弓声"，古从喉牙音转唇音，先秦或已如此。"范"，汉音 bəm。读若之例不以破裂辅音 p，t，k 等读鼻辅音 m，n，ŋ 等。故疑许君读"豕"实如 bɪəm。钱坫《说文斠诠》云：《礼记·檀弓》范则冠，即"豕"之借字，或然。

11上6上灚读若林。"灚" Plʌm＞ləm?。"林" Klʌm＞ləm?。汉音同。

二 古舌音字

12上8上扰读若言不正曰扰。《系传》"读若"下有"告"字。tʌm＞təm?（《广韵》作"煔"）。段注："曰扰之扰不知何字之误。"王筠《说文句读》曰："告言不正曰扰，不见经典，则是俗语也。以欲语定读，郑注《周易》、《三礼》，高注《淮南》，以及《史》、《汉》、《文选》注多有之，勿疑其不异字也。"

14上2下钦读若沈。大徐本无。并 dʌm＞dəm?。

3上1下羊撤也。从干。入一为干，入二为羊。读若能言稍甚也。

《系传》"羊，撤也。倒入一为干，入二为羊。读若饪，言稍甚也。臣错曰：'撤刺也。入一，一守一故为干。入二，二不一也，故谓之羊。犹茬也。《传》曰，任恶是也。故曰稍甚。'"

各家咸从小徐"读若饪"，惟严章福《说文校议议》谓"读若能"不误，而其说乖刺。"羊饪"并 ndiʌm＞nʑiəm? 然韦窃疑"饪"之不能讹为"能"也。许君或正作"能"。

小徐读若"饪"实无足微。李焘《五音韵谱》作"读若饪"，戴侗《六书故》第廿九亦引作"读若饪"，是出《系传》之后。《说文》有"饪"无"饪"，故改。"夒"字下"羊音饪"，直音许君所无，大徐本双行小注，然或旧本所有，小徐求"读若能"之音而不得，故据此以改"羊"字正文。

不特此也，"读若"之下赘曰"言稍甚也"，许书无此体例。桂氏《说文校议》"读若饪……下文言稍甚也，以同声取义"，则以"稍甚"为释'羊'之何以"读若饪"也。读若以同声取义者不知凡几，初未尝有于读若下复赘一辞者。段注："饪甚同音，入二甚于入一，故读若饪即读若甚也。"然则许君何以不径言读若"甚"而必隐廋周转其词耶？

韦意"言稍甚也"本在"读若"之上，"入二为羊"之下，乃合许书之例。"羊、甚"以同声取义，事或有之，然不足以证许书之作"读若饪。"

"羊"读若"能"亦音理所许。"能"字古音 ndəg, ndəŋ。"能耐"之"能"汉音早已作 nəŋ。汉韵侵、蒸通转，其例指不胜屈。方言"羊"n－m 转 nəŋ，其音已佚；而作"如审，如甚切"者乃谐声正传。后人改"能"为"饪"本无足怪。然许读或正如"能"。姑存此说，以待是正。

3上1下丙读若三年导服之导：一曰竹上皮，读若沾，一曰读若誓。"读若导"即"读若禫"也（参上"楙"，下"窆"）。"丙"《广韵》、《韵谱》作 t'ʌm 去声，"导"dʌm 上声。许读或正如 dʌm。

"读若沾"者，即今俗"饪、舔"字，t'ɛm，去声。"沾"t'ɛm 平声，《集韵》又去声。许读或如去声。

"读若誓"之音不传。然"茜，丙声，直例切"。"丙"当有 dɪad＞dɪæd 音。盖"丙"训"竹上皮"，又像舔物形；二谊本不同音，非一声之转。甚或"卥"字古文本有二体，形声义皆别，而小篆混为一形（参下祭部"卤"）。

1 下 7 上茜读若陆（或以为缀）。《系传》"读若侠"。按"茜，卥声，直例切"，显从"读若誓"之"卥"得声。段注以"或以为缀"为第二读若。"缀"音近"誓"，然"茜"训以"草补缺"。《玉篇》云："草补缺，或为缀。"则"缀"非读若而为"茜"字引申这义。《说文》"缀合箸也"。

"读若陆"，"读若侠"，皆不可解。各家以为"卥读若导"，"导陆"古音相近，其说似是而非。"导"汉音作 dʌg，惟"导服"作 dʌm。"陆"古音 Tʻlɪuk > lɪuk，与 dʌg，dʌm 音不相侔。韦意本作"陕"。"陆"也，"侠"也，皆为烂文。"陕"tiʻam > ʈɕʻiæm，其音彷佛"卥"之"读若沾"。然则"茜卥声"者，不从"读若誓"之"卥"得声，"直例切"非许音也。

（志疑："陆侠"或并为"噬溓"字之烂文，"茜，直例切"而许君读若"时制切"。）

7 下 4 上宨深也，一日竈宨，……读若"三年导服"之导。大徐本无此读若。《广韵》"宨，竈宨，《说文》深也"，"徒感切"，音同"禫"dʌm。说详上"椫、卥"。《广韵》又"宨，突也，宋上同"，"所今切"。《说文》"宨"本有二义。其训"竈宨"者读若"导"。《广韵》音训互乖。《集韵》"宨，《说文》深也，一曰竈宨"，"式针切"。又"宨深也，……一曰竈宨也"，"疏簪切"。又"宨竈突也"，"徒感切"。又"宨，爨突谓之宨"，"杜览切"。"徒感、杜览"切无"深"训，尚不违许意。

13 上 2 上絑读若郴。并 tʻiʌm > tʻiəm?。["郴"古音（KL > kʻ）> tʻ]

12 上 3 下闯读若郴。并 tʻiʌm > tʻiəm?。"郴"平声，"闯"亦当从《集韵》"癡林切"，平声（大小徐，《广韵》去声）。

8 下 4 上覥读若郴。并 t'ıʌm＞t'ıəm?。（"阄"亦"读若郴"。"阄出头貌"，"覥私出头视也"。）

1 下 6 下苬读若婪。"苬" lʌm＞lʌm，"婪" KLʌm＞lʌm，汉音同。

12 下 4 上婪读若潭。《系传》作"谭"。《说文》无"谭"，"潭、谭"音同，未知孰是。dʌm 不能为"婪" lʌm 之读若，各家称"叠韵"者妄也。韦疑"读若潭"当为"贪"之读若，误植于此。《说文》"婪贪也"，k'ʌm＞t'ʌm。"潭"为"撢"之讹，篆体"水"旁与"手"旁易混。"撢" t'ʌm＞t'ʌm。说近附会，姑存之。

12 下 4 上嫭读若深。"嫭"当作 t'ıʌm＞ʨ'ıəm＞ɕıəm? 《广韵》上声，《集韵》又去声。"深"音同，平去声。许读或作去声。

7 上 10 上鄲读若灸。《系传》"读若谭"。《说文》无"谭"，"鄲"之借字也。糧 dʌm＞dʌm，《广韵》平声，音同"鄲"。

10 上 1 下驔读若簟。并 dɛm＞dɛm 上声（大徐"簟"去声）。

8 下 5 上歁读若坎。"歁" t'ʌm＞k'ʌm（《韵谱》xʌm），"坎" k'ʌm＞k'ʌm，汉音同。

10 上 9 下棯读桑葚之葚。《系传》作"读若桑椹字"，误。"棯" T'Lıʌm＞lıəm?，非读若之音，当从《系传》"施甚反"，《集韵》"式荏切"，T'Lıʌm＞t'ıʌm＞ʨıəm? ＞ɕıəm?，"葚"大小徐 dıʌm＞ʥ̑ɕıəm?，《广韵》ʑıəm?。读若之音或当从《集韵》，二字并作 ɕıʌm。

6 下 8 下鄩读若淫。"鄩" T'Lıʌm＞lıəm?，非读若之音，当从《广韵》"徐针切"（T'L＞d）dıʌm＞ʥ̑ʑıəm? ＞jıəm?。"淫" dıʌm＞ʥ̑ʑıəm? ＞jıəm?。汉音同。"鄩"地邑之名，方言不从 l-。

三　古齿音字

6 上 9 上森读若曾参之参。"参" ts'ıʌm＞sıəm?。"森" sıʌm

＞sɪəm?。曾参字子舆，似"参乘"之"参"，"参立"之"参"，古音同作 s－，然或"森"字古亦从 ts'－也。"森、参"或假借字。

3下2下鬵读若岑。"鬵"dziʌm＞dziəm?。《集韵》又 dzɪəm?"岑今声"。"今声"字古从喉牙音 k 等转方言齿音 ts 等。"岑"字汉音已作 dzɪəm?。

四　古喉牙音字

7上5下丂读若含。并 gʌm＞ɣʌm，上声读若平声。《广韵》"丂"又"胡男切"，则二字同音。《说文》"丂，嘾也，遇木之华未发函然。""嘾，含深也。"《周礼·考工记叙》"燕无函"注："郑司农云：'函读如国君含垢之含。'""丂、函、含"并假借字。

14上7下范读与犯同。并 gɪɐm＞bɪɐm，从《韵谱》、《广韵》。《说文》"范，范軷也。"《周礼·夏官·太驭》、《诗·大雅·生民》郑《笺》作"犯軷"，"范犯"假借字。

10上7上黔读若含。并 gʌm＞ɣʌm。"黔"又作"黚"。

9下3下匎读若紟。并 gɪʌm＞gɪəm? 平声（"紟，从《韵谱》"巨今切"）。又并去声（"匎"从《集韵》"巨禁切"，"紟"《广韵》、《集韵》同）。许读平声或去声。

3下9上钦读若琴。并 gɪʌm＞gɪəm?（"钦"《广韵》作"敆"，平声。"钦"作去声）。

9下3上庴读若歆。并 k'ɪʌm＞xɪəm?，从大徐、《广韵》。

8下6下从读若钦崟。《系传》无。"钦崟"许书又作"岑崟"，盖读若"崟"。"从"ŋɪʌm＞ŋɪəm?，"崟"ŋgʌm＞ŋɪəm?，汉音同。

9上2下顑读若赣。《系传》作"戆"。"顑"k'ʌm＞k'ʌm 上声，从《韵谱》、《广韵》。"赣"《广韵》kʌm＞kʌm，亦上声；《汉书·地理志》如淦音"感"。"赣"古为中部字。中部汉时已－m＞－ŋ。此"古禫切"为古音。许音 k'ʌm 读若 kʌm。《系传》作"戁"误，"戁"字汉收 -ŋ。

7上2上晕众微秒也，从日中视丝。古文以为显字。或曰众口貌。读若唫唫。或以为茧絮中往往有小茧也。字凡三义，惟训"众口兒"读若"唫唫"。"唫"ŋɪɣmʌɪ＞mɐɪʔ上声，"晕"ŋgʌp＞ŋʌp。谐声 -p 转 -m。"众口貌"之音，或正如 ŋɪəmʔ，而今不传。《集韵》二字并"渠饮切"而"晕"训"絮中小茧"。似以"读若唫"而造此反切，又误训也。

中部第三

一　古唇音字

5下7上甐读若冯。"甐"p'ɪɯm＞p'ɪɯŋ。"冯"古有二音。biəŋ＞biəŋ，今在蒸韵。bɪ(w)əŋ＞《切韵》bɪɯŋ，今在东韵。许君方音，古蒸部之东三字或已有向后元音移动者。则"冯"已作 bɪɯŋ，殊不敢必。"甐"p'-读若"冯"b-。

二　古舌音字

11上4下沖读若动。"沖"dɪɯm＞dɪɯŋ 平声。"动"(T'L＞d) doŋ＞doŋ 上声。"动"字讹。段玉裁"沄"字下注云："按沖读若动，沄读若混者，古音动混不同今音也。""沖"与"动"之隔绝古音较汉音尤甚。

14上2下蚰读若同。《系传》无。"蚰"dɯm＞dɯŋ，"同"doŋ＞doŋ。二字汉音相近。韵文东、中二部时通叶，然元音有别，不能互为读若。

三　古齿音字

7下3下宋读若送。《系传》无。"宋"sɯm＞sɯŋ。"送"soŋ＞soŋ。不能互为读若，理同上"蚰"。刘熙《释名·释州国》："宋，送也。"此读若或后人据刘书妄增。刘书以音义相近之字为比况，乃汉儒陋习，不可据以审音。

四　古喉牙音字

6 上 7 上桦读若鸿。《系传》无，唐写本有之。"桦" gom ＞
ɣoŋ。"鸿" goŋ＞ɣoŋ。许书时或读－ɔŋ 如－oŋ（参下"巩"）。

14 下 8 下䜻读若《春秋传》曰："美而艳。"不详。《玉篇》
"䜻以胆切"或系"以赡"之误（《系传》"欲敢反"，则朱翱以误
传误也）。"以赡切"汉音 jiæm，与"艳"音正同，giam＞jiæm，
许读或如此，然"䜻"作 jiæm 音，来历不明。岂"夅声"字古
已转部欤？所不敢必。

以上六条，其四以东部字为读若，而小徐缺其三。宋初人久
已不明古中、东之分，小徐不能据删，则旧本原无此等读若之
文。大小徐所据不同，要为浅人妄增。

汉韵中、东通转，亦犹东、阳，侯、鱼通转，音近而韵缓。
然中、东、阳三部之主元音必不能尽同。即以韵文考之，明若指
掌。许君读若不同《释名》泛泛之音。侯、鱼偶通，而东、阳绝
不互为读若。他如支、脂、歌通转则可证以当日变音。以此益知
中、东通转必非许音之旧也。

复案，许君"䡣"读若"冯"，而《周礼·天官·筮人》"其实
䡣"注："郑司农云：'今河间名曰逢。'"河间音之中或已通入
东，而汝南语固未尝入东也。

蒸 部 第 四

一　古唇音字

14 上 5 上凭读若冯。按"䡣读若冯"，大似"冯"字之音已从
bɪəŋ 变为 bɪuŋ（?），则此处不能为"凭"之读若。许书"凭"
下引《周书》"凭玉几"，今顾命文作"憑"。　许君或以假借为
读若，"冯"盖"憑"误也。biəŋ＞biəŋ。

1 下 3 下夣读若萌。不详。"夢" mɪəŋ。许君方言中，古蒸部

之东三等字或有向后元音移动者，例如"蘷读若冯"之"冯"字。故"夢"或作 mɪɯŋ（?），然仍不能"读若萌"也。谐声之"萌"maŋ＞maŋ。汉方言之变音有甚悬殊者。《尔雅·释草》"其萌虇蕍"，郑注："齐人谓萌为蒙。"叶德辉《读若考》引《周礼·秋官·薙氏》"春始生而萌之"注："故书萌作薨，杜子春云薨当为萌。""蒙"moŋ＞moŋ，是盖东、阳通转之例。汉时齐语"萌、蒙、薨"音必相近，"薨"甚或亦作 mɐŋ＞mɪoŋ＞moŋ。《周礼·天官·笾人》"其实蘷"，开封人郑众云："今河间名曰逢。"河间地近东齐，"蘷"或亦已作 bɪoŋ。然许君之"夢"不能作 mɪoŋ 或 moŋ。一则许君读"蘷"若"冯"，不作"逢"。二则中与东不通转，说详上文。要之，汝南语"夢、萌"不能并作东部之音，或并作蒸、中部之音。此条必讹，疑山东人郑玄之徒妄增之也。

5 上 5 下囟读若仍。"囟"字今本"从乃西声"。大徐曰："西非声，未详。"小徐作"卤省声"。实当作"从卤乃声"。经典多讹为"逎"，"逎乃"通用。《周礼·春官·司几筵》"凶事乃几"注，郑司农乃读为仍，则"乃"ndəg 已转为方言 nʑiəŋ。"囟读若仍"理同。"囟、仍"并"乃声"字。

6 上 2 下杒读若仍。并 ndiəŋ＞nʑiəŋ。

4 下 5 上霄读若丞。并 tiəŋ＞tɕiəŋ。

14 上 7 上乗读若《易》抍马之抍。《系传》作"拯马之拯"。《说文》"抍"篆说解："《易》曰抍马壮吉。"此《明夷·六二》文，今作"拯"。《释文》曰："子夏作抍。"许书无"拯"，以"抍"为之。"乗"diəŋ＞dʑiəŋ 平声，"抍"音同"拯"，tiəŋ＞tɕiəŋ 上声。《集韵》二字又并作 tɕiəŋ 平声，许读或然。

5 上 7 下靠读若登同。并 təŋ＞təŋ。《尔雅·释器》"瓦豆谓之登"。《仪礼·公食大夫礼》"大羹湇不和实于镫"，郑注："瓦豆谓之镫。"《公羊·桓四传》何注："豆，礼器名，状如镫。""登"借为"弄","镫"又借为"登",然许书三字训皆别。

5上9下㨖读若陵。《系传》"读若棘陵"。"㨖、陵"并liəŋ＞liəŋ。段注："按大徐删棘字。今按《玉篇》曰'居力切又力膺切'，《广韵》、《集韵》皆并入蒸、职二韵，一力膺切，一纪力切。盖许书本作读若棘。夌声而读若棘，一部与六部之合也。或又读若陵，注陵于旁，而小徐两存之。"小徐勇于校改，必不以或注"陵"于旁而两存之。即两存焉，亦必改为《说文》"一曰"，"或曰"之例。纵不然，亦可注"臣锴曰"。"读若棘陵"，何不伦也？《韵谱》入蒸韵，不入职韵。大徐之愚，亦不至删旧文而存或注。韦疑旧本本作"读若×陵"，犹言"某陵之陵"，《说文》常例也。某字讹为"棘"。小徐不明"棘陵"之义而姑存之。大徐以其不文而《说文》又无"棘"篆也，故竟删之。此事之近理者也。

"纪力切"之音不知何自始。段氏所谓一部与六部之合者，古音－iəŋ转iək，谐声固有此例。然"夌声"字绝不通喉牙音，殊不可妄拟一KL式之复辅音。自来言合韵者，但知韵部隔离之远近，初不问辅音为何事。盖以藐视等韵，而于古辅音之流变一若可以任意矫造者，故liəŋ可与kiək为合韵。"纪力切"始见于孙强音，唐写本韵书无收此音者。《广韵》从《玉篇》、《集韵》更不足征矣。韦又疑此音或即以《说文》讹作"棘陵"而妄拟。反切以讹传讹，何止此哉？

三　古齿音字　无

四　古喉牙音字

3下1下鞏读若穹。"鞏"大徐k'wəŋ＞k'wəŋ（小徐kəŋ，《广韵》ɣəŋ）。"穹"k'ɪwəŋ＞k'ɪwəŋ。－wəŋ读若－ɪwəŋ，许音似作wəŋ。

8下2下兢读若矜。"兢"kiəŋ＞kiəŋ。"矜"kiʌm（？）＞

kiəŋ。段注："汉时矜读如今音矣。""兢，兢也。……一曰兢，敬也。"二训并与"矜"为假借，说详桂氏《说文义证》。《诗·小雅·小旻》六章"战战兢兢"，《左·宣十六传》作"矜矜"。"兢"蒸部字，古亦收 - m。此为偶合。许音"兢、矜"并收 - ŋ。

东 部 第 五

一　古唇音字

1 上 5 上玤读若《诗》曰："瓜瓞菶菶"，一曰若鱼蚌。《玉篇》引"玤……以为系璧，一曰若鱼蚌"。王筠《句读》因谓"蚌"非读若，然《韵会》引作"读若蚌"，王说非也。"玤"大小徐"补蠓反（切）"poŋ＞poŋ，音同"菶"。《广韵》"步项切"bɔŋ＞bɔŋ，音同"蚌"。

5 下 8 上夆读若缝。并 bıoŋ＞bıoŋ，从《广韵》。

2 上 4 下嗼读若诗曰："瓜瓞菶菶"。并 poŋ＞poŋ，从大徐。

2 下 3 下徟读若蠡。《系传》作"蠡"是也。并 pıoŋ＞pıoŋ。

2 上 5 下唪读若尨。并 moŋ＞moŋ。

二　古舌音字

11 下 5 上鮦读若绤襱。"鮦"dıoŋ＞dıoŋ，"襱"（T‘L＞d）dıoŋ＞dıoŋ，汉音同。

5 下 5 下喜读若庸。《系传》"读若庸同"。并 dıoŋ＞dʑıoŋ＞jıoŋ。

7 上 4 下籠读若聋。《系传》作"读若笼"。并 T‘Loŋ＞loŋ。

11 下 2 下襱读若聋。并 T‘Loŋ＞loŋ。

11 上 9 上㙦读若陇。"㙦"字"水"部"土"部重出，"土"部无读若。段注："陇字盖误。龙声不得读如陇也。㙦又见土部，《玉篇》亦在土部，引《说文》木贡切。……水部本无此字，浅人增之，妄增此读若也。"浅人必不能增此读若。"土"部字后增而脱此读若则或有之。叶德辉《读若考》《周礼·春官·巾车》辀车注:"故书厖作龙,杜子春云龙当为厖。"《考工记·玉人》上公用龙注:"郑司农云,龙当为厖。"汉时"厖"字与"龙"字以形省而假借,"厖"亦可读为"龙"。然则《说文》"水"部之"㙍"或本与"土"部不同字。"水"部之"㙍"或本"龙声",省作"厖声",故读若"陇",而"土"部不能有此读若。《玉篇》"土"部引《说文》旧音作"木贡切"不误。"水"部之"㙍"音如T'Lɪoŋ>lɪoŋ 上声 (广韵平声),与"陇"音正同。大徐"又亡江切","又"上似夺"力歱切"。至若"土"部之"㙍"作"力歱切",则失之。

三　古齿音字

10下7下懡读若悚。"懡"ts'ɪoŋ>sɪoŋ,"悚"sɪoŋ>sɪoŋ,汉音同。"懡惊也"。《说文》无"悚",以"愯"为之。"愯懼也。""懡、悚"假借字。

1上5下瑽读若蔥。并ts'oŋ>ts'oŋ。

四　古喉牙音字

8上2上仜读若红。并goŋ>ɣoŋ。

12下8下巩读若洪。《系传》"读若翁"。"巩"大徐kɔŋ>kɔŋ,小徐goŋ>ɣoŋ(《广韵》无"巩",似即以"缸"为之)。"洪"goŋ>ɣoŋ,"翁"go>oŋ。读若之音不详,以"洪"为近。许君或正读"巩"如"洪"ɣoŋ也。《集韵》并"胡公切"。

11下2上邕读若雝。大徐本无。并ɪoŋ>ɪoŋ。"邕、雝"假借字。

阳 部 第 六

一　古唇音字

12下7下匚读若方。并pɪaŋ>pɪaŋ。或谓"匚"即"方"之本字。

12下5上岷读若盲。并 maŋ＞maŋ，从大小徐（《广韵》"岷" məŋ）。

8下7下帪读若荒。《系传》无。并 faŋ＞xwaŋ。"荒、帪"假借字，说详桂氏《义证》。《考工记》作"帪"。"设色之工画缋钟筐帪"，郑司农读为"芒芒禹迹之芒"，maŋ＞maŋ，与许音同源而异流。

3下8下攺读与抚同（"亡声"、"无声"古音并从 mb- 转破裂唇音）。二字并 p'ɪag＞p'ɪag。"攺"字古方言从 -ŋ 转 -g。《说文》"攺，抚也"，"攺、抚"本一字。"鈘"古文"抚"，从"辵亡"，亦"亡声"。

12下8下瓶读若抷破之抷。《系传》作"挠破之挠"。"抷、挠"不成字。钱大昕谓当作"瓶破之瓶"，盖以本字为读若。《周礼·考工记》作"陶旄"，先郑"读为甫始之甫"，pɪag＞pɪag。后郑"读如放于此乎之放"，"放"今作"昉"，上声，pɪaŋ＞pɪaŋ。"甫、放"一声之转，今音从后郑，许读或如先郑。

2下6下跰读与彭同。并 baŋ＞baŋ，从大小徐（《广韵》"跰" pɪaŋ＞pɪaŋ又baŋ＞baŋ）。

4上5上雅读若方。并 pɪaŋ＞pɪaŋ平声，从大小徐（《广韵》"雅"作去声）。

5上9上皿读若猛。"皿" mɪaŋ＞mɪæŋ。"猛" maŋ＞maŋ。《左·昭元传》《释文》引吕忱《字林》"皿音猛"。《集韵》"皿"又"母梗切"，盖有所本。许君读"皿"正如 maŋ。

7下4上㿿读若猛。《系传》"读与猛同"。《集韵》"㿿"亦"母梗切"。音同上条。

1下9下㒺读与冈同。"冈"为"网"之隶省。《系传》作"读若与罔同"。"㒺" maŋ＞maŋ上声，"网罔" mɪaŋ＞mɪaŋ上声。许君或读"冈"如 maŋ 欤？（《集韵》"㒺"亦有 mɪaŋ 音，非许读也。

参上"皿、盌")。

二　古舌音字

10 上 10 上黜读若炀。并 diaŋ＞dȥiaŋ。

2 上 6 下𣢐读若欀。《系传》作"穰"。"𣢐"ndaŋ＞naŋ，汉音或作ɳaŋ（？）。"欀（穰）"ndiaŋ＞ɳȥiaŋ。读若之音不详。

5 下 1 下粯读若创。"粯"T'L＞t' 转方言 ts'ɪaŋ＞ts'ɪaŋ。"创"ts'ɪaŋ＞ts'ɪaŋ。二字并平声，从《广韵》。

三　古齿音字

2 上 7 上趑读若匠。并 dȥiaŋ＞dȥiaŋ。

8 上 5 上像读若养。《系传》"读若养子之养"。"像"dȥiaŋ＞ȥiaŋ，"养"diaŋ＞dȥiaŋ＞jiaŋ。音不合。王筠《说文句读》曰："据此读，知今所谓式样者古曰式像也。庄、列样字皆作橡，亦可证。"此谓方言读"像、橡"如 jiaŋ 也，姑存其说。古方言 d- 转 dz-，偶有之（《集韵》"养"亦有 ziaŋ 音，殊不足据）。

13 下 7 下劢读若演。大徐本无。纽树玉《校录》云："演下疑脱漾字。"苗夔《说文声订》云："演应漾字之讹。"纽说较近。"劢，象声"，dz-转方言 d-，diaŋ＞dȥiaŋ＞jiaŋ，上声。"漾"diaŋ＞dȥiaŋ＞jiaŋ 去声。"漾、瀁"同字，"瀁"《广韵》又上声，音同"劢"。

11 上 4 下潒读若荡。并 daŋ＞daŋ。《说文》"潒，水潒瀁也"，即"荡漾"。"潒、荡"假借字（参上"劢"）。

四　古喉牙音字

4 上 5 上翌读若皇。并 ɣwaŋ＞ɣwaŋ。《周礼·春官·乐师》"教翌舞"，郑注："翌读为皇。故书皇作翌，郑司农云。""翌、皇"假借字。

6 下 1 上崖读若皇。"崖"gwaŋ＞ɣwaŋ，"皇"ɣwaŋ＞ɣwaŋ，从大小徐（《广韵》"崖"ɣɪwaŋ）。

14 上 8 上鞋读若狂。并 gɪwɑŋ＞gɪwɑŋ。

5 下 7 下韹读若皇。"韹" gwɑŋ＞ɣwɑŋ，"皇" ɣwɑŋ＞ɣwɑŋ，汉音同。"韹"或体"萲"，《尔雅·释草》正在"萲"。许书"韹，华荣也"，引《尔雅》曰："韹，华也。"《尔雅·释言》"华，皇也"。"韹、皇"假借字。

11 下 6 上魧读若冈。并 kɑŋ＞kɑŋ，从小徐、《广韵》。

5 下 1 下皀穀之馨香也，……或说皀一粒也，……又读若香。《系传》无"又"字。并 xɪɑŋ＞xɪɑŋ，从《广韵》。

"皀"有二义，音不相转。其一，《颜氏家训·勉学篇》云："穷访蜀士，呼粒为逼，时莫之解。吾云，《三仓》《说文》此字白下为匕，皆训粒。《通俗文》音方力反。""方力反"即《广韵》"彼侧切"，其音为 piək，从古音 piʌp 异化而成，即《广韵》"彼及切"〔大小徐"皮立反（切）"biʌp〕。转牙音为《广韵》之"居立切"kiʌp。《说文》"鵖"字从此得声。其又一为读若"香"之音，"乡、卿"二字从此得声。

7 上 4 下囧读若犷，贾侍中说，读与明同。"囧"kiwæŋ＞kiwæŋ，"犷"kwɑŋ＞kwɑŋ。惟汉渔阳郡犷平县，颜师古"音九永反，又音矿"。"九永反"音同"囧"。许君似以"囧、炯"为一字，音随训转。贾逵"读与明同"，其音汉时已不传，故许君不从师说。魏曹囧字元音。《书·益稷》"元首明哉"。岂"曹囧"之"囧"当读若"明"耶？

2 上 5 上哽读若井汲绠。并 kaŋ＞kaŋ。

13 下 5 上埂读若井汲绠。并 kaŋ＞kaŋ。

12 下 9 下彉读若郭。并 kwɑk＞kwɑk，从《广韵》（大小徐，《广韵》又 k'wɑk，"彉"音从-ŋ 转）。段注："郭即今廓字，古无二音。如彀下云，万物郭皮甲而出。"《方言》一，"张小使大谓之廓"，即《说文》"彉，弩满也"。许书无"廓"，即以"郭"为之，"黋、郭"假借字。《汉书》卷六十四《吾丘寿王传》"黋弩"，张晏音"郭"，"黋"即"黋"字。

9下4上磺读若穬。并 kwaŋ＞kwaŋ。

3下6上㞚读若况。"㞚"kıwaŋ＞kıwaŋ（《集韵》又 kıwaŋ，gıwaŋ），初无"况"音，xıwɑŋ＞xıwaŋ。许读不详。

耕部第七

一　古唇音字

12下8下鮩读若轷。《系传》作"轷车"。并 bεŋ＞bεŋ。

7上3下蠠读黽蛙之黽。《系传》无。并 mɐŋ＞mɐŋ，《广韵》并上声。

二　古舌音字

14下2上叮读若丁。并 tεŋ＞tεŋ。

3上3下证读若正月。大徐本无。并 tieŋ＞tɕieŋ（tɕieŋ?）。"证"字今去声，此读平声，《集韵》"诸盈切"。段注："按古音正皆读如征。独言正月者，随举之耳。"此说厚诬许君。许书严于声调之辨。即"正"古音皆读如"征"云云，亦似是而非。

6上6下邒读若宁。《系传》作"㝉"。"邒"nden＞neŋ，《广韵》"奴丁切"。"宁"nεŋ＞nεŋ。汉音同。"邒"字之音确已-n＞-ŋ，非若汉韵真、耕通叶时为随俗用韵。邒地在左冯翊，许君或从方音。今陕西语以-ŋ收声，或承古音耶？

31上1下綎读与听同。并 t'εŋ＞t'εŋ 平声（大徐"听"去声）。

三　古齿音字

12下3上婧读若韭菁。并 ts'iεŋ＞ts'iɐi（ts'iɐŋ?）平声（从《广韵》）。

13上4上绬读若旌。"绬"tsɐŋ＞tsɐŋ。"旌"tsiɐŋ＞tsiɐŋ（tsiεŋ?）。"绬一曰急弦之声"，读若 tsiɐŋ 者象声。

四　古喉牙音字

5上9下甹读若亭。"甹" gɛŋ＞dɛŋ，"亭" dɛŋ＞dɛŋ，汉音同。"甹，定息也"，"亭，民所安也"，许君或以假借字为读若。

3上2上頩读若声。《系传》"读若馨"是也。二字并 k'ɛŋ＞xɛŋ。

14上3下綮读若《春秋传》曰："綮而乘它车。"《系传》"它"作"他"。此《左·昭二十六》文，今作"綮而乘于他车"，当以许书为正。"綮綮"并 k'iɐŋ＞k'iɐŋ (k'iɐŋ?) 去声，从《广韵》。

13上1下绖读若陉。并 ɣɛŋ＞ɣɛŋ，"绖"上声，"陉"平声。《集韵》并平声。

8上9下袭读若《诗》曰："葛藟萦之"，一曰若"静女其袾"之"袾"。《系传》"萦"误"袭"。"读若萦"者，二字并 ɣiwɐŋ＞iwɐŋ (iwɐŋ?)，从大徐、《广韵》。"读若袾"不详。段注云"读若静"之讹，辅音与开合全乖。此读若疑本在"裎"字下。

14上7上肇读若梵。并 giwɐŋ＞giwɐŋ (giwɐŋ?)。

14上2上鎣读若铣。未详。或谓古音先、庚二部通者，不论"荧声"，"先声"，古不通叶，即辅音亦甚隔绝。

3上7上誩读若竞。并 giɑŋ＞giɐŋ。"誩，竞言也"，"竞，疆语也"，假借字。

文　部　第　八

一　古唇音字

10下6下忞读若旻。《系传》无。并 miĕn＞miĕn。

12上6下扮读若粉。《系传》"读若蚠"。"扮蚠"并 biɐn＞biɐn。"粉"许音 Piɘn（参下"潢"），与"扮"音较远。当从小徐。

3下8上攽亦读与彬同。《系传》作"攽读与彪同"。"攽、彬、彯"皆 pιĕn＞pιĕn，从《广韵》。"颁"借为"攽"，大小徐即以"颁"字之今音读"攽"pɐn，小徐且又读"彯"为 pɐn，以符读若之音，皆非许意。(即"颁"字之读音，六朝以前本亦可在文部。段注引徐邈音"于《周礼》颁音坟，于《书》云甫云反"，故《广韵》亦有"符分切"之音。)

14 上 7 上辗读若闵。并 mιĕn＞mιĕn。

9 上 1 下"颉""頠"篆下《系传》有"颉"篆，"读又若宾"。此当系"颁"字下读若。"颁、颉"形似，位次亦相近，抄写者失检耳。"颁"音 pɐn，又读若"宾"pιen＞pιĕn，音近徐邈"甫云反"。然或"贲"字之讹 (参徐邈"颁音坟")。

11 上 8 上瀵读若粉。大徐本无。并 pιən，去声读若上声 (惟《集韵》二字同去声)。《说文》旧音"瀵"作"匹问反"p'ιən，见《文选·江赋》注，《广韵》又切同，非许音也。

7 上 7 上穤读若靡。"瀵"bιən 转 bιəd＞bιəi (去声)。"靡"mιæd＞mιεi，音乖。各家从王念孙改"靡"为"麿"，音同"穤"。《说文》无"麿"。

14 上 1 下锁读若熏。《系传》"读若训"。按《广韵》"锁，符分切"，下引《说文》"读若熏"。"读若训"者，后人因声调不同而辄改也。"锁"p'ιən＞k'ιən (fιən?) ＞xιən 去声，"熏"xιən＞xιən 平声。《集韵》"锁"亦平声，"熏"亦去声，声调殊难言。

二　古舌音字

10 上 2 上奄读若鹑。并 diwĕn＞ʥiwĕn。

5 上 5 下覃读若纯。并 diwĕn＞ʥiwĕn。

13 下 4 上埻读若准。并 tiwĕn＞ʨiwĕn。"埻，射臬也"，即今"射准的"。"埻、准"假借字。

3 上 3 上谆读若庉。"谆"tiwĕn＞ʨiwĕn。"庉"dwən＞dwən。汉音 ti 等已腭化为 ʨi 等，故许音例不以端等字与照等字互为读若。按"谆谆"又作"啍啍"。许书无"啍"，或即以"谆"为之，"啍"固"徒浑切"也。dwən＞dwən。今方音读"谆谆"尚有作 twən 者。

8 下 5 上 欨读若蜃。并 diěn＞ȡ̢ɕiěn。

7 下 9 上 幓读若《易屯》卦之屯。并 tɪwěn＞tɪwěn。

三　古齿音字

2 上 7 上 趨叡声，读若纠。《系传》改"趨"为"趨"（按"璿"古文作"璿"。"趨"似非"趨"之烂文，然"叡"《说文》"沟叡"字。"趨"篆来源不明）。"趨"dziwěn＞ziwěn。"纠"音同，古音从方言 diwěn 转。

四　古喉牙音字

12 下 7 上 乚读若隐。

4 下 2 下 㠶读与隐同。　　ʔ ən＞ʔ ən "乚、㠶、隐"假借字。

7 上 2 下 昕读若希。《系传》"读若忻。臣错曰，……《礼》曰大昕之朝，读若希"。盖旧本作"希"，小徐校谓"大昕之昕"始读若"希"也。"昕"今音从 xɪən，许读则如 k'ən＞k'ɪəᵈ＞xɪəi，音同"希"，《集韵》误入之韵，"虚其切"。字即《诗·齐风·东方未明》"东方未晞"之"晞"。

2 上 7 上 赾读若堇。并 kɪən＞kɪən，从《韵谱》，去声读若上声。《集韵》并上声。

10 下 2 上 佥读若鼬。大徐本无。姚、严《说文校议云》："小徐……有读若断"，不知何所据。"佥"与"断"开合口不同。段注改"躕"，"盖由躕作鼬而又误耳"。字书无"鼬"字。按或"鼹"误，"佥、鼹"并 ŋgwɪən＞ɲiwən。

11 上 4 下 沄读若混。"沄"ɣwən＞ɣwən 平声，"混"gwən＞ɣwən 上声。《集韵》并上声。

6 下 4 上 賦读若《春秋传》曰"宋皇郧"。并 ɣɪwən＞ɣɪwən。

10 上 5 上 狋 犬怒貌，从犬示声。一曰犬难得。代郡有狋氏县，读又若银。《系传》无"又"字。按"狋"字凡三音。《汉书·地理志》"狋氏"，孟康音"权精"，即《广韵》"巨员切"，一也。《广韵》"牛肌切"，训"犬怒貌"，即《说文》旧音"牛饥切"（见《文选·鲁灵光殿赋》注），大小徐并同，惟大徐误作"语其切"耳，二也。《汉书·东方朔传》"狋吽牙"，应劭音"银"，音同《说文》，三也。惟许君似以狋氏之"狋"为读若"银，或有脱文，故曰"读又若"。"狋，示声"，古或从舌音转，nd＞n＞方言 ŋ，又收声-d 转-n，乃得 ŋɪĕn 音，所不敢必。"银"ŋgɪĕn＞ŋɪĕn。

1 下 3 上 䆠读若威。"䆠"大小徐并作 gɪwĕn。"威"ɪwəd＞ɪwəi。按上古音-n 通-d，群母通影母，数见不鲜。"君姑"即"威姑"尤为切近之例。然韦疑"䆠读若威"似非东汉之音。其时"威"音去"䆠"已甚远。即汉律"君姑"之作"威姑"亦似古音。汝南方音或读"威"如 ɪwən，犹今言"熨（yn）斗"即王莽之"威斗"，盖许君读"䆠"亦如ɪwən 也。《中庸》"壹戎衣"，郑注"衣读如殷，声之误也。齐人言殷声如衣"，与此例正同。许君或从齐语。

14 上 6 下 辊读若帬，又读若裈。《系传》"读若群，一曰读若裈"。"辊"ŋgɪwĕn＞ŋɪwĕn 上声（《系传》音 ŋɪwən 上声，同《方言》九郭璞音）。"帬、群"并 gɪwən＞gɪwən 平声。"裈"kwən＞kwən 平声。读若之音不详，或正如 gɪwən，kwən。

6 上 1 下 柉读若《易·屯》卦（参上"帪"）。"柉"kⱢɪwĕn＞kɪwĕn＞tɪwĕn，"屯"tɪwĕn＞tɪwĕn，汉音同。

13 上 7 下 蜦（蛛）读若戻草。《玉篇》以"蛛"为正文，"蜦"为重文。"蛛"kⱢɛd＞lɛd，从《广韵》。"戻"lɛd＞lɛd。汉音同。

6 上 7 下 桻读若浑天之浑。《系传》"读若纬，或如浑天之浑"。

唐写本烂文，"……若浑天之浑"。"桻浑"gwən＞ɤwən。"读若纬"者，"桻"转音-d，kʻɪwəd＞xɪwəi，《广韵》"许归切"。"纬"ɤɪwəd＞ɤɪwəi，辅音清浊有别。吴棫《韵补》云：刘向《九叹》之"纬"叶"呼韦切"，"徐邈读"，即音同"桻"，或不足据。

3下1上韗读若运。并gɪwən＞ɤɪwən。

4上8下鞠读若运。并gɪwən＞ɤɪwən，从《广韵》。

6上3下圆读若员。并ɤɪwən＞ɤɪwən去声，或ɤɪwan＞ɤɪwæn平声。汉音或当作ɤɪwən。

4下5下膒读若逊。《系传》"读若选"。"膒"xwən（？）＞swən上声（"口声"，"员声"字惟"膒、损"二字转齿音，来历不明）。"逊"swən＞swən，去声。

"读若选"者，苗夔《系传校勘记》"选汪作还，铉作逊。按膒或作膗，疑当作读若僎"。苗说殊凿。"膒、膗"音隔。义训相近，而字不相假借。汉人以"巽声"之音读"员声"之"膒"字，事或有之，乃音随训转。然则"读若选"尚近乎"膒"音，远胜于读若"僎"也。要之，以读若"逊"为是，"损"字可证（《集韵》上声"膗"为"膒"之重文。"膗"又去声，音同"逊"，不足据）。

8下3下觊读若运。并gɪwən＞ɤɪwən。

11下3下霣若昆。大徐本无。王筠《说文句读》云："大徐无此句，盖后人增也。……《集韵》乃兼收之十七准，二十三魂，与昆同音，盖所据《说文》已有此句。""霣"ɤɪwěn＞ɤɪwěn上声，不能读若"昆"kwən＞kwən平声。王疑此句为后人妄增，而《集韵》增一反切，其说或然。《说文》"口声"下都凡37字，绝无转破裂音者。读若"昆"必讹。

9上1上颥读若陨。并ɤɪěn＞ɤɪěn（《广韵》"颥"作ɤɪwən）。

13下1上蜦读若昆。并kʻwən＞kʻwən。"蜦"为"昆虫"字之本字。

真 部 第 九

一　古唇音字

7下1上尢读若髌。"尢"p'iɛn＞p'iĕn去声，"髌"biɛn＞biĕn上声。许君或正读"尢"如biĕn。

7下3上窎读若《周书》"若药不昀眩"。《系传》"读若《书》曰：'药不瞑眩。'"今《国语》、《孟子》并作"瞑"，许君所见《楚语》或作昀。"窎"mbɛn＞mɛn去声，"瞑"《广韵》mɛn＞mɛn，亦去声。

13上7下蛎读若周天子赧。不详。"蛎"mbian＞miæn平声。"赧"ndɛn＞nɛn上声。二字不能互为读若。"赧"有"然"音。《史记·周本纪》、《索隐》，"又按《尚书·中候》以赧为然，郑玄云：'然读曰赧。'""然"ndian＞nʑiæn。岂方言"蛎"或mbian＞nbian＞nʑiæn欤？（《集韵》"蛎"亦作"乃版切"，以符《说文》读若，谬甚。）

3下3下閟读若宾。《系传》作"缤"。"閟、缤"并p'iɛn＞p'iĕn。"宾"piɛn＞piĕn。段注："缤大徐作宾，浅人以系部所无改之也。"其说或然。

10下10下愐读若沔。"愐"miæd转miæn（从《玉篇》亡善切）。"沔"mbian＞miæn。汉音同。

7上6下牑读若边。"牑"pɛn＞pɛn，"边"mpɛn＞pɛn，汉音同。

2下6下蹁读若苹，或曰偏。"读若苹"者，"苹"或有bian＞biæn音，与"蹁"同为平声。"平"字经典多以"辩便"为之，然"苹"字《诗·小雅·鹿鸣》一章叶"鸣"，本收－ŋ。《集韵》"蒲眠切"下有"苹"字，训"车名，所以对敌自蔽隐者"，盖即

《周礼·春官·车仆》"苹车"之"苹"，其音不知何所据。各家聚讼纷纭。段注："此十一部十二部合韵"，许君不以-n-ŋ合韵为读若。或又主改字者。今藤花榭本讹为"革"，可知"苹"字本为烂文。桂氏《义证》谓当改为"采"（ban 上声），当以"采读若辨"而联想及此。然"采古文夅"，可讹为"平"，不能讹为"苹"，况许君说解不用篆文耶？不如改为"苹"之为愈也。然亦臆说而已。许君果读"蹁"如 biæn 耶？

"或曰徧"者，《集韵》以"徧"为"蹁"之重文，亦"蒲眠切"，则"蹁、苹、徧"同音，显违许意。《广韵》"蹁"pɛn ＞ pɛn 平声，"徧"同音去声。

9上2上 頨翩省声，读若翩。并 p'ian ＞ p'iæn，从《玉篇》。《集韵》"頨"字凡三切。"纰延切"即读若之音。"王矩切"见《切韵》残卷第三种，误从"羽声"。"隳缘切"见敦煌本王仁昫韵。其音不知来历，似"王矩"切其头而"纰延"切其尾。大小徐明知"頨"为"翩省声"而读为"羽声"，则 p'iæn 音之不行久矣。大徐曰："从翩声又读若翩，则是古今异音也。"其说费解。

9上4上 霿读若宀。《系传》无。"霿"mbɛn ＞ mɛn。"宀"mian ＞ miæn。此读若疑后人所增，其时先仙无别。

二　古舌音字

1上7上 丨引而上行读若囟，引而下行读若退。"退"《系传》作"复"异文。"丨"字今"古本切"kwən，盖俗音，犹俗语"光棍"也。章氏《文始》"读若复，……掔乳为隤，下队也。隤又变易为队，……隤转作喉音。……自《玉篇》、《唐韵》，丨皆有古本一切，则亦作喉音矣"。说近穿凿。上古音 t'wəd 转－n，又转喉牙音，为 kwən，非无稽也。然"古本"一切始见于孙强、王仁昫，断为俗音。许君不作此音。

　　韦意漆书引而上行与引而下行本为二字。一作丨，一作丨。篆画整齐，许君傄从俗习。故"丨"中二字说解兼称"上下通"，说与"屮"篆"从丨象形"迥异。象形之"丨"乃真今音所谓"古本切"也。"引而上行读若囟"。"囟"ts'iɛn＞siɛn。《玉篇》"丨"又"思二切"即"囟息晋反"之转音。"引而下行读若退"。"退"t'wəd＞t'wəd。敦煌本王韵"丨他外反"，为"退"之转音。

　　《说文》"屮"字，"象丨出形"。徐谐曰："屮从丨引而上行，音进。""囟"与"进"或为假借字。然则丨丨亦"进退"字也。

　　13上4上纠读若弦。"纠丨"dıɛn＞dıĕn。"弦"t'iɛn＞tɕ'iĕn＞ɕiĕn。汉音不能互为读若。《集韵》"纠丨"又"以忍切"diɛn＞dʑiĕn＞jiĕn。"弦"或"歁"字之讹。"歁"字"余忍切"，音同《集韵》"纠丨"。所不敢信者，"纠丨"又作"绞"，说详段注，则汉音实当从dı-。读若之音不详。

　　14下8上軐读若引。大徐本无。"軐柬声"，疑"申亦声"。并dıɛn＞dʑiĕn＞jiĕn去声，从《广韵》。

　　2上7上趁读若尘。"趁"（T'L＞d）dıɛn＞dıĕn，"尘"dıɛn＞dıĕn，汉音同，并去声，从《广韵》。

　　3上6上滇读若振。并tien＞tɕiĕn平声，从《广韵》。

　　14上7下辗读若《论语》"铿尔，舍瑟而作"，又读若掔。"又"《系传》作"一曰"。"辗、铿"并作k'ɐŋ＞k'ɐŋ（参下取"）。"辗、掔"并作k'an＞k'an。"真声"字古作t-音。此作k'-者，"辗"象声字，《系传》"车辗（铯）声也"。方言作t'an，t'aŋ或作k'an，k'aŋ，不必为一声之转。

　　2上8上趚读若颠。并tɛn＞tɛn。

　　11下3下霣读若资（"霣"又作"顜"）。"霣"tiɛn转tiɛd转方言tsiɛd＞tsiɛi，则同"资"音。

12上3下甹读若军敶之敶。"甹"（T'L＞d）dɪɛn＞dɪěn，"敶"dɪɛn＞dɪěn。汉音同。

10上7下閱读若粦。"閱"T'Lɪɛn＞lɪěn，"粦"lɪɛn＞lɪěn，汉音同。

1上5下璡读若津。"璡，进声"，"进，䚹省声"，T'L＞t转方言 tsien＞tsiěn。"津"tsien＞tsiěn。汉音同。

三　古齿音字

12上2上扟读若莘。"扟"ts'ɪɛn＞sɪɛn，"莘"sɪɛn＞sɪɛn，汉音同。

8上10下毨读若选。"毨"ts'ɛn＞sɛn，"选"ts'iwan＞siwæn。许君读若严于开合口之分。此不然者，取义近耳，或音随训转。"毨，仲秋鸟兽毛盛，可选取以为器用"。段注："《尧典》'鸟兽毛毨'，郑注：'毨，理也，毛更生整理。'《周礼》'中秋献良裘，王乃行羽物'，郑注：'良善也，仲秋鸟兽毛毨（毵），因其良时而用之。'按许说兼包郑二义。"

1上4上珣读若宣。"珣"训"夷玉"，"一曰器"（《系传》作"玉器"）。"读若宣"者，第二训之音。《尔雅·释器》"璧大六寸谓之宣"，经传字或作"瑄"，作"寊"。"宣"古音 xɪwan 转齿音为 siwæn，乃与"珣"为假借字。"珣"音 siwen＞siwěn。借为"宣"乃读若 siwæn。其音字书不传。释经者每以"珣"为本字，"宣"为借字，殊失其谊。许书有"宣"，有"珣"，而无"瑄"，即以"珣"为之。

6下7上郇读若泓。郇，周武王子所封国，在晋地。《广韵》"户关切，姓出绛州"，ɣwen。"郇"本音 siwen＞siwěn，此作 ɣwen 者，或一声之转，例同上"宣"。然地邑之名每不可以音理拘也。汉时绛州音疑作 ɣwen＞ɣweŋ，故读若"泓"。"泓"gweŋ 或 ɣweŋ＞weŋ。各家议改"泓"字，皆非。

3 下 5 上卂读若津。并 tsien＞tsiĕn。

14 上 8 上臻读若臻，并 tsien＞tsien。

10 下 1 下燊读若《诗》曰莘莘征夫。"燊" sıen＞sıen，"莘" ts'ıen＞sıen，汉音同。

11 下 5 下潗读若尊。"潗"大徐"又在甸切"，疑夺一反切。《玉篇》"在寸切"dzwən。《集韵》"租昆切"，则音同"尊"tswən＞tswən。"潗、浾"假借字。许君以"潗"为"浾"，故读若tswən。"薦声"，"尊声"音隔，古方言何以为假借，不得而知。

5 下 2 上爩读若迅。二字不以音转，前人言双声，言音近者，皆误。姚、严《说文校议》云："与允从㠯声，存从才声同。"此亦比附之说。之部绝不能转文真部。"允，㠯声"，"存，才声"，皆乖。尽信书不如其无书也。"爩"训"列也"，《玉篇》作"烈"。段注："爩谓酒气酷烈，……引伸为迅疾之义。今俗用驶疾字当作此。"《广雅·释诂》一，"驶，疾也"。《说文》"迅，疾也"。许君训"爩"为"迅雷风烈"之"烈"。读若"迅"ts'ıen＞sıĕn者，音随假借之义而转，亦犹今北人读"石"为 tan 也。所说不知有当否。

四　古喉牙音字

2 上 7 下趑读若芃。"趑"giwen＞giweŋ?，"趑"giwen＞giweŋ（giweŋ?）。汉音同。

3 上 5 上詢骇言声。……汉中、西城有詢乡，父读若玄。"詢"大徐 xwaŋ，小徐 xwen。《广韵》gwen＞ɣwen，音同"玄"ɣwen＞ɣwen。《广韵》训同《说文》第二训。然韦疑地邑之名-n＞-ŋ为大小徐之音，而《广韵》"胡涓切"当训"骇言"也。

12 下 3 下姰读若旬。大徐本无。"姰，钧适也"，本"旬声"字，"旬，匀省声"。字书无"姰"，盖小篆已与"姰"混而为一。然今"姰"字之音尚有从"旬"从"旬"之别。从"旬"者，

《广韵》"相伦切"。从"旬"者，大小徐"居匀切"，《广韵》"黄练切"，非一声之转，"读若旬"亦为"旬"之讹。二字并 gwen ＞ɣwen，去声，从《广韵》。

12 下 4 上妡读若研。并 ŋgen＞ŋen。

4 上 1 下盰读若攜手。"盰"《广韵》gwɛd＞ɣwɛi（音从 gwen 转。"开声"开口，而此作合口，汉音已然）。"攜"gwɛg＞ɣwɛi 许音，古脂部平声字之收声-d，支部平声字之收声-g，并已变为-i，故互为读若。段注以"盰"为第十六部字，非也。

6 下 3 上趑棞读若繭。《系传》"读之若繭"。并 ken＞kɛn。

3 下 5 下敁，读若铿锵之铿。《系传》"读若铿锵"。并 k'en＞k'ɐŋ。"铿"字汉已收-ŋ。参上"韜"。《杨子行谚》叶"行"，亦汉音也。

12 上 6 下挈读若《诗》"赤舄挈挈"。《系传》作"《诗》曰"。此与"乭"篆下读若引《诗》或为三家异文。以本字为读若，不烦改字。k'an＞k'an。

2 上 2 下牵牛很不从引也，一曰大儿，读若贤。"牵"字字书各切皆训"牛很"，亦无"贤"音，惟《集韵》"牵典切"有"一曰大儿"之义。k'ɛn＞k'ɛn。"贤"gen＞ɣen。《广雅》"贤大也"，则"牵、贤"本假借字。岂许君读"牵"亦如 ɣɛn 欤？

2 上 7 下趄读若蔽。并 k'iɛn＞k'iĕn。

12 上 8 上搻读若"铿尔舍瑟而作"。《系传》"读若"下有"《论语》"字。并 k'en＞k'ɐŋ（参"敁"）。

3 下 3 下閲读若县。大小徐 ɣwen＞ɣwen，上声读若平声。《集韵》"閲"亦作平声。

9 下 3 上庋读若环。"庋"ɣwen＞ɣwen，"环"gwen＞ɣwen，汉音同。

10 上 5 下敜读又若银，"敜"ŋlıɛn（?）＞ŋıĕn，"银"ŋgıĕn＞

ŋĭěn，汉音同。《左·昭十一》"会于厥慭"，《公羊》作"屈银"。

5上8下甖读若憖。"甖"ŋĭɛn＞ŋĭěn 平声。"憖"ŋiĭɛn＞ŋĭěn 去声。《集韵》并平声。

元 部 第 十

一　古唇音字

4上6下帾读若宀。并 mian＞miæn，从《广韵》。

8上9上裶读若普。各家言双声，双声不能为读若。桂氏《义证》云："当云读若幔"，似据大徐"裶，博幔切"而言，亦无稽。按"裶，无色也"，《韵会》引作"衣无色也"。"普，日无色也"。方音或即以"普"字之音读"裶"p'ag＞p'ag。然或"普"下有缺文。

13下4下㚒读若粪。《系传》"读与粪同"。并 pĭən＞pĭən。"㚒，埽除也"，即"粪除"。

2上1下采读若辨。并 ban＞ban。"采辨"假借字。

6上3下播读若樊。并 bĭɛn＞bĭɛn，从大小徐。

10上7上轓读若樊。并 bĭɛn＞bĭɛn。

12下1下㚟读若幡。p'ĭɛn＞p'ĭɛn。段注："以平读去耳。"《集韵》并平声。

10下4下㚘读若伴侣之伴。并 ban＞ban。"㚘，并行也，从二夫"。即"伴"之古字。

9上4下娹读若槃。并 ban＞ban。

6下7下鄤读若蔓。并 mĭɛn＞mĭɛn 去声。然疑读若之音或当作 man 平声。"鄤"又作"鄸"，《集韵》"模官切"。"蔓"《广韵》又"母官切"（参"鬘"）。

7下7下樠读若蛮。"樠"man＞man。"蛮"mĭwɐn（？）＞mɐn。《集韵》并 mɐn。

9 上 4 上鬚读若蔓。并 man＞man 平声，从《广韵》。

8 下 3 下覫读若幡。"覫" bɪæn＞bɪæn。"幡" 大徐 pɪæn＞pɪæn（大徐 p，p‘三等切时误）、小徐、《广韵》p‘ɪæn＞p‘ɪæn。《集韵》"覫" 又 "孚袁切"，音同 p‘ɪæn。

13 下 7 下劢读若万。《系传》"读与厉同"。"万声"，"蠆声"篆体乱杂。"劢，万声"，"读若万"，《系传》误。"劢" mad＞mad，音从-n 转，与 "万" mɪæn＞mɪæn 不合。"万" 疑为 "讻" 字之讹，"讻劢" 音同。

11 下 2 上釁读若饭。并 bɪæn＞bɪæn。

7 上 1 下瞀读若新城𤯝中。𤯝中之 "𤯝" 经典作 "蛮"。段注引《集韵》"瞀，谟还切"，则二字并 mlæn（?）＞mæn。窃有可疑者，许书自作 "𤯝中"，不作 "蛮中"。地近汝南，许君不应有误。盖方音作 "𤯝"。"瞀、𤯝"《广韵》并 PL（w)an＞lwan。

12 上 3 上鬮读若阑。"鬮" PL（w)an＞lan。"𤯝声" 合口，此作开口者，或 PLan 先失 p 音，为 lan。"阑" KLan＞lan。西汉人已多借 "阑" 为 "鬮"，则复辅音之消失久矣。

二 古舌音字

2 上 6 上𧿒读若沇（"沿"之重文）。并 diwan＞dʑiæn。

4 下 6 上肰读若然。并 ndian＞nʑiæn。或谓 "肰、然" 本一字，非也。大徐本 "肰" 下 "𤽤 亦古文然"，明为 "然" 之古文而误植 "肰" 下。《系传》改 "亦古文肰"，"肰、然" 乃若同一字。许君曰："肰，犬肉也"；"然，烧也。" 何能同？

13 上 7 下蚩读若骋。"蚩" t‘ɪan＞t‘ɪæn（古音从-t 转）。"骋" k‘ɪæŋ＞ȶɪæŋ（t‘ɪæŋ?）。按 "蚩声" 下 "鞋"《广韵》"丑善切" 又 "丑鄲切" ȶɪæŋ。许读 "蚩、鞋" 或同音。

3 下 1 下鞋读若骋蠤。"读若骋" 者，"鞋" t‘ɪan（?）ȶɪæ（t‘ɪæŋ?）"骋" k‘ɪæŋ＞ȶɪæŋ（t‘ɪæŋ?）汉音同。"骋蠤" 之义不详。

段注："疑当为又读若蜃也。《广韵》廿八狝有茧、锧、骋三字。"然"锧，丑善切"t'ıæn，与"蜃，时忍切" dǐěn＞dʑiěn 音不相近（参"欣读若蜃"）。苗夔《说文声订》竟谓"此下当补'之蜃'二字"，盖作"读若骋蜃之蜃"，则妄矣。叶德辉《读若考》"骋蜃亦合声，犹之不律为笔，登得为来（？），茅蒐为韎"。"骋唇"果合何字耶？诸说无一当。《仪礼·既夕记》"遂匠纳车于阶间"，郑注："载柩车谓之蜃车。《杂记》谓之团，或作辁，或作拵，读皆相附耳"，音亦与"锧"不合。

10下4上奭读若畏偄。"奭、偄"并 ndiwan＞nʑiwæn，从《广韵》。

10上3下臠读若偄弱之偄。并 ndwan＞nwan。"畏偄"与"偄弱"许音不同。前者《广韵》"而兖切"，后者"奴乱切"。

8下4下歂读若辁。并 diwan＞dʑiwæn。《礼记·杂记》"载以辁车"，郑注："辁读为辁，或作拵。""全声"字从齿音转舌音，汉已如是。

7上8上稬读若端。并 twan＞twan，从《广韵》。

9上5上瑞读若捶击之捶。"瑞"tiwan＞tɕiwæn。"捶"tiwæd＞tɕiwɛi。"奭声"、"垂声"多互借。"奭声"从-n 转-d。许君读"瑞"或正如 tɕiwɛi，从《集韵》。

3上6上谝读若专。并 tiwan＞tɕiwæn，从《广韵》。

9下7下貒读若湍。并 t'wan＞t'wan。

7上2上梟读若与赧同。《系传》"读若赧"。并 ndɐn＞nɐn。

12上5上捵读若"行迟驙驙"。"捵驙"并 dan＞dan，从《广韵》。

4下2上爵读若乱同。并 lwan＞lwan。二字同训"治也"。

3下7下鼗读若奭，一曰若隽。"隽"《说文》以"俊"为之。《系传》作"隽"，似系后人以《说文》无"隽"故改之。"读若奘"者，"甈雋"并 ndiwan＞nʑiwæn。"一曰"读若"雋"，盖非许君说。"甈"《广韵》又"子峻切"tsiwɛn＞tsiwěn，音同"雋"。ndiwan 与 tsiwɛn 或一声之转（nt＞t，转方言 ts）。

7下9下幈读若水湿幈也。《系传》无"也"字。按《说文》"䢇，履声，读若闵"。"幈，墀地以巾捆之"。"捆"字声兼义，然则"幈"为"幠"之讹。"嬰声"不能读若"温幈"。"幈"字之音切亦与"嬰声"全乖。以上略从段说。

"读若水温幈"者，凡有二说。段氏改"幈"为"幠"矣，乃谓读若"幈"，殊失据。"幠（幈）"音 nwən，nwəi 平声，"幈"ndan＞nan 去声，二者并不相近。段注云："古温幈之幈读乃昆切。《玉篇》、曹宪《广雅音》、《广韵》又乃回，奴回切，则乃昆之转，《脂》《文》之合。"大谬。字书韵书"幈"绝无 nwən，nwəi 之音。段氏盖以"幠"读若"幈"而以"幠"字之音强委之"幈"字也（《广韵》"幈，奴案切。""幠"讹为"幈"，而又以"幈"字之音归之，其失等，亦以"幈读若幈"之故）。各家多从段说，而音理不详。

一说"幠"读若"温"，纽树玉《说文校录》主之。韦按其说较确，《庄子·徐无鬼》"郢人"，《释文》云："郢《汉书》音义作幠。……服虔云："幠古之善涂墍者，……音混"[段注云："音温一本作混"，似指《释文》。此当是《扬雄传》文，今传下字作"獌"，无此服虔音。元朗不知何所据。"幠、獌"并"幈"（幠）之讹]。"幠，履声"，古音从 fən 转 xwən，再转为"混"ɣwən，为"温"wən，故读若"温"。

（"幠"作 nwən，nwəi，音之来历不明。今方言开口音读 ən 和 nən 者有之，合口音 wən 不作 nwən。疑亦以误读若"幈"而造此"幈"头"幠"尾之音。）

三　古齿音字

14上7下铨读若馔。按"歁读若铨"，其音为 diwan＞dʑiwæn

平声。“馔”dzɪwan＞dzɪwæn去声。“全声”字古从dz-（转方言d-），音近“巽声”字。然“歂”既“读若辁”，“辁”即不能“读若馔”。此条似讹，否则许君读音前后不免有出入。“辁”字本有二音，而读若“馔”者后世无述焉。许书读若都凡八百条，绝无自相矛盾者。且“辁、馔”若果同音，何字书韵书又杳无可征耶？

4下2下奴读若殘，并dzɑn＞dzan。二字音义皆同。

14下6下孨读若翦。“孨”《玉篇》“庄卷切”tsɪan＞tsɪæn上声（《广韵》去声。汉音开口，六朝tsɪ＞tʃɪ，始作合口）。“翦”tsian＞tsiæn。《集韵》二字并作tsiæn。

8上2上僝读若汝南浵水。《系传》作“潺水”。汝南无浵水，亦无潺水。“浵”不成字，“潺”见《新附》。“僝、潺”并dzan＞dzan平声（《广韵》“僝”上声。字又作“僝”，平声）。王筠《说文释例》云：“案其字盖本作僝。许君，汝南人也。其地有小水不著于地志，而土人相传呼为僝水。既无正字，许君即以浵字寄其音。故老相传，无不呼僝水者，则见此读若，即无不识僝字者。是许君正读之旨也。盍有如大徐疑橐不异文之人，以其为水名而率意改从水，初不意其非字也。”是亦一说。

1上3上祘读若筭。《系传》作读若“算”。“祘、筭、算”并古今字。“祘”swɑn＞swɑn，“筭”ts‘wɑn＞swɑn，汉音同。

5上3下算读若筭。并ts‘wɑn＞swɑn。“筭”训“计历数者”，“算”训“数也”，盍引申之义，或以声调别之，“筭”去声，“算”上声。经传借“选、撰”等字为“算”皆作上声。所不敢必。朱翱音二字并作去声。

10上10上爨读若以芥为齑名芥荃也。《系传》“齑”作“韲”。“爨”ts‘wat＞ts‘wat（《广韵》又ts‘ɪwat＞ts‘ɪwæt）。读若“荃”，ts‘wat＞ts‘iwæn平声。此以俗语为读若。“芥荃”之

"荃"俗或作 ts'wat，ts'iwæt，亦犹"纂"字之从-n 转-t 也。《集韵》"荃"字兼此二音。

4 下 6 上朘读若纂。"朘" tsiwan＞tsiwæn。"纂" tswan＞tswan（"朘"重文"煓"，"纂"重文"饌"。汉方言，"隽声"字、"异声"字或尚多一等字，而介音为后起）。

14 上 2 下锓读若灊。段注："灊在闭口音，非其类。""锓" tsiwan＜tsiwæn。"灊" tsiam＞tsiæm。汉方言有-m＞-n 之例，说详"箔"条。然"锓"之于"灊"，开合口不同，实较"箔"之于"钱"更为悬殊。岂"韱声"字本作合口，而在《切韵》异化为开口耶？"镵"篆说解"一曰锓也"，《系传》作"锓"。"镵、灊"同音，"镵、锓"同义，或音随训转，故读"锓"若 tsiæm，亦未可知。后说较近。《集韵》"锓"亦作 tsiæm，则据此读若耳。

5 上 2 上籫竹器也，……读若纂，一曰丛。"丛"非读若，盖言别训"攒聚"。《说文》"攒"训"丛木"，此或当云"丛竹"。王筠《说文句读》云："窃意此义盖由读若纂得之。……枣曰纂纂，即以其攒聚枝头名之。"然则"籫、纂"亦假借字。说者乃谓"籫、丛"音义并同，妄也。"籫、纂"并 tswan＞stwan。"赞声"字开口变合口，汉音已然。

3 上 1 下鑽读若《论语》钻燧之钻。并 tswan＞tswan。"鑽"重交"鐟"，"赞声"字古即兼开合口。

四　古喉牙音字

4 上 5 下雁读若鴈。并 ŋen＞ŋen。"雁、鴈"经典本一字。自段氏曲解，以"雁"为"鸿雁"字，"鴈"为"鹅鴈"字，说者乃以许君读若为示别义，非其本意也。

10 上 8 上麎读若鴈。并 ŋen＞ŋen，从大小徐。

2 下 2 下迀读若干。并 kan＞kan。"干"为"迀"之本字。

4 上 4 上 骭读若汗。并 gan＞ɣan。

7 上 5 下 毌读若冠。《系传》"读若穿"，"穿"字衍（"毌，穿物持之也"）。"毌、冠"并 kwan＞kwan。

14 下 2 上 阢读若昆。大徐无。"阢"ŋɪwan＞ŋɪwɐn 上声（《广韵》又平声）。"昆"k'wən＞k'wən，平声。"阢，代郡五阢关也"。《汉书·地理志》作五原，则不能读若"昆"明矣。"昆"疑"芫"之烂文。

4 下 5 下 睆读若患。"睆"kwan＞kwan 上声。"患"gwɐn＞ɣwɐn 去声。《系传》、《集韵》"睆"音同"患"，许读或如此。

4 上 2 上 智读若宛委。大徐无。段注："此与《小雅·谷风》怨读如菀一例，合音也。《左传》、《音义》'乌丸反'，引《字林》'智，并无水也，一皮反'，即委之平声。古读如此。《集韵》五《支》'邕危切'，即'一皮'也。近刊《系传》者益一字云读若宛委，谓读音宛，误甚。""智、委"并 wæd＞ɪwɛi 平声。此为经师口授之音。常读如"一丸切"或"于袁切"。

2 上 6 下 叩读若讙。并 k'ɪwɐn＞xɪwɐn，从《广韵》。

13 上 6 上 蠸读若蜀都布名。"𤡔"下作"蜀郡布名"，盖若蜀人言"缤"（参下"𤡔"），其音或如ɪwæn。"蠸"gɪwan＞gɪwæn。许读当如ɪwæn。

4 下 8 下 觿挥角兒，……梁隄县有觿亭，又读若缤。此方音也。觿亭之"觿"不读"况哀切"。当从《玉篇》"先芮切"，k'ɪwan 转 k'ɪwad＞xɪwan（?）＞siwæd。"缤"xɪwad（?）＞siwæd，从小徐、《广韵》。二字汉音同辅音。许读 x 与 s 实不得而知。凡若此等例者，许君从今音。此拟从其大概耳（参"𤡔"）。

7 上 3 上 㫊读若偃。"㫊"gɪɐn＞ɪɐn，"偃"ɪɐn＞ɪɐn，汉音同。"㫊，旌旗之游，㫊蹇之兒"，即"偃蹇"。许书又云："古人名㫊，字子游。"今经典字"游"者其名多为"偃"。二字假借。

10下1下鲧读若浣（"灌"之重文）。并 gwan＞ɣwan，从大小徐，上声。《广韵》"鲧"kan 去声，非许君音。"鲧声"字开合乱杂，似汉前已如此。

3上7下辛读若愆（张林说）。并 k'ɪan＞k'ɪæn。"辛，辠也"，"愆，过也"。《广韵》以"辛"为"愆"之古文。

4下9上䡵读若謹。并 k'ɪwɐn＞xɪwɐn，从《广韵》（参上"凵"）。

13下5下埍读若敻。大徐本无。"埍"kwɛn＞kwɛn，《广韵》又 gwɛn＞ɣwɛn，并上声（《集韵》ɣwɛn 去声）。"复"古收-n，《广韵》k'wɛn＞xwɛn 去声。读若之音似佚。

12下2下婠读若楚却宛。"婠"gwan＞wan 平声。"宛"ɪwɐn＞ɪwɐn 上声（《广韵》又平声）。特称人名者，疑许读却宛之"宛"如 wan 平声（今方音读"却宛"字或正如"盌"，不知何所据。《集韵》有此音）。

13上2下绾读若鸡卵。今音"绾，乌版切"，"卵，卢管切"，不能为读若。许读二字与今音并异。"卵"张参《五经文字》"古患反"，KLwɐn＞kwɐn。说详"卵"篆下段注（《礼记·内则》"鱼卵"，郑注："卵读为鲲，……或作鰥也。"亦一音之转）。"绾"亦可读去声，《广韵》"乌患切"。"官声"字古全从破裂音。许君读"绾"或正如 kwɐn，其音不传。今字书韵书作 wɐn 音者训"系"，与《说文》"恶也，绛也，……一曰绡也"不合，惟《集韵》上声引《说文》。

6上6下椳读若指㩜。唐写本同。《系传》读若"檹"。说者多谓"读若扸"，而《系传》讹。段注云："此合韵也，今人语音为正"，则许君何以必作合韵耶？"椳"xɪwɐn＞xɪwɐn 去声，"扸"k'ɪwæd＞xɪwei 平声，合韵亦近，然殊穿凿。韦疑"指㩜"字，"檹"字，并为烂文。纽氏《校录》云："指疑桓之讹。《系传》

无扨字，而指作橝，更非。"桓"音与"楥"音相差尚远。且旧本何以衍一"扨"字而小徐讹作"橝"，仍不可解。韦意本"樌"字，烂文为"指扨"，又为"橝"。"樌" gɪwan＞ɣɪwan＞zɪwæn，或 k'ɪwɛn＞xɪwɛn＞sɪwěn。"楥"训"履法"，即"楦"之古字。许君已读"楥"如"楦"，xɪwɛn（?）＞sɪwæn，或如 zɪwæn。唐本与大小徐本皆误也。

5上8下乔读若书卷。并 kɪwan＞kɪwæn。小徐并上声，《广韵》并去声。许音声调不详。今"书卷"字作上声，许或作去声（参下"㡪"）。

2下4上眷读若权。《系传》"读又若权"。并 gɪwan＞gɪwæn。段注："又者，谓乔读若书卷，眷读同，又读若权也"，此曲说。

9下6上獂读若桓。"獂" ŋgwan＞gwan＞ɣwan，"桓" ɣwan＞ɣwan，汉音同。叶德辉《读若考》"按水部漒水出陇西柏道，《水经注》作獂道，柏盖桓之误，此獂读若桓可证"。

5上8下虔读若矜。"虔" gɪan＞gɪæn。"矜"或"矜"误。今字书无"矜"字。慧宛《华严音义上》引李阳冰《说文字统》"矜，怜也"，"怜"即"憐"字。"从矛从今"之字训"矛柄"。经典"矜"字凡训"憐"者皆"矜"之误。《诗·菀柳》三章，《何草不黄》二章，《桑柔》一章，凡三见，无不叶入真部，收-n。慧苑所引即《菀柳》毛传。周伯琦《六书正讹》改"矜"为"矜"，直作"令声"，不知何所据。果然，则"矜"字古音从KL-。"矜"借为"憐"，"矜寡"借为"鳏寡"，从l-、从k-，并从 KL 演化。大徐、《广韵》"矜"又"巨巾切"。其音来历不明。或为"今声"字之转音，gɪʌm＞gɪěn?，谐声偶有比例。汉韵则侵转文、真，数见不鲜。然韦疑"巨巾切"本亦从"令"得声。借为"憐"，为"鳏"，则其字之元音较"巨今切"gɪěn为弘。许君或作 gɪæn 耶？正为"虔"之读若。

2 上 7 下趆读若愆。并 k'ɪan＞k'ɪæn。

10 下 7 上懁读若绢。并 kiwan＞kiwæn。"懁"今音 kwen。按朱翱"均战反"。《庄子·列御寇》"有顺懁而达者"，《释文》"懁徐音绢"。魏晋以前，"懁"本有"绢"音。

2 上 7 下趱读若欢。并 k'ɪwɐn＞xɪwɐn（"趱"音从大徐。参上"叩、舘"）。

10 上 1 下馬读若弦，一曰若环。《系传》"读若绹，一曰环"。按"绹"者"绹"误。大徐读若"弦"亦误。"弦声"开口，"玄声"合口，"弦"不能为"馬"之读若。"馬、绹"并 ɣwen＞ɣwen，从《广韵》，上声读若去声。"读若环"者，"馬"ɣwen＞ɣwen，"环"gwen＞ɣwen，汉音同。

10 下 8 下筒读若简。并 kan＞kan（《广韵》"筒，武登切"，谬）。小徐曰，"若《尚书》云简在上帝之心"。《论语·尧曰》，"简在帝心"，熹平石经"简"作"筒"。

10 上 4 下苋读若丸。"苋"gwan＞ɣwan，"丸"ɣwan＞ɣwan，汉音同。

3 上 1 上嚣读若讙。"嚣"k'wan＞xwan。按"叩、舘、趱"皆读若"讙"，其音为 xɪwɐn。"讙"又音 k'wan＞xwan，同"嚣"，然许君读若用字，此外别无一字重读者。"讙"或"欢"字传写之误。

6 上 4 上桼读若刊。并 k'an＞k'an。"桼"下引"《夏书》曰'随山桼木'"。《史记·夏本记》《汉书·地理志》同。今《尚书》作"刊"。许书"桼，梪识也"，"刊剟也"，义训不同。

4 上 6 上萑读若和。"萑"ɣwan＞ɣwan。"和"ɣwaₔ＞ɣwɐ。"萑"读若"和"者，-n 转-d，读经之音。常语作 ɣwan。

4 上 1 上复读若春。并 gɪwan＞gɪwæn，从《广韵》（参"春"读若"权"）。

4上3下屬读若书卷之卷。并 kɪwan＞kɪwæn，从《广韵》（参上"𢍏"）。

10下4上㞘一曰读若僑。《系传》无"一曰"字。"㞘" gɪen＞ɪen，"僑"ɪen＞ɪen，汉音同（"㞘声"字合口，惟"屬"作开口。此读若"僑"，汉音已然）。

12下2下嬽读若蜀郡布名。"蠉读若蜀都布名"。段注："蠉蜀白细布也。其字恚声，以合韵得音。"王筠《说文释例》曰："段氏以缳当之。果尔，则何不云读若缳乎？"按"罐读若缳"。此不云然者，"嬽"本不读若"缳"也，"嬽"gɪwan＞ɪwæn。《说文》元部字今音作"于权切"者，惟此"嬽"字。许君求其读若之字而不得，故以蜀方言言"缳"之音当之。"缳"正音 ɣɪwan＞ziwæd 或 xɪwad＞siwæd。蜀音则否，或从 ɣɪwad 转-n＞ɪwæn。故"罐"读若正音之"缳"，而"蠉、嬽"读若蜀都（郡）布名，犹言蜀读之"缳"。甚矣，汉人音读之难知也。桂氏《义证》曰："蜀布有筒中黄润，盖读润"，音不合。苗夔《系传·校勘记》"蜀郡布名疑当作南方箭布名。按蜀郡布名缳声不合。此见《汉书·江都王传》'荃葛'注，谓南方箭布皆谓荃也"。此尤谬于音理而乖张立异。

12下8下甗读若言。"甗"ŋɪen＞ŋɪen，"言"ŋɡɪen＞ŋɪen，汉音并平声，从《广韵》。

叶部第十一

缉韵字之主元音汉时作 ʌ，抑作 ə，不得而知。故注疑？。

一　古唇音字　无
二　古舌音字

6下4上囚读若聶。《系传》"读若笯"，不知孰是。"囚"ndɐp＞nɐp（《集韵》又 ndɪʌp＞nɪ̯ep？）。"聶"ndɪap＞nɪæp。"笯"大

小徐同"聂",《广韵》ndɛp＞nɛp。许君或读"图"如nɪæp。

10上5下猰读若比目鱼鰈之鰈。"猰"大小徐 t'ʌp＞t'ʌp，《广韵》t'ɑp＞t'ɑp。"鰈"《广韵》t'ɑp＞t'ɑp。《说文》无"鰈"，即"鰨"字，《韵谱》t'ʌp＞t'ʌp，大徐、《广韵》t'ɑp＞t'ɑp。当以 t'ɑp 为是（即今北方土语之 t'ɑmɑ 鱼）。

12下4上媥读若慑。"媥"t'ɪap＞t'ɪæp。"慑"从《集韵》t'iap＞tɕ'iæp（＞ɕiæp）。二字古音甚近，而汉音不能为读若。许君或读"慑"亦如 t'ɪæp 欤？

2下7上嗀读与聂同。"嗀"nɪap＞nɪæp，"聂"ndɪap＞nɪæp，汉音同，从大小徐。《说文》"《春秋传》曰次于嗀北"，今本僖元年经文及《公穀传》并作"聂"。"嗀，多言也"，"聂，附耳小语也"，训亦近。

三　古齿音字

3下4上爕读若湿。"爕"sɛp＞sɛp。"湿，㬎声"，其下今音喉牙舌齿错杂。"湿，k'iʌp 或 t'iʌp＞tɕ'iəp?＞ɕiəp?。即或汉方言可作齿音 siəp?，亦不能为"爕"之读若。许音不明（《集韵》以"湿"为"隰"之重文，音同"爕"sɛp，训"人名，《春秋传》有公子隰，或从水"。"湿、溼"本一字，"溼"或有 sɛp 音）。

四　古喉牙音

14上4上𨭖读若刼。并 kɪɐp＞kɪɐp。

2上5上唊读若莢。并 kɛp＞kɛp。

4上4下翼读若濇。《系传》"读若翜"。"翼"k'i-p（?）＞ts'iəp?＞siəp?，从《广韵》。"濇"siʌp＞siəp?，"翜"ts'iʌp＞siəp?，汉音同。大小徐不知何以有此异文。字或本作"濇"，后人以其转入之部音而改之。

14上1下铗读若渔人莢鱼之莢，一曰若挟持。《系传》"莢"

作"筴",误。"铗、荚"并 kɛp＞kɛp。《说文》"荚"无"荚鱼"之义。段注改"夹",音乖。此许君以俗语明音也。读若"挟"，gɛp＞ɣɛp。今字书韵书"铗"无此音。"一曰"者，许君所不敢从。

2上5上嗑读若甲。"嗑"kɑp＞kɑp，从《广韵》。"甲"kap＞kap。"嗑"无 a 音，许读不详。

7下6上瘊读若脅，又读若掩。"瘊"大徐 gɑp＞gɑp，小徐 gʌp＞gʌp，《广韵》并同。"脅"（KL＞k'）k'ɪɐp＞xɪɐp。"掩"ɪam＞ɪæm 与"瘊"音殊隔，疑"腌"字之讹，ɪam 转ɐp＞ɪɐp。读若之音或如 xɪɐp，又ɪɐp。

以上叶部 11 条，可疑者居其五，"囟、婳、变、嗑、瘊"。许君方言于短音入声-p 字似多异音，非读若用字疏于此而严于彼也。

缉部第十二

缉韵字之主元音汉时作 ʌ，抑作 ə，不得而知。故注疑？

一 古唇音字

5下4上鈺读若舄。《系传》"读若薄引舄"，其义不详。"鈺"-?＞t'ɑp，从大小徐。"乏声"字古应从 p'-p。汉音同"舄" t'ɑp＞t'ɑp，或以异化。

二 古舌音字

10下3上夲所以惊人也，从大从羊。一曰大声也。凡夲之属皆从夲。一曰读若瓠。一曰俗语以盗不止为夲夲，读若笍。《系传》"为"下止一"夲"字。此条多舛乱。"一曰读若瓠"句疑衍"一曰"二字。盖"夲"字凡三训二读若。训"所以惊人"，训"大声"，读若"瓠"。训"盗不止"则读若"笍"。

"夲"读若"笍"，并 ndɪap＞nɪæp。

读若"瓠"者，凡有二说。纽氏《说文校录》云："瓠字上下恐有脱字。"桂氏《义证》云："当云读若瓠谍，谓卒声如谍也。本书谍下云，河东有狐谍县。《汉书·功臣表》'瓡谍侯扞者'，颜注：'瓡读与狐同。'《王子侯年表》阳城王子刘息封瓡侯，颜注：'瓡即瓠字。'是瓠谍即狐谍"。"谍"《广韵》ndiap＞ȵʑiæp，《集韵》"卒谍"，并有此音。

一说"瓠"字讹。段注云："未详，疑当作一曰执。"姚文田亦以颜师古音证之。韦按《汉书·地理志》上"北海郡瓡县"，颜注"瓡即执字"（叶德辉《读若考》《史记建元以来王子侯表》《索隐》云：'韦昭以瓡为诸萦反，是韦读瓡为执'。《索隐》无此文，韦昭音亦不应有反切，叶氏误检）。颜音亦自有差异。瓠谍之"瓡"音"狐"，是也。徐广音"胡"。北海郡瓡县之"瓡"音"执"，亦是也。然《汉书》十五上《王子侯表》"瓡节侯息城阳顷王子"，师古曰："瓡即瓠字也，又音孤"（即桂氏所引），则可疑。岂刘息所封之瓡与北海郡之瓡非一地耶？《史记·王子侯表》之瓡，《索隐》曰："县名，……《志》属北海。……颜师古云即狐字。"司马误耶，抑颜音前后乖异耶？要之，北海郡之瓡，颜或读为"执"。许书读若"瓠"，或"瓡"字之讹，不必如段氏之径改为"执"。"瓡"（执）（nt＞t）tiʌp＞tɕiəp?。

二说似以前者为近。王筠《句读》并存之。今字书"卒"无"瓡"音。

12下3上埶读若挚同。《系传》"读若执同"。"埶"tiʌb(?)＞tiĕd＞tɕiĕd，音同"挚"。《广韵》"埶"又 tiʌp＞tɕiəp?，音同"执"。许君引《周书》曰："大命不埶。"《西伯戡黎》文今作"挚"，疑本读若"挚"。

4上7上摯（汝南平舆有摯亭），读若晋。"晋"tsiĕn。"摯，执声"，说者谓不当读若"晋"。徐铉曰："执非声。"桂氏《义证》曰："执声者，当从鷙"，此一说也。从"鷙"仍不得"晋"音。且若段注："春秋蔡灭沈，杜预、司马昭（?）皆云平舆有沈亭，疑沈亭即鷙亭也"，"执、沈"一声之转（-p 通-m），则"执声"不误。段氏因谓"读若晋"之"晋"疑有误。朱氏《通训定声》、苗夔《说文声订》径改为"瞽"，此又一说也。亦殊武断。"鷙"字之音，王仁昫韵"即刃反"，《玉篇》"子咨切"，由来已久。韦疑其音本作 ti∧p 转 ti∧m。方言 t-转 ts-，汝南音或然。至若-m 转-n（侵转真），则汉韵所常有。ti∧m 变 tsiĕn。读若"晋"初未逸乎方言沿革之常轨。

14 上 4 上鷙读若至（"鷙声"实"执声"之误）。并 tiĕd＞tɕiĕd，同上"势"。

11 下 4 上霚读若《春秋传》垫阨。《系传》"读若《春秋传》曰垫阢"。二字－p 转－m，tem＞tεm。

12 上 7 下搚读若眔。并 d∧p＞d∧p。

4 上 2 上眔从目从隶省。《系传》"从目隶省声，读若与隶同也"。小徐补"省声"，并补读若，下益一"也"字，明为校改之文。然《说文》"隶"从"尾省"，而"眔"从"隶省"，不从"尾省"，似寓"隶、眔"同声之意。段注："石经《公羊》祖之所逯闻，今本作逮。《中庸》所以逮贱，《释文》作逯。此隶与眔音义俱同之证"。"逯"古音或作（T'L＞d）d∧p。"逮"（T'L＞d）d∧b 去声，转方言 dəd，入段氏所谓第十五部。二字古音相近。然许从今音，二字已隔绝。《说文》不能有此读若。

14 下 6 下蒃读若薿薿，一曰若存。《系传》只一"薿"字。"蒃、薿"并 ŋiəg＞ŋiəg（参之部）。

读若"存"者，非许君音。"蒃"徐谐云："今音女立反。"《文选·鲁灵光殿赋》"戢蒃"，李善音"乃立切"。《广韵》作"弄戢，弄聚儿，尼立切"。盖"蒃"又作"弄"，形近而讹为"存"。

n ɪʌp＞n ɪəp?

10上2下帠读若辄。"帠" tɪʌp＞tɪəp?。"辄" tɪap＞tɪæp。许读"辄"或正如 tɪəp?，盖读经之音。《春秋·昭二十公穀经》"盗杀卫侯之兄辄"，《穀传》"辄者，何也，曰，两足二能相过。齐谓之綦，楚谓之踂，卫谓之辄"。字亦作"辄"。"两足不能相过"者，训近"帠绊马也"。"辄"《左经》作"縶"，"縶"为"帠"之重文。许书引"《春秋传》曰：韩厥执帠前"，即《左·成二》文"韩厥执縶马前"。"楚谓之踂"，《集韵》"帠、踂"同音。

3上7上譶读若沓。并 dʌp＞dʌp。"譶，疾言也"，'沓，语多沓沓也'，或本一字。

11下6下龖读若沓。并 dʌp＞dʌp。

3上6上詟傅毅读若慴。并 tiap＞tɕiæp。此非许君音。许读或如《集韵》"达合切"dʌp，从"龖声"。

三　古齿音字

5下3下亼读若集。并 dzɪʌp＞dzɪəp?。"亼、集"假借字。

12下2上婕读若接。大徐本无。并 tsiap＞tsiæp。

10下9上慴读若叠。并 dɛp＞dɛp，从《广韵》。"习声"字从 ts-转 t-。《诗·周颂·时迈》"莫不震叠"，《盐铁论》引作"慴"。

3上1上品众口也，读若戢，又读若呹。《系传》"读若戢，一曰呹"。品戢并 tsʼɪʌp＞tsʼɪəp?。"呹，讘也"，为"品"之别义，非读若，《系传》是。

2上3下喋读若集。"喋"tsiʌp＞tsiəp?，"集"dziʌp＞dziəp?。"喋"或本有 dz-音。

13上2上緁读若挞。《系传》"读若捷"，是也。并 dziap＞dziæp，从《广韵》。

四　古喉牙音字

7下9下扱读若蛤。并 kʌp＞kʌp。

6 上 7 下极或读若急。唐写本、《系传》并无"或"字。"极" gɪap
＞gɪæp，《广韵》又 gɪɐp＞gɪəp。"或读若急" kɪʌp＞kɪəp?，其音
不传。

1 下 2 下芨读若急。并 kɪʌp＞kɪəp?。

3 下 1 下靸读若沓。"靸" kʻʌp＞tsʻʌp＞sʌp。"沓" dʌp＞
dʌp。"靸"训"小儿履"。《释名·释衣服》"靸，韦履深头者之
名也。靸，袭也，以其深袭覆足也"。然则汉音"靸"本齿音字，
许君不应读若"沓"。按"靸"即"鞜"字。许书无"鞜"，即以
"靸"为之，而借"鞜"音。读若"沓"者，或"鞜"之烂文，
其音为 tʻʌp＞tʻʌp。是亦音随训转之例。

10 上 2 上馺读若《尔雅》小山馺大山峘。《系传》"读若《尔
雅》曰小山馺"。并 kʻʌp＞tsʻʌp＞sʌp。

6 上 3 下榙读若嚃。《系传》"读若遝"。"榙"大小徐 kʻʌp＞
tʻʌp，"嚃"《广韵》tʻʌp＞tʻʌp，汉音同。"榙㯓"，木名，
tʻʌp-dʌp（《史记·司马相如传》"榙㯓荔枝"，《汉书》作"荅遝
离支"，是方言"榙"亦作 tʌp，《广韵》"都合切"）。《说文》无
"嚃"，或议改为"遝" dʌp 者，《系传》本作"遝"，音同，何烦
改也，且音殊不合。"榙"读若 dʌp，则木名 dʌpdʌp，作"榙榙"
或"㯓㯓"可矣。或又疑此读若当在"㯓"篆下，从小徐作
"遝"，亦无谓。

3 下 1 下鞟读若麿。不详。"麿"为大徐所增十九文之一，然
《系传》、《韵谱》并有之，疑旧本本有此字，而二徐所见不同。
许君自可用为读若字也。"鞟"ʌp，音从 ʌm 转。"麿"从"喑省
声"，似当为 iʌm＞方言 iəŋ。岂许读二字并如 ʌm 或 iəm? 耶？
汉音不应有此（"麿"疑"罯"字之讹，ʌp）。

之部第十三

一　古唇音字

12下1　下姆读若母。并 mug? 上声。"母声"字古音不明。"母"字汉韵仍叶入之部。"姆"亦作"姆",与"母"为假借字。

12下4　上媷读若竹皮箈。《系传》正篆作"媷"是也,《玉篇》同。"媷"从《广韵》,"箈"从《集韵》,并"蒲口切",bug?

14下9　上酶读若樊人。大徐本无。"酶"大徐、《广韵》p'əg＞p'əg平声,小徐 bug? 上声。"樊"gək＞bək。许音不详。读若例无以平上去声读入声者。疑许君读"樊"为长音,略如小徐"酶"字之音。

2上8　上趙读若匐。并 bək＞bək。

8上2　下佣读若陪位。《系传》作"陪位之陪"。许君以"陪"bəg＞bəg读"佣"bəŋ＞bəŋ,盖方言-ŋ实已＞-g,故"佣、陪"为假借字。"佣,辅也",今言"陪乘","陪臣","陪位",即以"陪"为之。字书"佣"无-g音(惟《集韵》有之,即引《说文》)。《周礼·秋官·士师》"为邦朋"注:"故书佣作佣。郑司农云读朋友之朋。"亦与许音不合。

6下6　上郮读若陪。音同上条。"沛城父有郮乡"。《汉书》四十一周缫传"更封缫为郮城侯",苏林曰:"音簿催反。"颜注:"吕忱音陪,而《楚汉春秋》作《凭城》侯。陪、凭声相近,此其实也。又音普肯反"(《汉书》十六《功臣表》颜音同)。"凭、郮"异文,又音"普肯反"者,为谐声正音。"读若陪"者,从方言(《集韵》"郮"亦作 bəg,引《说文》)。

10下6　下愗读若侮。并 mɪog＞mɪog。

5下6　上富读若伏。并 bɪək＞bɪək。"富"之引申为"偪"。叶德辉《读若考》"按《周礼·考工记·辀人》'不伏其辕'注'故书伏作偪。杜子春云偪当作伏"。"富、伏"亦假借字。

10 上 5 上嘿读若墨。并 mək＞mək。

1 上 6 下䡍读与服同。并 bɪək＞bɪək。《说文》"䡍车笭间皮箧"。《周礼·考工记》"车人牡服"，郑司农云："牡服谓车箱。"解者乃以"服"为本字，"䡍"为借字，恐未当。

二　古舌音字

8 上 4 上佁读若騃。"佁，痴儿"。"騃，马行忔忔也"，为"騃"之本义。许书说解用"騃"字则无不训"痴"，见"諰、懝、匋、喬"等字下。"佁、騃"假借字，音必相近。"騃"ndɐg＞nɐg＞nɐg。"騃，矣声"，"矣，㠯声"。"㠯声"下，自"矣声"外，不转喉牙音。"佁，台声"，"台"亦"㠯声"。"佁"今音"夷在切"（小徐"夷采反"），似不成反切。韦谓其音在《切韵》为jiɒi。此为方音。其古音实与"㠯"同，diəg＞jiəg。汉音不能读若"騃"。因疑许音或从方言，"台声"字亦如"矣声"之转喉牙音ŋ-，故读若ŋɐg。其音已失。否则"佁"之读"騃"又为音随训转之例。训"騃"故得"騃"音。所不敢必。

6 上 6 上㭗（重文椑或从里）。大小徐本无读若。

唐写本作"杷"。

	里	甶也，从木已声。一曰从土𡎐。齐语。读若弦。	大徐本，"㭗，甶也，从木㠯声"。一曰徙土𡎐，齐人语。椑或从里。

唐写本多烂文。按《方言》第五"甶……东齐谓之椑"。郭音"弦"。又"杷（郭注无齿为扒）……或谓之渠疏"。"杷"与"甶"为二物。"甶"与"㭗椑"为一物。唐写本"杷从木巳声"盖误。《集韵》又误以"㭗、椑、耜、耙、杷、耒犁"为重文。莫友芝《木部笺异》因疑旧本"本有杷重文，唐本与二徐各失其一"。天下事恐未有若是巧合者。是皆误读《方言》、《说文》，而

以讹传讹也。大小徐不误，惟"读若骇"当为旧本所有。

然则"骇"为"梠"之读若，抑"桾"之读若耶？许君说解与《方言》不尽符，当以《方言》为是。齐人谓"畾"为"桾"，郭璞音"骇"，则"桾"读若"骇"，非"梠"读若"骇"也。"桾"与"梠"同部，且"吕声"、"里声"古音并转喉牙音，非不可为一声之转。然此处不必深求，或方言不同语原也。"桾"读若"骇"者，犹"趡，户来切"，"悝，苦回切"。"桾"（KL>g）gɐg>ɤɐg。郭璞音或从许书读若。《集韵》"下楷切"下不特有"桾"字，且有"杞"字，则无稽矣。

2下4下唉读若埃。《系传》作"尘埃"。并 əg>əg（古从舌音转）。

11下2下鮞读若而。并 ndiəg>nʑiəg。

1上5上珧读若贻。并 diəg>dʑiəg>jiəg。

13下8上餲读若敕。并 tʻiək>tʻiək。《吕览·孟春》"田事既餲"，《季夏》"法餲行"，《季冬》"乃与公卿大夫餲国典"，高注并皆读为"敕"。"餲"古收-p>-k，由来久矣。"餲、敕"假借字。

7下9上饰读若式。并 tʻiək>tɕiʻiʻək>ɕiək（"饰"字古收-p）。

9下3下屣读若枭。并 tʻiəg 转方言 tsʻiəg>siəg。

2上7下趡读若敕。并 tʻiək>tʻiək。

12下7下匿读若羊駮箠。不详。"匿声"古收-t，然"匿"字自周末以至后汉无不叶入之部-k。《荀子·成相》叶"态、备、忌、匿"。此后《韩非·外储》二见，伪《管子·牧民》一见，《淮南·天文·兵略·人间》凡三见，《扬雄·太玄·失》一见，举同。其音为 ndiək 或>nɪək。

段注云当读若"鐅"。《说文》"鐅，羊箠（也），端有铁"。"鐅，执声"，实"执声"之误。段说近似。"执声"古从 nt-，故方言"蓻"音或可作 n-p 转 n-t 式。"匿声"古本收-t，"匿"字方言或亦可从古音作 n-t 式。说近纡曲，且许书"蓻读若至"，则"匿"不能读若"蓻"明矣。

桂氏《义证》引"筬羊车驺箠也"，谓读若"筬"。"筬"汉音 tɪwæd。即或方言从古音 nd->n-，亦不能作"匿"nɪĕt，nɪək 之读若。

10 上 1 上甓读若郅。《系传》无。段注疑非许君原文。"甓"tiĕt>tɕiĕt，"郅"tiɛt>tɕiĕt，汉音同，本无可疑也。段君昧于古音质、职通转之理，因疑"甓，之日切"之音为唐人矫造而《方言》第一"蹭"条下各本"甓、郅"为异文亦后人窜改。甚无谓也。不知音者，更妄以登山之"陟"与渡水之"涉"为同部。朱骏声甚至收"陟声"于谦韵。古人寝馈于音韵，何亦乖刺若是耶？

三　古齿音字

3 下 9 上改读若已。《系传》作"㠯"，误。"改"字大小徐"古亥切"，从"改"字之音，亦误。"改、已"并 ziəg>ziəg。

3 下 3 下飤读若载。并 tsəg>tsəg。"飤、载"假借字。

13 上 6 下載读若笥。大小徐本无。段注依《尔雅·释文》补。"載"ts'iəg。"笥"siəg。读若之音不详。

8 下 1 下艐读若荸。许君读"艐"如 seɪəg>seɪəg，盖方音。["艐"或音"届"，音"界"，音"介"，皆讹。《说文》"艐，船著不行也"。"届，行不便也"。义相近而音不相通。《方言》一，"艐，至也，……宋语也"。《尔雅·释诂》，"艐，至也"，孙炎云，"艐古届字"，为始作俑者。郭璞注《方言》即本此语。其注《尔雅》则引《方言》"宋曰届"。《方言》无"届"，误更远矣。其后颜师古"艐"音"届"（《汉书》五十七下《司马相如传》，字误作"腰"），司马贞误引孙炎"古界字也"（《史记·司马相如传》"艐路"

《索隐》），裴骃引徐广音"介"（同传一百十七《集解》），无不厚诬扬、许。段注乃于"读若荅"下注云："此时与子红为双声，与届亦双声，汉时语如此"，无乃向壁之谈。各家惟朱骏声得之。"按凷嫠声隔，届义非届音也。孙、郭失之"。韦按徐、广更失之。]

"艭"tsoŋ与"荅"tsɪəg或为一音之转，所不敢必。

四　古喉牙音字

10下8下忧读若祐。并ɣɪwəg＞ɣɪwəg。

12上3上姷读若祐。《系传》作"佑"，音同。并ɣɪwəg＞ɣɪwəg。

1上4上珛读若畜牧之畜。"珛，有声"，"许救切"。古音当作xɪwəg。然疑许君已读"珛"如"玉"，说详段注。之、幽之转，不自许君始。则可作xɪuk。"畜牧之畜"当从《广韵》xɪuk＞xɪuk。许读二字正同。

5上9上盇读若灰，一曰若贿。"灰"xwəg＞xwəg平声。或读若"贿"，上声（或去声）。许君读若明有四声之分，不若清儒泛指。"盇"ɣɪwəg＞ɣɪwəg，字书韵书无xwəg音，不详所以然。

2上7上赳读若又。并ɣɪwəg＞ɣɪwəg。

5上4上六读若箕同。《系传》无"同"字。并kiəg＞kiəg。"六、其"假借字，"其"、"箕"之古文也。

5上4上运读与记同。并kiəg＞kiəg。《诗·大雅·崧高》"往近王舅"，郑笺"近，辞也，读如彼已之子之已"。"近"字即"记"字之误。"六"古文"六"，"运"或亦作"𠫔"，与"近"形似而讹。"运，记、已、忌"古皆借为语辞。

12下1上娸读若近。大徐本无。"娸、近"音隔。王筠《句读》曰："近似运之讹。"娸k'iəg＞k'iəg平声。"运读与记同"，kiəg＞kiəg去声。岂许君读"娸"如kiəg耶？

14 下 5 上畟读若杞。"畟"大徐 giəg＞giəg 上声，小徐误，《广韵》不收。"杞"，kʻiəg＞kʻiəg 上声。《集韵》"畟古国名，卫宏说，与杞同"。唐人伪造，或即以许君读若，故神其说。韦疑许君求 giəg 之上声字而不得，而即以"杞"字当之也。然大徐音亦不如何所据。

1 上 5 上玖读若芑，或曰若人句脊之句。二音俱不可解。"玖"kɪwəg＞kɪwəg。"芑"kʻiəg＞kʻiəg。汉方言中，古之部尤三等字之元音有已向后移动者。愈移愈不能读若"芑"。此或为读经之音。《诗·木瓜》三章叶"李、玖"，《邱中有麻》三章叶"李、子、子、玖"。经师或读"玖"如开口字，以为较谐（犹顾氏《诗木音》"古音儿"）。然"玖"作 k-，"芑"作 kʻ-，仍无是理。"芑"似有误。

"或曰"读若"句"，许君所不从，或出于别一方言。汉音"句"kɪog 或 kog。"玖"kɪwəg 读若"句"kɪog，kog，犹"梦"miəŋ 读若"萌"而郑玄谓齐人"萌音蒙"moŋ 也。

3 上 6 下该读若中心满该。kəg＞kəg。"满该"不详，似亦以俗语为读若。桂氏《义证》"疑作满恔"，音不合。段注"该同垓"，则更远矣。

12 下 5 上毒读若娒。并 əg＞əg（"娒"古从舌音）。此从大小徐，《广韵》"娒，许其切"，非读若之音。段注"毒"，"依许许其切"，失检。

2 上 7 下赺读若小儿孩。"赺"（KL＞g）gəg＞ɣəg，"孩"gəg＞ɣəg，汉音同。

1 下 2 上菫读若釐。并 KLɪəg＞lɪəg。段注："《广韵》菫读许竹、丑六切者，因菫蓄同物，而误读同蓄也。"

3 上 8 下矤读若逮。
2 下 6 下跢读若逮。⎫并 gɪwĕg＞gɪwĕg。

7下5下娍读若溝洫之洫。《系传》“读若洫”。“娍” xiwək＞xiwək，从《广韵》。“洫” xiwĕt（?）＞xiwək。汉音同。“或声” k与“血声” -t为假借，由来已久。“淢”古文作“閾”。《诗·大雅·文王有声》“筑城伊淢”，韩《诗》作“洫”。

3上6下諽读若戒。“諽” kɐk＞kɐk。“戒” kɐg＞kɐg去声。“諽一曰更也”，即“更革”字。《淮南·天文训》“且人有戒形”，高诱注：“戒或作革。”“諽、戒”假借字。疑许君本读“戒”如入声。

4上1下瞦读若禧。《系传》“读若《尔雅》禧福”。并 xiəg＞xiəg。

4上4上皕读若祕。段注从李焘《五音韵谱》目录改“读若逼”。“皕” kɪək（?）＞piək，“逼” piək＞piək，汉音同。然“读若祕”当有所本。《玉篇》“彼利切又音逼”。“彼利切”即读若“祕”之音。韦音此切未必因《说文》读若而虚构。“皕”或本有 pɪĕg音。kɪĕg＞pɪĕg＞pɪĕi。“祕”则 pɪɛd＞pɪĕd＞pɪĕi。许君音同作 pɪĕi，收声-g，-d并失。

4上4下奭读若郝。“奭” k‘iɐk＞xiɐk＞ɕiɐk（ɕiɛk?），“郝”有二音。xiæk＞ɕiɛk，音同“奭”。然窃有疑者，《说文》“叡”亦读若“郝”，则“郝”从韵书 xɑk之音，此处不能作 ɕiɛk。字或“赫”字之讹。“奭、赫”假借字。“赫” xak＞xak，许君读“奭”或亦如之，不从《诗·小雅·采芑》一章“路车有奭”之音。《集韵》“奭、赫”并 xak。

5上9下衋读若憘。“衋” xiək＞xiək。“憘” xiəg＞xiəg去声。“衋，伤痛也”，或象声字，许君正读若 xiəg。段注改“憘”为“譆”，一若许君必以假字为读若者。实则“憘”平声，与“衋”音更远。

14下6下𦥑读若薿薿，一曰若存。《系传》只一“薿”字。

"鬵、爇"并 ŋiəɡ＞ŋiəɡ。读若"存"者，参缉部。

3下3下闽读若三合绳纠。"闽"古在之中，其音为kɪwəɡ，即《广韵》"居求切"（大徐"古侯切"，似误于小徐"藏钩戏"之说，不足据）。此处读若"纠"者，之、幽通转之例，谐声偶有之，然不若六朝韵之常见也。汉末方言，之部尤韵系字之主元音已向后移动。汝南语或亦如此。故"闽"音正同"纠"kɪɯɡ＞kɪɯɡ。《广韵》二字并"居黝切"。参幽部"馗、魌"。

幽部第十四

一　古唇音字

7下9下帾读若项。《系传》无。"帾"mok＞mok。"项"k'ɪok＞xɪok。不能为读若。比例不必以寻常唇喉音互转为说。韦疑"帾"字之音当作ŋɪok，方言 m-偶通 ŋ-，例如《左·襄十一》"公叔务人"，《礼·檀弓》作"禺人"。至介音ɪ则古所本有（mɪok＞mok参宵部"钒"条）。"读若项"者，《广韵》"项"又"鱼欲切"ŋɪok＞ŋɪok（《集韵》"帾、项"并xɪok，似即以今音拟读若之音）。

4上7上挈读若雾。并 mɪoɡ＞mɪoɡ（大徐"挈，已遇切又亡遇切"，"已"本"亡"讹，校者不知，又增"亡遇切"）。

6上1下槑读若髦。《系传》无。并 mʌɡ＞mʌɡ。

5上2上筶读若《春秋》鲁公子㧑。"筶"p'ɪoɡ＞p'ɪoɡ，"孚声"字不转喉牙音。"㧑"k'oɡ＞k'oɡ，"区声"字不转唇音。岂汉人读公子㧑竟若公子p'ɪoɡ欤？所不敢信。叶德辉《读若考》引《夏小正》"鸡桴粥"，戴《传》"桴，妪伏也"，谓以同声为训，说近附会，而音理仍不明。桂氏《义证》曰："㧑管弦者，筶管丝者。"韦疑方言借"筶"为"㧑"，因读若"㧑"，非一声之转也。

二　古舌音字

6上8下杅读若丑。见唐写本，大小徐本无。"杅"t'ɪɯɡ＞t'ɪɯɡ，

"丑"（nd＞t'）t'ɪɯg＞t'ɪɯg，汉音同。

13下4上奎读若逐。《系传》作"速"。不详。"奎"T'Lɪɯk＞lɪɯk，"逐"dɪɯk＞dɪɯk，不能为读若。方言之"奎"或果有（T'L＞d）dɪɯk之音，如《集韵》"奎、逐"并"佇六切"，亦殊渺茫。《系传》作"速"又为"逐"之讹，相去更远。韦疑旧本烂文。唐韵书无不"奎、逐"字相联，校补者率意以"逐"字实之耳。

6下5上斄读若育。"斄"（T'L＞d）diuk＞dʑɪɯK＞jiuk，"育"ndiuk＞diuk＞dʑiuk＞jiuk，汉音同。《庄子·人间世》"是以人恶有其美"，《释文》引崔注本"有作育"，云"斄也"。"斄、育"或假借字。

14下1下隤读若×。北宋本缺文，汲古阁本作"渎"。《系传》"读若洞"。段注："此许所闻旧音。《急就篇》'乘风县钟华洞乐'，《皇象碑》本洞作隤。衣部袱或从斄声，作襩。"隤"（T'L＞d）dok＞dok，"洞"doŋ＞doŋ去声。此谐声-ŋ转-g、-k之例。许君读"隤"若doŋ。

5下5下箁读若笃。并tɯk＞tɯk。"箁、笃"假借字。

2上6下弼读若祝。并tiuk＞tɕiuk。

9上3上脜读若柔。并ndiɯg＞nʑɪɯg。"脜、柔"假借字。

12下9上㷩读若烧。不详。"㷩"ndiɯg＞diɯg＞dʑɪɯg＞jiɯg，"烧"（ŋg＞k'）k'iʌg＞tɕiʌg＞ɕiʌg，音不合。或当从《说文》旧音"㷩，舒招反"（见《初学记》二十二《武部》），音同"烧"。此或《音隐》之音，即以许"读若烧"而云然。他无足征。ɕiʌg音之来历亦不明。

10上5下倏读若叔。并t'iuk＞tɕ'iuk＞ɕiuk。

7下5下疛读若纣。大徐本无。"疛"dɪɯg＞dɪɯg去声，从《广韵》。"纣"音同，上声。许音声调不详。

6 上 1 下 椆读若丩。"椆"tiɯg＞ȶɕiɯg。"丩"大徐 kiɯg，小徐、《广韵》kɪɯg。叶德辉《读若考》引《周礼·地官·大司徒》"使之相赒"注："'杜子春去，赒当为纠。'《史记·晋世家》'使人迎公子周'，《集解》引徐广一作纠。""周声"、"丩声"相假借，汉音已然。意者 kiɯg 已腭化为 ȶɕiɯg。喉牙三等字腭化之象古方言固有之，所可怪者，"丩、纠"字韵书绝无照等切耳。

8 上 8 上 裻读若督。并 tuk＞tuk。许书"裻衣躬缝"。《庄子·养生主》"缘督以为经"。"裻、督"假借字，说详桂氏《说文义证》。

1 下 2 下 薥读若督。并 tuk＞tuk。"薥"字之音从《玉篇》、《系传》。

7 上 6 上 卤读若调。并 dəg? ＞dəg?。"卤卤然"或即《庄子·齐物论》"调调"。

5 下 5 下 凪读若攸。并 diɯg＞dʑiɯg＞jiɯg。叶德辉《读若考》"按隶作逌。《书·禹贡》'阳鸟攸居'，《史记·夏本纪》作'阳鸟逌居'。又'沣水攸同'，《汉书·地理志》作'沣水逌同'。逌、攸实一字也"。

8 下 5 上 歐读若酉。"歐"diɯg＞dʑiɯg＞jiɯg，"酉"(T'L＞d) diɯg＞dʑiɯg＞jiɯg，汉音同。

8 下 4 上 繇读若攸。并 diɯg＞dʑiɯg＞jiɯg。参"凪"。"繇、攸"亦假借字。

4 上 4 上 鱐读若畜牲之畜。"鱐，许救切"，t'iɯg＞k'ɪɯg＞xɪɯg（＞xɪəu）。"畜牲之畜"许书与"畜牧之牧"不同音。前者为 k'iuk＞t'iuk，后者为 k'ɪuk＞xɪuk（参上"珛读若畜牧之畜"）。许君读"鱐"尚如 t'ɪɯg，故"寿声""犉"亦尚读若"臭声""糗"。"畜牲之牲"许读若《广韵》"丑救切"t'ɪɯg。

13 下 5 上 埌读若毒。"埌"tʌg＞tʌg 上声。"毒"duk＞duk。桂氏《义证》引"李淳风云丁老反，又音纛"。许读"埌"或正如 dɯk，其音字书韵书不传。

2 上 2 下犉读若糗糧之糗。"犉"tʌg 上声，t'ʌg，dʌg 平声。"糗"t'ɪɯg＞k'ɪɯg 上声。读若之音不详。所可知者，"弓声"字古全从舌音，不转喉牙音。若与"糗"为一声之转，"糗"字必从古音，犹上举"麑读若畜牧之畜"也。或谓"犉"即《尔雅·释畜》之"犉牛"（郭注云未详），似为"犉"误，故"犉"读若"糗"。"弓声"字本应有ɟɯg 音，许读"犉"或正如 t'ɪɯg。至若《集韵》"去久切"下亦收"犉"字，则显以不识许音而妄拟一反切耳。

1 上 4 下璹读若淑。并 diɯk＞dʑiɯk。

3 下 5 上诪读若酬。"诪"tɪɯg＞tɪɯg，或从《集韵》dɪɯg＞dɪɯg，"酬"dɪɯg＞dʑiɯg，音不合。许君或读"诪"如 dʑiɯg，略似《集韵》之音。

4 上 7 下雠读若酬。并 diɯg＞dʑiɯg。叶德辉《读若考》"《诗·大雅·抑》无言不雠，《后汉》《明帝纪》引《诗》'无言不酬'。酬与酬同，雠又与雠同，故雠读酬也"。

三　古齿音字

1 下 1 下莠读若酉。"莠"dziɯg＞ziɯg＞jiɯg，"酉"（T'L＞d）diɯg＞dʑiɯg＞jiɯg，汉音同。

12 下 4 下歜读若蹴。并 ts'iɯk＞ts'iɯk，从大徐。

6 下 1 下楢读若糗。不详。"楢"dziɯg＞ziɯg＞jiɯg。"糗"t'ɪɯg＞k'ɪɯg，许音似作 t'ɪɯg。说者谓本"枕"篆下读若，误植于此。"枕"亦未必能读若"糗"，盖许君于"臭声"字读古舌音，而"枕"喉牙音也。

4 下 9 上䲡读若鳛。并 dziɯg＞dziɯg，从《广韵》。

10 上 8 下隼读若焦。并 tsiʌg＞tsiʌg。许君引《春传秋》曰"龟鱼（不兆）"，《左·襄》二作"龟焦"。

四 古喉牙音字

2上7上赳读若镐。《系传》无。"赳"kiɯg＞kiɯg上声。"镐"从《集韵》"举夭切"kiʌg＞kiʌg，亦上声。谐声 ɯʌ 通转，古方言假借，其例指不胜屈。谐声"乔声字"不转幽部，然"丩声"字本转宵部。许君方音，"赳"或正作 kiʌg。

9上6下勼读若鸠。并 kiɯg＞kiɯg。"勼、鸠"假借字。

7下3上宄读若轨。《系传》无。并 kiwĕg＞kiwĕi。许书云："宄，奸也，外为盗，内为宄。"《左·成十七》"乱在外为奸，在内为轨"。经典通用。汉儒多作"轨"。"宄"成古文。

7上1下旭读若勖（正篆作"勖"）。《系传》"读若好"。《养新录》"《诗》'旭日始旦'，《释文》引《说文》'读若好'。《字林》'呼老反'。《尔雅》'旭旭跻跻'，郭景纯读旭为呼老反，《疏》引《诗》'骄人好好'。《释文》'旭旭即好好也'。"然则当以《系传》为正。后人改为"勖"，今音"旭、勖"同也。且"勖"亦有"好"音。《诗·邶风·燕燕》四章"以勖寡人"，《坊记》引作"畜"。《孟子》曰："畜君者，好君也。""旭"，从"九声"，幽部而转入侯部，k'ɪuk（?）＞xɪwok。"勖"从"冒声"，宵部而转入侯部，fɪʌk（?）＞xiwok。盖得声之时，二字并已从方音转部，今音偶合。大徐疑"九非声"，然"好"之改为"勖"未必出于大徐之手，如上云，"勖"亦通"好"也。据许读，"旭"正音 k'ɪuk＜xɪuk 转"好"xʌg＞xʌg。《集韵》"旭"字亦有 xʌg音。

3上6下馗读若求。《系传》"读又若丘"。本有二读若。《集韵》"馗，巨鸠切"gɪug＞gɪug，音同"求"。又"去鸠切"k'ɪug＞k'ɪug，读若"丘"之转音。"丘"本音 k'ɪwəg。后汉方音或已转入幽部，其音为 k'ɪug。参"阄读若三合绳纠"。

4下5下肍读若旧。并 gɪug＞gɪug，平声读若去声为疑。扬雄

《太玄·疑》叶"旧孚"，张衡《西京赋》叶"袤郛旧"，作平声。汉韵"旧"字又有叶上声者，无叶去声者。"旧"字《诗》韵在之部而从"臼"得声，疑古即之、幽通叶。

6上1下枆读稷。见唐写本。大小徐本无。字书无"稷"，或改为"糗"，又以"楢读若糗"为衍文，谓本在"枆"篆下，盖据陆玑《毛诗艸木蟲鱼疏·唐风·山有枢》二章"山有栲"云："许慎正以栲读为稷。今人言栲，失其声耳。"《说文》无"栲"，即以"枆"为之。"栲"音 k'ʌg＞k'ʌg（"枆"《广韵》"居六切"，训木名，kɪɯk＞kɪɯk）。"稷"不知何字之讹，然不当改为"糗"。许君读"糗"为 t'ɪɯg，不从今音（参上"特"条），与"枆、栲"音不合。韦疑"稿"字讹也。

11上1上泋读与潋同。《系传》"读若潋"。并 iɯg＞iɯg。大小徐"泋"上声，"潋"平声，《广韵》并平上声。读若之声调不明。

11下5上鲉读若幽。并 iɯg＞iɯg。大小徐上声读若平声，《集韵》并平声（《广韵》"鲉"入尤韵，ɪɯg，非许君音）。

11上6下羃读若学。并 gɔk＞ɣɔk。

4下5上脉读若休止。"脉" k'ɪɯg＞x'ɪɯg，从《广韵》，"休" xɪɯg＞xɪɯg，汉音同。

9下3下厬读若轨。"厬" KLɪwɛg＞Kɪwɛg＞Kɪwɛi，"轨" kɪwɛg＞kɪwɛi，汉音同。"厬，仄出泉也"，即《诗·小雅·大东》之"氿泉"。《释名·释水》"氿，轨也，流狭而长，出如车轨也"。"厬、氿、轨"或假借字。

6上1下楷读若皓。《说文》无"皓"，或改为"晧"，"皓、晧"音同。"楷" KLʌg＞kʌg。"皓" gʌg＞ɣʌg。读若之音或当从《集韵》，并 kʌg。

8下2上歃读若《尔雅》曰"麠貗短脰"。"歃"《玉篇》引《说

文》旧音"其久切"。"欼、磨"并（KL＞g）gɪɯg＞gɪɯg（《说
文》"欼，蹴鼻也"，《广雅》"欼，吐也"，《广韵》作"呕吐"。大小徐音像
呕吐，《广韵》"平表切"或亦象声，非许君音）。

6下2下稽读若皓。音同上"楷"kʌg。《广韵》二字并"胡老
切"gʌg＞ɣʌg。许音当从《集韵》。

13上1下绺读若柳。"绺"KLɪɯg＞lɪɯg，"柳"T'Lɪɯg＞
lɪɯg，汉音同。

8上5上僇读若雒。《系传》作"鹨"。并KLɪɯg＞lɪɯg。

11上4下澃读若牢。大徐本无。"澃"KLəg?＞Ləg?。"牢"
lʌg＞lʌg。读若之音不详。朱翱音二字并作lʌg，不足据。

2下1下逑读若九。并kɪɯg＞kɪɯg，去声读若上声。《集韵》
并上声。

12下5下嫭读若《诗》"纠纠葛屦"。《系传》作"《诗》曰"。
"嫭"kiʌg＞kiʌg。"纠"kiɯg＞kiɯg。疑许君读"纠"如kiʌg，
参上"赳"（《集韵》二字并"举夭切"又并"吉酉切"，显以迎合《说
文》读若之故）。

14上2上镢读若奥。并ʌg＞ʌg，平声读若去声（《集韵》二字并
ɪɯk，不足据）。

宵 部 第 十 五

一　古唇音字

7下7上冃读若草苺苺。《系传》"读若苺苺之苺"。按当作
"莓莓"。

"冃"mʌg＞mʌg。"每"məg＞məg。之部与宵部互为读若，
别无他例。音理不明（广韵"冃、苺"并"莫候切"，今音偶同而已。
古音沿革不明。且字亦本当作"莓"，不作"苺"）。

12下3上媚读若胞。"媚"mʌg＞mʌg去声，"胞"pɔg＞pɔg平

声，不能为读若。"胞"当是"盷"讹，"媚、盷"音同。

8下4上蚬读若苗。"蚬"mʌɡ＞mʌɡ，"苗"mıʌɡ＞mıʌɡ，例同"蜀"maŋ读若"冈"mıɑŋ，"皿、盎"mıæŋ并读若"猛"maŋ，亦略同"梦"之读若"萌"。汝南方音，凡ı在m之后，即未消失，亦甚式微。方言类此者颇多。例如东、屋、尤三等字今音p变轻唇，而m作重唇是也。

5下4上匋瓦器也，从缶，包省声。古者昆吾作匋。案《史篇》读与缶同。《系传》"瓦器也，从缶，包省声。"臣锴曰："古者昆吾作匋……《史篇》读与缶同。《史篇》，史籀所作《仓颉篇》也。""《史篇》读与缶同"当为许书正文。自小徐割裂，置之"臣锴"之下，大徐误以为小徐案语，故增"案"字。小徐且不知《史篇》为何书，何能补此按语。于此知汉时"匋"字本有二音。其一作dʌɡ，今音由此流变。凡"匋声"字概从舌音。其又一为许书所引《史篇》之音，pıɯɡ＞pıɯɡ，实"包省声"，《说文》"橐，匋省声"从此，今作唇音。

3下1上鞄读若樸。《系传》或本作"读若樸"。苗夔《说文声订》云："大徐作读若樸"，不知何所据。"鞄、朴、樸"音并同，p'ɔk＞p'ɔk，从《广韵》。

4下2上芺读若《诗》"标有梅"。"芺、标"并bıʌɡ＞bıʌɡ，从大徐（《韵谱》，《广韵》"芺"音bıʌɡ）。《孟子》"野有饿莩"，赵岐注引《诗》"莩有梅"。丁公箸云："韩《诗》也。""莩"乃"荶"字之误，《汉书·食货志》作"野有饿荶"是也。"荶"又"芺"之俗字。以上段氏说。然则"芺、标"三家《诗》异文也。

10上8上嫖读若摽。《系传》"读若瘭"。"嫖、摽、瘭"并pıʌɡ＞pıʌɡ（"摽"音从《集韵》）。

4下5下膘读若繇。不详。说者竟谓"膘、繇"一音之转，何妄也。王筠《说文句读》云："当作读若臕繇"，亦费解。韦意

"豒"为"镖"之烂文。《集韵》"膘、镖"并"纰招切"p'iʌg>
p'iʌg。

1下4上蘷读若剽。"蘷"biʌg>biʌg上声，"剽"音同，平
声，从《广韵》。《集韵》二字并平声。

二　古舌音字

13下7下劭读若舜乐韶。"劭"diʌg>dʑiʌg去声。"韶"音同，
平声。《集韵》并平声。

8上9下祂读若雕。并təg? >təg?。

2下2下牧读若滔。并t'ʌg>t'ʌg。

10下3下李读若滔。并t'ʌg>t'ʌg。

9下3下屰读若跃。并diʌk>dʑiʌk>jiʌk。

7上2上㠱读若窈窕之窈。并əg? >əg?（"㠱"古音或从d-）。

10下2下氾读若跃。并diʌg>dʑiʌg>jiʌg。

10上8下焜读若驹颖之驹。按"焜焜声"而读若"驹"，与下
文"㡿㇀声"而读若"适"，俱不可解。段注改"焜"为"焜"，
从叶抄宋本及《五音韵谱》。"㠱声"、"勺声"同部，然端母之
"焜"何以从影母之"㠱"得声，仍不可解。姑从其说。"焜、
驹"并tək? >tək?

7下4下窕读若挑。《系传》无。并dəg? >dəg?，从《广韵》。

4上7上㫼读若《春秋》盟于洮。"㫼"diʌg>diʌg上声。"盟
于洮"之"洮"即《汉书·高帝纪》"洮水"，苏林云："洮音兆。"
《集韵》"直沼切"，音同"㫼"（《地理志》"洮阳"，如淳云："洮音
滔"，则今"临洮"字也。t'ʌg）。

11上7上㕛读若与溺同。大徐本无。并nək? >nək?，从《广
韵》。《礼·锱衣》"小人溺于水，君子溺于口"。《玉篇》"㕛"下
引作"㕛"。"㕛、溺"假借字。

2下3上逴一曰蹇也，读若棹苕之棹。《系传》作"掉"。"逴"

tˊɔk＞tˊɔk。《方言》六，"遑、骚、鸠，塞也。吴楚偏塞曰骚，楚晋曰遑"。"棹（掉）苕"即"遑骚"，假借字也。朱士端《说文校定本》有此说。然则"棹、掉"并"鸠"字之讹。《博雅》"鸠，塞也"。音同"遑"。

10下8下惄读与怒同。并 ndək？＞ndək？。《毛诗·周南·汝坟》一章"惄如辀饥"，韩诗作"愵"。《方言》一"惄，忧也。自关而西，秦晋之间或曰惄"。

14上5下料读若辽。"料"ləg？＞ləg？，"辽"kLəg？＞ləg？，汉音同。

9下1上峊读若《诗》曰"茑与女萝"。《系传》"读若"下衍一"捣"字，后人所增，非许书本有二读若也。汉时"峊"有二音。《释名·释水》"海中可居者曰峊。峊，到也，人所奔到也。亦曰，鸟也，物所赴如鸟之下也"。读若之音如"鸟"təg？＞təg？，与"茑"同音，《玉篇》"丁了切"。今音从"峊，到也"。

4上3下鴟读若雕。并 təg？＞təg？

4上6上瞿读若到。"瞿"tɔg＞tɔg。"到"tʌg＞tʌg。读若之音不详。"到"或"荆、箌"字之讹。

9上2下籲读若与籯同，《系传》无。"籲"diog＞dʑiog＞jiog，"籯"diʌk＞dʑiʌk＞jiʌk，音不合。《集韵》二字并作 jiʌk，许读或然。

13下3上鼂读若朝。并 diʌg＞diʌg。大徐作 tiʌg，盖"朝旦"字与"朝廷"字今音不同。许君云："鼂……杜林以为朝旦，非是。"岂亦谓读苦"朝廷"之"朝"，不若"朝旦"之"朝"耶？前乎许君者，借"鼂"为"朝旦"之"朝"字数见不鲜。《屈原·九章·哀郢》甲之鼂吾以行"，《汉书·严助传》"鼂不及夕"，扬雄《羽猎赋》"天子乃以阳鼂出虖玄宫"是也。古音"鼂错"，"阳鼂"，"王子朝"，"朝旦"音并同，初无从 d-从 t-之别。许云杜林非是，似谓不当训"曟"本字为"朝旦"，但可假借耳。王筠《句读》以"非是"二字为衍文，则疏。

1上3下瓔读若柔。并 ndiɯg＞nʑiɯg，从大小徐。

三　古齿音字

3上5下诊读若兔。不详。前人凡有二说。一从顾炎武改"兔"为"龟"，不知何所据。惠栋《读说文记》谓"据旧本"，恐未必然。"诊" tsʼɒg＞tsʼɒg 平声。"龟丑略记"，其上古音或为 tʼɪʌk，与 tsʼɒg 非不可为一音之转，然殊不能为读若也。又一说，以为"诊"借为"狡"，故读若"狡兔"，桂氏《义证》如此说。"诊"借为"狡"本自可疑，而况《说文》并无读若"狡兔"字耶？韦疑"兔"字古有宵部音，dzɛm 转 dzɛb＞dzɛg 或 dzʌg，与"诊"音相近，犹"才"有"昨哉切"之音。臆说不敢多赘。

5上7上蹴读若戚。并 tsʼet＞ʒeʔ？《周礼·春官·眡瞭》"蹴恺献亦如之"注，杜子春云："读为忧戚之戚。击鼓声疾数，故曰戚。"（《夏官·掌固》"夜三鼜以号戒"注，杜子春"读为造次之造"，亦一音之转。）

3上7下兿读若泥。并 dzɔk＞dzɔk。

4上5上雀读与爵同。"雀、爵"异文，古音当已相同。tsiʌk＞tsiʌk（然则《说文》"戳雀声"必误）。

3上6上谯读若嚼（段氏《汲古阁说文订》"王氏宋本及叶本嚼作噍"。王氏宋本不作"噍"，似系段氏误忆。《说文》"噍、嚼"重文）。并 dziʌg＞dziʌg 去声。《广韵》"谯"作平声，然去声"才笑切"下收"诮"字，《说文》"诮"为"谯"之重文。

11上8下瀐读若《夏书》天用勦绝。《系传》作"勦"是也。《说文》有"勦"无"勦"。"勦"下引《周书》曰："天用勦绝其命"，与此异。"瀐、勦"并 tsiʌg＞tsiʌg。

5下8上鞧读若酋。"鞧" tsiɯg＞tsiɯg。"酋" dziɯg＞dziɯg。

《集韵》并 dziɯg。

6上7下樔读若薮。"樔" tsʼog＞sog，从《广韵》，"薮" slog＞sog。汉音同。"樔车軝中空也"。《考工记·轮人》"以其围之防捎其薮"，先郑云："薮读为蜂薮之薮"，后郑云："谓毂空壶中也"。"樔、薮"假借字。

13上3上缲读若杲。"缲"大小徐 tsʼiʌg＞tsʼiʌg上声，《广韵》tsʌg＞tsʌg上声，又 tsʼʌg＞sʌg平声。"杲"tsʼʌg＞sʌg去声。读若之音不详，或当作 sʌg，平声读若去声。

四 古喉牙音字

5上8上豤读若镐。"豤"ɣʌg＞ɣʌg上声，从《广韵》。"镐"gʌg＞ɣʌg，汉音同"豤"。

1上5下璷读若镐。同上。"璷"去声，"镐"上声。《集韵》并上声。

10上8上燓读若狡。并 kog＞kog。

10下4上奡读若傲。"奡"ŋgʌg＞ŋʌg，"傲"ŋʌg＞ŋʌg，汉音同。许引《虞书》曰："若丹朱奡"，今《书·益稷》作"傲"。又引《论语》曰："奡汤（盪）舟"，而"𡲆"篆下引《春秋传》"生敖及𡲆"。二字通用。

6上4下杲读若稾。大徐本无。并 kʌg＞kʌg，从《广韵》。

7上9上秝读若历。并 KLək?＞ɪək?。"秝、历"假借字。

13下8上勞读若豪。"勞"ŋgʌg＞ŋʌg。"豪"gʌg＞ɣʌg。"勞"读若"豪"者，《广韵》"勞"又"胡刀切"，其音或为 ŋgʌg＞gʌg＞ɣʌg，或方言 ŋʌg＞ɣʌg，例如现代方言 ŋ 变影母阳调。汉音同"豪"，则一也。

2上6上唬嗁声也。一曰虎声。从口从虎。读若暠。此会意字，非从"虎声"也。大小徐"呼讶切（反）"，《广韵》"古伯切"，皆以误从"虎"得声之故。当从《玉篇》"呼交切"xog。

"鬲" kʌg＞kʌg，音不近。姚、严《说文校议》疑为"鬻"之或体。韦意"鬻"烂文也。"鬻"kʼɔk＞xɔk。许读"唬"或正如xɔk。

10下1上爒读若焦燎。并 KLɪʌg＞Iɪʌg 上声，从《广韵》。臣谐曰："《后汉书》光武于灶下爒衣，今人作燎"。

3下8上敊读若矫。并 kiʌg＞kiʌg。

2上7上趫读若王子蹻。并 gɪʌg＞gɪʌg，从《广韵》。

12下1下媪读若奥。"媪"－？＞ʌg 上声。读若之音已不从"畾声"。"奥"ʌg＞ʌg 去声。

4下2上敫读若龠。《史记·建元以来五子侯者年表·索隐》引作"读若跃"。"敫"giʌk＞ʥiʌk＞jiʌk，"龠（跃）"diʌk＞ʥiʌk＞jiʌk，汉音同。

8下5上歊读若叫呼之叫。《系传》"读若嗷呼"。"歊、叫、嗷"并 kəg？＞kəg？。

7下6下瘀读若劳。大徐本无。"瘀"大徐、《广韵》kLɪʌg＞lɪʌg 去声，《广韵》又 KLʌk＞lʌk。"劳"KLʌg＞lʌg 平去声。许君读"瘀"若lʌk，或竟作lʌg 去声。

2上8上趑读若《春秋传》曰辅趑。KLək？＞lək？。

7下10上皛读若皎。"皛"əg？或 ɣəg？，古音不明。"皎"kəg？＞kəg？。"皛、皎"假借字，许读或如 kəg？。《广韵》"古了切"下有"皛"字，训"白也"，与"皛，显也"，义近。

侯部第十六

一　古唇音字

5下7上屐读若仆。并 bok＞bok，从《广韵》。"屐、仆"假借字。

4上3下睩读若鹿。并 plok＞lok。

二　古舌音字

10 上 5 上 狃读若注。并 tiog＞tɕiog。

3 下 7 上 几读若殊。并 diog＞dʑiog。

2 下 4 上 丁读若畜。"丁" t'ɪok＞t'ɪok。许书"珛读若畜牧之畜"，xɪuk。"觠读若畜牧之畜"，t'ɪuk 或 t'ɪɯg。"丁"或读若"畜牧之畜"，t'ɪuk。侯幽通转，元音之实在音色不明。

8 上 3 上 侸读若树。并 diog＞dʑiog 上声，从小徐《广韵》。"侸"《玉篇》作"偅"，云"今作树"。《广韵》"偅"为"尌"之重文。"侸、偅、尌、树"并假借字。

8 上 10 上 荳读若树。并 diog＞dʑiog。

5 上 7 上 尌读若驻。"尌" diog＞dʑiog，"驻" tɪog＞tɪog。汉音似不能为读若。或当从《集韵》，二字并 dɪog＞dɪog。"尌，立也"，"驻，马立也"，《玉篇》"尌又作驻"。"尌"与"驻"为假借，又与"侸、树"为假借，似出于不同方言。

3 下 8 上 鼓读若属。大徐本无。"鼓，壴亦声"。今音"公户切"者，误读为"鼓"字。《集韵》误作"敳"，训"击鼓也"，与《说文》同。其音"朱欲切"，即"读若属"之音。二字并 tiok＞tɕiok。

8 下 4 上 頭读若兜。《系传》"读若兜"，是也。并 tog＞tog。"頭、兜"义近，亦假借字。

7 下 2 上 瓝读若庾。并 diog＞dʑiog＞jiog。

10 上 1 下 禺读若注。并 tiog＞tɕiog。

7 上 6 下 腧读若俞，一曰若纽。《系传》"一曰纽也"。"纽"字之义与"腧"不相涉，"纽"为第二读若，《系传》误。"读若俞"者，二字并 diog＞dʑiog＞jiog，从《广韵》。读若"纽"不详。《汉书·石奋传》"取亲中帬厕腧身自澣酒"，苏林"腧音投"，其音与《玉篇》、《广韵》，大小徐合，dog＞dog。"纽"或"绉"字之讹。

8 上 9 上禂读若蜀。并 diok＞ḍẓiok。

2 上 7 上趨读若烛。并 tiok＞ṭɕiok。

12 下 3 上孎读若人不孙为孎。《系传》作"不孎"是也。此以本字为读若。"孎，谨也"，故"不孙"为"不孎"。tiok＞ṭɕiok。王筠《句读》曰："此以俗语明音也，故与本义正相反。小徐作为不孎，非也。"其说无稽。说者又多主改"孎"为"倨"。《说文》"倨不孙也"。音理全乖。

10 上 5 下㺊读若槈。并 ndog＞nog。

13 上 3 上繻读若《易》"繻有衣"。此以本字为读若。nsiog＞siog。"絮"篆下许君引《易》"需有衣絮"。许君《易》宗孟氏。或谓孟氏《易》本作"需"，故读若之"繻"应改为"需"，不知何所据。"需、襦"音同。

4 下 4 下臑读若襦。《〈仪礼·乡射礼〉〈礼记·少仪〉释文》两引读若皆作"儒"，不知孰是。"臑、襦、儒"同音。ndiog＞nẓiog，从《广韵》。

2 下 2 上遡不行也，从辵軥声，读若住。"軥"不成字。段注以"軥、骚"为一字，音乖。"軥"字始见于《集韵》，为"遡"之重文，"株遇切"，训"《说文》不行也，或省"，非《说文》旧文。《说文》"遡、軥"疑并为烂文。"读若住"者，其音当为dıog＞dıog。《说文》"遡"字下即"逗"字。"逗，逗止也"，与"遡"义同。段注云："读若住三字当在从辵豆声之下"。"逗、住"音正同。果然，则《广韵》"遡，中句切"之音为无稽矣。

三　古齿音字

12 下 3 上㑨读若谨敕数数。"㑨"ts'ɔk＞ts'ɔk。"数"slɔk＞sɔk，从《广韵》。《尔雅·释草》"数节"，《孟子》"数罟不入洿池"，今读如《集韵》"趋玉切"，（sl＞s 转 ts'）ts'ıok＞ts'ıok，不知孰是。疑许君读"婡"如 sɔk，辅音从"束声"。

四　古喉牙音字

3下9上敏读若扣。大小徐并 kʼog＞kʼog，去声读若上声。《集韵》并上声。"敏、扣"假借字。

10下4下竘读若龋。"竘" kʼɪog＞kʼɪog。"龋" kʼɪag＞kʼɪag（kʼɪɔg？）。

此例以鱼部字为侯部字之读若。汉韵侯鱼通叶，东、阳通叶。其时鱼部、阳部之主元音已向后移动。然侯部与鱼部，东部与阳部，并不混同。其通叶者为例外，为韵缓。侯部、东部之主元音必不能较上古音为弘，否则今音作 U 无从解释。然则鱼、阳之所以叶侯、东者，当以 ɑ 音渐接近 o 音。汉方言之鱼、阳或实有作 o 音者，例如上引齐语"萌读为蒙"。则与侯、东通叶本谐于方音。许君读若之音则否。东与阳绝不相通。侯与鱼亦判然为二部。其互为读若者，此条及"髳、眀、瞿、趱、邡"凡六字而已。然则此六条之主元音当何所取决耶？六条全为喉牙音，初疑汝南方言已有唇化喉牙音，而鱼部喉牙音字，除麻韵系及入声字外，其主元音概已近乎 o。然《说文》之阳与东既不通转，且侯部喉牙音字有读若者十条，而通鱼者止二条而已，鱼部喉牙音字有读若者二十七（八）条，通侯者止四条而已。故即喉牙音亦非二部混同也。韦意此六条为读经之音。经师口授，传自别一方言，或如齐语。其主元音为 o 类，或竟是 o。至汝南方言则侯为 o，鱼为 ɑ，固自有别。以许君读音之严谨，必不至随意撮一 ɑ 字以为 o 字之读若也。

1上5下珣读若苟。并 kog＞kog。

13上4上绚读若鸠。"绚" gɪog＞gɪog 平声，或 kɪog＞kɪog 去声。"鸠" kɪɯg＞kɪɯg 平声。音不相近。《说文》"句声"从"ɥ声"转，方言或仍读"绚"似"ɥ声"字，故若"鸠"。

9下2上屵阤隅高山之节，从山（从）卩，读若隅。大徐本
无。《集韵》"屵，元俱切"，ŋı̯og＞ŋı̯og。胡玉缙《说文旧音补
注》：

> 屵牛俱反。慧琳书八十五……此疑当为"嵎"字音切。
> "屵"则《玉篇》"才结、子结"二切，《广韵》"子结切"，
> 《文选·吴都赋》"麏縁山狱之屵"，刘逵引许书李善"屵音
> 节"，无有读若"隅"者。而慧琳"迦屵"下明引《字林》
> 云"崛屵紫崖音愚"。今俗音节不知何据，当是为《说文》
> 解为节，因此误耳。然则唐以前，《音隐》，《字林》等书俱
> 在，诸儒岂皆未之见欤？

韦意《集韵》"元俱切"即或据《系传》读若而云然，然与
慧琳《音义》固不约而同者也。前人惟王筠从《集韵》音。其
《释例》云："大徐本无读若句，盖为《唐韵》子结切所蔽，遂删
之也。而《唐韵》所由误则以不知高山之节句特为字从卩而设，
误以说义者为说音，遂谓与节同音也。"王氏未见慧琳书，而其
说与之暗合。从节之音固不始于《唐韵》，然《字林》音"愚"
不至凭空捏造也。

14上2上铇读若浴。并（KL＞g）giok＞d̠z̠iok＞jiok。

10上6上㝅读若构。"㝅"k'ok＞xok，非许音。《汉书·叙传》
上，"楚人谓乳㝅"，如淳曰："㝅音构，牛羊乳汁曰构。"《说文》
"㝅，乳也"。许君"㝅、穀"同音 kog＞kog（《集韵》"㝅，居候
切"，惟训不同《说文》）。

5下4上穀读若箁葟。《系传》"读若莨葟同"。"穀"k'og＞
k'og。"葟"p'ı̯og＞p'ı̯og，不能为读若。谐声、假借、读若，凡喉牙
音与唇音通转之例，有起于唇化喉牙音者，有为上古音所本通
者。且"殼声"字谐声本通唇音，"㲉，蒲角切"是也。则"穀"
未始不可有"葟"音。然窃有疑焉。前于"葟读若《春秋鲁》公

子彊"订为音随训转，"荸"借"彊"音，而非一音之转。"𣪊"之读若"荸"疑亦同比例。《说文》"𣪊"训"未烧瓦器"，"坏"训"瓦未烧"，二字义相近，音或亦相近。"坏"与"荸"则一音之转。故"𣪊"借"荸"音（不特此也，"𣪊"字或本"缶亦声"而误从"殼"。"缶、荸"一音之转，则更无所谓喉牙音转唇音矣）。治古音者，此等处不可不严于审订，切不可以简浅音理急切准绳之，更不可如昔人侈言双声合韵者之等闲视之也。

4下9上𣪊读若斛。"𣪊"gok＞ɣok，"斛"（KL＞g）gok＞ɣok，汉音同。《考工记·陶人》"鬲实五𣪊"，先郑云："𣪊读为斛"。"𣪊、斛"假借字。

5下7上䣺读若库。"䣺"kˊok＞kˊok，许读或当作kˊog去声。"库"kˊag＞kˊag（kˊɔg?），读若之音详上"䡇"条。

鱼 部 第 十 七

一　古唇音字

8上3上俌读若抚。《系传》"读若抚也"。并pˊɪag＞pˊɪag，从大徐、《广韵》。

9下3下厞读若敷。并pˊɪag＞pˊɪag。

3上4上誧读若逋。并pag＞pag。

1下6上簿读若傅。并pɪag＞pɪag。

10上6上狛读若蘗，窬严读之若浅泊。《系传》"蘗"作"檗"，"檗、蘗"古今字。《说文》无"泊"，义当作"浅洦"。字书之音：

　　　　"狛"pak＞pak，pˊak＞pˊak（又作"猼"bag＞bag）

　　　　"檗蘗"pɐk＞pɐk

　　　　"洦"pɐk＞pɐk，pˊak＞pˊak，mbak＞mak

　　　　（"泊"bak＞bak，pˊak＞pˊak）

读若之音无一当者，不知其详（惟《集韵》"狛、洦"并作 mak）。

11 下 5 下鲌读若书白不黑。大徐本无。段注："未知所出。《太玄·昆·次三》'昆白不黑，不相亲也'，疑用此语。""鲌、白"并 bak＞bak。

6 上 4 下模读若嫫母之嫫。并 mag＞mag。《淮南·说山》"嫫母有所美"，高诱读"模范之模"。

6 下 7 上鄦读若许。"鄦"fiag＞xiag，"许"kʼiag＞xiag。"许"借为"鄦"，殊非古音。经典多作"许"，惟《史记·郑世家》作"鄦"。《说文序》："俾侯于许，世祚遗灵。自彼徂召，宅此汝濒。"先生世代姓许。腐儒辄称"鄦君"，或曰"鄬君"，实厚诬矣。

4 下 5 下膴读若谟。"膴"有二训。一训"原田膴膴"之"膴"，其音为 miag＞miag，《广韵》"文甫切"，王仁昫"无主反"是也。一许训"无骨腊也"，其音多作 fag＞xag。《仪礼·有司彻》"膴祭"，又《礼记·少仪》郑注："读如殷哻之哻。"自《切韵》残卷以降，韵书无不作此音，然许君则"读若模"，mag＞mag。《切韵》残卷第三种之"武夫反"miɐg 有此训。许君方言读 ml-如 m-，参宵部"视"。

11 下 4 上霂读若膊。并 pʼak＞pʼak。

二　古舌音字

12 下 2 上媀读若余。《系传》"读若予"。"媀、余、予"并 diag＞dẓiag＞jiag 平声。

6 上 2 上柔读若杼。并 diag＞diag，"柔，杼也"，经典亦以"杼"为之。

4 上 6 下羜读若煮。"羜"diag＞diag。"煮"tiag＞tɕiag。读若之音不详。"煮"字疑误。

2 下 1 上赴读若《春秋·公羊传》曰"赴阶而走"。《宣六传》

作"蹡",《释文》曰:"一本作辵。"tˈɪak＞tˈɪak。

2上2上𪗗读若涂。并 dag＞dag。

14上6上斜读若荼。"斜"古音 diag＞ḍẓia＞jia,《集韵》又 ḍẓia。"荼"古音同,变 jia,《集韵》又 ḍẓia,《广韵》又 ẓia。许音作 ḍẓ-, ẓ-, j-, 不得而知。

5上1下𥾈读若絮。《系传》作"絜",误。"𥾈"tˈɪag＞tˈɪag 平声。"絮"(nd＞tˈ) tˈɪag＞tˈɪag 去声。读若之声调不明。

14下8下酴读庐。不详。"庐"疑"瘏"字之讹。"酴,瘏"dag＞dag。

6下8上郯读若涂。并 dag＞dag。

2上1下余读与余同。并 diag＞ḍẓiag＞jiag。

3上9上㢮读若余。音同上。

3上8下敨读若杜。并 dag＞dag。"敨杜"假借字。

6上4上槀读若薄。"槀"tˈak＞tˈak,"薄"bak＞bak,非一音之转。韦疑"薄"为"萚"之烂文。"萚"音同"槀"。"槀,木叶陊也","萚,草木凡皮叶落陊地为萚",盖假借字。

6下3下圛读若驿。并 diæk＞ḍẓiɛk＞jiɛk。许君引《尚书》曰:"圛圛升云,若有若无。"王肃云:"圛,霍驿消灭如云阴。""圛、驿"为假借字,不自卫包据伪孔传改"圛"为"驿"始也。

三 古齿音字

6下5上贿读若所。"贿"sɪag＞sɪag。"所,户声"为疑。上古音或当作 kˈɪwag＞xɪwag,然汉音已同"贿"("贿"字又作"糈"。《离骚》王逸音、《南山经》郭璞音,"糈"并音"所",或据许书)。

2下7上㐹读若疏。并 sɪag＞sɪag。"㐹,门户疏窗也","㐹、疏"假借字。

1上6下壻读与细同。"壻"sɛg＞sɛi。"细"古音从-n 转 tsˈɛd

>sɛi。然则去声霁韵字，不论古收-g-d，汉方言已有并失收声者。“壻”大徐本“胥声”。《系传》“壻从士胥”。段注以其读若“细”也，因疑其非“胥声”。按《汉书·郊祠志》上“鸣泽、蒲山，岳壻山之属”，苏林曰：“壻音胥。”《周礼·天官·冢宰》，又《大行人》，郑玄注：“胥读如谞。”“谞”固“胥声”，则“壻”当亦“胥声”也。

6 上 1 下楈读若芟刈之芟。不详。其例大似宵部“訬读若毚”。“芟”sam 转-b>-g，方音或近“楈”siɑg。段注云：“七八部与五部合韵”，桂氏《义证》“按胥古音如羞，与殳声近”。所言仿佛似之，而殊附会。

12 下 1 下姐读若左。大徐本无。“姐”tsiag>tsia。“左”tsad>tsɑ>tsɐ。《说文》“蜀谓母曰姐”。段注：“方言也，其字当蜀人所制。”或竟读若 tsɑ 或 tsɐ。

12 上 7 上抯读若樝梨之樝。并 tsag>tsa。《方言》十“南楚之间，凡取物沟泥中谓之抯，或谓之樝”。“抯、樝”音不同欤？抑同音异体欤？

5 上 8 上虘读若䣜县。《系传》作“酂县”。“虘、䣜”字“且声”，然古方言已收-d。“虘、䣜、酂”并 dzɑ$_{d}$>dzɑ>dzɐ。（《玉篇》、《广韵》“虘”又“才都切”，合乎诸声。古音作 dzɑg>dzɑg。许从方音。）

许书“酂”下“南阳有酂县”，即萧何所封邑。文颖音“赞”，孟康音“讃”，其音为 tsɑn 上去声，即大小徐、《广韵》所传之音，与“䣜”字之音不相涉。䣜沛国县，然《史》《汉》亦作“酂”。《史记》五十三《萧相国世家》，《集解》引张检曰：“有二县，音字多乱。共属沛郡者音嵯，属南阳者音酂。”“音嵯”者，应劭音也。王仁昫韵“才何反”，音同“䣜”。《系传》“䣜读若酂县”是也。按《说文》旧本或作“酂”，后人恐其音乱而改之。小徐读"虘"为"酂",然《韵谱》"酂"作"作管反",亦非无因。"酂"字二音,汉时已乱。王莽改沛国之酂(郿)为赞治,是读为 tsan 也。班固《萧何铭》以"何"叶"酂",是读南阳之酂为 dzɐ 也。要非许君地邑从方音之例。

14 上 6 上猎读若筚。

	大徐	《系传》	《韵谱》	《广韵》
"猎"	dzɐk	dzɐk	dzak	dzɐk
"筚"	tsɐk	tsak	tsak	tsak, dzɑk

其余音切相去更远。许君或读"猎"如 tsak＞tsak。

3 上 4 下谱读若筚。并 tsak＞tsak,从小徐、《广韵》(大徐并 tsɐk)。

9 上 5 下卸读若汝南人书写之写。"卸"siag＞sia,"写"ts'iag＞siag＞sia,汉音同。

10 上 5 上猏……南楚谓相惊曰猏,读若愬。《系传》"读若南楚相惊曰猏",谓许君引《方言》二,以本字为读若也。郭璞音"铄",大徐、《广韵》同音。ts'iak 转方音 t'iak＞tɕ'iak＞ɕiak(小徐作 tsiak,助以"韩卢宋鹊",借"鹊"为"猏",与许书音训不符)。"读若愬"不详。《广韵》"愬"作 k'ek＞xek(?)＞ʃek,训"惊惧貌",与"猏"音训并近。许君或正读"猏"如 ʃek,其音不传。诚然,则《系传》以本字为读若,误矣。

14 上 7 下铀读若胥。《汉书·冯奉世传》"再三发铀",如淳曰:"铀,推也,音二陇反",今音从之,ndioŋ＞nʑioŋ。《司马迁传》"而仆又茸之蚕室",颜注:"茸,人勇反,推也。"《说文》"撋,摇捀也"。"铀、茸、撋"同字,故毛本《说文》改"读若胥"为"读若茸"。然"胥"殊不误。《淮南·汜论》"铀其肘",高诱注:"读近茸急察言之",非谓"读若茸"也,盖况言 ndiog＞nʑiog 耳。朱翱音"乳恕反"是也。以此知如淳音 ndioŋ＞nʑioŋ,初非正音。ndiog 转 nsiog＞siog，谐声通例也。siog 读若"胥"siag＞sieg（siɔg），汉方言鱼侯通转之例也。许君用方音，或有所师承。参侯部"竘读若龋"。读若之音色不明，或正作 siog（siɔg?）。

（汉音"拊"亦误从"付声"。《淮南·览冥》"拊车奉饷"，高诱读为"樴拊之拊"。《集韵》"斐古切"。）

四　古喉牙音字

10下8下忏读若吁。并 xɪwag＞xɪwag。

6下6下邘又读若区。《系传》"读又若区"。"区"k'ɪog＞k'ɪɔg。"邘"古音 xɪwag＞xɪwag。"又读若"者，地邑之名从方音。河内人或正作 k'ɪog（k'ɪɔg）。参侯部"竘"。鱼、侯通转，似非许君方音。此当是借河内音（又按"区"字或"呕苬"字讹。辅音从 X，与"邘"同）。

6上2下樗读若华。并 ɣwag＞ɣwag 去声，从《广韵》。

2下5上齼读若楚。"齼"古或从"户声"k'ɪwag（?），汉音当已作 ts'ɪag。"楚"ts'ɪag＞ts'ɪag，汉音同"齼"。《说文》"齼，齿伤酢也"，或即"酸楚"字。

13上5上㡯读若阡陌之陌。《说文》"㡯户声"。钮树玉《说文校录》云："郭注《方言》，㡯音下瓦反，一音画。《博雅》作㡯，曹音乎马反。"《韵谱》"户吴反"，《广韵》作"㡯"，"胡瓦切"。"户声"不误。然读若"陌"，则显以为"糸声"。大徐"亡百切"mak，实切"陌"字。许君以"户声"字"读若陌"，似不应矛盾若此。疑必有窜改处，大徐切不足据也。

10上4上謽读若写。《系传》无，"謽"（ŋg＞k'＞x＞s）siag＞sia，从小徐上声。"写"ts'ɪag＞sia。汉音同。

7下8上兩读若晋。"兩"gag＞ag，"晋"ag＞ag，并去声，从《广韵》。

3下3下乩读若戟。并 kɪak＞kɪæk。

11上7下涸读若狐貈之貈。《系传》"读若狐貉之貉"。各家从小徐，然"貈"篆下许君引《论语》曰"狐貈之厚以居"。今《乡党》作"貉"，许君固作"貈"。《说文》"貈舟声"。大徐曰："舟非声。"韦按"貈"之借为"貉"，当以"貈"从"䣆省"。大徐本"瀚"为"涸"之重文。"貈、涸"本同一音。gak＞ɣak。"貉"（KL＞g）gak＞ɣak。汉音同。

12下8下蓏读若卢。并 KLag＞lag。《汉书·食货志》"率开一卢以卖"，即"蓏"。

9下2下膚读若卤。并 KLag＞lag。

8下3上虺读若瞽。并 kag＞kag。

7上10下苗读若膊。"苗" k'ak＞p'ak，"膊" p'ak＞p'ak，汉音同。

8上8下裾读与居同。并 kiag＞kiag。

6下2下椵读若贾。并 kag＞ka。

6上8上鄹读若规榘之榘。《系传》"读若规矩"。《说文》训引《春秋传曰》："鄹人籍稻"。此《左·昭十八》文，《释文》"许慎、郭璞皆音矩"，与《系传》合。《集韵》"鄹、矩（榘）"并"果羽切"，kiag＞kiag。所可疑者，《说文》无"矩"而"榘"为"巨"之重文。《广韵》移"榘"为"矩"之重文，犹引"《说文》又其吕切"。然则旧音当如 giag＞giag。"鄹""王矩切"，ɣiag＞ɣiag。许君似读"鄹"如 giag，从方音（鄹在琅邪，齐语 giag 作 giog（?），许读或如之）。

11下3下霌读若禹。《系传》"读若瑀"。"霌、禹、瑀"并 ɣiag＞ɣiag。《说文》"霌、雨貌，方语也"。《集韵》"火五切"下，"霌，北方谓雨曰霌，吕静说"。段注："按吕氏《韵集》所据《说文》为完善。"然 xag 之音未必许君之旧。

9下6下炱读若瑕。"炱" ɣag＞ɣa，"瑕" gag＞ɣa，汉音同。

4上3下眗读若拘，又若良士瞿瞿。王筠《说文句读》云：
"两读音分平去耳。""读若拘"者，鱼、侯能转。许君方言，
"眗"kɪwag＞kɪwag，"拘"kɪog＞kɪog，元音并不相同。然读经
之音或正如kɪog平声，盖从别一方言之传授。说详侯部"姁"
条。读若"良士瞿瞿"者，"眗、瞿"本并kɪwag＞kɪwag去声。
然"瞿读若章句之句"，则二字并从方音读入侯部矣；kɪog去声。

4上7下瞿读若章句之句。音详上条。

2上7上趣读若劬。"趣"gɪwag＞gɪwag，从大小徐。"劬"
gɪog＞gɪog。其能为读若者，说详上"眗瞿"条。

3上7上趌读若乌。并ag＞ag。

9下6上鹿读若蔺辇草之蔺。按《左·定十五》："齐侯、卫侯
次于蘧挐。"许书或本作"蘧挐之蘧"，后人不解，误以《尔雅·
释草》之文改之。"鹿、蔺"音隔。"鹿、蘧"并giag＞giag。段
注谓当作"蘧挐草之挐"，音亦不合。

12下6上戟读若棘。《系传》无。"戟"kɪak＞kɪæk。古借
"棘"为"戟"，详桂氏《义证》。段注，"戟有刺故名之曰棘"，
然又谓"按大徐有读若棘三字非也，……古音在五部，读若脚"。
许读"戟"如"棘"，借音为之，非不可有。然"丮读若戟"，其
音不误。此处似以"棘"借为"戟"，故读"棘"为kɪæk。

12下6上憂读若棘。"戟、憂"二篆相连。王筠《系传校录》
"戟"篆下云："大徐本有读若棘。案憂字下之读若棘恐即迻本注
于彼也。大徐迻还原处，而彼又失于删削耳。"《句读》"憂"篆
下云："小徐戟下无此句，而本字有之。此大徐补于彼而忘删此
也。"

5下1上膔读若雀。"膔"鱼部。"雀"幽部。即以汉音鱼部之
流变，亦不能互为读若。许书引《周书》曰："惟其敹丹膔。"此
《梓材》文，《释文》引《说文》"膔与霍同"。"膔"gwak＞wak。

"霍" xwɑk＞xwɑk。许君或读"膫"如 xwɑk。

11下5上 鱶读若瓠。大徐本无。并 ɣwɑg＞ɣwɑg 去声，从《广韵》。

4下2下 叙读若郝。并 xɑk＞xɑk。

4上6上 矍读若《诗》云"矤彼淮夷"之矤。"矤"字无所取义，"犷"字之讹（"憬"字引《诗》曰："憬彼淮夷"，从毛氏，此韩《诗》异文）。"矍" kɪwɑk＞kɪwɑk。"犷"《广韵》"居往切" kɪwɑŋ＞kɪwɑŋ，或当从颜师古"九永反"，Kɪwaŋ＞kɪwæŋ（参"囧读若犷"），故与"憬"为异文。读若无-ŋ通-k之例。疑许读"矍"如 kɪwæŋ。"矍，隹欲逸走也"，"犷，犬犷犷不可附也"，义亦相近。

支 部 第 十 八

一 古唇音字

5上8下 覭读若冪。并 mɛk＞mɛk。二字同"冖声"。"覭"大小徐本误作"昔省声"。段氏从"汩冥省声"之例改为"冥省声"。《玉篇》字亦作"覭"，"冥冖声"。

11下2下 辰读若稗县。《系传》"读若蜀稗县"。"辰" p'æg＞p'æi，"稗" bæg＞bæi。"稗"地邑之名，或从方音作 p'æi。

13上1上 糸读若覛。"糸" mɛk＞mɛk，"覛" mbɛk＞mɛk，汉音同。

9上3上 庳或读若逋。不详。"庳" biæg＞biɛi 上声。"逋" pɑg＞pɑg 平声。"或读若"者，疑假借之音。"庳中伏舍"，谓高其檐而中低也。训同《集韵》"庯，庯庩屋不平"。方言或借"庳"为"庯"，故读若"逋"。"庯、逋"同音。

4下3下 睤读若罢。"睤"《韵谱》"符支反" biæg＞biɛi。"罢"当从《广韵》"符羁切" bɪæd＞bɪɛi。唇音字 i 与 ɪ 之别或不足恃。收声-g-d 并失。《周礼·夏官·司弓矢》"庳矢"注先郑云："读为人罢短之罢"，亦同此音理。

12下9上甓读若礕。大徐本无。"甓"bɐk＞bɐk。"礕"pɐk＞
pɐk。《集韵》"甓"又pɐk，"礕"又bɐk。读若之音不详。

二　古舌音字

12上6上扺读若抵掌之抵。《系传》作"抵掌之抵"，是也。
"扺、抵"并tiæg＞tɕiɛi。

3上4下俖读若餐。不详。"俖"dɐg＞gɐg＞ɣɛi上声。"餐"
nɐk＞nɐk。叶德辉《读若考》"按本书人部，俖惰也，从人只声。
又𠬝部，楚谓小儿嬾餐，从卧从食。二字声义相同"。岂"俖"
字之音既借楚方言"餐"字之音，而"只声"之"俖"从而音讹
耶？恐无此理。"餐"疑"𢍰"字之讹，"𢍰"音同"俖"。

11上5下𤁻读若麳。并diæk＞dɪɛk，从《韵谱》。

4下4上𩨾读若《易》曰"夕惕若厉"。《系传》"《易》曰夕惕
若厉。臣锴曰，当言读若《易》曰也。"大徐本似据《系传》校
改者。"𩨾、惕"并t'ɛk＞t'ɛk。

4上3下睼读若瑱珥之瑱。"睼"t'eg＞t'ɛi或deg＞dɛi；惟《广
韵》又"他甸切"，音同"瑱"t'ɛn＞t'ɛn去声。然"是声"字何
以作此音，其来源不明。韦疑"是声"字古方言可收-d，例如
"湜"借为"寔"，"寔"借为"实"，或不出自汉魏收声消失之
后。-d转-n，则方言"睼"字未始不可作t'ɛn。或经师口授之音。
姑存此说。

10下6上㣚读若移。"㣚"（T'L＞d）diæg＞dʑiɛi＞jiɛi，从
《广韵》。"移"diæd＞dʑiɛi＞jiɛi。收声-g-d并失，汉音同。

8上9上襹读若池。"襹"（T'L＞d）diæg＞dɪɛi。"池"diæd＞
dɪɛi。收声-g-d并失，汉音同。

2上8上趨读若池。《系传》作"地"误。音同上条。

三　古齿音字

7上6上朿读若刺。并ts'iɛg＞ts'iɛi。"朿刺"古今字。

2上4下啻读若鞮。大小徐、《广韵》之音，"啻"（tsʻ转方言 tʻ）tʻiæg＞tɕiɛi＞ɕiɛi 去声，"鞮" tɛg＞tɛi 平声，不能为读若。许君似读"啻"如"帝"，《集韵》"丁计切"，且或竟如"鞮"之作平声也。

6上5上樀读若滴。《系传》"读与滴同"。并 tɛk＞tɛk。

5下1下曺读若适。"适"（tsʻ转 tʻ）tʻiæk＞tɕiɛk＞ɕiɛk。"曺一声"而汉音同"适"ɕiɛk，其来历不明。韦疑本"皂声"，xiɑŋ 转 xiæk＞ɕiɛk，不知当否。"曺、适"假借字。

6上6上楷读若骊驾。《系传》无，唐写本有之。大徐曰："骊驾未详。"小徐似亦以不知而删之也。张文虎《舒艺室随笔》"《集韵》去声四十祃居迓切收楷字，云'木参交以枝炊簟者，李舟说'。按此是读楷如驾也。省声与驾绝远。若省有驾音，则古音无据甚矣。盖李舟之误而波及《集韵》也"。至谓此读若当在"枷"字下，未免言之不经。段注云"读若骊"，其说较近。"楷"《玉篇》"思渍切" siæg＞siɛi。"丽声"字有作"所寄切"者，sliæd＞siæd＞siɛi。"骊"或某"丽声"字之讹，而"驾"字为衍文。收声失去之后，siɛi 与 siɛi 声固相近。许君或竟读"楷"如 siɛi。

四　古喉牙音字

12下3下妓读若跂行。"妓、跂"并 gɪæg＞gɪɛi，上声读若平声。

9上2上𥈠读若规。《系传》无。并 kiwæg＞kiwɛi。"支声"开口，惟"𥈠"字合口，汉音已然。"𥈠，小头𥈠𥈠也"。桂氏《义证》曰："𥈠𥈠谓小而圜也。《广雅》'𥈠，圜也'。"汉《张表碑》"𥈠榘求合"，即"规矩"。

5下3上馉读若楚人言恚人。王筠《说文句读》云："以俗语正读，谓楚人言恚人其词似馉也。非谓读若恚。"楚人之音不传，为不可知矣。许书不乏与"馆"同切之字。"㐁声"下即有"㐁、呧、院、铊"其音为 ɐk＞ɐk。此作比况之词者，许读"馆"不作 ɐκ 音。

4上6下 芊读若荶。"芊"大徐 kwag＞kwa，小徐 kwæg＞kwæi，并上声，《广韵》并同。"荶"kwɐg＞kwɐi 平声。读若之音不详。"芊、荶"假借字，或音随训转，读若 kwɐi 平声，如《集韵》。

2上5上 哇读若医。"哇"gæg＞æi。"圭声"合口，此作开口者，或以象声字故。"读若医"者，段注："医在第一部，相隔甚远。疑是翳字。翳在十六部。"按"医声"字在段氏十五部，云十六部者误也。ɛd＞ɛi 与 æi 主元音有别，然段改殊是。或当改"翳"，《集韵》"哇、翳"并 æi。

10上8上 炷读若同。"炷"k'wɛŋ＞k'wɛŋ，古从-g 转。"同"kwɛŋ＞kwɛŋ。从大徐、《广韵》。许音或如 kwɛŋ。

2上8上 趄读若跬同。并 k'iwæg＞k'iwɛi。"跬"为"趄"之俗字。

1下5下 蘾读若坏。《系传》"读若堕坏"。段注："此谓读如堕坏之堕也。……铉本脱去堕字。《广韵》蘾有坏音，误矣。""读若堕"是也。云《广韵》"蘾"有"坏"音则非。"蘾"k'ɪwæg＞xɪwɛi。"堕"t'ɪwæd＞k'ɪwæd＞xɪwɛi。收声失去后，二字音同。

12上5下 搹（重文抳）读若㐁。"搹"（KL＞g）gɐk＞ɐk，"㐁"ɐk＞ɐk，汉音同。

8上10上 鬩读若击。"鬩"（KL＞k'）k'ɐk＞k'ɐk。"击"KLɛk＞kɛk。或当从《集韵》，二字并 kɛk。

12下3上 娶读若葵。"娶"giwɐg＞giwěi，"葵"kiwɐd＞kiwěi，并上声。收声-g-d 并失。许读或如 kiwěi 上声（《集韵》"娶"又 kiwěi 去声）。

3下2下 鬎读若妫。《系传》"若"作"如"。"鬎"kiwæg＞

kiwɐi。"奻"kiwæd＞kiwɐi。收声失去后，二字音同。

12 上 9 上 巫读若乖。大徐本无。并 kwæg＞kwɐi。

1 上 3 下 甐读若鬲。并 KLɛk＞lɛk。

5 上 8 下 甐读若隔。并 KLɐk＞kɐk。

12 下 4 上 嬔读若陸。"嬔"kˑiwæg＞xiwæg＞xiwɐi 上声，从《广韵》。"陸"tˑɪwæd＞kˑiwæd＞xiwæd＞xiwɐi 平声。收声-g-d 并失。许读并作平声。（参"嬔"大小徐 xiwɐi＞ɕiwɐi 平声，可知也。《集韵》正并作 xiwɐi 平声。）

13 上 3 下 缱读若画，或读若维。"讟"亦"读若画"。许读"画"如 gwɐk＞ɣwɐk，不如 gwæg＞ɣwɐi 去声。则"缱"似亦当有入声音。今音但作"胡卦切"者，非。"读若维"音乖。段注："疑当作绛。""缱、绛"并 gwæg＞ɣwɐi 去声（各家以《广韵》"缱"胡卦切之音当"读若画"之音，实与许读不符，而"读若维"无可校释矣）。

3 上 5 上 讟读若画。并 gwɐk＞ɣwɐk（"讟"从《玉篇》"胡麦切"，大小徐 kˑwɐk＞xwɐk，《广韵》kwɐk＞kwɐk，非"读若画"之音）。

脂 部 第 十 九

一　古唇音字

12 下 5 上 丶读与弗同。并 pɪət＞pɪət，从大徐（《韵谱》、《广韵》丶 pˑɪət）。

13 上 5 上 纰读若《禹贡》玭珠。"纰"大小徐 piɛd＞piɛi 上声，《广韵》作 pˑ平声，又 biæd＞biɐi 平声。"玭"bɛn＞bɛn，《广韵》又 biɛn＞biĕn，古音从-d 转。许读二字似并作 biɐi，不同今音。

6 上 5 上 棍读若枇杷之杷。并 biɛd＞biĕi。

9 下 2 下 崲读若费。按"闤"亦"读若费"，其音为 bɪəd＞bɪəd。"崲"音大小徐 bet，《广韵》pˑəd，又 pˑɪət，《玉篇》biĕd，《集韵》pɪət，又 pˑəd，无一合者。许读"崲"疑亦如 bɪəd（《集韵》二字并 pʻiəd，非许音）。

4 上 1 下 泌读若《诗》云泌彼泉水。《系传》作"泌彼泉水"。此《邶风泉水》文，毛《诗》作"毖"。《释文》引《韩诗》作"祕"。桂氏《说文义证》引《吕氏读书记》引《释文》"毖《说文》作泌"，与大徐本同。今《释文》讹作"耾"，似同《系传》。疑许本从《韩诗》，而"泌、耾、眍"皆讹。"眍、祕、泌、耾"并 piɛd＞piĕd。

1 上 3 下 自读若鼻（"皇"字说解）。按"自"下云："鼻也"。《集韵》即以"自"为"鼻"之重文。汉音 biĕd＞biĕi。

10 下 2 上 奅读若予违汝弼。并 biɛt＞biĕt。

8 下 4 上 覒读若迷。"覒"，《广韵》作"覒"，本"民声"字，-n 转-d。并 mɛd＞mɛi。

3 下 8 下 敉读若弭。并 miæd＞miɛi。《周礼·春官·男巫》"春招弭"，郑玄注："弭读为敉，字之误也。"又《小祝》"弥裁兵"（"弥"为"弭"之假借），郑注："读曰敉。""敉、弭"实同一字。段注云:"敉在十五部，弭在十六部。"朱氏《通训定声》从《说文》在今本作"耳声"，皆未深考。

3 下 4 下 叒读若沫。"叒" mət＞mət。"沫" mat＞mat。合口字 ə 转 a，谐声时有之，短音入声字为甚。东汉时唇音大致已作嚅口势。许君读"沫"如 mʷət。段注改"沫"为"沬"，以符同部之例，音反不合。"沬"尤 mət 音。

1 上 5 下 叚读若叒。并 mət＞mət，从小徐、《广韵》。

12 下 3 上 娓读若媚。并 miĕd＞miĕd，从《广韵》。

2 上 2 下 辈读若匪。并 piəd＞piəi 上声，从大小徐。

2 下 6 下 跰读若匪。音同上条。"跰"从朱翱音"斧尾反"。

1 上 5 下 瑂读若眉。并 miĕd＞miĕi。

10 下 4 下 綠读若虑羲氏之虑。"綠、虑"今并"房六切"，非读若之音，"虑"转为"伏"，"菉"亦借"伏"音而已。"菉"《玉篇》"摩笔切"（《集韵》"菉虑"并"莫笔切"），mbɪĕt？＞mɪĕt。许读似作bɪĕd。说详下"虌"条。

9上1下颟读若眜。《系传》无。"颟昆声"为疑，古音不详。"读若眜" məd＞məd，则汉二字已同音。"颟，眜前也"，"颟、眜"假借字。

14下4上鬶读若费。大徐本无。许书引《尔雅》云"鬶鬶如人"。《释兽释文》引《说文》"读若费费"。并 bɪəd＞bɪəd，从大徐、《广韵》（《韵谱》"费"亦"房未反"，然音实作 pʼɪəd）。

10下4上虌读若《易》虑羲氏。"虑必声"而今音"房六切"，非许读也。"菉"篆下，"菉从立从录，录籀文彲字，读若虑羲氏之虑"。"彲"之重文为"魅"，其音本收-d-t。然则"虑必声"不误。"虑羲"今《易·系辞》作"包牺"，孟氏京氏作"伏戏"。许君《易》宗孟氏，而此言"虑羲"者，"虑"与"伏"本不同音。"伏"借为"虑"，其音出于方言同化作用（assimilation），mbɪĕd-kɪæd＞bɪək-kʼɪæd。自汉以后，"虑"即音"伏"（即"菉"字亦改从"房六切"）。附会者乃谓伏生为孔子弟子虑子贱之后，说见《颜氏家训》，《史》《汉》固未之闻也。段注："虑古音读如密"，而未有说。各家语多含浑，故为疏正之。"虌" bɪĕd＞bɪĕd。"虑"同音，古音或从 md-，转为《玉篇》之"摩笔切" mɪĕt（《集韵》"虌、虑"并"莫笔切"）。

二　古舌音字

1上7上丨（引而上行读若囟），引而下行读若退。tʼwəd＞tʼwəd。今字书韵书"丨"无此音。敦煌本王韵"他外反"，乃"退"之转音。参真部"丨"。

4下5上胅读与跌同。《系传》"读若跌"。并 dɛt＞dɛt。

5下8下夂读若黹。并 tɪĕd＞tɪĕi，从小徐、《广韵》。

1 下 6 下芮读若汭。并 ndiwad＞nʑiwæd。

7 下 5 下巂读若悸。《系传》无。"巂"dɪwĕd＞giwĕd＞giwĕi，从小徐、《广韵》。"悸"giwĕd＞giwĕi。汉音同。

7 下 6 下痜读若欻。二字并象声。"痜"《广韵》"呼骨切"（tˊ-＞kˊ-＞?）xwət（象声字之演变每出乎形声范围之外，故注疑）。"欻炎声"为疑。汉音当已略如今音 xɪwət。"欻读若忽"，则许读如 xwət，与"痜"正同。

6 上 8 上柮读若《尔雅》貀无前足之貀。并 ndwæt＞nwæt，从大小徐。

11 上 5 下泏读若窟。并 tɪwĕt＞tɪwĕt，从《广韵》。

10 上 7 下𤞤读若巧拙之拙。并 tiwat＞tɕiwæt。许书引《商书》曰："予亦𤞤谋"，今作"拙"。

8 下 5 下欳读若卉。《系传》无。汲古阁本作"读若屮"，各家多从之，实校者因"欳，丑律切"，音近"屮"，而窜改也。"欳、屮"开合不同类，必不能互为读若。"读若卉"者，"欳"《集韵》"许勿切"（tˊ-＞kˊ-＞?）xɪwət。"欳"象声，故注疑，或非寻常音例 tˊ＞kˊ也。"卉"pˊɪəd＞kˊɪwəd＞xɪwəd。许君读"欳"或正如 xɪwəd。象声字之音不无小出入。

12 上 4 上聉读若孽。"出声"字合口，惟此"聉"字《广韵》"鱼乙切"，开口，来源不明。此读若开口字，则由来久矣。《方言》六，"聋之甚是，秦晋之间谓之聉"。郭注："五刮反，言聉无所闻知也。"ŋwæt，为"聉"字之音。《广韵》"聉，吐喂切"下引《说文》"五滑切"，则直以"聉"为 ŋwæt 矣，非许音。许君"聉、聉"二字音训并异（参下"聉"）。"读若孽"者，ŋɪat＞ŋɪæt，其音略似《广韵》"聉，鱼乙切"（nd＞n＞ŋ）ŋɪĕt?＞ŋɪĕt（nɪwĕt＞ŋɪĕt?）。许读或正作 ŋɪæt（然"孽"或"薛"字之讹，音同"聉"ŋɪĕt）。

2上7下趑读若无尾之屈。并 tɪwət＞kɪwət，从大徐（王筠《说文释例》：“屈《唐韵》九勿切，似当作渠勿切。”盖误以大徐“趑、瞿弗切”为 g-切。大徐“瞿”字实从 k-)。

9上2上頢读又若骨。段注：“云又者，谓出声则读若拙矣，又读若骨也”，其说或然。“頢”《集韵》“古忽切”，《类篇》并引《说文》“古忽切”，twət＞kwət。“骨”kwət＞kwət。汉音同。

10下2上龛读若氐。并 tɛd＞tɛi。

13上6下蚳读若祁。“蚳”dɪɛd＞dɪɛi。“祁示声”dɪɛd＞《切韵》gɪɛi（＞gɪ）。许君或从古音并读 dɪɛi（《集韵》并“陈尼切”）。

13下5上坁读若橐。并 dɪɛd＞gɪɛi。

3上5上诣读若反目相睞。不详。韦疑“睨”字因形近而讹。“睨，望也。海岱之间谓眄曰睨”。“眄，目偏合也，一曰袤视也，秦语”，或即“反目相睨”之意。“诣自声”而今作合口音“荒内切”，汉音 xwəd，其来源不明。“诣”训“胆气满声在人上”，似喘息声。象声字不可以音理拘。许君或读如“睨”bɛɪx＞xɪɛi。

6下7上郿读若奚。“郿”dɛd＞gɛd＞ɣɛi，“奚”gɛd＞ɣɛi，汉音同，段注“奚声在十六部”，非。“奚声”古即收-d。叶德辉《读若考》“按《左传·桓十七年经》及齐师战于奚，《穀梁》奚作郎，即郿之误。”“郿、奚”或异文。

12上1下鷙读若挚。《系传》“读若挚同”。“鷙”tʼɪɛd＞tʼɪɛd，音不同“挚”tɪʌb?＞tɪɛd＞tɕɪɛd。当从《尚书·多方释文》引《说文》音“鷙（恇），之二切”，音同“挚”。

6上6下欚读若杞。“欚”ndɛd＞nɪɛi，“杞”bɪɛd＞nɪɛi，音不合。《集韵》二字并“乃绮切”nɪæd＞nɪɛi，许读或如此。段注从《释文》，“《易·姤·初六》‘系于金杞’，引《说文》作欚读若昵”，音亦不近。“欚”训“络丝欚”。“杞”为“尿”之重文，训“籆柄”。“籆”训“收丝欚”。许君以假借字为读若，音同。

9上4下鬙读若江南谓酢母为鬙。ndɛd＞nɛi。

9上2下颖读又若《春秋》陈夏齧之齧。"读又若"者，"颖末声"，既读若 lwed 或 lwəi 矣，又读若"齧"也。"齧"ŋget＞ŋɛt。段注云："当许时，读《春秋》此齧必与他齧不同。"盖以 lwəd 与 ŋɛt 不能为一音之转，故云许读非 ŋɛt，其说殊执。二音原不同语原，不必为一音之转。"颖，头不正也"，义近"倪"字，方言即以"倪"字之音读"颖"。段注云："即与左倪右倪之倪同也。"《尔雅·说龟》"左倪不类"。《周礼·龟人》"西龟曰靁"，郑注曰，"左倪靁"。"类、雷"即"颖"也。"齧"为"倪"之转音。"儿声"字古方言收 -d-g 不一。"倪"ŋed 转 ŋet。《集韵》且以"倪"为"陧"之重文。《易》"困于臲硊"亦作"倪仉"。许读"倪"或正同"齧"。

3上6上脂读若指。"脂"tien 转 tied＞ʨiěi，"指"kied＞ʨiěi，汉音同。"脂、指"假借字。

13下2上飑读若栗。并 lɪet＞lĭět。

1上5下珘读若维。并 diwĕd＞ȡziwěi＞jiěi。

4上4上㩻读若仳。"㩻"汉音 xəd，xĭěd（"隶声"字或从 TL＞t‘，＞k‘＞x，然"㩻"训"卧息"，象形声之变音不可绳以常例）。孙炎《尔雅音》作合口，——＞xɪwəd 去声。"仳"xɪwəd＞xɪwěi 上声。许读"㩻"或如此。《集韵》"㩻、仳"并上声。

9下6下希读若弟。并 ded＞ded，从《广韵》。

3上3上诿读若行道遟遟。大徐本无。"遟"为"迟"之籀文。"迟"篆下引《诗曰》"行道迟迟"，与此异。许君引《诗》，三家异文前后参差，时或有之，然似不应籀文与小篆重出。此条疑为后人所增。"诿、迟"并 dɪed＞dĭěi，从《广韵》（《韵谱》以"遟"为正篆）。

9下6上彖读若弛。"彖，豕也"。"豕读与豨同"，与此别。大小徐"豕、彖"同音，非许君本意。《广韵》"彖，施是切"，

"象，尺氏切"。亦非许音。"象读若弛"，固当从《广韵》"施是切"，而"豸"另是一音。"象"古从 TL-，"弛"从 t'，并 t'iæd＞ȶɕiɛi＞ɕiɛi。

10 下 8 上傄读若䐁。"傄象声"。大徐曰："象非声"，或改"象声"是也。"傄"（T'L＞d）dæd＞gæd＞ɣæi，"䐁"gæd＞ɣæi，汉音同。

2 下 4 上徲读若迟。"徲"dɛd＞dɛi。"迟，died＞dɪěi。《集韵》并 dɪěi。"徲，久也"，"迟，徐行也，……行道迟迟"。毛传"迟迟，长久也"。"徲、迟"假借字。

6 下 2 上狏读若绥。"狏"ndiwɛd＞n̠ʑiwěi。"绥妥声"。"妥声"，"委声"谐声乱杂。《礼》家以"绥"为"绥"。今音"绥"字音同"狏"，则不能从"委"得声，意者"绥"字误也。然今"绥"字反音 nsiwěd＞siwěd＞siwěi，与"狏"字略异。或方言不同。

10 下 2 上戜读若《诗》"戜戜大猷"。dɪɛt＞dɪět。今《毛诗·小雅·巧言》作"秩秩大猷"，音同。

2 上 7 上趚读若《诗》威仪秩秩。"趚、秩"并 dɪɛt＞dɪět。

5 上 7 下豊读与礼同。并 TLɛd＞lɛi。"豊、礼"或古今字。

8 上 5 上儡读若雷。并 lwəd＞lwəi。《淮南·淑真》"不免于儡身"，高诱注："儡读雷同之雷。"

12 下 10 上豷读若戾。并 lɛd＞lɛd。《史记·张耳、陈余传》"相倍之戾"，《司马相如传》"宛潬胶戾"，《汉书》并作"豷"。说文"豷，戾也"，盖假借字。

三　古齿音字

1 上 5 下厶读与私同。并 sied＞siěi。

2 上 1 上屮读若辙。"屮"tsɛt＞tsɛt 或 tsiat＞tsiæt。"辙"t'ɪat＞t'ɪæt。不能为读若。"辙"疑为"鐬"之烂文。

2下3上迹前颉也，从辵市声。贾侍中说。一读若栝。又若郅。《系传》"迹，前顿也，从辵市声。贾侍中说。一曰读若拾，又若郅"。原本多烂文。大徐本正篆误作"逑"。两本皆误从"市声"，又并误从"北末切"。

韦按《说文》：

草木盛米米然，象形八声。……读若辈。

止也。从米盛而一横止之也。

（小徐本误作"述木声"）行貌，从辵米声。

（大徐本误作"述"，两本并误作"市声"）前顿也，从辵乐声。

"辵部"之字多形声兼会意。训"行貌"者从"米，草木盛米米然"。训"前顿"者从"乐止也"。理本易解。各家议论庞杂，至不可究诘。韵书字书音训多错乱。唐宋人已不识许书本意矣。段氏从《玉篇》之次第，改"迹"为"逑"，于音理滋惑。韦疑野王所见《说文》，"迹"字已为烂文。

"迹读若郅"者，"郅"tiet＞tɕiĕt。"迹，乐声"，ts-转方言t-，《集韵》"追萃切"，汉音tiwĕd。"乐声"开口，此误作合口。许读或正如"郅"。

读若"栝"或读若"拾"，不详。当以"拾"为近。"拾"giʌp＞diʌp＞dʑiʌp（dʑiəp?），与"郅，之日切"或为方言之别。汉韵缉质偶可通叶，或方言-P＞-t，不敢深信。此贾逵说，许君读若"郅"耳。先言"拾"者，尊师说也。

2上7上赻读若资。"赻"ts'ɪɛd＞ts'iĕi。"资"tsiɛd＞tsiĕi。《集韵》并tsiĕi。

14上4上铈读若齐。并dzɐd＞dzɛi。

2下4下龇读若柴。并dzæd＞dzæi，从大徐。"龇、柴"假借字。

9 下 6 上 豕读与豨同。"豕" t'iæd? ＞ʨʻiɛi? ＞ɕiɛi，"豨" xɐɪ
＞xɪəi 音不相近。《史记·天官书》"奎曰封豕"，《汉书·天文志》
作"封豨"。《左·定四》"封豕长蛇"，《淮南·本经》作"封豨
修蛇"(刘安讳"长"为"修")。汉人"豕"作"豨"。《方言》八，
"猪……南楚谓之豨"(《纂文》曰"吴楚谓之豨")。《汉书·食货志》
颜注："东方名豕曰豨。"汝南语或亦作 xɪəi。然则"豕"ɕiɛi 为
"豨"，xɪəi 之后起齶化音，其上古音不当为 t'iæd？(《集韵》"豨、
豨"重文。"豨"又"赏是切，豨韦氏古帝王号，李轨说。通作豕"。与
"豕"同音 ɕiɛi，非许读。)

10 下 8 下 悴读与《易·萃》卦同。并 dziwĕd＞dziwĕd。

1 下 6 下 萃读若瘁。并 dziwĕd＞dziwĕd。"萃、瘁"假借字。

8 上 2 下 偰读若屑。"偰" ts'ɛt＞sɛt，从小徐、《广韵》。"屑"
xɛt＞sɛt。汉音同。《尔雅·释言》"偰"，《释文》"音屑"。

2 上 3 下 崒读若叔。"崒" slɪwat＞sɪwæt，"叔" sɪwat＞sɪwæt，
汉音同。

4 上 6 上 奞读若睢。"奞"或亦"佳声"，方言 t'转 ts'，ts'iwĕd
＞siwĕi。"睢"音同，从《广韵》。

11 下 3 下 霹读若斯。"霹"古音从-n 转 siæd＞siɛi。"斯" siæg
＞siɛi。收声-d -g 并失，汉音同。桂氏《义证》曰："读若斯者，
《释诂》鲜善也。《释文》鲜本作誓，沈云古斯字。"盖不特"霹读
若斯"，"鲜"亦近"斯"音。汉音"鲜"字或收-d，故 serbi 译
"鲜卑"。若全失收声，则音同"斯"。

7 下 5 下 癧读若隶。"癧" slɛd＞lɛd，"隶"古或从 nd-＞n-＞方
音 lɛd＞lɛd，汉音同。

8 下 3 下 灈读若池。不详。"灈" slɛd＞lɛd，或 slɪɛd＞lɪĕd 或
slɪæd＞sɪɛi 上声，皆与"池"音甚远。"池"疑"沲"字之讹。

"泣"汉音同"覼"首二音。

四　古喉牙音字

12下7下匚读与傒同。《系传》"读若傒同"。"匚傒"并 gɛd＞
ɣɛi，从小徐、《广韵》。"匚傒"假借字，似以《系传》为正。

8下2下兀读若复。不详。　"兀"ŋwət 转"元声"ŋɪwɐn。
"复"《广韵》kˑwɐn＞xwɐn 去声，转"趋"kiwet＞kiwĕt，或
kˑɪwəd＞xɪwəd。是则许君读"兀"若 xwɐn，或读"复"若
ŋwət，当亦音理所许。说近穿凿，疑"复"字讹，或当作"胤"。

8下1下削读若兀。"削，舟行不安也，从舟从刖省"。字又作
"扤"。《方言》九"傿谓之扤扤不安也"，郭注："吾勃反，……
船动摇之貌也。""削"或本作"舠兀声"。"兀"古文"⼃"，形
近"刀"。　"舟"旁"刀"，古自有"舠"字，即"容刀"之
"刀"。故许君以"削"为别一字，从"刖省"，殊不知"舠"误
也。二字并 ŋgwət＞ŋwət。

4下7上刉划伤也，从刀气声，一曰断也，又读若㓨。一曰刀
不利，于瓦石上刉之。"又读若㓨"明为"刉"训"断也"之读
若。《系传》无"又"字。"划伤"与"断"，亦为引申之谊。说
者乃必以"㓨"为训"刉刀"之读若，盖泥于假借之说。《说文》
"磑，礪也"，"劼，一曰磨也"，而"㓨"训"杀羊出其胎"。
"磑、劼、㓨"音同，许君乃不用"磑、劼"字，尚得谓以假借
为读若乎？

《广韵》"磑"字凡三训。（一）"古对切"，训"刉刀使利"，
合乎许君之第三训。其音为 kwəd＞kwəd，与"㓨"音不近（"岂
声"开口，而此作合口者，像刉刀之音。大徐"古外切"kwɑd＞kwɑd，理
同）。（二）渠衣切，训"以血涂门"，与许书无涉。（三）"居衣
切"，训"断切也，刺也，刲伤也"，兼许君第一第二训而言之。
其音 kɪəd＞kɪəi。韦意许君二训不同音。　"划伤"之义其音为

kɪəi。"一曰断也，又读若殢"，其音为 kəd＞kəi，则同"殢"。kɪəd 与 kəd 并象声，逼肖。然字书"刉"止有 kɪed＞kɪəi 音，无 kəd＞kəi 音，不敢深求。

13下5上圣读若兔窟。《系传》读若"兔鹿窟"。"圣" kʻwət＞kʻwət，"窟" tʻwət＞kʻwət，汉音同。

3下9下卟读与稽同。并 kɛd＞kɛi。"卟、稽"假借字。

12下2上娿读若衣。《系传》"读若依"。并 ɪbei＞ɪəi。

2下5上齛读若切。"齛" kʻɛt?＞tsʻɛt，"切" tsʻɛt＞tsʻɛt，汉音同。"齛"经典多以"切"为之。

13下7下劼读若覈。大徐本无。"劼" kɐt＞kɐt 或 kʻɐt＞kʻɐt。"覈"字讹。桂氏《义证》改为"毕"，音不近。纽氏《说文校录》改为"革"，谬。当从承培元《说文引经例证》作"鞂"，大徐 gɐt＞ɣɐt。读若之音不明，或如 gɐt。

10下2上奠读若子。"奠" kɛt＞kɛt。"子" kɪat＞kɪæt。按"孓、孑"《广雅》作"奠孓"。"奠、子"似同音。《洪武正韵》并作 kɛt，或不足据。

10下8上忍读若颟。并 ŋbeɪd＞ŋbeɪi，从《广韵》（二字又并作合口切。"忍"《韵谱》"鱼未反"，在废部，ŋɪwɐd。"忍"大徐"五怪切" ŋwɐd，《广韵》"五罪切" ŋwəd＞ŋɪwəi。许音或作开口）。

8下4下欨读若忽。《系传》作"忽飞"。"忽" fət＞xwət，"欨"-＞xwət。详上"痐"条。

1上5下瑎读若谐。并 gɛd＞ɣɛi。

12上4上聑吴楚外凡无耳者谓之聑。……言若断耳为盟。《系传》作"读若"。"盟"字误。《方言》六"吴楚之外郊，凡无有耳者亦谓之聑。其言阘者，若秦晋中土言堕耳者耴也"。许书引《方言》，亦谓吴楚言"聑"其音犹秦晋中土言"耴"，非寻常读若之例。"聑"今音 ŋgwɐt＞ŋwɐt。"耴"大小徐 ŋɪwɐt＞ŋɪwɐt，

《广韵》ŋwat＞ŋwat。不知何者为秦音。疑吴者"聉"为 ŋwæt，故谓"言若"秦音"耴"ŋɪwæt 也。

14 下 5 上耊读若诗云"赤舄己己"。"云"《系传》作"曰"。《礼记·昏义》"合耊而酳"，《释文》引《说文》"读若几"，与《毛诗·豳风·狼跋》合。"几"误作"己"。隋唐脂、之同用，妄人又因"耊"篆从"己"改之。《狼跋》一章"几"与"尾"叶，其音为 kɪĕd＞kɪĕi。许读"耊"如此。今音"居隐切"kɪən，与 kɪĕd 为一音之转。《说文》"耊，谨身有所承也"，"耊、谨"音近，似方言本作今音，而读若"几"为读经之音。（《集韵》竟收"耊"字在"苟起切"下，音同"己"，妄矣）。

9 上 1 下頯读若魁。并 k'wəd＞k'wəi，从《广韵》。"頯大头也"，今以"魁"为之。

13 上 6 上螝读若溃。并 gwəd＞ɣwəd，从《广韵》。

3 下 8 上敱读若狠。《系传》作"墾"。朱氏《通训定声》引《左·文十八传》"隤敱"，"《史记·索隐》作缎，《潜夫论》作凯"。许音盖从 k'əd 转 k'ən，故读若"狠（墾）"k'ən＞k'ən。今音"五来切"，《集韵》又"五亥切"，与许音不合。

4 下 4 上肌读若畿。并 gɪəd＞gɪəi，从《广韵》。

4 下 2 下劌读若概。并 kəd＞kəd。

2 上 7 下趱读若缛。"缛声"古音从-n 转-t。"趱、缛"并 kiwet＞kiwĕt，从《广韵》。

8 下 4 上霺读若欷。"霺"xɪĕd＞xiĕd，《集韵》又 xɪəd＞xɪəi 平声。"欷"大小徐 xɪəd＞xɪəi 平声，《广韵》xɪəd＞xɪəd。许读或如 xɪəi。

5 上 8 下爨读若回。《系传》作"回"。大小徐、《广韵》所传之音作 ɣwɛn。郭璞赞《山海》，李善注《文选》已用此音。说者谓读若"回"当改为"迴"kwɛŋ。汉韵真、耕通转，方言

ɣwɛn，由 kwɛŋ 转，事或有之，然音究不同。且大小徐异文，皆
"回声"，似不能并改为"迥、冋"也。"迥（回）"ɣwəd＞ɣwəi，
许读"赞"或正如之。

祭 部 第 二 十

一　古唇音字

6下1下朳读若辈。朳 pʼat＞pʼat（《广韵》"匹卦切"下"朳，分枲
皮也，又匹夬切"或本"朳"字而形训并乖。其音 pʼɐd＞pʼɐd）。"辈" pəd＞
pəd。许读与今音异。

10上5下狒读若孛。并 bət＞bət，从大小徐（《广韵》作"帗"
bɐd）。

3上8上龚读若颁，一曰读若非。"龚、颁"并 pɐn＞pɐn
（"龚"字古从-t 转，本"八声"）。"龚，赋事也"。"颁"本训"大
头"，然《周礼·天官·大宰》"匪颁之式"，先郑"读为班布之
班"，《大史》注同，则"龚，颁"假借字也。"读若非"者，非
许君之音（"匪颁之式"注："先郑云，匪分也"，"匪、分"一音之转。
然如王筠《说文释例》谓"龚""读若非，直是读若分耳'，则言之过甚。
"龚"本无"非"音，亦无"分"音）。疑因"匪颁"之文而汉儒转传
误读耳。

7下8下帗读若拨。《系传》读若"拨字"，"字"衍。并 pat＞
pat，从大徐、《广韵》。

4上5上叐读若绂。并 piət＞piət，从《广韵》。《说文》无
"绂"或议改"绂"为"帗"，以符假借之例，实无谓。

4上9上馭读若拨。并 pat＞pat，从《广韵》。

12上4上嫳读若击繄。《系传》作"繄击"，是也，《说文》
"繄，击也"。"嫳、繄"大徐并 pʼiat＞pʼiæt，小徐、《广韵》并
pʼɛt＞pʼɛt。不知孰是。

6下7下鷩读若鷩雉之鷩。并 piat＞piæt 或 piad＞piæd，从

《广韵》。《汉书·地理志》上"牂柯郡鳖","孟康音鳖"。

2 上 8 下 䟰读若拨。并 pat＞pat。

14 上 2 下 钹读若拨。"钹"pʻat＞pʻat，"拨"pat＞pat。《集韵》并 pat。

4 上 6 下 苜读若末。并 mat＞mat，从《广韵》。

4 上 6 下 莫读与蔑同。并 met＞met。"莫、蔑"假借字。

4 上 1 上 夐读若飓。"夐"fɪat＞xɪwæt。"飓"《广韵》亦"许劣切"，汉音作 xɪwæt。字不见经传，或为"尤声"，则其音当为 tʻɪwat＞kʻɪwat＞xɪwæt。然"飓"训"小风"，其音似汉人仿"痲呼骨切"为之。《玉篇》在部末俗字中。

二　古舌音字

8 下 5 下 胅读若移。并 diæd＞dʑiɐi＞jiɐi。

1 下 1 上 屮读若彻。此尹彤说。"屮、彻"并 tʻɪat＞tʻɪæt。"彻，通也"，"屮、草木初生也"，假借字。

12 上 2 下 戾读与钛同。"戾"dad＞dad，从大徐。"钛"音同，从《广韵》。

4 上 7 上 奎读若迖。"迖"篆下引《诗》曰"挑兮迖兮"。"奎、达"并 tʻat＞tʻat。

2 上 8 下 辻读若挞。并 tʻat＞tʻat。

13 下 2 上 飏读若列。并 lɪat＞lɪæt。《说文》"飏、飏"二篆相联。《诗·豳风·七月》一章"二之日栗烈"，《释文》"栗烈寒气也。《说文》作飏飏"。即此"飏飏"之讹。《说文》"飏读若栗"。如元朗说，"栗列"与"飏飏"为借假字。许书不引《诗》，训亦不合，陆氏以意为之耳。各家改"读若列"为"烈"，失之更远矣。

4 下 2 下 歺读若櫱岸之櫱。段注："櫱岸未闻。櫱当作屵。屵者，岸高也，五割切。櫱音同。盖转写者以其音改其字耳。"其说或然。"歺"ŋlat？＞ŋɑt，"蘗"ŋɑt＞ŋɑt，汉音同。

2下5上觊读若刺。"觊"lat＞lɑt，"刺"TLɑt＞lɑt，汉音同。

2下2下迣读若真。"迣"tiad＞ȶɕiæd。"真"tiæd＞ȶɕiɛd。主元音之音色不明。

3上1下丙读若誓。音不传。按"茜丙声"，"直例切"dɪad＞dɪæd。"丙"固可读若"誓"也。"誓"diad＞ȡʑiæd。参侵部"丙"。

2下1下逝读若誓。并 diad＞ȡʑiæd。叶德辉《读若考》"《诗·魏风·硕鼠》'逝将去女'，《公羊·昭十五年传疏》引作'誓将去女'。"

14上4上鳌读若誓。并 diad＞ȡʑiæd。

14上3下锐读若允。《系传》无。当从段注改"锐读若兑"。并 dwɑd＞dwɑd，从《广韵》。

4下2下孚读若律。"孚"lɪwɛt＞lɪwĕt，"律"PLɪwĕt＞lɪwĕt，汉同音。

12下4上缀读若唾。"缀、唾"音远。"唾"当是"腄"之烂文。"缀"《广韵》"陟佳切"，tɪwɛd＞tɪwĕi。"腄，竹垂切"tɪwæd＞tɪwei。许读或如 tɪwei。

4下6上腏读若《诗》曰"啜其泣矣"。并 tɪwat＞tɪwæt。

12上5下揣读若《诗》曰"蟀蛛在东"。《系传》"读若《诗》蟀蛛之蟀"。并 tɛd＞tɛd。

9下1下蠆读若厉。并 TLɪad＞lɪæd。

13上8上蠆读若赖。篆体"万、蚤"二声乱杂。"蠆"为"蛎"之本字，"蚤声"，非"万声"也。"蠆"T'Lɪad＞lɪæd。"赖"lad＞lad。《集韵》"蛎"亦有 TLad＞lad 音。许读如 lad。

三 古齿音字

7下8下帗读若末杀之杀。《系传》"读若椒榝之榝"。此或小

徐未详"末杀"之义而率意从"烕"字读若改之。"帴"古从-n
转-t, ts'et＞set, "杀"set＞sat, 汉音同。《考工记·鲍人》"则以
博为帴也", 先郑"读为翦", 即《广韵》"帴, 即浅切"tsian＞
tsiæn, 与许读不同。"剪、杀"音训并通, 或方言一音之转也
(参下"烕")。

3下4下叡读若赘。"叡声"字古从 ts-转 t-。二字并 tiwad＞
tɕiwæi。

7下3下叙读若《虞书》曰叙三苗之叙。《系传》无"曰"字。
并 ts'wad＞ts'wad。今《舜典》作"窜", 《孟子》作"杀"。

10下6下愍读若毳。并 ts'iwad＞ts'iwæd, 从大小徐。

1上2下藂读若春麦为藂之藂。《系传》"为藂"讹作"为毳"。
大徐 ts'iwad＞ts'iwæd, 小徐 t'wad＞tɕ'iwæd。"藂, 毳声", 当以
大徐音为正。《广韵》无"藂"。大徐云: "春麦为藂, 今无此语,
且非异文, 所未详也。"清人误于此说, 凡许君以本字为读若之
例辄勇于改易, 皆妄作主张。王筠《说文释例》云: "谚语在人
口中, 未尝著于竹帛。许君欲人以口中之音识目中之字, 本无可
疑。"谚语之外, "擎、驳、辵、趆、繻、载、叙"等篆下读若引
经亦用本字, 皆经生口中之音。其字或本有异读, 而许君读若经
师口授。

"春麦"之"藂"转音为今北平语"tʂ'uan 米", "tʂ'uan 冰"
之 tʂ'uan。方言多类似之音。吴语音正同"藂"。

四　古喉牙音字

12下7上亅读若橜。并 gıwɐt＞gıwɐt。"亅, 钩逆者谓之亅"。
《史记·司马相如传》"犹时有衔橜之变", 《集解》引徐广云: "钩
逆者谓之橜。"

12下7上乚读若捕鸟罬。《系传》"读若窦", 误。"乚"kıwɐt
＞kıwɐt。"罬"《广韵》"纪劣切"tıwat＞kıwat＞kıwæt(大小徐音

与"丨"迥异)。《集韵》并 kıwæt。

11 上 8 上沬读若椒樧之樧。"沬"xwat＞xwat，与"樧"音 sɐt＞sɐt 不合。《说文》"沬、濊沬也"。桂氏《义证》曰："濊沬即《字林》所谓抹杀也。……《汉书·谷永传》'末杀灾异'。"许君或正读如 sɐt，盖像水声，xwat 转 sɐt。《玉篇》"桑结切"sɛt，《集韵》"桑葛切"sat。皆象声（参上"帙"）。

4 上 2 上昁读若《诗》曰"施眔泧泧"（《说文》四引《卫风·硕人》此句。"夯"下作"湝湝"，"涝"下作"荡荡"，惟此与"眔"下与毛《诗》同)。"昁"xwat＞xwat，"泧"k'wat＞xwat，汉音同。

11 下 1 下巜读与侩同。大徐本无。并 kwɑd＞kwɑd。

9 下 6 下屮读若蕝。并 kıad＞kıæd（"蕝，厥声"。"厥"籀文"锐"。然"厥声"字今音无不从牙音，亦无不作开口。疑"厥"本有二音，非一音之转，或古文形音并异。参"蕳读若芮"，"籰读若蕝"）。

10 下 2 上夼读若盖。"夼"kad＞kɐd，从大小徐。"盍"kad＞kad。《广韵》无"夼"，似即以"介"为之。大小徐实读"介"音。许君或读若 kad，其音不传。

12 下 4 下妜读若烟火炔炔。"妜"大徐 giwat＞iwæt，小徐 gwɛt＞wɛt，《广韵》并同。"炔"《说文》所无，《广韵》kwɛd＞kwɛd，与"妜"音不合。惟《集韵》作 iwæt 又 wɛt，与"妜"音并同。各家以"炔"为"焆"之或体，《说文》"焆焆烟貌"。"焆"亦兼二音，与"妜"并同（古音从-n 转）。许读如 iwæt 或 wɛt，不得而知。

4 下 4 下肤读若决水之决。并 kwɛt＞kwɛt。

5 下 5 下趹读若拔物为决引也。《系传》误作"夬引"。音不详。"趹"k'iwat＞k'iwæt。"决"有二音。其一，"肤"读若"决水之决"kwɛt＞kwɛt。其又一，《庄子·逍遥游》"我决起而飞枪榆枋"，音如 k'wɛt＞xɛt，或即许书"拔物为决引"之音也。疑许君读"趹"正如 xwɛt（"趹"《集韵》又作 wɛt）。

4下8上丰读若介。并 kɛd＞kɐd。《广韵》"丰，介也"。

6下6上郯读若蓟。并 kɛd＞kɐd。"郯、蓟"假借字。

9上2下颣读若禊。《系传》作"禊"，大徐音为近。"颣"大徐 gɛd＞ɣɐd。"禊"《广韵》音同。

13下4上堨读若谒。"堨"大小徐 ŋɪat＞ȵæt，《广韵》gat＞at。"谒"ɡɪet＞ɪet。段注云："此古音也。"韦疑"谒"字讹。或当作"馤"gat＞at，与"堨"音同。

8下4下歇读若香臭尽歇。大徐本无。kʼɪet＞xɪet。

12下10下緆读若瘗葬。并 gɪed＞ɪed（"瘗夹声"，古从-b＞-d）。

2下2下遏读若桑蝎之蝎。"遏"gat＞at。"蝎"gat＞ɣat。《集韵》二字并 at。

10下1上夽读若《诗》"施罟浟浟"。《系传》作"浟浟"。"浟"不成字，盖由正篆"夽"而讹。当从"眅"下，"眔"下两引"施眔浟浟"，《毛诗》也。"夽、浟"并 kʼwat＞xwat。"浟，浟"音同，或谓三家异文者，不论许君诗从毛氏，即同一说解下，不能有两许本作异文也。"眅"篆下尚不引同声字"浟浟"而引"浟浟"，况于此乎？"浟"疑"浟"之烂文，音偶同耳。

12下5下氊读若厥。并 kɪwet＞kɪwet。《列子·黄帝篇》"厥株驹"，《释文》"厥字或作橛，《说文》作氊，木本也"。

2下1下适读与括同。并 kwat＞kwat。叶德辉《读若考》"《书·君奭》'南宫括'，《书·大传》作'南宫适'。《论语·宪问》'南宫适'，《释文》本一作括"。

14上8上峃读若臬。《系传》"读君蘖"。"峃屮声"为疑。音从 ŋɪat＞ȵæt 或 ŋɐt＞ȵɐt。"臬"ȵɪat＞ȵæt 或 ȵɐt＞ȵɐt。二音并同"峃"，前者小徐音，后者《广韵》音。许读不详，或当从小徐。读若"蘖"者，音不同"峃"，或本"槷"字。《周礼·考工记·轮人》"置槷以县"，郑注："槷古文臬。"二徐本不知何以有此异文。岂许君本从古文，而后人改为"臬"耶？

2 上 5 上奇读若檗。"奇" ŋat＞ŋat。"檗" ŋgɪat＞ŋiæt。《集韵》并 ŋat。

14 上 2 上错读若彗。《系传》"读若慧"，误。并 ɣɪwad＞ziwæd，从《广韵》。

14 下 4 上离读与偰同。《系传》"读若偰"。"离、偰"本一字。"窃"篆下云，"离古文偰"。"羍"篆下云，"禼古文偰字"，"禼"为"离"之讹，而"离"又"离"之古文也。"离" xɪat？＞siæt。"偰" k'ɪat＞xɪat？＞siæt（或 k'转 ts'＜s，故"窃离声"从 ts'-）。汉音同。

1 下 5 下瓛读若曷。"瓛" gat＞ɣat。"曷" gat＞ɣat。《集韵》并作 ɣat。

2 下 1 下遻读若害。并 gad＞ɣad。

2 上 3 下哙读若快。《系传》"或读若快"。并 k'wad＞k'wad。叶德辉《读若考》，"《诗·小雅·斯干》'哙哙其正'，《笺》'哙哙犹快快也'。《一切经音义六》引《苍颉》哙亦快字"。

7 上 8 下稞读若裹。大徐本无（按《系传》"稞"字下，"臣锴曰，今人言稞，会声，若裹，苦侉反"，从"稞"字下羼入。王筠《说文句读》反谓"读若裹"本"稞"下说，误也）。"稞"字之音当从《玉篇》"公卧切"。"会声"字例不当有过韵音。此作 kwa_d＞kwɐ 者，古方言短音第五声字 kwad 转长音去声字 kwa_d，谐声本偶有此例。"裹"从《广韵》"古卧切"，亦去声。

2 下 6 上蹶亦读若橜。《系传》"读亦若橜"。并 kɪwɐt＞kɪwɐt。说者谓"蹶"本二音，又 gɪwɐt，故"亦读若橜"，恐非许君原意。"蹶、橜"今并有 k-g-音，而 g-非常读。

1 下 5 下蕍草之小者，从草阅声。阅古文锐。读若芮（"锐"篆下云，"阅籀文锐"）。"阅声"字今音概从牙音，亦概作开口，与"锐、芮"音绝异。即此"蕍"字，《集韵》始从《说文》"读若芮"作"儒税切",古未之闻。初疑"读若芮"为"厥"之读若,不关"蘮"字,犹"皇"篆下"自读若鼻"。然"蘮"又"居例切",何以从"厥"得声,仍不可解。且"蘮、芮"本假借字。"蘮"训"草之小者","芮"亦有草小之义,说详桂氏《义证》。"蘮读若芮"不误。韦因疑"厥"字本有二音,甚或古文本有二字,形声义并异,而小篆混为一形。其一牙音开口,"厥声"字如"蕨灂缬"皆从此得声。其又一本舌音合口,与牙音字绝非一音之转。"蘮"字从此,而今"居例切"误。要之,许音"蘮芮"并 ndiwad＞n̠ziwæd（参上"丩读若蘮"）。

14下1下陉读若虹蜺之蜺。并 ŋet＞ŋet,从小徐、《广韵》。

4下7下剀读若锲。并 ket＞kɛt,从《广韵》。

2上7上趌读若墼结之结。并 ket＞kɛt。

9下7上籢读若蘮。按"丩"亦读若"蘮",其音为 kɪad＞kɪæd,与"籢"gɪwad＞ɣɪwæd 不类。许音严于开合口之分,必不能有此读若。"蘮"疑"厥"字之讹（参上"蘮读若芮"）。"厥"ndiwad＞diwad＞d̠ziwæd＞jiwæd,与 ɣɪwæd 音近。许音"籢"或从方音 ɣɪ-腭化为 ji-。

4上3下暗读若《易》勿邮之邮。《系传》作"卹",是也。不详。"暗"字之音无一与"卹"仿佛者。"勿卹之卹"今夬爻辞作"恤"。《说文》"卹、恤"并训"忧也"。"暗"必不能读若"卪声"之"卹"。意者许君读"卹"如"恤"。"恤"xɪwet＞今音 siwĕt。许读"暗"或如 xɪwet（转为大徐音 iwæt,小徐、《广韵》音 wet）。

10上10上覿读若饴饧字。"覿、饧"并-n 转-t,ɪwet＞ɪwɛt,从《广韵》。

歌部第二十一

一 古唇音字

13上3下绂读若被，或读若水波之波。"绂"《玉篇》pɪæ$_d$＞pɪɛi 上声，《广韵》pʻiæd＞pʻɪɛi 上声，《集韵》bɪæ$_d$＞bɪɛi 去声。"被"《广韵》bɪæ$_d$＞bɪɛi 上声，《集韵》同，又去声。惟《集韵》二字同音。读若"波"者，"绂，波"并 pɑ$_d$＞pɐ。

2下6下跛读若彼。"跛" pɪæ$_d$＞pɪɛi 去声，从《广韵》。"彼"音同，上声。声调不详。

12上3上麞读若淠水，一曰若《月令》靡草之靡。"麞，靡"并 mɪæ$_d$＞mɪɛi。"淠" miæd＞miɛi，"麞"字今无此音，不详（支韵系之唇音字汉时或已作三等合口，四等开口）。

14上2下铍读若跛行。《系传》作"毁行"，无所取义，当从大徐。

14上3上鑗读若妠。

此二条地位相近，读若似互讹，或抄写者错置也。《说文》"为皮省声"，不足致信。从"皮省"有之，非声也。汉音则"跛"不能读为牙音，"妠"不能读为唇音，至为明显（方言似有偶存古音者。《说文》"更丙声"为疑，"更声"字绝无作唇音之痕迹。然《周礼·考工记·轮人》"眡其绠"，先郑云："绠读为关东言饼之饼。"关东音不详。例同"为皮省声"。然"铍、鑗"二字断不能同作牙音或同作唇音）。"皮声"、"为声"不相假借。

"铍过委切" kɪwæ$_d$＞kɪwɛi 上声。

"跛" pɪæ$_d$＞pɪɛi 去声，从《广韵》。许读若"彼"，或上声。

"鑗" pɪæ$_d$＞pɪɛi 平声。

"妠" kɪwæ$_d$＞kɪwɛi 平声，《集韵》又去声。

两条如互易，许读声调不明。

二　古舌音字

12下5下 丶读若移。并 diæ_d > dʑiɛi > jiɛi。《玉篇》"丶，移也"。

6上5下杝读若他。"他"字讹。唐写本作"池"，亦非。当从李焘《五音韵谱》作"陀"。"杝、陀"并 dɪæ_d > dɪɛi 平声（"杝，落也"，即"篱落"字。《说文》无"篱"，即以"杝"为之，故唐写本"力支反"，《集韵》"邻知切"。然此非谓"杝"字本从 l-音也。"离声"字西汉尚复辅音，如以"乌弋山离"译 Alexandria。"杝"借写"篱"者，或本 d-字借为 dl-字，或方言"篱"字又作 d-音，适如"离"字之 l-与 t'-重读。要之，许君读"杝"若 dɪɛi。l-切皆以意为之）。

3下8上歧读与施同。并 t'iæ_d > tɕ'iɛi > ɕiɛi。

7上1下晚读若酏。并 diæ_d > dʑiɛi 平声，从《广韵》。

8下4上觇读若驰。"觇" t'iæ_d > tɕ'iɛi > ɕiɛi。"驰" dɪæ_d > dɪɛi。音不合。徐锴曰："《诗》曰，彼留子嗟，将其来施施，当作此觇字。"《尔雅·释训·释文》"戚施字书作规䫞"，"䫞"即此"觇"字之讹。"觇、施"假借字，"驰"或即"施"字之讹。"施，觇"音同（按"觇"似亦作"覛"。"它声"与"也声"篆体时互讹）。

9上5下郯读若侈。《系传》误作"移"。并 t'iæ_d > tɕ'iɛi。

3上5上诧读若《论语》"跢予之足"。"诧" t'iæ_d > tɕ'iɛi，与"跢"音不合。各家议改"哆"字，是也。盖以下涉"足"字沿误。"哆"《广韵》"尺氏切"，与"诧"音同。"哆予之足"今《论语·泰伯》作"启予足"。"哆"与"启"为假借，说详陈瑑《说文引经考证》，益知"跢"字之误矣（按"哆"与"开启"字为异文者，似以音随义转，而非一音之转。然"哆多声"。"多声"下"宜、轵、黟"等字转喉牙音，则"哆"字古方言或亦可从 k'-，而其音已佚）。

14上1下铄读若擿，一曰《诗》云"侈兮哆兮"。《系传》"读若擿，一曰若《诗》曰侈兮之侈"。"读若擿"必有讹夺。小徐作

"摘"更误。"多声"字无论古今音，必不能读若入声-k字。疑当作"啻"。"䤻"《集韵》"赏是切"，t'iæ_d > ʨ'iɛi > ɕiɛi 上声，"啻" t'iæg > ʨiɛi > ɕiɛi 去声。读若"侈"，二字并 t'iæ_d > ʨ'iɛi。

13下5上埵读若朵。并 twɑ_d > twɐ。

10上2上骓读若箠。并 tiwæ_d > ʨiwɛi，从小徐、《广韵》。大徐切误。

14下9下醨读若离。《系传》"读若离"。"醨、離、离"并 TLɪæ_d > lɪɛi。

9上7上魋读若儺。并 ndɑ_d > nɐ（二字古音并从-n转）。

三　古齿音字

9下1下隓读若相推落之隓。"隓"《系传》作"堕"，是也。并 dwɑ_d > dwɐ（"隋声"字古从 ts-转）。

11上4上渍读若琐。并 swɑ_d > swɐ。

10上8上羨读若羞。并 ts'ɪæ_d > ts'ɪɛi。

14上8上搴读若遟。不详。"搴"字音切与"遟"全不符，惟《广韵》有 ziɛd > dziɛi 音，与"遟"之作 dɪɛd > dɪɛi 略近。《说文》"遟"为"迟之籀文"，而"㞛、犀"不同字。"㞛辛声"。"犀尾声"，实会意。"㞛、犀"二声下并舌音与齿音乱杂。疑许读"迟、遟"本不同音，而篆体错乱。"徲读若迟"。"謘读若行道遟遟"，当为"迟迟"之讹，说详"謘"字下。二条"迟"并从舌音。"搴"读若"遟"者，或许君读"遟"音从 dzi-，不从 dɪ-。此与"搴"音正合，所不敢必。

12上2上羞河内谓之䜹，沛人言若虐。此亦读若也。"羞、虐"并 dzɑ_d > dzɐ。（参"虐"。河内音不传《集韵》"醶，鹹也，河内语"。dzɪæ_d > dzɪɛi。训从许、郑，音不知何所据）。

10下10下瑣读若《易·旅》琐琐。《系传》"易"下有"曰"字。"瑣、琐"并 swɑ_d > swɐ，从《广韵》。

四　古喉牙音字

6上4上咽读若讹。《系传》"读若讹"。《书·尧典》"平秩南讹"，《史记·五帝纪》作"便程南讹"。"讹、讹"异文，然二徐本不知何以不同。"咽、讹、讹"并 ŋgwɑ$_d$＞ŋwɐ。

3下2下䫟读若过。并 kwɑ$_d$＞kwɐ。

5上5下乚读若呵。并 k'ɑ$_d$＞xɐ。

12下2上婀读若阿。并 gɑ$_d$＞ɐ。

11上8下渮读若哥。《系传》"读若柯"。不知何以有此异文。"渮、哥、柯"并 kɑ$_d$＞kɐ。《淮南·原道》"甚淖而滒"，高注："滒读歌讴之歌。"

3下3下䢼读若踝。并 gwɑ$_d$＞ɣwa。"䢼，击踝也"，实同一字。

12下1下娿读若阿。并 gɑ$_d$＞ɐ。"娿，女师也"，"阿"即"阿保"之"阿"，假借字。

2下7上龢读与和同。并 gwɑ$_d$＞ɣwɐ。

9下4上煾读若飙。"煾" gɪwæ$_d$＞ɣɪwɛi，"飙"-n 转-d， ɣɪwæ$_d$＞ɣɪwɛi，汉音同。

6上7下楇读若过。并 kwɑ$_d$＞kwɐ 平声，从《广韵》。

8下6上䯊读若楚人名多夥。"䯊、夥"并 gwɑ$_d$＞ɣwɐ。

12下2下㛅读若骒，或若委。《系传》"或"作"一曰"。"㛅、骒"并 kwɑ$_d$＞kwa，从《广韵》，"读若委"误。或当作"倭"，wɑ$_d$＞wɐ 上声，音同"㛅"gwɑ$_d$＞wɐ。

6下4下䝿资也，从贝为声。或曰此古货字。读若贵。《系传》"䝿资也，从贝为声。臣锴按字书云古货字"。是则"或曰此古货字"六字非许书所有。说者乃谓"读若贵"亦后人所增，安知非旧本所有而小徐误夺者？"䝿" kɪwæ$_d$＞kɪwɛi。"贵" kɪwəd＞kɪwəd。汉音绝不能为读若。"贵"疑"货"字之讹，盖"䝿"为古"货"字，即借"货"字之音也。则许读如 k'wɑ_d > xwɐ 耶？不知有当否。

12下6下羛（义重文）墨翟书义从弗。魏郡有羛阳乡。读若锜。今墨书无"羛"。古文"弗我"形似而讹，"羛"即"义"也，故音亦似"义"。"锜"ŋgiæ_d > ŋiɛi 上声，音同"义（羛)"ŋiæ_d > ŋiɛi 去声（《集韵》并上声为疑)。按羛阳即戏阳，邺地。《广韵》"羛、戏"并 xiɛi 平声。地邑之名，"羛"当作 xiɛi。邺与召陵地近，许君不应有误。意者"读若锜"为墨翟书"羛"字之音，非羛阳之音也。

（原载《燕京学报》1946 年第 30 期 135—178 页；又载《陆志韦语言学著作集》〔二〕231—362 页，中华书局 1999 年第 1 版)

释《中原音韵》*

（附释卓从之《中州乐府音
韵类编》，又略述八思巴音）

　　《中原音韵》是北曲的基本韵书。周德清是元朝江西高安人，然而书里所传的语音系统确实的代表当时的或是比 14 世纪稍前的北方官话。这倒不是南方人有意的打官话。他因为唱曲的需要，把当时盛行的北曲的韵脚，用纯粹归纳的工夫，排列成 19 个韵部。他的方法完全合符陈第以后研究《诗韵》的手续。所以他的老师是关、郑、白、马而不是等韵或是平水韵。从他归纳的结果看来，元朝的曲韵地道的代表当时的官话。当然有些地方性现在无从推测了。例如"歌"字的声音可以假定为 kə (kʌ)；有的官话方言里也许念成 ko。跟《中原音韵》差不多同时的八思巴译音也应当是代表当时的官话的，可是有些音两方面已经不能符合①。这样的分别无关乎韵部分类的大纲。我们很容易为他的 19 韵拟上一套大致不错的音符。

　　至于声母方面，既然不能从曲韵归纳出一个系统来，他的分

---

　　* 本篇所用《切韵》音值跟赵、罗、李译高本汉《中国音韵学研究》（商务，1940 年）所拟的不全相同。说详拙著《古音说略》卷首。

　　① 八思巴 hPhags-pa 蒙古新字，至元六年（1269）成立，可是现存的材料较为晚出，正可以说跟周德清同时。

类可以怀疑么？也不能。按时代说，他前面有《广韵》跟后期的等韵，后面有蓝茂的《韵略易通》，徐孝的《等韵图经》等书。他夹在中间，不容有一点犹豫。他可是并没有一点错失。有几个小点上显明《中原音韵》的系统不能完全代表现在国语的祖语，下文得详细说明。并且用北方人卓从之的《中州乐府音韵类编》来校对，就知道那小分别并不发源于周氏的土话。

这部书是泰定元年（1324年）秋间写成的。前面有虞集的序，里面说起"余还山中，眊且废矣。"那末，书的刊刻至早只能在元统元年（1333年）。后面要讨论周书跟卓书的关系。出版的年份不可不认清楚。

我写这篇文章的目的当然不在乎版本的考据，或是批评曲韵。近来很有人讨论《中原音韵》；特别是赵荫棠的《中原音韵研究》（《国学小丛书》本，商务，1936年），我希望读者先细读一次，然后可以了解下文跟赵书不合的拟音。我只求略略的说明语音的沿革。对于赵书恕不批评了。下文不提到后期的等韵，或是《五音集韵》。实在把周书跟《广韵》直接联络起来，在语音沿革的说明上要方便得多。周氏本身就只提到《广韵》。

第一节　《中原音韵》跟《广韵》大致的分别

元曲把中古的入声字派入平上去三声。当时入声字的性质有点难于说明，不如另作一节讨论。先说平上去三声。

一　声调的变化

中古的平声去声字在今日国音没有变调。周书有几个例外；因为版本的错误，不必细说。有的像寒山韵的"瘫"字收入上声，《广韵》作平声，出乎方言。也许《广韵》失收，《集韵》就是兼收在上声的。这在语音上无足轻重。

至于中古的上声，在今日国音已经大变了。赵元任说（《最后五分钟》附录，中华，1929 年，页 123），清音（p 等）跟次浊音（m 等）的上声保存为上声，全浊音（b 等，赵作 b'等）的上声变为不送气的去声。这全浊音的变化上我不妨举几个例外。"祖瘖牝窌殍挺彊襌"等字《广韵》只作全浊上声，然而今国音不变去声，反是变了送气的上声。其中有的出乎《广韵》的脱略。例如"窈"字，《韵会举要》作"土了切"，"挺"字《集韵》作"他鼎切"，本就是送气的上声。"祖瘖窈挺彊"在今吴音不作全浊，乃是送气的清音"上声"。韵书脱略之处正多，并非变音的原则上有什么不周全。

中古全浊上声字还有的在今国音既不变为去声，又不变为送气的上声，而变为不送气的上声，例如"窘"字；或是送气的去声，例如"茨"字。一参考今日吴音（"窘" tɕyn, tɕioŋ 降调，"茨" tɕʻiɛ 升调），就知道变音的原则不错，而韵书忽略了。然而国音反正还有几个例外无从解释。

以上所举各个例外在《中原音韵》完全合符今日国音。其他正常的变化上，就是中古全浊上声变为清去声的原则上，更不用说《中原音韵》是合符国音的了。可见调的改变至少在六百年以前已经完成了。

二　声母的变化

中古的全浊音 b 並，d 定，dz 从，z 邪，ɖ 澄，dʒ 床二，dʑ 禅，ʑ 床三，j 喻四，g 群，ɣ 匣喻三在《中原》已经完全失去。原来属于平声字的，变成清破裂气音（b>pʻ 等），或是清摩擦音（z>s），（ɣɑ>xɑ），或是影母（ji>i，ɣr>i）。原来属于上去声的，变为清破裂音，不送气（属于入声的也变成清音，下详）。

再跟声调联起来说，中古的清平浊平变为《中原》的阴平、阳平。可是中古的上声跟去声在《中原》并不分阴阳调，不像现代粤语跟闽语。今国音跟东南音的分道扬镳六百年前已然如此了① （入声的清浊也变为阴阳，《中原》有六调，阴平、阳平、上，去、阴入、阳入。下文再详）。

此外中古的重唇三等合口在《中原》已经变为纯粹的轻唇音，（pw，pw' > f 阴，bw > f 阳）。早期等韵的唇音三等合口我怀疑还是半唇齿的 pf，bv，《中原》就不同了。mw 的变音是 "w"，不是 "mv"。这些都得在下文详细解释。

三　开合口的变化

《中原》的开合口就是中古的开合口，只有两个例外。（甲）中古的 pwr，bwr "合口" 变 f 开口。（乙）中古的 tʃ，tʃ'，dʒ，ʃ（照二等）开口变为 tʂ，tʂ'，ʂ 合口。今国音的变音在元音也已

---

① 北音把浊音变为清音，当在《皇极经世》之前。其时浊上声也许已经变成清去声。张麟之《韵镜》条例第三条说，"今逐韵上声浊位并当呼为去声。" 这话也比《中原音韵》早了一百多年，然而八思巴文的清浊音也许会叫人怀疑。据伯希和（P. Pelliot，*A propos des Comans*，JA，1920，31，155）说八文也是把浊平声译为清音送气平声，浊仄声译为清音不送气仄声。《元朝秘史》的译音也是这样的。惟有 A. Dragunov（*The hPhags-pa Script And Ancient Mandarin*，B. de l' Aca. d. Sc. de l' URSS，*Classe des Humanites*，1930，627—647，775—797）的解释很不相同。用我所订的《切韵》音值来翻译 Dragunov 呢，他说，中古的全浊音之中，在八文 bw > v > f，z > ʑ，ɣr > xi 而 ɣa > ʁa，z > z。其他 b，d，g，dz，dʑ 也仍然保存为浊音。他的文章不容易读，事实跟意见有点分不清楚。据我看来，他并没有证明浊音的保存。只是有一点很明显的，中古浊音字在八文并不按着声调而分为气音跟非气音。例如 "田动地" 在八文都译成 t，余类推。这也许因为译人不理会阳调的 t 跟阳调的 t' 的分别。就算是译人的不小心罢。八文所代表的方言至少在声调上是跟《中原音韵》不同的。他的上去声也各有阴阳二调。平上去入一共八调，正像邵雍《皇极经世》的系统。

经发现了（八思巴文"万"作 wan，"庄" tʂəaŋ，趋势正同）。

四 主元音的变化

《切韵》的元音系统极为复杂，所以我猜想他是各种方言的集合系统。到了《四声等子》跟《切韵指南》合并成摄，情形大为不同。《中原》的简化更为进步，竟能归并为十九韵。后来蓝茂因为当时语音上鱼虞系更为窄化（i-umlaut），又分出来一个韵。这样，今国音的元音系统已经出现。其中有些小分别待下文逐条说明。

五 收声的变化

上古的-m-n-ŋ 还保存着，并且界限分明。只有收-m 的唇声字，因为收声跟声母的异化 dissimilation，已经并入-n。（然而八思巴文的"泛"仍然作 fam。）可见今国音-m 的失去是逐步进行的。先是首尾异化，后来整个失去。现在某种官话里面-n 跟-ŋ 的混杂，可不是元朝的正音。

第二节 释声母

《中原》不注反切。各小韵用○分开。每○下面的字声韵全相同。版本虽然恶劣，然而用卓书跟后起的北曲的韵书来校对，再参考《五音集韵》，《中原》的声类至少可以知道个大概。赵荫棠的校本虽然不少排印错误之处，已经比流行的本子进步多了。读者可以把他的注音跟下文比较，我不愿意逐条批评。凭我分析的结果，先列成下表，然后加以说明。

《切韵》	《中原》	今国音	《切韵》	《中原》	今国音
乌	—	—	疾	ts, tsʻ	tɕ, tɕʻ
子	—	—	息	s	ɕ
博	p	p	徐	s	ɕ
普	pʻ	pʻ	侧	ts	ts
蒲	p, pʻ	p, pʻ	初	tsʻ	tsʻ
莫	m	m	士	ts, tsʻ	ts, tsʻ
方	p, f	p, f	所	ʂ	ʂ
芳	pʻ, f	pʻ, f	之(四)	tɕ, tʂ	tʂ
符	p, pʻ, f	p, pʻ, f	昌(四)	tɕʻ, tʂʻ	tʂʻ
武(一)	m, "w"	m, w	时(四)	tɕ, tɕʻ	tʂ, tʂʻ
都	t	t		tʂ, tʂʻ	
他	tʻ	tʻ	式(四)	ɕ, ʂ	ʂ
徒	t, tʻ	t, tʻ	食(四)	ɕ, ʂ	ʂ
奴	n	n	以	—	—
卢	l	l	而(五)	"ʐ̩"	"ʐ̩"
陟(二)	tɕ, tʂ	tʂ	古	k	k
丑(二)	tɕʻ, tʂʻ	tʂʻ	苦	kʻ	kʻ
直(二)	tɕ, tɕʻ	tʂ, tʂʻ	呼	x	x
	tʂ, tʂʻ		胡	x	x
女(三)	n	n	五(六)	—, (ŋ)	—
力	l	l	居	k	tɕ
作	ts	ts	去	kʻ	tɕʻ
仓	tsʻ	tsʻ	渠	k, kʻ	tɕ, tɕʻ
昨	ts, tsʻ	ts, tsʻ	许	x	ɕ
苏	s	s	于	—	—
子	ts	tɕ	鱼(六)	—, (ŋ)	—
七	tsʻ	tɕʻ			

一　"武"类何以作"w"？

《切韵》的 pwⅠ，mwⅠ，凡是后面联上中后元音的，今音变为轻唇。例如"文" mwⅠən＞wən，"奉" bwⅠoŋ＞fəŋ。凡是后面联上前元音的，不变轻唇。例如"命" mwⅠæŋ＞miŋ，"彼" pwⅠei＞pei。唐朝以后，p＞f，m＞w 的时候，中间也许经过 pf，mv 的阶级。以上说详《古音说略》。《切韵》的 pw，pw'，bw 在《中原音韵》已经变成今国音的 f，或是 p，p'。至少我们没有说他不是 f 的理由。mwⅠ（联上前元音）在《中原》也保存为 m。惟有 mwⅠ（联上中后元音）在《中原》能否从今音作 w，有点问题。例如真文韵上声有"刎"又有"稳"，去声有"问"又有"揾"。"刎"跟"问"作为 wən，"稳"跟"揾"就无从注音了，然而按《中原》的体例，他们既然是不同的小韵，声音上一定有分别。一查《中州乐府音韵类编》，立时会发现"文刎问"等字跟"稳揾"等字不是同类。按卓书的体例，阴阳调相配。他的真文韵里"因"配"银"，是 in 的阴阳相配；然而"温"并不配"文"。"温"有阴无阳，"文"有阳无阴。微母的变音不论在哪一韵，都是纯阳，不能配阴声。有人把微母字在《中原》拟作 v，那是因为北方人不能念浊音的缘故，或是有别种误解的缘故。世界上恐怕没有一种语言可以把 f 阴调，f 阳调，v 浊音，三项同时保存的（Draganov 拟八思巴音也犯了这种错误）。

那末，"刎"跟"稳"的分别究竟在哪里呢？再一查《西儒耳目资》，就叫人恍然大悟。金尼阁所记的山西方言虽然不属于正统的国语的一支，反正还是一种官话。《耳目资》的时代离开《中原》大约有三百年。他的第十二摄"文刎问"作"ven"＝wən。第四十八摄"温稳揾"作"uen"＝uən。"浊平"之下，"v"跟"f"可以并列。第五摄竟然"u"，"v"，"f"并列。"吾

五误""u"，"无武务""vu"，"符甫附""fu"。古官话的 u 跟
"vu"差得很远。u 是从中古音的合口或是主元音 u 变出来的，
是双唇的。"vu"从中古的微母，是相当于 fv 的半元音性的声
母，是半唇半齿的。他并不是 f 的阳调，也不是真正的浊音 v。
又一方面，他跟影喻母也不冲突，因为影或是喻变为元音化，并
且不是半唇半齿的。所以微的变音在《中原》可以跟着 f 作半唇
齿的 ɱ。然而从今国音跟《耳目资》往上推想，最好作半元音性
的音。为符号的便利起见，上面的表上作"w"。以下简称为 w，
可是读者不可忘了他的半唇齿性。

　　就《中原》的内容而论，只有两小点叫人怀疑这 w 的拟音。
第一是齐微韵的阳平有"微薇维惟"一条。"微薇"属微母，"维
惟"属喻四。此外另列"围"条，下面的字属于喻、影、疑三
母。按音理，"维"应当归入"围"条。卓氏《中州音韵》正是
这样排列的。周氏的方言在这一点上不能完全合符卓氏的系统。
《耳目资》的注音可以跟周氏参证，这是"维惟"的音等于"微
薇"，而跟"围韦"不同。是否 uəi＞（唇齿）wəi，不敢肯定，反
正方言有这细微的分别。第二个难点是《中原》鱼模韵的去声有
"务雾骛戊"一条。"戊"字属于明母一等。卓氏的"务"条下不
收"戊"字，北方音"戊"不能作 wu。今吴音"务戊"同音。
凭这一个字，我猜想现存的《中原》是由唱南曲的人篡改过的，
不能是周氏原本。从此类推，"维"跟"微"同条，跟"围"分
别，也许只代表南曲的吴音①。

---

　　① 当时官话，对于中古的喻三跟喻四也有不同作元音化的。八思巴译音的喻四
跟喻三疑三不同音。据 Dragunov 的拟音，喻四作 j，应当是影母的阳调。喻三的开口
音同乎喻四。合口作 '，是软腭的半元音性的磨擦音。可见当时官话有影阳调，又
有 '，又有微母所变的 w 阳调。很可能的，《中原》有记载不实之处，所以喻四合口
归入喻三或是归入 w，有点犹像。

二　知彻澄作 ȶɕ 等又作 tʂ 等

这三母不能像今国音的单作 tʂ 等。《中原》"知"跟"支"不同音。有人把《中原》的"知"拟作 tsɿ，"支"拟作 tʂʅ，这是不合音理的。除非证据十分确实，tʂ + ɿ 那样的音断乎不可轻信，何况同时又拟上一个 tsɿ 呢？知的所以会拟成 tʂ，因为有人错认《切韵》的知、彻、澄是卷舌音。我在《古音说略》已经说明《切韵》不能有 tʂ 等音。知还得从高本汉作 ȶ，再论到后来的史实呢，更见得知的变为 tʂ 是极后起的。《五方元音》还是"支"跟"知"分列，跟《中原》相同①。跟《五方元音》同时代的《耳目资》固然把"支"字跟"知"字都译为 tɕi，那是一种山西官话的特征，是后起的。这方言的知母字有的竟然变了 tʂ。《中原》"支"等字入支思韵，"知"等字入《齐》《微》韵，"支"从中古的 tɕi（e）i＞tɕi 变为《中原》的近乎 tɕʅ 的音（元音的性质详下），"知"从中古的 ȶɪ 变为《中原》的 tɕi。可见"支"的卷舌化发现在"知"的 ȶɪ＞tɕi 之前，否则古官话的"支"跟"知"不能有任何分别，正像《耳目资》的同音了。北曲的支思韵里没有从知彻澄变出来的字（在"支"没有卷舌化，"知"没有变磨擦音之前，官话有 tɕi，有 ȶɪ，有像现在福州话的"支" tɕie 跟"知"ti）。

除了这支思韵跟齐微韵的分别之外，中古的知、彻、澄三等，不论开合，在《中原》好像都跟照、穿、禅（床）三等混合了，都作 tɕ。知、彻、澄二等混入照、穿、床二等，ȶ 跟 tʃ 都变为 tʂ。

---

① 八思巴音"支""知"同音，不足为据，因为译人不能摹拟 ȶɪ 音。

三　娘母字作 n 不作 ȵ

《切韵》的 n 跟 ȵ 分不清楚，《三十母》不列娘。今国音只有 ni，没有 ȵi。《中原》承上启下，也不能有这腭化音。

四　照三等还可以作 tɕ 等，没有全变为 tʂ 等

见、溪、群三等在今日国语早已腭化，ki＞tɕi，然而有的官话方言还保存 ki 等音（例如山东语），在闽粤话更不用说了。金尼阁所记的山西官话方言里"机"等字还是 ki。在《五方元音》属于金不属于竹。所以《中原》的见溪群三等很不宜乎作 tɕi 等，或是作"c"等。这是显而易见的道理，有人竟会弄错了。让见三等占了照三等的地位，于是乎照三等完全得从今国语，作 tʂ 等。于是乎 tɕi-，tʂi-，tʂa- 会在《中原》同韵发现。于是乎满纸是 tʂi，tʂ'i，ʂi 的怪音。

详细的说，《中原》的照三等开口，除了在支思韵作 tʂ 等，其他不论在哪一韵，都跟知三等一同作 tɕ 等。至于照三、知三等合口在《中原》是什么音值，我有点不敢肯定。例如真文韵阴平"谆迍"一条，"谆"是中古的 tɕiwěn，"迍"是ȶɪwěn。他们在《中原》作 tɕiun 呢，还是作 tʂun 呢？这个问题关乎齐微、真文、先天三韵。齐微韵的照三等，知三等合口字应当作 tʂ，因为这一韵的合口字，不论影一、影三，晓一、晓三，来一、来三，帮一、帮三，一等跟三等都已经合成一条，三等字已经失去介音。所以 tɕiwěn，ȶɪwěn 变为 tʂu-。真文韵没有把握。《耳目资》第二十七摄，"谆"tʂun，"沦"lun；第三十七摄，"遵"tsiun，"钧"kiun，"沦"liun（重读）。这些字在《切韵》是同类的。照三等合口（"谆"）的变 tʂ，在《耳目资》好像是新起的现象。《中原》早出三百年，当时的照三等，知三等合口也许还是 tɕiun，然而假若

已经变为 tʂun，音理上也没有什么不可能。先天韵的情形是同样的（据八思巴文，好像应当真文作 tɕ，齐微先天的作 tʂ，然而音符可疑）。

五　日母字变为腭音的"z̢"

这"z̢"就是《国语罗马字》的 r，并不是 ʂ 的浊音 z̢，也不是 ɕ 的浊音 z，所以加上""号。他的性质介乎"软音'mouille 跟"硬音"dur 之间，也许较近乎 z̢，可是像高本汉的《方音字典》竟然作 z̢，那是不合式的。那像呢，《中原》既然有阴调的 ʂ，阳调的 ʂ，又加上这 z̢，一定会叫人误会。

"z̢"的后面在《中原》可以联上 i，正像《耳目资》的"人忍刃"等字在第十八摄译作"jin"，跟"真轸震"tɕin 同韵，那明明是"z̢in"。在古官话，这"z̢"音可以是很普遍的。Dragunov 所拟的八思巴音用 z 对译日母，也许就是这个音。《中原》韵里，凡是跟 tɕi-同韵的中古日母字都可作"z̢i-"。

六　疑母的消失

《中原》把疑三等 ŋɪ 跟喻母全都归入影母，正像明朝以后的曲韵，《耳目资》跟《五方元音》，然而有两个例外。第一，车遮韵"拽"条跟"业"条联着，中间隔一个〇，应当是不同的音。《中州音韵》只列一条，它的次序跟《中原》一样。《中原》多了一个〇嘛？然而八思巴译音的"业"字正作 ŋ，所以《中原》的分条是无可怀疑的。第二个例外在江阳韵跟萧豪韵。江阳的上声列一个"仰"字，跟"养"条重出。去声也列"仰"字，也跟"养"条重出。萧豪韵入声作去声的有"虐疟"条跟"岳"条重出。这断不是偶然的错失。并且八思巴译音的"仰"字也作 ŋ（卓书也是"岳""虐"分别。江阳韵的去声不收"仰"字。上声有"谎晃仰"，中间显然脱去一个空位）。我不明白这几个 ŋɪ-字何以独能保存疑母。八思巴音还有"牛宜义议仪沂严言"等字也没有失去 ŋ，理由也不能明了。至于八文在"友有侑又祐尤"六个字加上寄生的 ŋ，我以为也许有误译之处，因为现代方言没有这样的现象。

一等二等的疑在中原《大致》也已经消失。萧豪韵去声"奥""傲"重出，有《中州音韵》可参证。歌戈韵上声"妸""我"重出，可惜卓书不收"妸"字。这两个字在八思巴文也都作 ŋ（"敖"字有时没有 ŋ，也许根据另一种汉方言）。萧豪韵的主元音是 ɒ，歌戈韵的是 ɔ，说详后。我细查《耳目资》的 ŋ 字，得到下面的结论：

　　　　i 前　消失或是变为 n

　　　　u（主元音）前　疑影异读

　　　　uan, uon 前　消失

　　　　o, uo 前　疑影分明

　　　　ɑ 前　影母字一概加上寄生的 ŋ，例如"安"作 ŋɑn，

　　　　ə 前　"恩"作 ŋən，

《中原》的疑、影重出正发现在 ɒu 韵跟 ɔ 韵，就是最近乎《耳目资》疑影分明的地方。《中原》的"吾"读为 u。"安"读为 ɑn，"恩"读为 ən，没有寄生音。寄生 ŋ 的发生，"我" ŋɔ 跟"妸" ɔ 的分别，两件事根本不同。近代官话的"安"作 ŋan，nan，很可以是最近才发生的。所以有人在《中原》音随意加上寄生 ŋ，方法上反而多此一举。

表上载明《中原》的声母一共 24。-| p p'| m f w| t t' n l| ts ts' s| tʂ tʂ' ʂ"z'| tɕ tɕ' ɕ| k k' ŋ x。比起现代国音来，ŋ 还没有完全失去，又多了一个 w。这 w 是半唇半齿的半元音，跟 u 不同性质。那时候的一等唇音也许还带嘬口势。例如"波"不是 pɔ，也不是 puɔ，乃是 pwɔ（可以简写作 pɔ）。见等母一等跟三等也许可以不同音素。见一等也许近乎 q，正同《切韵》。

第三节　释韵类

《中原》分十九韵：一东鍾，二江阳，三支思，四齐微，'五鱼模，六皆来，七真文，八寒山，九桓欢，十先天，十一萧豪，十二歌戈，十三家麻，十四车遮，十五庚清，十六尤侯，十七侵寻，十八监咸，十九廉纤。把他们跟《广韵》或是《通志·七音略》联起来，又一方面参照八思巴译音跟现代国语，这十九韵的元音很容易规定。

一　东鍾　从《广韵》

东　uŋ luŋ
冬　woŋ　　　　　　变 uŋ iuŋ
鍾　lwoŋ

登　喉牙合口　ŋœŋ
庚　" " " "　waŋ lwæŋ　变 uəŋ iu（e）ŋ
耕　" " " "　wɒŋ

二　庚清（原第十五）　从《广韵》

登　əŋ ŋe　蒸 iěŋ
　　wəŋ

庚　aŋ læŋ
　　waŋ lwæŋ

耕　ɐŋ ŋe　变 əŋ ŋe　ŋi
　　wɐŋ　　　uəŋ iu（e）ŋ

青　ɛŋ
　　wɛŋ

清　iɛŋ
　　iwɛŋ

庚耕登的合口跟东鍾韵通押。这样的字《中原》两韵都收，可是两方面的字不全同。卓书只收在东锺，好像那些合口字真的已经变为 uŋ, iuŋ 音了。那末《中原》的分收或是兼收表明有些合口字在方言异读（参《耳目资》uŋ 跟 uəŋ 重读。）。卓氏的辨音也许是靠不住的，而周氏只按曲文归纳。所以表上把收入东锺韵的庚耕登字依然拟成 uəŋ, iu（ə）ŋ。蓝茂《韵略易通》还是把他们收在庚晴韵的。

《中原》的东锺有一条作"穹芎倾"。"倾"字属于清的合口。卓书的"倾"字收在庚清，在"轻"字条下。这好像是方言的开口读（《耳目资》开口重读）。

《中原》的庚清韵又有一种特别的现象。平声"京轻英"三条，上声"景"条，去声"敬暎杏"三条都兼收二等字。其中"京"条呢，卓书分为"庚"、"惊"二条。"英"条，"敬"条，"暎"条无可考。其余"轻景杏"三条之下，卓书也兼收二三四等。其中二等字一半在今国语已经作 iŋ，一半还是作 əŋ。方言性有不能明了之处。注音只可以从明朝以后的官话韵书（八思巴音"幸行"已然作 iŋ）。

三　江阳（原第二）　从《广韵》

江　ɒŋ

唐	ɒŋ	阳	ɪɑŋ		变	ɒ ŋ	iɑŋ
	wɒŋ		ɪwɑŋ			uɒŋ	—

江的喉牙音腭化成三等式。三等合口 kɪwɑŋ 等已经失去 ɪ，卓书"汪"跟"王"能配阴阳。pwɪɑŋ 等变轻唇 fɒŋ。三等开口 tɕiɑŋ 变 tsɒŋ，有八思巴音可证。照二等开口"庄"tʃɪɑŋ，"双"ʃɒŋ 等渐变为合口式，然而还不像是今音的 uɒŋ。据 Dragunov 所拟八思巴音，"庄"字作 tʂæ̃ŋ。《耳目资》作 tʂɔɑŋ，近乎《中原》的音。

四　寒山（原第八）　从《广韵》

寒　ɑn

山　an，ʷan ⎤喉牙开

删　ɐn，wɐn ⎦口除外

　　　　　　　　　　　　　　an
元　(pʷ)ɪɐn　唇音　　　变
　　　　　　　　　　　　　　uan

凡　(pʷ)ɪɐn　唇音

仙　(tʃ)ιɛn　照二等

山删喉牙开口(kan)，(k)ɐn　　变　ian

这一韵的各小韵，喉牙开口一二等重出。

寒

　平　k 干　k'刊　x 寒　-安
　上　　赶　　侃　　罕　　⊗
　去　　干　　看　　旱　　案

山删

　平　k 姦　k'悭　x 闲　-殷
　上　　简　　⊗　　⊗　　眼
　去　　间　　⊗　　限　　雁

这现象可以有两种解释。（一）《广韵》一等寒的元音在《中原》还是 ɑ。其余的元音都简化成 a（山删喉牙开口在内）。（二）《广韵》的一二等的元音都已经变成 a。元凡唇音字跟仙的照二等字也都单元音化，变成 a 类。只有山删喉牙开口，因为腭化，附上一个介音。他们的主元音似乎应当是 a＞æ。然而他们既能跟寒同韵，跟下文所说先天不同韵，我们暂时保留 a 音。这两种可能之中，算第二种较为近理。因为我们知道山删的喉牙开口字在八思巴音已经具有介音。上文庚清韵的二等字可以跟三四等字同音，这是内在的证据。

元凡的合口唇音变成 fan，（w）an（w 半唇半齿，并非合口）。

凡的-m，经过唇音首尾异化的作用，变成-n。

五　先天（原第十）　　从《广韵》

先　ɛn

　　wɛn

仙　iɛn　　　　　　　变　iɛn

　　iwɛn　　　　　　　ıuɛn

　　ıɛn　　（tʃ 除外）

　　ıwɛn

元　rɐ n

盐　(p)iɛm　唇音

　　盐的唇音字异化成收-n。

六　真文（第原七）　从《广韵》

痕魂　ən　　欣文　ıən

　　　wən　　　　　ıwən

真谆臻　　　　iěn　　　变　ən　　　　　in

　　　　　　　　　　　　　u（ə）n　　iu（ə）n

　　　　　iwěn

　　　　　ıěn

　　　　　ıwěn

侵　　　　　　　(p)iěm 唇音

　　侵唇音字异化成-n。有"肯孕"二字，跟中古音（-ŋ）不
合，可是正合符今国音（古方言"肯"字很早就有收-n的音）。

七　桓欢（原第九）　从《广韵》

桓　wɑn（wɒn）　　变　uɒn

　　跟今国语全然不合。方言有的作 un，uɒn。八思巴作
"on"《耳目资》作 uon。有人把《中原》的桓欢拟作 uɒən，怕是
受了吴音的影响。吴语的 ye，uœ，ɜu 等音跟《中原》不同来历。

八 盐咸（原第十八）　从《广韵》

覃　ɒm

谈　ɑm

咸　ɐm（喉牙音除外）　　　　　　变　am

衔　am（ ″ ″ ″ ″ ）

盐的照二等。(tʃ) ɪɐm

衔咸（喉牙音）(k) am, (k) ɐm　　变　iam

　　　　　　　据八思巴音，参上寒山韵。

九 廉纤（原第十九）　从《广韵》

添　ɛm

盐　iɐm

　　ɪɐm　　(tʃ 除外)　变　iɛm

严　ɪɐm

十 侵寻（原第十七）　从《广韵》

侵　iĕm

　　　　　变　əm, im

　　ɪĕm

照、穿、床、审二等字变 əm。去声有两个怪字，"啉"
ləm，"唔" t'əm，是元朝的俗音。卓书不收。

十一 支思（原第三）　从《广韵》

支　iei＞i

　　ɪei＞ɪ　｜　照二照三等开口。

脂　iĕi＞i　｜　精开口。　　　　　变　ï

　　ɪĕi＞ɪ　｜　日开口。

之　i (ĕ) i＞i｜

这一韵的元音很容易叫人想起现代方言的舌尖音，然而时代
不合。《中原》这一韵还没有知、彻、澄等母字，那些字还是在
(下文的) 齐微韵。照二等母字，照三等母字，日母字，精等母字

在《皇极经世》，八思巴，《中原》，《耳目资》所占的地位不同。

	照二	照三	日	精	知
《皇极》	"发?"	"收"	"收"	"开"	"收"
八	·"hi"	"i"	"i"	"hi"	"i"
《中原》	支思	支思	支思	支思	齐微
《耳目》	"u次"	"i"	"ul"	"u次"	"i"

从这表看来，精等母的字很早就近乎 ㄗ 音，可是《耳目资》的"u次"不见得就是 ㄗ。ㄗ 断不近 u 音。照二等母的元音也很早就变了，可是在《皇极》还不能跟精同作"开"类。最容易比较的是《中原》跟八思巴，并且是同时代的官话音。八的精、照二音已经近乎舌尖音，然而照三跟日的地位显然不同《中原》。《中原》的变音比八更进一步了，那是方言的不同。Dragunov 把八思巴的"资自次"拟成 ï，照三作 i。我以为最妥当的办法是把《中原》的支思韵全拟作 ï。这 ï 音是 ㄗ，ㄘ 跟 ï，ə 中间的一个音，这不是实在的舌尖音，不过借用 ï 符号而已。

十二　齐微（原第四）　从《广韵》

支　iei（＞i）

　　iwei

　　Iei（＞I）　（照二照三

　　Iwei　　　等开口　　（照二等合　　　　　i

脂　iĕi（＞i）　入支思　　口在皆　　　变　ei

　　iwĕi　　　韵，精等　来韵。）　　　　uei

　　Iĕi（＞I）　开口同。）

　　Iwĕi

之　i（ĕ）i＞i

齐　ɛi

	$^w\varepsilon i$		
微	$I\partial i$		i
	$Iw\partial i$	变	ei
祭	$i\varepsilon i$		uei
	$iw\varepsilon i$		
	$I\varepsilon I$		
	$Iw\varepsilon I$		
废	$I\mathfrak{v} i$		
	$Iw\mathfrak{v} i$		
灰	$w\partial i$（$iw\mathfrak{v} i$）		
泰合口	$w\mathfrak{a} i$		

阴平有"蚩媸鸥"，上声有"侈"，去声有"帜炽"，属于支、脂、之的穿三开口，照例应当在支思韵。这几个字在卓书只有"媸"字收入支思。《中原》为什么杂出，为什么集中在穿母，不得而知。穿三开口在八思巴音也是属于齐微类的。卓书跟八思巴音的中间，《中原》应当从卓。也许曲韵支思跟齐微通叶，周氏重归纳，所以把这些穿三字归入齐微。

十三　车遮（原第十四）　从《广韵》

麻三等	ia	变	$i\varepsilon$
戈三等	$Iw\mathfrak{a}$		$iu\varepsilon$

十四　皆来（原第六）　从《广韵》

哈	$\mathfrak{v} i$
泰开口	$\mathfrak{a} i$

皆　ɐi

　　wɐi

夬　ai　　　喉牙开　　变　ai

　　wai　　口除外　　　　uai

佳　æi

　　wæi

支　(tʃ) ɪwei

脂　(tʃ) ɪwi

佳夬皆喉牙开口 (k) ai，(k) ɐ　　变 iai

　　　　从八思巴音，参上寒山、监咸。

这韵又有"外"字，（泰合口）ŋwɑi（?）＞uai，"块"字，（队）k'wəi（?）＞（k'wɒi）＞k'nai，似乎应当在齐微。方言不合《切韵》，可是合乎今国音。

十五　家麻（原第十三）　从《广韵》

麻　a, ʷa　　　　变　ɑ iɑ　喉牙音字作 iɑ，有八思巴文可

佳　æ, wæ（方言）　　uɑ　　证。参上寒山、监咸、皆来。

《广韵》的佳韵系字有的收入《中原》的皆来，有的收入家麻。同是《广韵》的"古膎切"，"街"字在皆来，"佳"字在家麻。同是《广韵》的"五佳切"，"崖"字在皆来，"涯"字在家麻。唐诗用佳韵系字，本就跟《切韵》的体系不相同。《中原》跟唐人用韵相合（参拙著《唐四家韵》，不久付印）。可见《切韵》的佳跟麻的分别未见精审，只代表某种方言。《广韵》很多麻、佳并收的字，也许在《切韵》时代，麻、皆、佳三个二等韵系，在任何方言，已经不能全然独立。

十六　萧豪（原第十一）　从《广韵》

豪　ɒu

肴　ɐu　　　　　　　　ɒu

宵　iɑi, uɑi　　　变　ɐu, iɑi

萧　ɛu　　　　　　　ieu

这一韵的元音比别的韵来得复杂。据各个小韵的排列看来，宵跟萧已经合而为一。平上去声合起来，各小韵的辅音可以列成下表：

从豪	p p'm(f)	t t'n l	ts ts's	k k'x-ŋ	
肴	p p'm	n		k k'x-	tʃ tʃ'ʃ
宵萧	p p'm	t t'n l	ts ts's	k k'x-	tɕ tɕ'ɕ ʑ ʑ

所以这一韵至少得有三种元音。从豪来的可以是ɒu（u从今音），从肴的作ɐu，从宵萧的作iɑi。实在的音色都无法规定。然而这一韵并不只有这三个小类。肴韵系的喉牙音字在八思巴音已经具有介音 i（参上寒山、监咸、皆来、家麻）。可是在《中原》他们又跟宵萧系的喉牙音字分列，可见不是 kieu 类。表上暂订一个 ieu，实在的音色不明。

这韵上声收"剖缶"二字，去声收"茂覆"二字。这些在《广韵》的尤侯韵系的唇音字已经不再属于《中原》的尤侯韵。四个字之中，《中州》韵只收"缶"字，注明"收"。按卓书的体例，"收"表明某字已经从旧韵书的某韵变入另一韵。所以这"缶"字在《中原》收入豪萧韵的理由，并非因为作曲的人的通叶。他的音实在从 fəu > fɒu。"茂"字依旧在卓书的尤侯韵。也许方言不同，无从详考。

十七　歌戈（原第十二）　从《广韵》

歌　ɑ　　　　　　　ɔ

戈　uɑ　　　变　uɔ

这一韵的主元音，在明末清初的官话还是作 ɔ。

十八　鱼模（原第五）　　从《广韵》

模　wo

鱼　io

虞　Iwo

尤（唇音）　　（p）Iəu（?）　　　变　u
　　　　　　　　　　　　　　　　　　　iu

侯（m）　　（m）ən（?）

《切韵》侯韵系的明母字在这韵有"母某牡亩戊"，在尤侯韵有"贸懋"，并不重出。这两组字在《切韵》同音，可是在上古音的来历并不相同。这 14 世纪的官话在这一点上是从先秦音直接沿传下来的，跟《切韵》不合。可见"母"等字的音的确是 mu，不是 məu 而勉强押入鱼模的。

尤韵系的唇音字，除了一个"否"字，在《中原》的鱼模跟尤侯重出，其余一概变入鱼模。卓书在鱼模韵的平声"谋"字，"浮"字，上声"否"字，去声"妇阜"字都注上"收"。所以《中原》鱼模韵的"谋浮否富妇阜负"也的确已经作 u。

中唐以后的诗韵里，北宋的词韵里，尤侯的唇音字大致叶入鱼虞模，跟《切韵》不同。据 Dragunov 所拟的八思巴音，"楼奏"əu，"母茂"uu，"古库"u。这 uu 不知如何念法，然而跟əu，u 两不相同。《中原》的确归入 u。

鱼虞的变音这里作 iu。u 也许不足以代表真实的音素；很可能的是较前的元音。八思巴音的模跟鱼虞已经不同主元音。然而其时的鱼虞断不像是已经单元音化了的。有人把他拟成 y，正像 Dragunov 把八音的鱼虞拟成 ü，太近乎今音。模 u，叶鱼虞 y（ü），那样的曲子唱来也不大好听 [《耳目资》的鱼虞列在 u 摄，他的元音介在"苏"（su）跟"私"（si）的中间。这才是单元音化了，也许近乎ʉ。《五方元音》把鱼虞从虎韵移到了地韵，比《耳目资》更近乎现代国音，那才是 y]。

十九　尤侯（原第十六）　　从《广韵》

侯　əu

尤　Iəu　　　变　^{ue}

　　　　　　　　　　　_{iən}

幽　iĕn

这一韵跟鱼模韵同入声。侯的唇音字多半转入鱼模。尤韵系的全转入鱼模了，只有一个"否"字两方面重出。只有幽韵的唇音字还没有变。从各方面看来，《中原》尤侯韵的元音不能从今国音的 ou, iou。《耳目资》还是作"eu""ieu"，也许就是 əu, iəu。《中原》的收声我不敢肯定是 u，不如从《切韵》作 u。

第四节　说《中原音韵》本有入声

我不明白现在人何以敢肯定元朝的中州音没有入声。张世禄（《中国音韵学概要》，商务，1929，页88）引《四库提要》说《中原音韵》条："北音舒长迟重，不能作收藏短促之声。凡入声皆读入三声，自其风土使然"。相差四百年，怎么可以引为证据。赵书引陶宗仪《辍耕录》，较为近情。陶说："今中州之韵入声似平声，又可作去声"。元朝的中州音里有几个入声字变为去声，那实在是有的。卓书在尤侯韵的上声"竹"字下注"收入作去"（?），去声"六"字下也注"收入作去"。然而陶书也只说入声"似"平声而已。周德清的《作词起例》有一段话义理晦涩，尽念也念不懂：

亳州友人孙德卿长于隐语，谓《中原音韵》三声乃四海所同者，不独正语作词。夫曹娥义社天下一家，虽有谜韵，学者反被其误。半是南方之音，不能施于四方。非一家之义。今之所编，四海同音，何所往而不可也。诗禅得之，字字皆可为法。余曰，尝有此恨。窃谓言语既正，谜字亦正

矣。从葺音韵以来，每与同志包猜，用此为则。平上去本身
则可，但入声作三声，如平声伏与扶，上声拂与爷，去声屋
与误字之类俱同声，则不可。何也，入声作三声者，广其押
韵，为作词而设耳。毋以此为比。当以呼吸言语还有入声之
别而辨之可也。德卿曰然。

周氏回答的话意义十分清楚。《中原》序并且说，"派入三声者，
广其韵耳。有才者本韵自足矣"。《作词起例》又说，"入声派入
平上去三声如鞞字，次本韵后，使黑白分明，以别本声外来，庶
使（便）学者。有才者本韵目（自）足矣"。本是"黑白分明"的
事现在人怎么会否认呢？

那是因为拘执现代国音。国语完全失去入声，至多不过二百
多年的事（说另详）。到现在还有许多官话方言保存入声，例如山
西话，下江官话。我们非但不能根据今日国音而抹杀《中原》的
入声，就是《五方元音》的入声也不可以轻易放过。

最好再从《中原》本身找几个内在的证据来说明入声的派三
声并不跟三声同音。我选了下面的三条：

（一）上面说过，中古的浊音上声字在今音大多数已经变为
清音去声。《中原》已然如此。周氏还说了一个笑话，"道士呼为
讨死"。那些新兴的去声字在《中原》就归并在去声条下，绝不
因为他们是中古的上声或是南音的上声而列为"上声作去声"。
例如江阳韵的去声"相"同"象"，"饷"同"上"，"帐"同
"丈"，"当"同"荡"，"谤"同"蚌"，全都收在去声条下。曲韵
"鼻"字去声作平声，周氏另列一条，全书独一无二。可见他的
体例严谨之极。然而入声派入三声呢，"黑白分明"。所以就齐微
韵而论，"第"字切韵上声，归入去声"帝"字条，因为当时实
在已经变成去声。"鼻"字《切韵》去声，书里不归入平声，因
为当时还是去声。"实"字派入平声，"质"字派入上声，"日"

字派入去声，实在全都是入声。

（二）《中原》把中古的清音入声派入上声，次浊的入声派入去声，全浊的派入阳平。现在人不明其所以然，（参王力《中国音韵学》下册，商务，1937，页208）。因为古入声在今日国音虽然次浊的确已变为去声，全浊的确已变为阳平，跟《中原》的派别相符，惟有清音的不能全作上声。赵元任说"无规则"。（我从永嘉语入声的变化猜想；其中一部分的理由可以是关乎意义学的 semantics，或是关乎多音词跟单音词的分别的，或是一个多音词的前一个音跟后一个音的同化作用，现在不必细说。）那末，《中原》为什么派入上声呢？《中原》的上声是升调，正像现代国音。清音入声是高调的短音，差不多等于上声的尾巴。用在曲韵，跟上声相叶，最合适不过。就因为清音入声能完全派入上声，所以知道他们不能是真正的上声。

（三）音理上还有一个最确切的反证。派入某声的入声字跟本声字在今音可以全然不同。例如萧豪韵平声"豪寮饶"跟"浊铎博"，上声"小皎裊"跟"捉托错"，去声"笑棐钓"跟"诺幕恶"。齐微字的入声可以收《广韵》的德韵字"惑劾贼德得国黑墨"。有人把这些字都拟成 ei，从今日土音，"国劾"就得念成像四川话的样子。似是而非。所以跟今国音不合的缘故，正因为《中原》的入声还是入声。这一类的例子满书都是。

以上所说的，我自己有一点怀疑，不妨指出。入声字的主元音既然都是短的，何以能各别的派入平上去三声呢？上文说，清入声之所以派入上声，因为他的声调近乎上声（升调）的尾巴，叶韵很谐和，那是可能的。然而次浊的入声何以叶去声而全浊的叶平声呢？尤其是叶平声的更为奇怪。因此又想到陶氏《辍耕录》所说的"今中州之韵入声似平声"。明朝官话的浊入声确有几乎变为平声的，有徐孝《等韵图经》，袁子让《字学元元》等书可证，这里不必细述。那末，比这时期再早二百年，官话有没有浊入声已经变近平声的现象呢？这是可能的。然而周德清不把他们并入平声，只是"派"入平声。就此把他们拟作长音，或是竟然当作平声，那就极不妥当。在这一点上，个人的见解容有出入，读者可以留意（参下文论收声的消失也许从次浊入声字变降调去声的开始）。

第五节　释入声

《中原》既然是有入声的，而中古清音跟浊音的派别又不同，可见入声也分为阴调阳调，所以上文肯定这方言具有阴平、阳平、上、去、阴入、阳入六调。

现代方言的入声的收声不外乎几种。粤语有塞而不裂的 implosive p，t，k。闽语有的全变为塞而不裂的 k，也有渐变为喉塞 glottal stop 的趋势。其他方言都作喉塞。

《中原》的入声不用说是不能像现在的闽粤语的。全都是喉塞么？《中原》派入声的韵一共有九个。其中支思韵跟尤侯韵实在并没有入声，是跟别韵通押而借用的，说详后。其余七韵呢，平上去声的主元音（组）作

齐微　i ei　　车遮　ɛ　　皆来　ai　　家麻　ɑ

萧豪　ɒu ɑu ɛu　歌戈　ɔ　　鱼模　u

派入单元音的各韵的入声先不妨假拟成收喉塞的格式。例如 i 叶 i?，ɛ 叶 ɛ?，ɑ 叶 ɑ?，ɔ 叶 ɔ?，u 叶 u?。困难之处在于齐微的 ei，萧豪的 ɒu，ɑu，ɛu，皆来的 ai，应当叶怎样的入声呢？短音入声不能叶这样的两折音。把收声的 i，u 叶喉塞？也太牵强。这个谜可用八思巴译音来解决。因此发现汉语从-p，-t，-k 变为喉塞的阶段上，至少在某种方言里可以有磨擦的收声。Dragunov 主

张八思巴文所译的古官话已经没有入声，那是我所不能同意的；然而凭他所拟古入声字的声音，我们可以断定《中原》的入声是什么性质。他一共查到 113 个入声字，现在可以把他们派在《中原》的七个韵。注音照他的原文。其中有些字《中原》不收，也可以按《切韵》的韵类分派。

歌戈　o　　合郃葛

　　　　uo　莫夺

家麻　ɑ　　纳杂伐筏法达萨拔

　　　　uɑ　滑

　　　　iɑ　郏

车遮　ue　或国域（"国"字《中原》在齐微韵，"或域"不可查。《中原》齐微韵有"惑"字）

　　　　ie　切列哲设灭业节截薛褻

　　　　üe　月厥
　　　　^

齐微　i　　十入及巴习集一七日乞秩壹实力亦昔惜却即迪食益极锡释籍寔（D 误作"实"）

　　　　üi　役（《中原》作开口 i）
　　　　^

　　　　ə i　克得德则特塞（"则"字《中原》入皆来韵，"塞"
　　　　　^
字入支思韵。）

鱼模　u　　不出述佛物黜木沃服复覆福独渎

　　　　ü　　恤郁屈鬱曲凤足育郁孰狱鞠

萧豪　a u　作郭恶雹阁鄂
　　　^　^

　　　　ua u　朔
　　　^　^

　　　　iɑ u　渥学乐
　　　^　^

　　　　ie u　若约
　　　　^

　　　　ieu　爵

　　皆来　ai　　百宅栅泽

　　　　　iai　　格

　　Dragunov 的拟音跟上文所述十九韵的音值稍有不同。萧豪韵很有不整齐之处，因为他从蒙古字母对译这些音，不得不信实，那时候的官话未必如此。显而易见的，齐 ei，萧 au，皆 ai 的入声不能用喉塞来比况，果然像上文所料到的。D 氏说（页 647），-p，-t，-k 已经失去，可是在元音 ɑ 类或是 e 类之后，-k 留下一点痕迹来，像是-u 或是-i̯。其实这-u̯ 跟-i̯ 在八思巴字是 w 跟 j。那末 D 氏为什么不就在古官话拟上 w 跟 j 呢？那是因为错认元朝的官话没有入声。我以为作 w 跟 j，或是 ɦ 跟 ʮ，反而妥当得多。为避免他方面的误会起见，不妨选 ɦ 跟 ʮ。现在就各韵分别拟音。不妨记着《切韵》入声字的主元音全作短音。

一　齐微（原第四）　　入声从《广韵》

　　质　iɛ̆t　迄　ɪət

　　　　ɪɛ̆t

　　缉　iɛ̆p

　　　　ɪɛ̆p　　　　　　i eʮ　　　　　　i

　　职　iɛ̆k　　　变 eʮ　　曲韵叶 ei

　　(iwɛ̆k)?　　　　　u eʮ　　　　　uei

　　昔　iwɜk

　　陌三　ɪæk

　　德　ək

　　　　wək

（栉没开口，锡应当在这一韵。职合口或当在鱼模韵，无可查。）

二　车遮（原第十四）　　入声从《广韵》

　　月　ɪɐt

$Iw\mathrm{\textipa{5}}_t$（唇音除外）

屑　ε_t

　　$w\varepsilon_t$

薛　$i\varepsilon_t$

　　$iw\varepsilon_t$

　　$\mathrm{I}\varepsilon_t$　　　　　　　变 $i\mathrm{\textscript{a}}_{\mathrm{\textipa{P}}}$　曲韵叶 $i\varepsilon$

　　$Iw\varepsilon_t$　　　　　　　　　$iu_{\mathrm{\textipa{P}}}$　　　　$iu\varepsilon$

叶　$i\varepsilon_p$

　　$\mathrm{I}\varepsilon_p$

业　$I\mathrm{\textipa{5}}_p$

帖　ε_p

又有陌二"客吓额"三字，跟皆来韵重出。卓书只收"吓"字。这三个字的音跟今音不合。

三　皆来（原第六）　入声从《广韵》

陌二　a_k

　　　$w\,a_k$　　　　变 $a\mathrm{\textturnv}$（$i\,a\mathrm{\textturnv}$）　曲韵叶 ai, iai

麦　　$\mathrm{\textipa{5}}_k$　　　　　　　$u\,a\mathrm{\textturnv}$　　　　　　　uai

　　　$w\mathrm{\textipa{5}}_k$

派入上声的又兼收职韵的照二穿二审二（$t\int$）$\mathrm{I}\varepsilon k$。

本韵上声又收德韵的"刻则"二字，跟今音不合。

四　家麻（原第十三）　入声从《广韵》

曷（舌齿音）　a_t（$\mathrm{\textscripta}_t$）

黠　$\mathrm{\textipa{5}}_t$

　　$w\mathrm{\textipa{5}}_t$

辖　a_t　　　　变 $\mathrm{\textscripta}_{\mathrm{\textipa{P}}}, i\mathrm{\textscripta}_{\mathrm{\textipa{P}}}$　曲韵叶 $\mathrm{\textscripta}, i\mathrm{\textscripta}$

　　$w a_t$　　　　　　$u\mathrm{\textscripta}_{\mathrm{\textipa{P}}}$　　　　　　　$u\mathrm{\textscripta}$

月（唇音"合口"） （pw）ɪɐt

合（舌齿音） ɒp

盍 ɑp

洽 ɐp

狎 ap

乏（唇音） （pw）ɪɐp

五 萧豪（原第十一） 入声从《广韵》

觉 ɔk

铎 ɒk

wɒk

药 ɪɑk 变 ɒɦ ɪɒɦ 曲韵叶 ɒu
ɪɐu

ɪwɑk

去声收"末沫"二字（从末韵 wɒ），跟歌戈韵重出。卓书不收，疑是"合韵"。这韵的"入声作去声"字又派入歌戈韵的作 ɔʔ。

六 歌戈（原第十二） 入声从《广韵》

曷（喉牙音） （k）ɑt（ɒt）

末 wɑt（wɒt） 变 ɔʔ 曲韵叶 ɔ
合 （k）ɒp ɔu ɔuʔ

盍 （k）ɑp

派入平声的有"佛"字，物韵，跟鱼模韵重出。又"勃渤"二字，没韵。这三个字卓书不收。按理应当在鱼模。《中原》收在这里，因为曲韵的方言性。

这一韵派入平声的入声字多半跟萧豪韵重出。卓书一概不收。上声之部，除了一个"阁"字，不跟萧豪韵重出。卓书也是如此。去声之部全跟萧豪重出。最特别的，卓书也重出，只有

"末沫"只收在歌戈。可见卓氏的分配是根据音理的。周氏注重归纳。派入平声跟去声的字呢，曲韵可以在ɒu跟ɔ两面通用。派入上声的不通用。显而易见的，周书派入平声的入声字，凡是从曷、末、合、盍来的而跟萧豪韵不重复的，读成ɔʔ，凡是从觉、铎、药来的而跟萧豪韵重复的，还是作ɒɦ。卓书辨别得很清楚。周书的重出因为曲韵偶然通叶，或是在某种方言真的作ɔʔ而周氏没有留意这方言的分别。派入上声的，不论卓书周书，两韵分明，只有"阁"字可以ɒɦ跟ɔʔ重读，不必细说。派入去声的，一概重读。换句话说，觉、铎、药的清音（派入上声）字跟全浊音（派入平声）字变成《中原》的ɒɦ，次浊（派入去声）字变成ɒɦ跟ɔʔ重读。曲韵里，清音入声字，近乎上声的，ɔʔ跟ɒɦ分得十分清楚，不能通叶。

从此推想，官话磨擦收声ɦ的消失也许从次浊字变为降调的去声字开始，不久就普遍了。前元音后面的ɥ收声应当是很容易失去了的。

七　鱼模（原第五）　　入声从《广韵》

屋　uk　Iuk

沃　wok　　烛　Iwok

没　wət　物　Iwət　　　变　uʔ　　曲韵叶　u
术　iwẽt　　　　　iuʔ　　　　iu

Iwẽt

八　尤侯（原第十六）　əue, iəu

周书这一韵的入声字全跟鱼模韵重出。卓书派入平声的有"轴逐熟"三个字，下注"收"。在鱼模韵派入平声的有"逐轴（二字尤韵通）"，"塾孰熟（三字尤韵通）"。这几个字也许真可以念成iəuʔ。此外尤侯韵其实没有入声。

九　支思（原第三）

入声只有"涩瑟塞"三个字，派入上声，好像应当是齐微韵的入声（八思巴音的"塞"字正是"əi"）。《切韵》为照二等母分列一个栉韵，跟质韵分开。栉韵字收入《中原》的只有"瑟"字。缉韵的照二等字也只收了"涩"字。"塞"也许也是元朝方言的审二字，卓书"塞涩瑟"同一条（《五方元音》的"塞"字据樊氏原本作 s，据年希尧本正作 ʂ）。上文已经说过，支思的元音不像是今音的舌尖音，暂且拟成 ï，那末不妨为支思韵拟一个像 ʃĭə$_p$，ʃĭə$_t$，ʃĭə$_k$＞ʂïʔ 的入声，只是不敢肯定。

第六节　说《中原音韵》不能代表
今国语的祖语

从《广韵》到现代官话，声母跟韵母的变化都有一定的趋势。例如歌的元音 ɑ＞ɔ，o＞ʌ，ə；ȶ＞ȶɕ＞tʂ＞ts。今国音在各种变化上，有的已经登峰造极，还有的跟别的官话方言比较，还是跟中古音相当的接近。《中原音韵》的系统在好几点上已经比今国音变得更为积极。可以随便举几个例子：

（一）寒跟桓分韵，今国语还是作 an，uan。

（二）鱼模韵收尤侯韵的唇音字，作 u。其中像"某牡亩谋浮否"等今音从 əu＞ou。

（三）疑三母字除了极少数的几个保存 ŋ，或是变 n 之外，其余全都失去。国音变 n 的较多，例如"牛倪"。

（四）tʃ 等有时不变 tʂ 等而变 ts 等，是官话的普通趋势。《中原》有比今国语变本加厉的，例如"刍"字作 tsʻu。

不但《中原》，就连《五方元音》，我以为也不能代表国音的祖语，不必细说。北平话跟周氏、樊氏所记的方音十分相近，可是出于另一个邻近的方言。

附说　周氏《中原音韵》跟卓氏《中州乐府音韵类编》的关系

北曲韵书宗周德清，可是像现在人主张周氏是曲韵的创始者，未必尽然。再说卓氏的《中州音韵》是根据周书修改的，更是不近情。两部书出于同一个来源，那是毫无问题的，正像唐后的韵书无不出于《切韵》，《切韵》出于李、吕。孙缅不必抄袭任何人，李舟也不必抄袭孙缅。现存的北曲韵书以周、卓为最古。相传南宋的时候已经有"《中州韵》"，未必可靠。

何以说卓书不是根据周书的呢？前文说，周书成于1324，刊行在1333之后，流行在江西一带。到了至正辛卯，就是1351年，四川青城县有一位杨朝英，集了一部《朝野新声太平乐府》，"以燕山卓氏《北腔韵类》冠之。"这《北腔韵类》就是《中州乐府音韵类编》，有瞿氏本可证。可见在《中原》刊行之后十多年，至少已经有一部钞本的卓书流传到四川。要是那书是根据《中原》编订的，那末十来年之间，燕山卓氏先得读到高安周氏的书，然后费工夫修改，然后他的本子流行到西蜀。元朝怕没有这样容易的事。所以说不近情。

这两部书的分别，最大的在乎平声的排列。周氏以为一字非阴即阳。卓氏分为三类，一是单有阴声的，一是单有阳声的，一是阴阳可以相配的，叫做"阴阳"类。卓氏的排列法看来好像杂乱。例如真文韵"温"条在阴平，"因"条在阴阳。"因"的阳声配"银"。音理上"温"并非不可以配阳声，不像"真"条在当时不能有阳声。"温"的归入纯阴，因为曲韵里没有相当的阳声字。这是卓氏一贯的方法，无论哪一韵都是如此。至少在这一点上，卓氏不愿意从周氏。然而周氏原有一本初稿，也把平声分为三类。甲子1324以后，萧存存"尝写数十本，散之江湖，其韵内阴如此字，阳如此字，阴阳如此字。"卓从之得了周氏的初稿么？从甲子到辛卯也不过二十七年。并且修改的地方很为精确，不是一时可以下手的。并且成书之后，又得流传到西蜀。我以为还是不近情。

更为特别的，卓氏的书少了一千多字。其中有好些极通行的字断乎不至于有意删去的。《中原》据赵校5876字，卢前校（《太平乐府北腔韵类》序，商务，1939），5877字。《中州》据赵说4094字，卢说4023字（商务本实有4126，不知道他们怎样校法）。脱字很多，实际不止此数。按历代韵书演变的规则，除了像《礼部韵略》有意的删削《广韵》之类，通常总是后起的韵书字数较多。

我以为卓书决不出在周书之后，然而两本一定是同出一源的。一看书的内容，各小韵下面各字排列的次序，就会明了。我以为十四世纪以前，北曲早已有韵书。把"《中州韵》"推到南宋的话也未必全然胡说。周氏的工作似乎只在归纳。从归纳的工夫收了好些字，"庶便学者"，并非像"孙缅之徒酿以字书闲字"。

他的底本上，平声分"阴"，"阳"，"阴阳"三类，跟卓书相同，可是不一定就是卓书。把三类并成二类，那是他创造的。以音理而论，卓书的价值实在超乎周书之上。我们研究语言史的，有些地方应当从卓书。例如上文论歌戈跟萧豪的入声字。卓书注明"收"的地方更须得特别留意。卓氏重语音，周氏重归纳。曲韵多少有点方言的分别，并且可以"合韵"。周氏反正还是南方人。

（原载《燕京学报》1946年第31期35—70页；又载《陆志韦近代汉语音韵论集》1—34页，商务印书馆1988年第1版）

古反切是怎样构造的

第一章　论《切韵》的反切

汉魏以后盛行反切。从历史记载来看，反切和反语差不多同时出现。反语出现之前早已有"合音"，像"之乎"、"之于"等于"诸"之类，或是"邾娄"等于"邹"之类。反语和"合音"反映一种共同的原则，就是把汉语的一个音节腰斩成两段。反切推广了这原则，用两个汉字为一个汉字注音，就是把一个音节分成两段来描写。因为是进一步的分析，反切法用于语音记录和语音研究，当然要比直音、比况更为明确，更为抽象。

反切法是可以提炼得相当抽象的。但是古人所造的反切，比如说，从魏晋以后直至唐代末年这六百多年间各家所造的反切，实在抽象到什么程度呢？读者有时会不加思索，就肯定（1）切上字是管声母的，也是只管声母的，（2）切下字是管韵母的。管韵母，又得兼管五个方面：（a）被切字有没有介音 u（或 w），（b）有没有介音 i（或 i），（c）主元音是什么，（d）收声是什么（−m，−n，−ŋ，−p，−t，−k，−i，−u，○），（e）整个字有什么声调①。近年来，中国人又渐渐习惯了用音标来表示这样的分析，例如《王三》（宋濂跋本王仁昫《刊谬补阙切韵》国家北平故宫博物院 1947 年第 1 版。）②：

东德红反　　德 t(ək) + 红(ɣ)ūŋ
　　　　　　　 = 东 tūŋ　　　　　　　　　　　　　　　　　　平声

剪即践反　　即 ts(iək) + 践(dz)ián
　　　　　　　 = 剪 tsián　　　　　　　　　　　　　　　　　上声

块苦对反　　苦 k'(u) + 对(t)uài
　　　　　　　 = 块 k'uài　　　　　　　　　　　　　　　　　去声

狎胡甲反　　胡 ɣ(u) + 甲(k)ap
　　　　　　　 = 狎 ɣap　　　　　　　　　　　　　　　　　　入声③

事实真是这样简单、利落的么？这一套话，假若不是指古反切说的，而是指早期等韵图谱说的（例如守温残卷、《韵镜》），还近乎真理。等韵学不全是从古反切归纳出来的，是凭当代语音和传统读音，把反切加了工，才成为一门有系统的学问。反切是反切，等韵是等韵，是不同时期的产物④。用"音位学"的观点来回读古反切，往往格格不入。

　　本文作者以为必须严格检查一下：古反切究竟是怎样构造的，否则不只对于音韵学史会有所误解，并且对于中古汉语的语

---

　　① 据语音分析，清声母管不着声调；浊声母和声调的关系还待研究；切上下字不能随便割裂。也不只是主元音会带声调；除了塞音收声之外，整个韵母会带声调。

　　② 本文以下举反切例，凡不另注者，都指《王三》。

　　③ 标音跟本文作者别处所拟的不全同。这里宁可改用比较常见的标法，免生枝节。

　　④ 郑樵把《七音略》归功于胡僧，近人多加以驳斥。反驳的理由，我以为不免文不对题。守温以及《韵镜》作者等，是否受学于胡僧，《七音略》是否真的传自胡僧，那是可以讨论的。中国早已有反切，不必传自梵语，那也是事实。要说韵书的体系或是反切的结构，等于是等韵的"列围"，那就不免牵强附会。

音实际也不会深入了解。检查从《王三》开始，那是理所当然的[①]。下文先说《王三》的反切，有哪些是自相矛盾的，或是不符合上文提到的那个等韵框子的，为什么有那样的毛病；然后从各方面统计《王三》用了哪样的切上、下字，为什么，可能反映出什么样的语音实际。

一　《王三》反切的内部矛盾

1.《王三》的切上字是管着声母的，可是"类隔"切很多。"端知类隔"，从"椿，都江反"，"胝，丁私反"以下，不算泥娘混用的，还有十六七次。七八世纪的人不像会造出这样的反切来。隋唐反切时常因袭六朝。王仁昫"刊谬补阙"，但是对这样不合时代的反切好像满不在乎。

隋、唐以前有一个时期，端和知并不"类隔"，但是精和照二倒有一个时期真是"类隔"的。到《王三》还留下"戯，昨闲反"，"笕，子监反"，"蓛，苏寡反"这三个早期的"类隔"切（头两个还保存在《广韵》里）。还有"鰍，仕垢反"，也同一性质（《广韵》仍旧，并且下一小韵下又有"楸，又侧沟切"，这字在侯韵作"子侯切"）。反切作者、编者又宁可因袭，因而破坏了可以代表当代实际语音的反切系统。

2a. 切下字和被切字应该同开合口，这在《王三》又只是大致近似而已，矛盾不少。反切系统里，唇音字开合不对立。用唇音字作切下字时，在独韵（不分开合口的，或开口和合口分韵的）没有困难。用在开合口俱备的韵里，有时就不免叫人为

---

① 我们研究中古音，以陆法言《切韵》为宗。本文并不肯定《王三》的反切完全保存了陆书的原貌，有理由相信今本《王三》比《王一》、《切》等还晚出。但是统观各种唐写本残卷，再和《广韵》参校，可知陆法言所切上、下字还大体保存在《王三》里。从本研究的旨趣来看，资料越是晚出，反而越适用，除非能证明唐人所造反切越到后来越糟了。

难了。

	夬韵	敬韵	陌韵	蟹韵
开口	芥古迈反	行胡孟反	格古陌反	解加买反
合口	夬古迈反	蝗胡孟反	虢古伯反	枴孤买反

	潜韵	黠韵	裥韵
开口	侗胡板反	黠胡八反	苋侯办反
合口	皖户板反	滑户八反	幻胡辨反

韵书不比等韵"列围"。一幅等韵图代表一个格局,读者能从这格局认识个别字的开合口。韵书里遇到上面那样的反切,就无从分开合。实在掌握了后代所谓韵母这概念的人,不像会这么随随便便地造反切。这七对例子全都是二等字的反切。也都是喉牙音字[1]。

　　更严重的缺点出在非唇音的切下字上,这些字有时也跟被切字不同开合口。李荣同志已经把这一类的反切辑录下来[2],这里把它们重排一下,附上一点参证。

---

　　[1]　所举只限于同声母开合对立的小韵。假若不限于同声母对立的,二等韵里还有卦韵的"卖"字,怪韵的"拜"字,裓韵的"霸"字,耕韵的"萌"字,也都是开合口并用的。三等韵里,见于纯三等韵的,有废韵的"肺",原韵的"万",梗韵的"丙";见于其它三等的有纸韵的"婢",脂韵的"悲",旨韵的"美",至韵的"鼻",质韵的"密","笔",阳韵的"方",漾韵的"放",职韵的"逼"。

　　所谓开合具足的韵系里,多半只喉牙音字能分开合,一等唐、登,二等佳、庚二、耕,纯四等齐、先、青,三等微、废、文(殷)、元、庚三、阳、清、蒸。二等韵皆、夬,除喉牙外,都只有一个合口小韵,与开口不对立。删、山、麻、除喉牙外,也都只有少数几个合口小韵,偶与开口对立。实在开合具足的韵系,只有一等泰、寒、歌(寒、歌不久就变成开合分韵)和三等支、脂、祭、真、仙。

　　二等韵的一般情况,大致和纯四等相同。除喉牙字外,合口字只零星出现而已。8个韵系共有117个非喉牙唇音的开口小韵,合口只有18个(那些合口字,凭谐声可以看出实在是跟开口字不同来源的)。二等不大容易分开合;就是在喉牙音字,也常混淆。

　　[2]　《切韵音系》,103页,科学出版社,1956年。

（1）凭切上字定开合口，不凭切下字。

为蒍支反　切$_3$、王$_1$、广韵同。

伪危赐反　王$_2$同。

位洧冀反　王$_2$同。

会黄带反　王$_2$同。

县黄练反　王$_2$、唐韵、广韵同。

往王两反　切$_3$、王$_1$、王$_2$同。

　　　　　广韵"于两切"，也同。

役营隻反　切$_3$、王$_1$、王$_2$、广韵同。

（2）凭模、鱼韵系的切上字定开合口，不凭切下字。

旷苦浪反　　　　　荒呼浪反　广韵同。

潢胡浪反　（王$_2$作"呼浪反"。　广韵在同韵还有"王乌浪切"。）

夐虚政反　王$_2$同。　唐韵"休正反"，广韵同。（集韵回到"虚政切"。）

荧胡丁反　切$_3$同。王$_2$"乎丁反"，也同。（集韵还有"熒於丁切"。）

泂古鼎反　切$_3$同。（广韵作"户顶切"。）

扃户鼎反　切$_3$同。荧胡定反　王一同。

鉴乌定反　王$_1$、王$_2$、唐韵、广韵同。（集韵"縈定切"，也同。还有

　　　　　綱口定切"，"扃扃定切"〔切上字"扃"疑作上声读。〕）

（颖又古鼎反）　李书不收的又切。

（档又黄浪反）[①]

　从此可见，切下字管开合口，在《王$_3$》不能算是一个原则，例外并不少，绝大多数并且流传到《广韵》时期。这里又有两点可以特别留意。一则所有的例子都是用开口切下字切合口字

[①]　李书又有"驿，息营反"一条，认为被切字开口，切下字合口。"驿（解）"旧时本晓母字，《字林》"许营反"，又"火营反"，徐逸"呼营反"，从来只有合口切，还保存在《集韵》。早期的等韵图里，《韵镜》开合口并收（"驿"开，"解"合），《七音略》开合口都不收。"驿"从晓母字变成心母字，以至反切不伦不类。《王$_3$》并无用合口切下字切开口字之例。

的，没有相反的。二则被切字又全都是喉牙音字。这两点可以联起来看。中古音一定有某种特点，叫人正在这场合难以审音，或是以为不必计较开合口[1]。

2b. 被切字和切下字都该有 i 介音或是都没有。这在《王$_三$》也不免有例外。上文已经在提到"鲰，仕垢反"不像是一等厚韵字而是三等有韵字；《王$_三$》有韵里没有床$_二$母小韵。现在把这一类的不协调的反切通盘列举如下（有的例子并不出在反切作者的疏忽，可说是因为无可奈何，只可通融处理。）：

潼都陇反　被切字一等，切下字三等。

茝昌殆反[2]　靴希波反　过于戈反　蚺夷柯反　被切字三等，切下字一等。

杉成西反　巂人兮反　被切字三等，切下字"四等。

　　再像"恭，驹冬反"，在陆法言的方言里，也许又是事出无奈[3]。

　　其他不合规格的反切有 13 条。

凤冯贡反　王$_一$、王$_二$、广韵同。

防扶浪反　疑不是陆切。王$_一$、王$_二$不收。

　　　　　（唐韵、广韵，这小韵在韵末。广韵改"符况切"。）

蛼车下反　炮徐雅反　（切$_三$、王$_一$已改作"车者反"和"徐野反"。）

────────────

① 像是因为切上字的喉牙声母发音部位较后，也许还加上撮唇势，使得声母和韵首合起来（例如"黄"的 ɣu-，"苦"的 k'o）容易突出，叫反切作者仓卒间造成错误。

② 晋后反切就是这样的，例如"茝"，《字林》"昌亥反"，郭璞"昌代反"；"杉"《字林》"上泥反"；"巂"徐邈"耳齐反"。

③ "恭，驹冬反"，"蚣，先恭反"，"枞，七容反"，在冬韵，不在锺韵，后人所讥。"恭"和"攻"对立，"蚣"用"恭"为切下字，"枞"竟然用锺韵的"容"为切下字，不像会随随便便乱到这种程度。看来这三个小韵的实在读音介乎冬韵和锺韵之间，陆氏这样注音，似乎出于不得已。说"无可奈何"，"不得已"，也就是怀疑反切作者已经掌握了"韵母"这概念。

敬居孟反　（王$_{二}$、唐韵已改作"居命反"，"居庆反"。）

迎鱼更反　（王$_{一}$已改作"鱼敬反"。）

嘥于陌反　（韵末第二小韵。切$_{三}$、王$_{二}$、唐韵、广韵都不收。）

㿩护乙百反　切$_{三}$、王$_{二}$、唐韵、广韵同作"乙白反（切）。"

生所京反　切$_{三}$、王$_{二}$。广韵又切同（正切已经改正）。

省所景反　切$_{三}$、广韵同。

瀴楚敬反　王$_{二}$、广韵同（集韵避"敬"改"庆"，竟然不改正等次）。

栅侧戟反　王$_{二}$同。切$_{三}$、唐韵、广韵"侧"作"测"，同。

索所戟反　切$_{三}$、王$_{二}$、唐韵同。广韵"所"作"山"，也同。

　　　　　（唐韵又有"生所敬反"，广韵同。）

这 13 条之中，"凤、防、轛、炮"最疏忽。其余 9 条集中在庚陌韵系，又分两种情形。4 条是喉牙三等字用二等切下字，5 条是照$_{二}$系二等字用三等切下字。那末了的 5 条，唐代的韵书以至《广韵》都没有改正。这是反切作者在无意之中流露出来的一种有规律的偏差。我们也许能从此推测中古汉语里的庚陌韵系的音值以及照$_{二}$系的发音方法。这一类的细节正是音韵研究上应当仔细考虑的①。

总而言之，《王$_{三}$》反切里，被切字和切下字一般同等次。例外是有的，多半集中在一定的地方。有的出于不得已，有的真可说是糊涂反切。

2c. 被切字和切下字同主元音，没有例外。

2d. 被切字和切下字同收声（韵尾），没有例外。

2e. 被切字和切下字同声调，当然不能有例外。可是有一个疑问，不妨在这里先提一下，留待下文讨论。魏晋以后，从反切、韵书、等韵反映出来的中古语音系统，好像各方言都有平上

---

① 庚韵系是《切韵》系统里惟一的二、三等同韵的韵系（与麻韵系性质不同）。tʃ 类声母是撮唇的；这韵系的喉牙声母，作者凭别的考据也认为三等是撮唇的。

去入四个声调。"声调"是单指调类说的呢，还是又指实在的音高说的呢？一般人肯定是后者，但是凭史实并不能得出这样的严格的结论。问题出在：

东德红反 "德"清声，"红"浊声，切清声字。

隆力中反 "力"浊声，"中"清声，切浊声字。

现代方言里，不论是保存浊声的吴语和一些湘语方言，或是失去浊声的其他方言里，这样的反切都已经不能切出被切字的调值。中古反切的切下字，当然是管声调的，但是能管到什么程度呢？

从上文罗列的许多例外看来，我们不宜乎对反切作者提出过分严格的要求。他们没有受过现代式的语音分析训练，一般也没有接触到拼音文字。造反切是为了诵读经典，须要有一套比谐声、比况、直音更精密的注音工具。据传说，第 3 世纪初年，孙炎、王肃已经用了反切；开始创造反切大概是在那个时期。切上字和切下字把一个音节分成两段。从上文看来，我们不能说切上字所代表的东西等于声母，切下字所代表的等于韵母。但是两方面又接近到惊人的程度，所以，等韵学者只须把反切略为调整，就能编造出像《韵镜》那样的韵图。自从守温以来，等韵和反切相辅而行。等韵建筑在反切的基础上。虽然如此，等韵调整反切，并不是一件小事。它实在把造反切的习惯提高到理论平面了。无可讳言，反切上、下字的用法，有时不合理，有时不合时代，有时好像满不在乎。凭习惯造成的反切，所以能大体正确，全靠作者对于母语有亲切的语音直感。

进一步说，正因为反切是凭习惯造成的，而习惯又是反映亲切的语音直感的，切上、下字的搭配，各选用哪样的字，满可以随处流露出声母、韵母等概念所不能包括进去的东西，也就是等韵学所要抛弃的东西；可是那些东西又正是中古音研究上所必须知道的。下文展开这方面的讨论。

二　《王二》反切里切上、下字的搭配

没有转入本题之前，先得为本文所用的方法，以及实在企图解决的问题，作一番大致的说明。

东德红反　　德 t（ək）＋红（ɣ）ūŋ＝东 tūŋ

凭这公式，括弧里的东西跟反切的正确性不相干。"德"字可以用任何端母字来代替，"红"字可以用任何东韵一等字来代替，只要不是端母字本身，例如"蝀"。这里是等韵的看法。凭语音直感造出来的反切满可以不是这么抽象的。"德"也许不能用任何端母字来代替，而限于用某些字，并且要规避某些字。某些字常用，某些字不常用或是不用，就不能用等韵的观点和方法来了解它。等韵要求人凭逻辑来放弃某些东西，而从另一个研究角度看，正像本文那样，反而是要抓住那些东西。

要抓住的东西，一般是难以了解的，不能干脆地从中得出科学结论来。比如说，假若"东"一类的字一般或是大多数（很大的百分数）用了"红"一类的字作切下字，但是有些（或是好些）反切里又不用"红"一类的字，那末，用"红"只是一种趋势，绝不代表所谓"内部规律"。表面上看来，这趋势只代表反切作者的个人爱好。那是偶然的呢，还是反映出当时汉语的音韵结构上的某种特点的呢？这是等待着要解决的问题，问题是从切上、下字应用的频数提出来的。我们习惯于使用等韵"列围"的方法来位置反切，有的人也许就肯定那是唯一的科学方法，研究中古音韵也惟有"列围"是大问题。因此，就不容易从另一个角度来研究反切，不愿意面对这里想提出的关于切上、下字应用频数的各个问题，以为这是无中生有，是"不科学"的，这也不足为奇。

不但如此，正像上文已经暗示的，切上、下字的趋避，并不

能单独用来解决任何问题。本文希望做到的，至多只有两点。一则已经从别方面（跟切上、下字的频数不相干的）证据得出的假设，可以用频数（或是像上节已经提到的内部矛盾的频数）来参证。例如本文作者早已假设照$_2$系声母的中古音值是 tʃ 类，那末，上节 2$_b$ 所举的例子就是一项参证。二则趋避切上、下字的种种趋势之中，可能有几项暗示着同一语音特点的存在，我们就能凭这一组内部有联系的现象来提出某种新假设。下文会讨论这一类的情节。当然这样的假设还只是假设，不敢说是确凿可靠的论证。

本文作者总以为单凭声母、韵母的抽象概念来排列反切，并不足以充分了解反切。有时就连排比的工作都做不利落，例如在喉牙唇音字三等和四等重出的韵里，别的字该跟三等排在一起还是跟四等排在一起，就无从取决；两种作法都有困难。这还是细节。更重要的是：不仔细考察切上、下字的用法，非但不能体贴古人为什么要造那样的反切，并且不会更深入地了解中古语音的实在情况。并不是说这么做了就一定会发现了不起的、前人没有发现过的历史语音现象或是语音发展规律，只是怕反切的"音位学"处理有可能是浮面的。

把一部韵书的反切列成图表，不过是断代（synchronique）研究。两个时代的"音位"描写往往不能联贯起来，成为历史的描写。因为语音发展正是凭借了这种方法所抛弃的更具体的语音特征来进行的[①]。

本节先讨论《王$_三$》反切里切上字和切下字在等次上的搭

---

① 这问题上各家意见分歧。试参阅赵元任，Distinctive and Non‑Distinctive Distinotions in Ancient Chinese, Harvard Journal of Asiatic Studies, 1941, 203—233；和高本汉，Compendium of Phonetics in Ancient and Archaic Chinese, BMFEA, 1954, 366‑367。公说公有理，婆说婆有理，可不是同一个理。

配，这是中古音韵研究上最常注意到的问题。以往研究，用《广韵》的反切，现在改用《王三》的反切。两种资料其实分别并不大。做法不从"系联"切上、下字入手，而是直接按着字的等次排列一张切上字和切下字的搭配总表。字的等次从等韵。

所收反切是李书里"列围"的 3，616 条。这就是说：（1）有五个在同位上出现的反切不删去，（2）原书里可疑的反切，经李荣同志删去的，不补，（3）原书有错字，经他据各唐写本韵书残卷校改的，甚至据《广韵》改写的，那样的反切也都照收。《王三》的反切有极可疑的，特别是切下字和被切字不同等次的，例如上文所举的"凰冯贡反"之类，表上不能滥收。一共删去了25 条，存 3591 条。这样搜集资料，手续上未免草率，可是要精细挑选，更会主观用事，并且劳而无功。因为希望观察到的是切上、下字搭配的大势，这是不会受到个别字考据失当的影响的。李书里凭《广韵》改写的反切并不多。[①]

切上、下字等次搭配表

	切下一等	二等	"四"等[②]	三等	共计
切上一等	799	304	233	30（＋1）	1366（＋1）
二等	5	33	2	9	49
"四"等	22	5	14	7	48
三等	74（＋11）	205（＋6）	42（＋2）	1807（＋5）	2128（＋24）
	900（＋11）	547（＋6）	291（＋2）	1853（＋6）	3591（＋25）

括弧里的数字代表切下字和被切字不同等次的反切的次数。统计时不

---

① 心有所不安者，有几个出韵的反切，例如至韵"尵，许伪反"，李书据《王二》、《王三》、改作"许位反"；添韵"髻，丁廉反"，据《王三》、《广韵》改作"丁兼反"。为数不多，书里逐一注明。可能是钞胥贻误，然如《切三》"髻"也是"丁廉反"，就难以理解。这一类出韵的反切，六朝不是没有的，《切韵》可能只是因袭而已。

② "四"等指齐、先、萧、青、添五系，即"纯四等"，下同。

算入。

《广韵》切上、下字搭配的局势已经在《王三》完全形成。900 个一等切中有 799 个用一等切上字；1853 个三等切中有 1807 个用三等切上字。二等切和"四"等切不常用二等、"四"等切上字，反而是用一等切上字的次数居多。三等和一、二、"四"等是对立的，正像在《广韵》那样。

这种对立趋势引起了近期音韵学上的一些争论。其中主要的有两点：一是"四"等字在中古有无腭介音的问题，这是高本汉惹出来的。二是切上字代表多少"声类"的问题，现在沉淀为 47（8）还是 51（2）"声类"的问题。

高本汉的看法是：三等字的声母 [j] 化，后面联上 i 介音；"四"等字的不 [j] 化，后面联上 i 介音。立说的根据不外乎"四"等字在现代方言和等韵图上的地位。中国有些学者不同意这种看法。他们以为《广韵》（《王三》同）的"四"等字没有腭介音，所以三等和"四"等之间不能有 [j] 化和不 [j] 化的对立。论据主要在乎这里所列举的切上、下字搭配上，以及早期翻译佛经的对音上。

我们以为讨论这问题时，应该照顾到切上、下字搭配的整个局面，不能把"四"等字单独提出来跟三等对比。三等字是跟一等、二等和"四"等全都对立的。是大势上的对立，不是绝对的分界。一等字的反切有 74 次用三等切上字，"四"等用 42 次，二等竟用了 205 次，占总数的 37%。这些使用三等切上字的例子值得仔细分析，且从"四"等反切开始。所用的 42 个三等切上字是：

| 於 8 | 许 4 | 去 2 | 一 1 | 居 1 | 纪 1 |
| 方 3 | 匹 3 | 扶 1 | 亡 1 | 明 1 | |

子6　　七2　　即1　　渐1　　息1

力4　　闲1

《广韵》修改了一些，也添出了一些。这些字，据高本汉说，是[j]化的，[j]化和不[j]化是不相容的。古人审音能精密到像高本汉说的那种程度，而竟然在百分之十四的"四"等反切上用了[j]化的三等切上字；反而言之，只有5%（14次）用了不[j]化的"四"等切上字，那简直是怪事了。

据我们看来，"四"等反切的切上、下字搭配上，并不显出精密的原则。反切作者只要求两个字念起来顺口而同时能切出本字的音。这也不过是心理上的一种倾向，是相当有势力的，但是不妨通融，特别是在有笔画简单的汉字可以使用的时候。一、二等反切用三等切上字，三等反切用非三等切上字，也应当给予同样的平易近情的解释。在"四"等反切上，把局部的现象看成全部的现象，把相对的分别看成绝对的分别，都是不合理的（下文还会论到"四"等切为什么不常用"四"等切上字）。

现在再分析一等切所用的三等切上字。一共用了74次，只有8%。这74次中，有精、清、心三母字46次（其中"子"，"即"2，"七"17，"息"2，也在"四"等切出现）。此外还有"方"3，"匹"3，"扶"1，"於"4，"许"2，"一"1，"力"2（也在"四"等切出现）。一等切和"四"等切用三等切上字是同一种现象，在一等更显出汉字笔画繁简的影响，也更显出集中在齿头音字。这现象在南北朝反切里已经很突出了。"子、七"两字最常用，但是汉字笔画的简单不能完全解释集中在齿头音字的趋势。《王三》又用了笔画并不简单的"将、兹、借、姊、此、思、私"。

齿头音的切上字不容易凭"系联"分为洪细两类，这情形我们早已在《广韵》里遇到了。47（8）和 51（2）"声类"的争论就发生在这上头。切上字能否分"声类"是一回事；用齿头音字时何以从晋代以后洪细上就比较随便，那另是一回事。后者大概是跟语音有关系的，可也不能确定。

二等字用三等切上字，表面上看来，情形跟一、"四"等切大不相同，竟占了总数的 37%。二等韵里，知照₂两系的声母是一、"四"等韵所没有的。这些母的反切用了三等切上字 151 次（外加一个"覍子鉴反"类隔切）。除此以外，喉牙唇字和零星的来母反切只用三等切上字 53 次，约 15%，比重上就跟"四"等差不多了。比较常用的字有"许" 13，"于" 9，"匹" 6，都见于一等和"四"等。（知、照₂反切为什么多用三等切上字，下详。）

总而言之，不论一等、二等、"四"等反切，都有很强的用一等切上字的趋势，但是也有很大一部分用三等切上字，不是个别的（用的多少，可能跟被切字的等次有关系。主元音最"洪"的一等字好像用得少些，不敢肯定）。

反过来说，三等反切用一等切上字是怎样的情形呢？一共只有 30 个例子，不到 2%。

作 1	昨 5	才 5	在 4	徂 2	17	齿头音字超过一半。
莫 4	补 3	逋 1	蒲 1		9	唇音
他 1	徒 1	乃 1			3	类隔
火 1					1	

用二等、"四"等切上字的例子从略。

到了陆法言的时代，[①] 一、二、"四"等反切还可以大量用

---

① 假定王仁昫没有大量改动原书的反切。

三等切上字，三等反切已经不大用一等切上字了。反切要求切上、下字协调，念起来顺口，容易"出切"，这种自然流露的趋势是从晋代以后逐渐趋于完善的，但是始终没有被提升到原则的平面。造反切的人甚至可能没有想到过、说到过，为一个"细"音字造反切，切上字不宜乎用"洪"音字。

以上所说，假若是有道理的，那末，"声类"的分析，特别是 47（8）和 51（2）类的争论，简直是莫须有的了。本文作者也在这上浪费过不少时间，作茧自缚。究竟企图证明什么呢？比如说，果然证明了《广韵》的"古：居"＝"作：子"，那末，51"声类"的说法是比 47 要强些。可是这样的争辩，对于了解中古语音系统能起什么积极作用呢？

再不然，这种研究是为了证明见、帮、精、来等 15 母（"音位"）各有两个"变体"么？这实在就是走向［j］化的路子。高本汉没能证实精、清、从、心都可以分为"软"和"硬"两类，可是这四母用在三等字时，他是毫不客气把它们拟成［j］化的。近些年来，本文作者逐渐觉得：推考"声类"的数目实在是无聊的事。［j］化说和"声类"说是半斤八两。

要知道在这两个问题上，研究的人都采用了陈澧发明的"系联法"，也同样不过用它来做个幌子，陈澧本人不是例外。谁都知道"系联"《广韵》的切上字或是《王三》的切上字，所得出的切上字组必须彻底校正，才能用作订音的依据。凭什么来校正呢？例如《广韵》有个"於"字，用作三等字的切上字，也用作一、二、"四"等字的切上字。高本汉说，作为前者是"央居切"，作为后者是"哀都切"。《广韵》是有这两个反切，六朝就有。何时用哪个？这就得看被切的字在等韵图的地位了！我们不必把这引为笑谈。他要说的是：造反切的人没错，"藹於盖切"

的"於"本是"古作於戏，今作呜呼的"的"於"。倒是一番好意①。本文作者曾经从另一个角度来校正陈澧用又切"系联"的做法，希望说明同一个切上字用在不同等次的被切字上，有时是符合大势的，有时是出乎"偶然"的，可没敢说"偶然"的用法是错误的用法。这也是劳而无功。怎么做也不能把"系联"的变成不"系联"的。

其实像上文那样的一张总表，就指明了各等的切上字怎样配合各等的切下字，总的趋势在哪里。字的等次是老老实实根据等韵定下来的。从此推进一步，仔细观察"偶然"的用法出在哪里，用到什么字，岂不更是直截了当的手续么？

观察大势，揣摩细节，这样就可以免走弯路，以至有时想入非非。

三　论切上字

三甲　二等和"四"等字绝少用。　下文从总表出发，讨论几种局部现象。首先叫人注意的，一等切上字用了 1366 次，三等的 2128 次，而二等、"四"等的只有 49 和 48 次。为什么少用二、"四"等字呢？用的是怎样的字呢？宁可不嫌烦琐，把它们列举出来②。

二等切上字

用在一等切　下（5）　　　　　　　　　　　　　　　　5

　　二等切　下（7）｜山（4）宅（4）叉（2）卓姝傸枨｜责客（4）格加谐鞻｜白百伯　　　　　　　　　　　　　　　　　　　　33

　　"四等切　下（2）　　　　　　　　　　　　　　　　　2

---

① 中国人当然已经知道高本汉并没有"系联"过《广韵》的切上字，只是说说罢了。

② 《广韵》所用字数反而要多些，总次数也稍微多些。二等切上字也集中用在二等反切，"四"等切上字也不集中用在"四"等反切。

三等切　下｜(1) 山 (8)①

$$\frac{9}{49}$$

"四"等切上字

用在一等切　丁 (13)｜千 (4) 先 (4) 年　　　　　22

　二等切　丁 (5)〔类隔〕　　　　　　　　　　5

　"四"等切　丁 (5)｜千 (3) 先 (4) 练萍　　　　14

　三等切　丁 (2)｜千 (3) 先 2〔类隔〕

$$\frac{7}{48}$$

不只是次数少，汉字笔画的繁简实在产生了极大的影响，否则次数一定会更少（二等字除了"下、山"，只有 27 次；"四"等字除了"丁、千"，只有 13 次）。并非原则上不能用二、"四"等切上字，"下"和"丁"就用在各个等上。造反切的人习惯上就是不大愿意用它。

　看来二等切上字用在二等切上还勉强能凑合，49 次中倒有33 次用在二等切。但是就拿知、照二等母的反切来说，用"山、宅、叉"等二等切上字不过 15 次，而像上文说，用这些母的三等切上字竟有 151 次。切上字要回避二等字，更是显而易见了。

　"四"等字也不宜乎用作切上字。趋势的明显，也许还超过二等字，因为几乎只用到三个简单的汉字。所谓 [j] 化更不知从何说起了。岂有介音作 i 的三等字特别宜乎用作切上字而介音作 i 的"四"等字特别不宜乎用的么？

　切上字为什么不能多用二等字和"四"等字，详细的原因难以推测。姑且说，这两类字的主元音是比较"紧张"的（本文作者曾经拟作 ε 类和 a 类），是比较不容易在反切中抛弃的；就是

---

　① 《集韵》"山，所旃切"，也许是六朝旧音。六朝韵文里，"山"字特别会跟三等字互叶。

说，这样的切上字联上切下字，念起来是不大顺口的。

三乙　阳声和入声切上字的应用。　切上字除了规避二、"四"等字外，还在别的方面表现出趋避的倾向。下文分别讨论阳声、入声的切上字以及阴声的切上字。阳声字和入声字后来在等韵隶属通、江、宕、梗、曾，山、臻，咸、深9个摄。首5摄字的收声是 $-\mathrm{ŋ}$，$-\mathrm{k}$。《王三》所用切上字如下表。

	$-\mathrm{ŋ}$		$-\mathrm{k}$	
通	"公送冬"等4字①	7次	"速"	1次
	"充(7)中封"3字	11次	"竹(14)六屬"3字	16次
江	没有		"卓"	1次(二等字避)
宕	"仓(23)当(8)郎(7)"等12字	63次	"莫(69)昨(29)博(26)"等12字	192次
	"方(29)昌(16)芳(13)"等31字	149次	"缚却"	2次
梗	"丁(25)萍伫"等4字	28次	"宅(4)容(4)百"等7字	13次
	"荣(4)英平"等10字	17次	"尺(19)赤"	20次
曾	——		"则(11)北(6)勒(3)"等6字	26次
	"曾(3)兴仍"等7字	10次	"力(58)直(53)陟(36)"等19字	316次

上表 $-\mathrm{ŋ}$ 285次，$-\mathrm{k}$ 589次。切上字不规避 $-\mathrm{ŋ}$，$-\mathrm{k}$。但是 $-\mathrm{k}$ 比 $-\mathrm{ŋ}$ 多了一倍多。假若我们在别的方面早已观察到用切上、下字要求联读起来顺口，这里自然会提出同一问题。那末，$-\mathrm{ak}$ 联下读比 $-\mathrm{aŋ}$ 联下读更顺口些么？$-\mathrm{iək}$ 联下读比 $-\mathrm{iəŋ}$ 联下读更顺口些么？果然如此，这 $-\mathrm{k}$ 不能有很强的除阻，更不能是像有些语言里的送气音。有把握说，《切韵》的 $-\mathrm{k}$ 早已是现代东南方言里和跟汉语同族的现代族语里的 $-_{\mathrm{k}}$。中国音韵学者已经不只一人根据别的现象提出过同样的解释。

我们只能抱着推测、试探的态度来讨论这一类的历史语音现象。说话时不能像"一本正经"地谈科学，而只能像谈日常生活似的，希望人能认识"大势所趋"。汉字虽然不是拼音文字，在

---

① "举一例三"，4个字以上不列举；举的例字是出现次数最多的。

这问题上并没有碍事。假若古人真的在这里写了个 - k，我们还是会推想那实在是 - $_k$。话只能说到这种程度为止。

　　 - ŋ 和 - k 都还有内部不平衡的现象。通、江、梗三摄的字用得不多，无从仔细分析。宕摄和曾摄字分配得很特别。

　　　　宕 αŋ 多　　　ak 特多　　　曾 əŋ 无　　　ək 不多

　　　　　iαŋ 特多　　iak 极少　　　iəŋ 不多　　　iək 特多

这是大概的情形。iak 好像是让 iək 排挤了。要解释这现象，首先得记住两件事：一则一等切上字绝大多数用在一等切，三等切上字绝大多数用在三等切；二则中古汉语，iɑːŋ 和 iak 性质不同。iak 的短 a 受了后面 k 类塞音的影响，变得更"紧张"；下面再联上有介音 i 的三等切下字，联读起来是极不顺口的。ək 的 ə 就没有这困难。这样，可以勉强说明这里的三等切上字的分配。一等切里，切上字有那样的分配，不知其所以然。ak 能多用，是勉强可以了解的。ak 本身不像 iak，元音上不必拐一个弯；后面一般也不联上有 i 介音的切下字。难以了解的是 əŋ 不排挤αŋ。[①]

　　　　　 - n　　　　　　　　　　 - t

臻　"痕盆"　　　　　　　　2 次　没有

　　"人（8）秦（4）云　　　　"七（58）匹（26）

　　（13）"等 12 字　　　　　　疾（17）"等 17

　　　　　　　　　　　　　31 次　字（全是质韵字）136 次

―――――――――

　　① 有一种现象不能从表上看出。589 个 - k 切上字中，只有 11 个出在喉牙音小韵（k - 3，kʻ - 6，x - 1，影 1）。k - k 式的切上字要规避。 - ŋ 切上字出在喉牙音小韵的就比较多，285 次中的 48，k - 2，kʻ - 7，g - 3，x - 13，ɣ - 18，影 5。塞音声母的 - ŋ 字也不大宜乎用作切上字。姑且说，这是因为首尾异化，究竟不是道理。这六十来个喉牙音小韵中，多半的切下字也是喉牙音字。切下字集用喉牙音字是《切韵》的一般趋势（下文会论到），不限于用在喉牙音小韵，但是这一般趋势也许可以用来解释这里 k - k，k - ŋ 类的切上字为什么有时还能通融。

山　"安（2）韩"　　　3 次　没有

　　"山"　　　　　　　12 次

　　"千（10），先（10）年"

　等 4 字　　　　　　22 次

　　"便浅"　　　　　　2 次

－n72 次，－t 只有质韵字，136 次。跟－ŋ，－k 比起来，相去悬殊。如果不是为了几个笔画极简单的字，分别大概会更加明显。可以肯定说，－n，－t 切上字联下读，比－ŋ，－k 更不顺口。然而－t 还是比－n 用得多些①。

　　－t 完全集中在质韵。－n 字，除了"山千先"外，40 次之中有 31 次集中在真、文系。－n，－t 切上字中简直很少有"洪音"（低元音）字。这跟－ŋ，－k 字的集中在阳唐铎相比，显出不同收声所产生的影响。

　　　　　　　　－m　　　　　　　－p

深　　　没有　　　　　没有

咸　　　"瞔渐念反"

　　　　"惢暂渐反"

　　－m 只有两个叠韵式的反切，－p 绝无。收声的影响更显著。

　　－ŋ，－k 的切上字不回避（除了 k－k 类，或又有 k－ŋ 类）。到了－n，－t，反切作者似乎觉得从主元音过渡到收声，从收声过渡到切下字，须要拐一次更大的弯。－m，－p 是不敢用的。我们没有理由说，－k，－t，－p 在发音方法有什么不同。次数递减的趋势跟－ŋ，－n，－m，－k，－t，－p 发音部位的前移相并行。这也是造反切的一种总趋势，又是无意识之中

_____

① 　－n，－t 切上字，喉牙音的也不多。"安（2）韩痕雲（3）云君" 9 次，"乙（7）一（4）谒吉诘" 14 次。

为整个语音系统所决定的。除了受到汉字笔画的影响之外，切上、下字要求音值上协调的作风是牢不可破的。

三丙　**阴声切上字的应用。**　阴声的切上字属于遇、流、效、蟹、止、果、假 7 个摄。用遇摄字最多，可以从此说起。但是先得交代另一种现象，正是跟多用遇摄字成对比的，就是合口的切上字不常用。

切上字规避真正的合口字（不是开合不分的唇音字，或是像东、模等韵系的"独韵"字）。李书特别留意到这种情形，在 95—96 页上做了个总结。现在摘录如下，并略附说明。合口切上字只有 36 个，用了 72 次（其中"火"字就占了 11 次，"王"占 9 次）。这 72 次之中，有 56 次用来切合口字，就是说，切上、下字都是合口（还有"褥，内沃反，熇，火酷反"，沃韵字，－wok，其实也是合口。）剩下的 14 次之中，有 7 次切下字收－m，－p；4 次切下字属遇摄（主元音 o，u 类），1 次是"有，云久反"（－iou）。只有"讲，火芥反，瞖，火佳反"这两个反切，切下字跟 u 类音不相涉。不但如此，这 72 个合口切上字之中倒有 62 个是喉牙音字。这更值得注意，作者以为跟喉牙音的唇势有关。

为什么不常用合口切上字呢？必得跟常用遇摄字的情形互相参对，才能说出道理来。

遇　　"古（132）胡（95）五（71）"

　　　等 36 字　　　　　　　　912 次　　模韵系

　　　"武（28）符（19）府（13）"

　　　等 31 字　　　　　　　　168 次　　虞韵系

　　　〔其中 123 次是唇音字，是鱼韵系所没有的。〕

　　　"於（109）许（74）居（71）"

　　　等 41 字　　　　　　　　702 次　　鱼韵系

模韵系的切上字占了全书总数的四分之一以上。模、虞、鱼系合起来 1，782 次，几乎是总数的一半。

模韵系的韵母，看来不能拟作 uo，因为合口切上字，除了用在喉牙音字外，几乎绝不使用，而模的用途极为广泛。那末，模只能是 o 或 u，这里暂拟作 o（u）[①]。主元音是 o（u）的字不但不规避，并且造反切的人，从来就最爱用它[②]。鱼比虞更常用作切上字，从此类推，鱼是 io 而虞是 iu。

遇摄字和流摄字音值上相接近，但是反切并不那么集中流摄的切上字。

流	"口（17）侯"	19 次	除了"丑（48）囚（1）
	"丑（48）丘（20）		浮（1）"50 次外，其
	牛（9）"等 11 字	89 次	余是喉牙音字。

尤韵系字用作切上字，为数并不少，但是回看虞和鱼的 870 次，就差远了。3 个笔画简单的字就占 89 次中的 77 次。侯韵系几乎只用到一个简单的"口"字。中古时期，遇摄和流摄同具后高主元音，但是在反切作者的语感上这两摄一定有很清楚的分别，以至除了几个笔画简单的字，流摄字用得这么少。他们可能又觉得侯、尤字的元音像是中间拐了弯似的，不容易联上切下字。且不论别的明显的史实，单凭反切构造的内部证据，侯、尤韵系的中古音值太不像是高本汉的 −ᵊu 和 −iᵊu 了（u 是主元音，ə 是过渡音，后起的寄生音）。干脆拟作 ou，iou，o 是主元音，u 是收声，岂不在反切上更近情么？

因此就想到效摄，这一摄的字也是用 u 作收声的。主元音基本上是 a 类。

---

　　①　陆志韦《古音说略》，57 页，"模"订作 wo（u），不肯定。现在看来，未免过分受了早期等韵的影响。李书 150 页，订为 o；这至少对六朝音更为合适。

　　②　六朝一贯如此，另详。

效　竟没有一个豪、肴、萧、宵四个韵系的切上字（《广韵》同）。据我们看来，理由很简单，因为元音拐了弯。

除了遇摄之外，止摄字也比较常用作切上字。

止　　"子(56)之(33)士(27)

　　　　而(24)以(23)其(22)"

　　　等34字　　　　　　　　　　　（之)274次

　　　"私(8)姊(6)尼(6)"等

　　　29字　　　　　　　　　　　　（脂)70次

　　　"皮(8)知(7)"等34字　　　　（支)93次

　　　"希(3)"等7字　　　　　　　（微)11次

之韵系字远比脂、支脂系用得多。隋、唐以前，情形就是这样，分别也许更明显。看来之韵系的元音早已接近单元音 i 了。但是之韵系的切上字，很有些是笔画简单的，这也许也是多用的原因。微韵系字用得极少。止摄中，惟有这韵系最近乎蟹摄。蟹摄字就不像止摄字的常用。

蟹　　"乃(17)在(17)才(8)"等9字　　48次

　　　"大"　　　　　　　　　　1次　　　"妳谐鞔"3次

"乃（在）才"是3世纪以后传下来的笔画简单的常用切上字。那时，哈韵系字的音值还可能是 əi，至少在早期是那样。其时"乃才"又时常用在三等切上。《王三》的"乃、在、才"就只有十来次用在三等切了。从各方面看来，《切韵》的哈是 ɑi。ɑi 不比 ɑu，还能勉强用作切上字。i 收声的影响不像 u 收声的大，这是语音常识。

泰韵字只用了"大"一次，也是早期传下来的笔画简单的字。

二等、"四"等切上字，一般要回避，如上说。这里只有3个二等字，没有"四"等齐韵系字。

这一摄的三等字韵母是清楚的三折音，主元音是"洪"的，不好用。并且又只有祭、废去声字，而去声字一般不大用作切上字（下文会论到）。反正《王三》没有用到这摄的三等字。

留下来要谈的，只有最有资格称为"开音缀"的果、假二摄字了。在中古时期，这两摄字的主元音近乎宕摄的铎和药，分别主要在乎歌、麻有较长的主元音而没有收声。

果	"他(55)多(11)火(11)"等9字	88次
假	"下(15)又(2)加(1)"3字	18次
	"借且车"3字	3次

麻系二等字，像别的二等字一样，要回避。用的字都是笔画简单的。三等字只用了3次，情形正同药。问题在乎歌韵系字（α或ɒ）用的次数为什么比铎韵字少了许多（88比192）。当然可以从元音的音色上找理由（例如歌大概早已是ɒ了）。情况不了解，不宜妄断。

以上就《王三》的3,591个切上字，按着等次、开合、收声等条件分别加以讨论，尽可能说明了使用的情况。

有些地方，又联带着谈到反切的结构怎样帮助我们审订中古语音的音值。先总结如下：

1. 一等切上字用在一、二、"四"等反切上。用在三等切的为数不多。三等切上字用在三等反切上，知、照二系切上字又用在二等反切上。其余，用在一、二、"四"等字上的虽然并不算少，但总不免是例外。切上、下字的搭配，一般要求洪细协调，而趋向于避重就轻，多用三等切上字。

2. 二、"四"等切上字绝少用。用的时候，二等切上字多用在二等切上。二、"四"等字的主元音比较"紧张"，特别是后面一般还有收声，就不宜乎用作切上字。

3. 合口切上字，除了喉牙音字有时用在合口反切外，几乎不用。合口字的元音有曲折，所以不宜用作切上字。但是主元音是 o (u) 的字又是最常用的。

4. 切上字不规避 -ŋ，-k 收声的字。-n，-t 字就用得相当少。-m，-p 字几乎绝对不用。收声的发音部位越靠前，越是不宜。元音收声的字，-i 少用，-u 不用。这一切都反映出切上、下字要求协调，联说起来都要顺口的总趋势。

5. 有 i 介音，i 收声，而主元音又是近乎 i 的字（或本身就是近乎 i 的单元音字），宜乎用作三等反切的切上字。

6. 切上、下字要求协调的趋势是从习惯上表现出来的，并不是语音学的原则。从这习惯，可以概括出一些等韵学所不能包括而需要抛弃的语音现象，从此反映出中古语音系统的一些细节，能帮助我们为这系统构拟音值。

下文再讨论一个有关切上字性质的问题，而且是更难以了解的。

三丁　去声字不常用作切上字。　　一个字用作切上字时，有时不能肯定是去声不是，因为在《王三》可以是平去两读，上去两读，或是去入两读。先得交代一下我们收了哪些去声的切上字。

只有去声音的　"素(6)布"等28字。　　　　　　　　53次

去入两读的　"度"作去声。　　　　　　　　　　4次

平去两读的　"傍(6)乘"，作去声。　　　　　　　7次

　〔"当应并便"四字,12 次,不收。

　　王三又作用切下字,平声。〕　　　　　　　(12)

上去两读的　"去(46)树"。王三又用作切下字,去声。　47次

　〔"下(15)视(5)"20 次,不收。

　　王三又用作切下字,上声。〕　　　　　　　(20)

"吐(11)处(7)比数"四字20次,作

　　去声(今吴语口语作去声,或

上去两读）。   20 次

"女(35)在(17)聚"三字 53 次（今

吴语口语不作去声）。   (53)

可取的不过 131 次。不分青红皂白，全收了，也只有 216。共占切上字总数的百分之四到六。显而易见，去声字用作切上字，不是一般趋势。去声是怎样的声调，才叫它不具备常用作切上字的资格呢？我们只能作一些相当大胆的猜测，请读者姑妄听之。

据最早的描写，"去声哀而远"[①]。本文作者一向有一种直观的反应，以为"哀而远"，"哀远道"之类都隐约地指出一个长调，并且音高上有曲折。

中古的"四声"一般都认为是 4 个调值，不只是 4 个调类而已。尽管绝对的调值在中古方言可以大有出入，4 个总是 4 个。不但如此，尽管像上文说的，"东德红反"在现代方言不能"出切"，在当时是正确的反切，因为"东"和"红"至少大体上同调值，分别只在乎声母的一清一浊。然而在后起的方言里，调值都按着声母的清浊分化了。我们有凭据说，调值的分化出在浊音消失之前。因此，可以试图从现代吴语的调类和调值来推测中古的调值。

吴方言已经无所谓"四声"，可是还有清浊声。调值和调类按着清浊声分化。分化得最少的，该是四声八调的类型；这样的方言还不少[②]。但是 4 个阴调和 4 个阳调差不多平行的方言就绝无仅有。吴兴（双林镇）的 8 个调近乎这种情形。江苏吴江的 8 个调是阴平 44，阳平 13，阴上 51，阳上 31，阴去 412，阳去

---

①　见于所谓神珙《四声五音九弄图》。当在 9 世纪。

②　参赵元任《现代吴语的研究》77 页的表；江苏省和上海市方言调查指导组的《江苏省和上海市方言概要》。浙江方言的调类，据本文作者所知，有 8 调的县分不限于赵书所记的那几点。

212，阴入 5，阳入 2（看来是拉长了调儿说的）。这就近乎阴阳平行，并且阴平真是一个平调。这里再介绍一种调型上更简单的方言，是吴兴（南浔镇）的。勉强用五度标音，可以记成阴平 55，阳平 22（略升），阴上 5＋2，阳上 41，阴去 324，阳去 213，阴入 4，阳入 2$^+$，几乎完全两两平行①。南浔介乎吴江和双林之间。再往西南是德清（新市镇），那里的八调很近乎南浔。从此往西是武康，沈约的故乡，可惜本文作者不知道那里的调型。这些地方的去声调都是曲折的高升调。吴方言不论有几个调，去声作曲折高升调的很不少②。

	宜兴	溧阳	金坛	江阴	常州	无锡	苏州	常熟	昆山	宝山	上海
阴去	+	+	+	+	+		+	+	+		+
阳去	+			+				+	+	+	

	太仓	吴③江	嘉兴	诸暨	嵊县	馀姚	宁波	海门
阴去	+	+	+		+	+		
阳去	+	+		+			+	

（有几处，平声也有这调型，更多的地方，上声有这调型，但是绝不像在去声的常见。）

据现代方言的零星现象，这里大胆地提出一种看法：中古的去声调，在好多方言里（比现在更多），是曲折的高升调。"哀而远"正是描写这样的一个调型。

―――――――――

① 本文作者是南浔人。这里记的是联说时首字的声调。要是像一般录音，拉长了调说单字，阳平可能升得相当高，去声尾也较高，阴入可能是降调。
② 同上页注②。可惜浙西西部的方言记录极不充分。
③ 指黎里、盛泽。

果然如此，反切里要回避去声的切上字，是因为去声字说起来要拐弯。声调的拐弯，正像字音在别方面的拐弯（如上文缕述），叫切上、下字联说起来不顺口[1]。

从反切用字上挤出声调的调值来，显然是冒险的。本文把声调作为专题讨论，表明作者对于自己的观点和方法不敢肯定，只是希望在历史语音研究上多找找门径而已。

四 论切下字

四甲 切上、下字声母的搭配。 切上字的用法上文已经大致叙述完了。下面转入切下字。反切里，切下字的被抛弃的成分只有声母。照传统的看法，这更是不足挂齿的东西。切下字跟被切字严格地叠韵，它的韵母把该管的东西都管住了。

等韵学割裂了"声"和"韵"，按方法不得不那么做。当然，现代人谁都知道声母、介音、主元音是有机地结合着的，只是在描写方法上不得不抽象一点，简略一点罢了。例如高本汉，他曾经粗暴地反对他认为是粗暴的音位描写法，也只得在"-i-"之前省去了他的法宝 [j]，以至我们弄不清了，他到底主张用什么描写法。

---

[1] 作者还试过用拟声字的反切来试探古调值。例如有一次跟一些年轻的同志谈到《王三》去声祃韵"欥，驴鸣"，"乌讶反"，以为音韵学研究上未始不可听听驴叫。他们都是受过正统的音韵学训练的，听了觉得奇怪，有的人引为笑谈。作者以为我们从古书上考订古音，同时多听听现实的"天籁、地籁、人籁"，可能有点帮助。"人籁"，主要是指现代方言和同族语，近年来我们知道要系统地利用它了，从前可不。"天籁、地籁"，就跟历史语言学毫不相干么？

驴叫的声音，《广韵》作"欥欥，…欥乙利切"，疑本像《原本玉篇》"欥"字下，"於讶反，《仓颉篇》欥欥也，《字指》，欥，驴鸣也"。《王三》"欥，夷质反"。一些吴方言里读"欥欥"，就太像驴叫了。作者还是看不出来这样的疏证为什么不通，有什么可笑的。唯一的漏洞在乎我们不能证实驴叫没有"古今音"的分别。至于现代"方言"，"族语"，驴叫就是驴叫。音韵学研究上，照规矩能不能这么幻想，是可以争论的问题。这里赘上一大段话，本身就是不守清规的。

　　本文不从这个角度来研究反切，不抛弃切下字的声母，反而要统观一下它跟切上字、跟介音、跟等次，有什么关系。

　　《王三》有九百个一等字的反切[①]。下表列举这些反切里切上字和切下字的声母的搭配。

《王三》一等字反切中切上字和切下字的声母搭配表

切下字

切上字	帮	滂	並	明	端	透	定	泥	精	清	从	心	见	溪	疑	晓	匣	影	来
帮	×	2	2	5	—	—	2	—	—	1	—	—	9	2	—	2	2	—	1
滂	2	×	1	3	1	—	1	1	—	—	—	—	5	2	1	—	4	—	2
並	8	—	×	4	—	—	1	—	—	—	1	—	8	3	—	—	7	1	2
明	8	—	3	×	2	—	2	—	1	—	1	—	6	3	1	1	7	2	4
端	—	—	1	2	×	—	8	—	2	—	1	—	18	4	1	—	10	1	7
透	2	—	—	—	4	×	3	—	1	—	—	1	15	1	2	1	13	1	8
定	—	—	—	—	9	—	×	1	2	—	—	1	15	3	2	1	14	3	5
泥	1	—	—	—	10	—	4	×	—	—	—	1	11	3	1	1	8	1	4
精	—	—	—	3	3	—	3	—	×	1	4	4	11	3	1	—	9	1	5
清	1	—	—	2	3	—	1	—	2	×	2	2	13	3	1	—	11	—	4
从	1	—	—	2	1	—	1	—	5	1	×	—	12	1	3	1	10	—	7
心	1	—	—	—	6	1	3	—	3	—	2	×	13	2	2	—	11	—	5
见	2	—	—	1	6	—	7	1	—	1	1	2	×	—	4	2	24	2	7
溪	1	—	—	1	7	—	1	—	1	—	—	—	18	×	2	1	16	4	5
疑	—	—	—	3	—	1	—	—	—	—	—	1	14	3	×	2	11	1	4
晓	1	—	1	1	2	—	1	—	1	—	—	—	16	2	3	×	12	3	5
匣	1	—	—	2	7	—	1	1	—	—	—	1	28	8	2	—	×	4	8
影	1	—	—	2	4	—	2	—	1	—	—	—	16	7	2	1	16	×	3
来	1	—	—	1	11	—	5	—	1	1	—	—	18	2	1	—	11	2	×
	31	2	8	29	79	1	48	4	19	5	15	11	246	52	29	13	196	26	86

　　上表简化成百分数表如下：

---

　　① 删去"浑，都陇反"，"鲰，仕垢反。"

		切下字				
		p类	t类	ts类	k类	l
切上字	p类	<u>29.9</u>	7.9	3.1	52.0	7.1
	t类	2.9	<u>18.8</u>	4.3	62.5	11.5
	ts类	5.3	11.8	<u>13.9</u>	57.8	11.2
	k类	4.3	13.9	2.8	<u>69.1</u>	9.9
	l	3.7	29.6	3.7	63.0	×

把表中这些琐碎的数字综合起来，就能看到切下字的使用自有一定的集中趋势和一定的规避趋势。

1. 集中的趋势在乎用喉牙音切下字。见匣溪疑影晓 6 母占全数的百分之 62.4%[①]。此外各类声母还有局部集中趋势，帮类声母字上多用帮类切下字，端类多用端类，精类多用精类，表上一望而知。两种趋势合起来，叫见类用见类多至 69.1%。

上表简化成百分数表：

2. 规避的趋势在乎少用送气的塞音和塞擦音（次清）的切下字。

帮	31	并	8	滂	2
端	79	定	48	透	1
精	19	从	15	清	5
见	246	（匣）	196	溪	52
	375	＞ 71+	（196）＞		60

规律性相当明显，四排数字上都能看出。b 等字像是比 p 等字更为"重浊"，所以比较少用。至于p'等（次清）字，除了 k'外（一般集中用喉牙音切下字），是极少用的。本文作者一向以为隋唐以前的浊声字是不送气的，这里在切下字的用法上得到一个旁证。

───────────

① 唐、登二韵系只喉牙字有合口。不算这二系的喉牙字反切，一等韵用喉牙音切下字还是有 62.9%。

同理，清擦音（心和晓）字也不大宜乎在一等切用作切下字。影母字也不多用（所谓集中用喉牙音字，主要是集中在见和匣）。

3. 除了来母本身外，其它 18 母的字全都用它作切下字，零零碎碎地积成一个大数。边音像是一个中间性的音，可以随意使用，不集中在哪一类的被切字上。

这一类的现象，对于审订中古汉语的音值，当然不能说有多大帮助，可是造反切的人又在这上十分清楚地流露出来切上、下字要求协调，切下字的声母要选用比较容易抛弃的。这跟使用切上字的各种趋势联起来看，更叫人能深入地体会到中古反切是多么入情入理的创作。

为什么集中用喉牙音字呢？当然是因为喉牙声母容易从切下字中抛弃。我们自然会联想到切上字里各种韵母出现的频数。切上字的韵母的收声和切下字的声母是有机地联结起来的一个音段。

切上字　　–k，–ŋ　＞–t，–n　＞–p，–m

切下字　k–62.4% ＞ t– 14.7% ＞ p–7.7

除了发音部位不同之外，喉牙声母是否还有别的特征（例如唇势）叫它特别容易从切下字中抛弃，一时没法分析出来。

"四"等字只有 291 个反切，不必为切下字详细列表。"四"等韵和一等韵同用那 19 个声母。总起来说，切下字的用法几乎跟一等字完全相同。1. 集中在喉牙音字。见（98）＋匣（47）就占了总数的一半。2. 送气的切上字也要规避，端 44 ＞定 26 ＞透 5；见 98 ＞（匣 47）＞溪 4（帮并滂不用，精从清各只 2 次）。同样，也显出规避心、晓、影的趋势。3. 来母切下字也零星地积成一个大数，37 次。

二等反切，剔去了被切字和切下字等次不合的，存 547 个。

二等字的声母也只 19 个，跟一、"四" 等的分别在乎端系换了知系，精系换了照_系（个别的端知 "类隔" 切和精照_系 "类隔" 切作不 "类隔" 处理），而来母字少出现。所用的切下字是：

帮	并	滂	知	澄	彻	照	牀	穿	
43	7	1	2	—	—	7	3	3	
见	匣	溪	明	泥	疑	审	晓	影	来
227	150	10	42	—	23	4	9	15	1

切下字集中在喉牙音字，比一、"四" 等更突出，竟占了总数的 79.3%。规避次清字的趋势也相当明显。

　　帮、端知、来、精照、见五类切下字应用的比重，在一、二、"四" 等有所不同，可以用百分数列举如下：

	帮	端知	来	精照	见
一　等	7.7%	14.7	9.6	5.6	62.4
"四" 等	1.4	28.9	12.7	4.5	52.5
二　等	17.0	0.4	0.2	3.1	79.3

　　"四" 等比一等多用端类而少用帮类。二等分别较大，规避发音部位在中间的切下字而集中在两头。（照用了 13 次，知只 2 次，来不用，也许不是偶然的。据我们推测，《切韵》的照_系是 tʃ，跟知 ȶ 不同发音部位，也就是说照_是近乎帮的一头的。资料不充分，不必多计较。参下三等切用照_系切下字的情况。）

　　下面讨论三等反切下字的分布。先列一张比较详细的表，以便指出分布上的各种趋势。

三等韵切下字分布表

切上字		切下字	k	p	k₃	k₄	p₃	p₄	ȶ	l	tʃ	tɕ	j	ts	
切上字	A 类	k	133	29	×	×	×	×	×	×	×	×	×	×	162
		p	18	46	×	×	×	×	×	×	×	×	×	×	64
	B 类	k	88	18	×	×	×	×	2	45	1	6	10	1	171
		p	16	24	×	×	×	×	2	12	1	2	6	1	64
	C 类	k₃	×	×	108	—	9	—	11	28	—	7	4	2	169
		P₃	×	×	20	—	25	—	1	3	—	1	—	—	50
		K₄	×	×	1	9	—	4	3	5	—	16	29	11	78
		p₄	×	×	3	3	1	19	1	10	—	16	10	7	70
	B 类和 C 类	ȶ	16	—	7	4	—	—	20	83	—	38	21	9	198
		l	10	1	8	—	—	—	11	×	1	18	9	9	67
		tʃ	34	—	10	—	3	—	6	34	13	7	2	1	110
		tɕ	27	—	7	4	—	—	14	55	1	138	65	8	319
		j	6	1	—	4	—	—	2	9	—	39	×	7	68
		ts	23	—	7	2	1	3	9	50	—	37	63	68	263
			371	119	171	26	39	26	82	334	17	325	219	124	1853

表的说明：

A 类　指微废殷（文）元庚三严（凡）

B 类　东三钟之鱼虞麻三阳蒸尤幽

C 类　支脂祭真仙宵清侵盐

　　k　见溪群疑晓影子

　　p　帮滂並明

　　ȶ　知彻澄澄娘和相应的类隔切

　　l　来

　　tʃ　照穿牀审（禅）二

　　tɕ　照穿牀审禅三等和日

j　喻四

ts　精清从心邪

k₃, p₃, k₄, p₄ 指 C 类中的喉牙唇音三等、四等字。

—表示不出现；×表示不能有。

这样的分类只是为了说明切下字分布的大势（凭《切韵》的体系，庚三和清合起来是一个 C 类的韵系。幽是四等，应归 C 类。麻三只有 tɕ, j, ts 等十二母，也许不如归 C 类。

　　乍一看，表上的数字相当零乱，但是有几种趋势不难看出。

　　1.来母字又像是中间性的，可以用作任何类声母的反切的切下字。

　　2.送气的塞音和塞擦音宜乎规避，正像在一、二、"四"

等。

p	80	b	38	pʻ	9	k	226	g	36	kʻ	25〔ɣ89〕
ȶ	47	ȡ	31	ȶʻ	—	tɕ	171	禅	60	tɕʻ	8〔牀三1〕
tʃ	8	dʒ	5	tʃʻ	—	ts	37	dz	10	tsʻ	5

一、二、"四"等没有群母，上文用匣母来代替；因此，这里也附注于类字（ɣ）出现的次数，禅和床三倒了过来[①]。

3. 切下字相当集中用喉牙音字，正像在一、二、"四"等。但是只用了448次，24.4%，跟一、二、"四"等的百分数显然不同。分析如下：A类和B类以及C类里的三等喉牙唇字的反切，无疑是集中用喉牙唇切下字的（喉牙多用喉牙，唇多用唇），四等喉牙字的反切就不那样。非喉牙唇音的小韵也不那样，其中惟一可说跟三等喉牙唇同类的是 tʃ 类。如果把各类小韵按着使用切下字的情况勉强分为两大组，那末，k_4，p_4，tɕ，j，ts 为一组，k_3，p_3，tʃ 为一组；但是 ȶ 和 l 介在中间。本文作者曾经把 k_3，p_3 后面的介音试拟作 I（声母唇化），k_4，p_4 作 i（声母不唇化），切下字使用的情况跟这假设至少是不违悖的。切下字是否集中用喉牙音字显然和被切字的声母、介音的性质有关，这里不能详细讨论。

四乙 切上、下字清浊的搭配。　据一般了解，中古汉语有4个声调，不随着声母的清浊而分化。切下字的清浊更管不着字调。"德红"切"东"，"德空"照样可以切"东"。《切韵》（《王三》）用切下字的个别情况正会加强这种看法。例如一开头，东韵一等15个小韵，切下字有13次用"红"字，浊声，所切的

---

① 本文作者怀疑等韵的床三在《切韵》是 dz，而禅是 z，以为倒过来才符合从各方面窥探出来的消息（其中包括梵字对音）。切下字的分布本身不是一个新的证据，可是至少又提供了一条考据的线索。

字 7 清 6 浊。江韵也有 15 个小韵，切下字有 14 次用"江"字，清声，所切的字 8 清 6 浊。然而统观全书，按着等次开列一张切上、下字清浊搭配总表，就发现切下字用清声字还是浊声字，并不全出偶然。虽然时常受到汉字的影响，在同一韵母多用某字，或清或浊，可是无意之中仍然流露出一定的选择趋势，这就难以了解了。下文且列举分析所得。参照四甲的办法，把小韵分为九类，造成九张清浊搭配表，逐一举出清清、清浊、浊浊、浊清 4 种搭配的频数。

（1）一等工

上字下字	平	上	去	入		
清清	52	77	79	44	252	48%
清浊	100	51	75	43	269	52%
浊浊	52	31	43	20	146	39%
浊清	60	61	73	39	233 900	61%

（52，100 处有 "?"）

（2）二等切

	平	上	去	入		
清清	61	26	58	36	181	55%
清浊	40	33	39	35	147	45%
浊浊	21	22	24	14	81	37%
浊清	45	28	37	28	138 547	63%

（3）"四"等切

	平	上	去	入		
清清	20	21	28	19	88	51%
清浊	29	20	21	16	86	49%
浊浊	14	12	7	11	44	38%
浊清	18	20	24	11	73 291	62%

（4）A 类三等（喉牙唇）字

	平	上	去	入		
清清	12	17	21	11	61	46%
清浊	22	15	18	17	72	54%

浊浊	6	9	7	7	29	31%
浊清	18	13	21	12	64	69%
					226	

（5）C类三等韵中喉牙唇三等字

清清	11	21	7	5	44	36%
清浊	28	13	24	12	77	64%
浊浊	6	10	8	7	31	32%
浊清	23	19	19	6	67	68%
					219	

（6）C类三等韵中喉牙唇四等字

清清	5	4	13	8	30	31%
清浊	23	15	18	12	68	69%
浊浊	10	8	6	3	27	54%
浊清	5	5	9	4	23	46%
					148	

（7）B类三等韵中喉牙唇字

清清	9	14	13	8	44	31%
清浊	37	21	24	16	98	69%
浊浊	15	9	9	12	45	48%
浊清	18	11	15	4	48	52%
					235	

（8）三等韵中 ȶ, l, tʃ 字①

清清	27	13	22	7	69	35%
清浊	36	28	34	33	131	65%
浊浊	30	24	24	14	92	53%
浊清	27	17	25	14	83	48%
					375	

（9）三等韵中 ts, tɕ, j 字

清清	35	20	42	17	116	32%
清浊	74	66	65	42	247	68%

① tʃ 字少，和 ȶ, l 合并为一类。

浊浊	54	37	41	20	152	53%
浊清	39	33	38	25	135	47%
					650	

　　表上清声字 2，080，浊声字 1，511。整个音韵系统里，实在有那么些清声和浊声的小韵，造反切的人不能左右。清声切下字1，749，浊声切下字 1，842，那是人为的，是无意中用得这样的。

　　清声字和浊声字既然数目不相等，每一张小表上只可以清清和清浊相比，浊浊和浊清相比，二者之间不能直接相比。有的小表上，总数不够大，表面上虽然能看到百分数有分别，不足置信。分别的大小和总数的大小，必得联起来看。清浊搭配的大致趋势是不难看出的。

　　1．表（1）至表（4）分配相同。清清和清浊不相上下，都在百分之四十几到五十几之间。（4 张表的总数是清清 582，清浊547；50.3% 比 49.7%。一等平声清清远比清浊少，好像有一个不知所以然的因素夹杂在里头。）

　　浊浊和浊清分别显然，都是百分之三十几比六十几。浊声字的反切里，切下字有规避浊声字的趋势（总数是浊浊 300，浊清508；37.1% 比 62.9%。16 项小数目，除了"四"等入声的浊浊等于浊清外，每一项都是前者小于后者）。

　　2．再看表（6）至表（9），分配相同，可是大势上跟表（1）至表（4）很不同。浊浊和浊清不相上下，都在百分之四十几到五十几之间。（总数是浊浊 304，浊清 279；52.1% 比 47.9%。）

　　清清和清浊就有分别，都近乎 30% 比 70%（惟有表〔8〕是35% 比 65%；除去 tʃ 类字，是 28% 比 72%）。清声母字的反切里，切下字有规避清声字的趋势（总数是清清 259，清浊 544；32.3% 比 67.7%。16 项小数目没有一项不是清清小于清浊）。

　　3．表（5）基本上同表（1）至（4）。浊浊小于浊清，但是清清也小于清浊。这分别如果是靠得住的，那末，这表上的清浊搭配是过渡类型。

怎么会发生这样的清浊搭配的现象，实在不得而知。我们不由得不联想到上文四甲谈到的切下字集中用喉牙音字的现象，因为两方面的趋势好像是平行的。例如表（1）、（2）、（3）、（4）所包括的各类字都集中用喉牙音切下字。表（6）、（8）、（9）所包括的各类字都不集中用喉音切下字。但是在表（7）这两种趋势就不平行。无论如何，用 k 切下字多于用 g（ɣ），只是一种普遍趋势中的局部表现；t 多用于 d，tɕ 也多于 dʑ 等等，并且跟被切字的等次无关。两种趋势之间看不出单纯的内在关系。本节所举现象好像是由几个不同的因素产生的，一时无从进一步分析。

但是有一点是可以肯定的。用切下字时，清浊声有选择。这也就是说，在反切作者的语感上，同一韵母的字，清声的和浊声的，在调值上不完全相同。从此看来清浊不能从反切中完全抽去。这是语音史上须要仔细研究的问题①。

上文三丁提到现代吴语的调类和调值。有的方言四声八调清浊平行，最近乎中古四声的局面。从四调变为八调（不论是平行的或是不平行的，或是从平行的变为不平行的，以至调类简化的），都该是内部矛盾的发展。我们以为这种矛盾可以追溯到中古反切上，如上述。

上文概述了切下字的用法。（1）切下字规避用次清字。（2）

---

①　看来调值和切下字的清浊是跟"洪细"有关的。本文用"洪细"，有时"洪"指低元音，"细"指高元音，有时又指等次，例如一等韵总是"洪"的，三等韵总是"细"的。中国人所谓"洪细"并不单纯指元音的高低；不妨说，洪指低而（或）后，"细"指高而前。这种看法所代表的语音直感，颇像西洋 19 世纪"经验分析论"上所谓"容积"（心理学上，Titchener 派的所谓"volume"）。那末，古人对清浊的反应，也许决定于整个音节的"音色"，我们也就不能凭单纯的音高，长短，强弱，以及声母的"有声、无声"来了解这里的清浊切下字的选择。

一、二、"四"等反切集中用喉牙音切下字，在二等尤为突出。在三等，这只是局部现象。分别似乎出在声母和介音的性质上。（3）切上、下字的清浊搭配有选择，因此推想，同韵同调的字里，清声字和浊声字不完全同调值。

　　本章内容繁冗，说的都是像无关弘旨的话，有时干脆说不知所以然。只求读者能留意这两点：一则所有推论，假设，猜想，当然不能是全对的，也许一无是处，满纸"云烟"。但是所举数字都有凭有据，原书可查。某处说有某种趋势，也实在是有的，统计上"百无一失"。二则统计本身只能提出问题，不能解决问题，就是说，它能叫人看到正统的音韵学研究方法所不能挖掘出来的东西，能叫人面对一些可能是莫名其妙的东西。本文已经提出问题来了，不止一个，一般又指出问题的答案大致得从哪个方向去找，不必完全胡思乱想。深入的研究，有待将来。

　　本文所指出的种种趋势，不只代表陆法言或是王仁昫的个人癖好，魏晋以来早已有之。

第二章　论徐邈的反切

　　前章论到怎样从宋濂跋本王仁昫《刊谬补阙切韵》的反切总结出选用切上、下字的一些一定趋势，都不是造反切的规则所要求体现的，而是反切作者在无意之中流露出来的。本文作者又断定其中某些趋势实在反映中古汉语的语音实际情况，不只是造反切的人的个人癖好。那些趋势只代表陆法言等人的特殊作风或所依据的当代语音呢，还是具有更广泛的历史背景的呢？这里想作一些比较研究来解答这个问题。一方面有同时代的其它著作可以参对，又一方面可以整理一下魏、晋、南北朝留传下来的各家反切，试图了解其中是否流露出同样的趋势。

工作宜乎从历史沿革方面开始，然后研究同时代的反切。但是一开头就遇到几乎不可解脱的困难。我们不能把孙炎、王肃以至《经典释文》时代前后四百年间的各时各地所造的反切作为混合的资料来考察，只能先就几家的反切作一些专题研究。这样，就只有古籍所转传的吕忱《字林》的反切和《经典释文》所摘录的徐邈反切，还勉强具备专题资料的条件，其次要算郭璞的反切。其余各家的反切都只留传下来零星的资料。

所传徐邈的反切比吕忱、郭璞为多，来源也比较单纯，并且还容易校勘。这一章先讨论徐切。

徐邈，公元344—397年，比陆法言约早二百年（《切韵·序》作于601年）。徐族原是西晋的东莞姑幕人，可是全族南渡，到他本人已经有三世住在京口，仕宦在金陵。不能拘执说，他的反切所反映的语音是吴音还是北音，只能大致肯定当时的读书音是南北比较一致的。

研究资料只限于《经典释文》所保存的徐切[①]，从通志堂本辑灵。直音不改，因为研究范围只限于反切的构造。徐切可能会

---

① 《经典释文·序》引"徐仙民反易为神石"，没有收。《颜氏家训·音辞篇》说："前世取切义多不合。徐仙民毛诗音反骤为在遘，左传音切橡为徒缘"。"案"在遘反"见《释文·左传》襄廿五年，《诗》音没有。"切橡为徒缘"，《释文》不收。同篇又称"江南学士读《左传》，口相传述，自为凡例。军自败曰败，打破人军曰败〔补败反〕，诸记载未见补败反；徐仙民读《左传》，唯一处有此音，又不言自败败人之别；此为穿凿耳"。《释文》又没有"补败反"。《书证篇》说："诗云有杕之杜⋯，徐仙民（杕）音徒计反"，陆书又不收。本篇不录这几个反切，宁可只采用《释文》书内所转传的。据作者所知，除此以外，后世所传徐切为数微不足道。近人所辑，类多出在《集韵》、《类篇》等书，更不敢采用。

反映出[①]语音基础上跟《切韵》有所不同，这也只能作为附带发现的历史资料，在本文摘要陈述。

---

① 通志堂本和抱经堂本都出自谢行甫影钞宋本（即清人所称叶林宗本）。本文作者没有读过谢本。据四部丛刊本后附校勘记，凡是有关徐切而通本不同谢本之处，大都以通本为胜，因为音理和字形可以互相参证。但是通本也不免有错失。例如《诗·定之方中》“騋牝三千”的“牝”，通本作“徐扶允反”，校记说”，“段作死”(段玉裁所见谢本作“扶死反”)；“牝，扶死反”见于《释文·诗·驺虞》；《易·离》；《礼记·月令》；本处不应作“扶允反”，并且开合口乱杂，六朝绝少有那样的反切。又如《诗·公刘·序》“成王既涖位”的“涖”，通本作“徐力洎反”；校记说“段作自”。“力洎反”音同“力自反”，不必改字。这样的例子是极个别的。作者既然没有亲自见过谢本，本文只可一概暂从通本。就像《诗·有駜》“駽，呼县反，又火玄反，徐又胡眄反”，段校作“呼县反，徐火玄反又胡眄反”，多了一个徐切，也不补收。

抗战胜利后，读过宋刊本《释文》(现藏北京图书馆)，版本恶劣，为音韵研究，价值反而远不及通本或抱本。该本原在故宫，但是四库没有用它，而用了通本，也许就因为它错字太多。作者曾经用该本校通本，可惜没有完工。在目前所研究的一类问题上，全部重校一次，没有多大用处。总而言之，资料限于用通本，一部分因为才力不足以作通盘校勘，而主要因为取材方法受了研究问题性质的限制，任意增损反而是主观的。此次只改订了十多个切上、下字，如下：

《易·中孚》　罢杖彼反　“杖”改“扶”。
《诗·角弓》　䰕于旦反　“旦”改“具”。
《周礼·天官上·鼈人》蠯父幸反　“幸”改“辠”。
　　《天官下·医师》瞑云千反　“云”改“亡”。
　　《天官下·醢人》齐于西反　“于”改“子”。
　　《天官下·大府》厈嵬祐反　“祐”改“柘”。
《礼记·曲礼上》　少武照反　“武”反“式”。
　　《檀弓上》　税如锐反　“如”改“始”。
　　《大学》　题徙兮反　“徙”改“徒”。
　　《礼运》　麣祖冀反　“冀”改“异”。
《庄子·养生主》砉许鵙反　“鵙”改“鵙”。
　　《人间世》　杀所列反　“列”改“例”。
　　《应帝王》　齕胡勿反　“勿”改“切”。
　　《马蹄》　倪五圭反　“圭”改“佳”。(从段校，又《集韵》)
　　《达生》　鲑胡佳反　“佳”改“圭”。

改字都依据字形参证音理的原则，大部分还有内部证据，该是没有问题的。实在无从了解的反切只得删去。所删各条如下：

据《释文·序》，徐邈有《易音》、《尚书音》、《诗音》、《周礼音》、《礼记音》、《左传音》、《论语音》、《庄子音》。除《论语音义》外，《释文》都摘引徐切。徐氏没有"公羊音"，但是《释文》引徐切 2 条，直音 3 条，"徐"当是徐邈。《孝经》也没有徐音，《释文》引反切 1 条。这些反切当是从别处转引的，例如《孝经》的一条，"夜设庭燎"下，"徐力烧反"，即同《诗·庭燎》下反切。徐有《穀梁注》十二卷（不说作音），《释文》引反切一条，特称"徐邈"以别于"徐乾"。

《论语音义》不引徐音是难以了解的。自郑玄以下，作《论语》注者 20 家，作音者只有徐邈《论语音》1 卷。《释文》引了

（接上页注）

《书·皋陶谟》严鱼简反（段校"简"作"检"，音近，但不如何所据）。

《禹贡》菏士可反（段校"士"作"土"，仍不可读）。

《旅獒》巢吕交反　《费誓》櫎户复反。

《诗·羔羊》緎于域反《麃有苦叶》旭许袁反（"袁"疑是"老"，参《字林》音）。《小戎》閟边患反《巷伯》猗於且反。

《周礼·天官下·王府》第侧敏反（《集韵》"敏"又"母鄙切"；徐切有时旨韵和止韵乱杂）。

《冬官上·凫氏》窒於蛙反。

《礼记·玉藻》幝苦狄反。

《左传·襄元年》眜下遘反。

《庄子·养生主》倚於佇反《人间世》矼古江反　《说剑》镡徒各反。

这十一条之中，大部分也可以勉强改字，例如"眜，下遘反"，徐切同字又有"丁遘反"；"窒，於蛙反"，同字又有"於圭反"。改了之后，反切重出，于本文无补。又如"幝，苦狄反"，"苦"疑是"莫"；"矼，古江反"，"古"据《集韵》当是"枯"，但是原文不知是什么。删去的反切和上文所举的勉强收录的反切，中间不能截然分界，所以不得不逐条注出。

好些家的《论语》音切，但是不注明来历的反切有好几百条。这全都是徐邈的反切么？全不是么？一部分还是徐切么？从内部结构（即选用切上、下字的各种趋势）来看，那些反切跟徐切大致相同，但是这一点并不证明二者同出一人之手。因为魏晋以后所有的反切满可以是同一个类型的。反过来说，二者又有显著的分别。徐切多端知类隔，并且有好些处精照二类隔（下详）。《论语音义》的反切绝少端知类隔，全没有精照二类隔，好像是晚一期的作品。还有一种现象是徐切里或是别家的反切里很少见到的，就是叠韵式的反切，例如："颇，破可反，唯，维癸反，下，遐嫁反，牖，由久反，鲜，仙善反，纯，顺伦反，乘，绳证反，妄，亡尚反，莒，居吕反，忤，五故反"，这样的反切随处可见。

从此看来，《论语音义》里不注明来历的反切不大像是徐切。可是我们保留它，用它来跟徐切参对。下文把它作另一个单元处理，并且很简略地指出跟徐切的同异。

把《释文》摘录的某家反切作为研究反切构造法的资料，当然不能采用整理《王二》反切的手续。韵书里每一个小韵的反切代表一个不同的音节。音义之类的书里，同一个字或是几个同音的字可以有两个以上的音同而字面上不同的反切。徐切"仳，敷姊反"，"比，芳履反"，据《切韵》是同音的；"厌於廉反"又"於瞻反"，"於十反"又"於立反"，也是。研究的对象既然是反切的构造法，而不是徐邈的音系，这样的反切应当兼收。

叫人为难的倒是《释文》引书的体例极不容易懂，有时看不出来所引的反切是徐切不是。例如《易经》：

(1) 乾　辩如字，徐抚兔反

　　泰　财音才，徐才载反

　　需　宴，乌练反，徐乌殄反

　　　　这样的例子无可疑。

  (2) 师 王如字…徐又往况反

    讼 氪，七乱反，徐又七外反

     徐也"如字"么？也有"七乱反"么？

  (3) 坤 牝频忍反，徐邈扶忍反又扶死反

    讼 窒张栗反，徐得悉反又得失反

     无从确知"扶死反"和"得失反"也是徐音否。

本文只可作这样的规定：像（2）类的"七乱反"等一概不收，象（3）类的又切一概收。"得悉反"和"得失反"同音，《释文》例可并举（此次研究反切构造，也例可并收）。又切的次数相当多。有的凭内部证据可以知道是徐切[1]，但是全当做徐切确是冒险的。又切和正切，在构造法上看不出什么分别来。删去了又切，不会影响到下文各节所下的结论。采录了呢，可以叫某些选用切上、下字的趋势在数据上更容易看出而已。

  此外还有一种困难须要交代一下。《释文》有一些唐写本残卷可以参校。《易经音义》残卷（用罗振玉《鸣沙石室古籍丛残》影印本），《尚书音义》残卷（用罗氏《吉石庵丛书》影印本），以及《礼记音义》残片（见许国霖《郭煌石室写经题记与郭煌杂录》）都有徐邈反切[2]。这3种写本，跟宋刊本大不相同，绝不出自同一原本，但是所引徐切是可以和通本校对的。能校的56条中，相同的22条（有几条切上、下字略有出入，概从通本）。通本称"徐"而写本作"又"的2条。通本称"又"而写本作"徐"的7条。通本作"徐"或"又"而写本不称"徐"，或不出反切，或不出条目的23条。通本不称"徐"而写本称"徐"的2条。分别是相当大的。这里不能备载详情，只录末顶的两条

---

  ① 通本同一反切，在某处作正切，别处作又切。校古写本，通本有"又"字处古本有时没有（下详）。

  ② 《易经音义》是738—739年写本。其他两种不知年代。

如下：

	通本	写本
《易·解》	解佳买反	徐佳买反
《书·尧典》	金又七剑反	徐又七剑反

这两条宜乎补收，因为虽然不见于通本，究竟还是《释文》所引的反切。写本不称"徐"的 23 条不必删去。此次摘录徐切，以通本为主，而标准不求太严格。

那末，宋刊本《释文》所收徐切，一般地，可信到全过程程度呢？刊本在《诗经音义》末，有乾德三年（965 写记），全书写定当在那时之后，去陆德明作序时有四、五百年了。而现在又发现刊本和写本竟然相差得那么大。个人以为宋人改编唐本《释文》时不至于凭空增删或是改写了好些徐切，一定有所依据。那时徐邈的原书可能还没有完全失传。总而言之，宋本和通本所载徐切大体上还是可靠的。有些处传钞失真，当然在所不免。

此外《礼记音义》也有古写本残卷（日本京都帝国大学文学部影刊奈良本），可以参校。这写本和今存宋本以及通本、抱本才可说是同出一源的。可校的通本 24 条中，相同的 13 条（有几条切上，下字略有出入，概从通本）。通本作"又"而写本无"又"字的一条。通本作"徐"或"又"而写本不出反切的 5 条。通本不称"徐"或不出反切而写本称"徐"的 5 条，如下：

	通本	写本
《中庸》	倚依绮、於寄二反	依绮反，徐於寄反
《缁衣》	纶古顽反	徐古顽反
	笥司吏反	徐司吏反
《间传》	缞七恋反	徐七恋反
《昏义》	请徐音情，又如字	徐音情，又七领反

这 5 条补收。写本没有的 5 条不删。

本文所收徐切，范围从广，条件从宽。这样，共得徐切

1186 条（其中切下字是等韵的一等字的 254 条，二等 112 条，三等 672 条，"四"等 148 条。"钊，之肴反"，"镞，朱角反"，没敢删去，归二等。"隽，耳齐反"归"四"等）。用同一手续，得《论语音义》不注明来历的反切 551 条。从本字和切音的关系上来看，有的反切不免可疑。例如"杀，所吏反"是破读。"讼"，徐取韵才容反"，是叶韵的音。"秕，甫里反"，"粃，悲矢反"之类，不符合《切韵》的分韵，也许出乎方音，但是也可能有错字。又像《庄子·齐物论》，"猨猵狙以为雌"，"猵"徐音"敷畏反"；"山林畏佳"，"佳"徐音"子唯反"，《集韵》才在相当的小韵下收这两个字，并且改"佳"为"佳"。这一类的反切也可怀疑。然而我们所处理的问题本不是徐音是否得当。这些反切还是可读的反切，可以收罗进来。

限于篇幅，不能把反切表详细列出。下文略述徐邈反切的结构（则切上和切下选用哪样的字，上、下字如何搭配），按着上文对《王三》所提的问题逐一讨论。上文从反切推论中古音的那些话，非必要时不重提。

一　徐切的大体结构

本文第一章说，《王三》的反切不能全然满足现在一般人对反切的严格要求。切上字应当管住被切字的声母，可是《王三》保留了好些端知类隔切和几个精照二类隔切。切下字管被切字是开口还是合口，是三等还是一、二、"四"等（有 i 介音没有）；《王三》的反切也有例外。现在先从这三方面来考查徐邈的反切。

1.《王三》端知八母共 521 个反切，类隔 28（其中泥和娘共 116，类隔 8）。徐切 179，类隔 42（其中泥和娘共 16，类隔 8）。这些数字不能直接相比，但是徐切里类隔的次数比较多，那是显而易见的。徐切里泥娘二母真可以说是混而为一了，可惜出现的次数太少，难以确断。端透定和知彻澄好像已经有分别，特别是定和澄，一共 84 次中只有 7 次类隔[①]《论语音义》的反切，这 8 母有 87 次，只有 4 次类隔；其中泥、娘 11 次，没有类隔。不像是晋代的反切。

再说精照₂类隔切，这在《王₃》只留下一些残迹了。徐切就不同。

《周礼·天官上·鳖人》 簎仓格反

　《天官下·掌舍》　 涑色遭反

《地官下·载师》　 儳才监反

《礼记·曲礼上》　 儳苍鉴反　　儳苍陷反　　駍仕遭反

　《杂记下》　 崒仓快反

　《表记》　 儳在鉴反

　《射义》　 駍侧侯反

《左传》襄四年　　 泜在角反

《庄子·马蹄》　　 栈在间反

---

① "类隔"是等韵术语，所指的是在语音发展的过渡时期，切上字偶而不符合等韵的归类标准，反映早一个时代的语音。端和知在等韵是两"类"，在古音只是一"类"。过渡时期的反切，在等韵该用端的地方用了知，或是相反，那才是"类隔"。反而言之，像见母的洪音切上字和细音切上字就不是两"类"，因为不论在魏晋或是唐宋，洪和细都是可以通用的。徐邈的反切里，端和知已经分化了没有呢？可以用二等字的反切来考验。徐切一百七十九次中，二等切只有十个。"罩，都学反，夥，都嫁反，琢，丁角反，獭，他瞎反，慸，汤邦反，淖，徒较反，桡，乃饱反，掉，乃较反"，八次用一等切上字。只有"适，张革反，蹢，治革反"，二次用三等切上字。前者是正常的，然而在《等韵》，在《王₃》，是"类隔"的。用途邈的三等切来考验，情形就大不相同。该下怎样的结论呢？可能是：在三等切，端和知已经大体分化，差不多全用了等韵的知类字。在一、二、"四"等差不多全用了等韵的端类字。换句话说《切韵》，一、"四"等 t，二、三等 ƫ，而在徐邈，一、二、"四"等 t，三等 ƫ。然而这不是惟一可能的结论。也许是在徐切，一、二、三、"四"等还全都是 t；所谓"分化"只代表切上、下字洪细搭配的一般趋势，端洪～端细正同见洪～见细。只能说，徐切里洪细的分配跟《王₃》不全同；所谓"类隔"切，徐切比《王₃》切为多。端知分化是一个长期的过程，因此可以怀疑徐切里，二者完全没有分化。

（《论语音义》没有精照二类隔）

大致可以说，《释文》所传徐切是比《切韵》早一个时期的反切。精和照₂的分化出在端和知分化之前。《论语音义》不注明来历的反切又不像是徐切。然而绝不能用徐切为证，肯定说陆法言之前二百年，端和知根本没有分化而精和照₂已经完全分化。看来是有一个时期"古无照₂"正像"古无舌上"。徐邈的类隔切可能是沿袭了更早一个时期的旧切。精和照₂的分化，怎样开始，怎样完成，这不只是某一个方言里时代先后的问题。各个方言里，想当然不会完全一致。并且这样的牵涉到整个音韵系统的大变动，在同一方言里也断不会一朝一夕在所有的二、三等字上同时爆发。因此，在一部著作里，哪些类隔切是承继旧切的，哪些是切合当时当地的语音实际的，实在无法确定。端知类隔的现象也只能这样地去了解它（参注①）。

2. 在切下字和被切字不同等次的问题上，我们说过，《王₂》的反切有点疏忽。那是因为《王₂》切代表一个完整的音韵系统（不管是"单纯"的还是"综合"的），而等韵图代表同一个系统；两相参照，《王₂》的切下字显然有些参差。那末，能对徐切提出同样的要求么？用《切韵》、《广韵》的标准来衡量徐邈，他确实造了一些等次混乱的反切；但是也许正是反映当时当地的语音或读书音实际的，反切并没错。例如《尚书·立命》，"以觐文王之耿光"，徐音"耿，公颖反又公永反"，读"耿"为"褧"。"块，苦怪反"，又"苦对反"。"坰，苦营反"，又"钦萤反"。《集韵》在相当的小韵下，这些字全都收了。《集韵》收字有时毫无分寸，可是从另一角度看，《集韵》编者没敢因为《切韵》的"耿"和"坰"不作三等切，"块"不作二等切，就肯定徐邈犯了错误。可以说，我们无法批判徐切在切下字等次上严密到何种程度。很有一些反切所代表的字音是《切韵》所不传的。有的可能是传写错了，有的不是。至于切下字和被切字驴唇不对马嘴的反切，当然不能接受，例如"严，鱼简反"，那绝不代表当时的语音或是读书音①。

3.切下字和被切字不同开合的，徐切里也只偶然出现。"讹，五何反"，"阒，苦鹃反"，"臀，徒恩反"，"綱，口定反"，都属于《王三》的第二类（参第一章），即凭模（侯）韵系切上字定开合口的。其中"鹃"字或本"鹃"字之误（参"君，许鹃反"）。用合口切下字切开口字的，《王三》只有一个"撄，于营反"，实在是疏忽了。"遏，谒绝反"，"牝，扶允反"，疑是传写错了。能掌握切下字和被切字同开合口的原则，徐切并不比《王三》差。

从以上三方面看，徐切和《王三》切结构上大体相同。徐切多类隔，反映了当时的语音实际，但是又可能是保存了一些魏晋旧切。

二　徐切里切上、下字在等次上的搭配

参第一章第二节。《王三》反切，切上、下字在洪细搭配上有一定的趋势，徐切也已经是这样了。相当于等韵三等的 672 个反切中，有 59 个用了一、"四"等切上字，可是其中 21 个是端

---

①　有的徐切虽然等次上跟《切韵》相同，可是差了韵系。个别散见的例子且不提。这里举一些比较集中在音值相近的韵系上的：

秕甫里反（又必履反）　秕悲矣反（又甫姊反）　比扶志反　比呲志反　枇女纪反（又乃履反）　视常此反　视市止反

这七条脂、之乱杂。《王三》韵目下注"脂，吕、夏侯与之微大乱杂"，"旨，夏侯与止为疑"，"至，夏侯与志同"。脂跟微乱杂的，徐切有"归，其位反"，借读为"馈"，《集韵》有此音。又"斐方眉反"，也见于《集韵》，训不同。

吕静《韵集》今不传。所传吕忱《字林》音，也偶出这样的反切，另详。

此外，徐切支和脂也有点乱杂。"迟，直移反"，而"羸，力追反"，"移，怡奢反"。徐切里，属于《切韵》支、脂、之、微四个韵系的反切多至 167 条；除了上文所举，其余的，别类上全同《切韵》，不能说"大乱杂"。实在的音据不明。

知类隔（例如"著，都虑反"，"中，丁仲反"，"植，徒吏反"，"怩，乃私反"），20 个用"才、在"字。其余只有 18 个，比重上已经近乎《王$_三$》。一、二、"四"等反切就不同，514 个中有 170 次用三等切上字，33％。总起来说，《王$_三$》有十分之一的反切上、下字洪细不协调，徐切有十分之二。这一点上，反切的构造法是在逐渐趋于完善[1]。〔《论语音义》约 10％，同《王$_三$》。〕

三　徐切的切上字

参第一章第三节。《王$_三$》用切上字，表现出各种特殊趋势。

---

[1]　切上字最常用哪些汉字，徐切和《王$_三$》切极相像。为了便于了解反切的沿革，这里不嫌烦琐，附上一张比较表，凭"声类"排列。某类的常用字有两三个，按次数多少并举。括弧里的字是不常用的，只用来说明二家切上字的相像。（字下加点的，是《广韵》的代表字。邪母下《广韵》的代表字是"徐"。）

```
徐    古  苦  五  呼  乌  胡户  丁都  他  徒
王₃   古  苦  五  呼  乌  胡户  都丁  他  徒
           乃(奴)  (郎)(卢)  (作)  采(仓)
           奴  乃  卢落(郎)  作  仓(采)
徐    在才(昨)(徂)  素(苏)  补  普  蒲(薄)  莫
王₃   昨徂  在(才)  苏(素)  博补  普  薄  蒲  莫
徐    居  起(去)  其(渠)  鱼  许  於  于
王₃   居  去(起)  渠  其  鱼  许  於  于王
           张      粬  直  女  力  子  七(疾)
           陟(张)  丑粬  直  女  力  子  七  疾
徐    息辞  侧  初  仕(士)  所
王₃   息  似(辞)  侧  楚初  士(仕)  所
           之  尺(昌)  食  始诗(式)  市(时)
           之  尺昌  食  式书(始)(诗)  市时
徐    如而  以  甫方  孚芳  扶(符)
王₃   而如  以  方(甫)  芳(孚)  符  扶
           亡武(无)
           武无(亡)  （"无"或本作"亡"）
```

徐切和《王$_三$》切大体相同。《广韵》差不多完全保存了《王$_三$》的最常用字。陆法言也许也基本上沿用了旧切，正像陆德明杂录各家反切那样。

现在就第一章所提出的各个问题来检查徐切。

1. 切上字规避二、"四"等。徐切用二等字只有8次（"下"5，"佳华争"各1），其中5次用在二等切。"四"等切上字用了24次（"丁"17，"烟贤天庭千前西"各1）。除"丁"外，7次之中有6次用在"四"等切。"丁"字有10次用在类隔切。规避二、"四"等切上字，正同《王三》，也同样受了汉字笔画的影响（《论语音义》情况同）。

2. 徐切里，用 -ŋ, -k, -n, -t, -m, -p 切上字的次数如下：

		《论语音义》
-ŋ, -k	"苍仓郎"等七字共11次（唐韵系）	2
	"方芳况"等二十一字共109次（阳韵系）	42
	"公孔同"等七字共14次	1
	"丁庭争"共19次	12
	"绳升"共2次（蒸韵系）	1
	"莫薄作"等四字共14次（铎韵）	4
	（药韵无）	0
	"屋福"共2次	2
	"尺赤"共7次	6
	"墨得"共3次	2
	"力勑直"等八字共108次（职韵）	71
	各类字应用的多少，王三和徐切全同。	
-n, -t	"畔烟面神"等十字，共11次	11
	"七匹失"等六字共33次（质韵）	36
	"谒悦"共2次	0
-m, -p	"垌钦萤反"，"枕针鸩反"	0
	"犎立私反"	0

跟《王三》相像的程度可说是惊人的。陆氏并没有在反切用字上原封不动地抄袭徐氏。除非两种反切所根据的语音基础十分接近，这样在细节上彼此雷同，简直不可思议。第一章从

《王三》切上字的这种特殊分配，推测中古汉语的一些语音特点，那未必能符合史实，但是有了徐切之参证，那些细节上的吻合更要求有适当的解释。〔《论语音义》切上字的选择也大体相同。〕

3.合口切上字和属于等韵遇、流、效 3 摄的切上字。

(11) 徐切用合口切上字只有 17 次，"况" 11，"火" 3，"华悦虽"各 1。除了"虽，悦"，余 15 次都是喉牙音字。

绥（堕）况垂反　缘悦绢反　慧虽醉反　（合口字，切下字合口。）

煖况烦反，又况晚反　蝗华孟反　恤况逼反　鹹况璧反　（合口字，切下字唇音。）

肷况纡反　雺况于反　煦况甫反　栩况羽反

畜况又反　勖况目反　（独韵字，切下字虞韵系或类似音。）

阚火敢反，又火斩反　火饮反　（切下字-m。）

回看第一章，这里就无须逐项说明。规避合口切上字是徐和《王三》的共同趋势，并且能通融合口字的条件也都相同。

《论语音义》里，合口切上字只用了 8 次，有 7 次用在合口切，余 1 次切下字是唇音，更显然跟《王三》相同。

(2) 反过来说，正像《王三》，主元音是 o（u）的模、虞、鱼韵系字徐切里也常用作切上字。

	占总数	王三	《论语音义》
"古胡苦"等二十 二字共 251 次	21.1%	25.4%	22.5%
"扶甫敷"等十三 字共 147 次	12.4	4.7	4.4
"於许所"等二十 二字共 163 次	13.3	19.5	14.0
	47.2%	49.6%	〔40.9%〕

两种资料的总百分数大致相同。虞、鱼两系字合起来所占的百分数也大致相同，但是徐切似乎多用了虞韵系字。所根据的实际音值也许不一样。徐切用虞韵系字，多为唇音字，（鱼韵系所没有

的），徐 93％ 比《王三》73％。不必强求解释，数字的分别也未
必可靠。(《论语音义》的反切，在这上头又近乎王三)。

（3）徐切里，用-u 收声的时侯、尤韵系字作切上字，比
《王三》更少见。"口、侯"共 5 次，"丘九求"等 6 字共 13 次，
绝大多数是喉牙音字，同《王三》。

同样是-u 收声的效摄字（-au）绝不用，也同《王三》。

总而言之，主元音前面有 u-的合口字和后面有-u 的流摄、
效摄字都不宜乎用作切上字。主元音本身是 o（u）的字最宜乎
用作切上字。这是徐切，《王三》切（和《论语音义》反切）的
共同趋势。为什么有这情形？第一章已经有所推测，这里不必重
述（徐切和《王三》切有点小分别，上文也已经指出）。

4. 徐切和《王三》切用止、蟹、果、假 4 摄字作切上字的情
况也差不多完全相同。

（1）除了遇摄，最常用的一个摄是止摄。徐切有"子其以"
等 27 字共 190 次，"悲毗资私虽"5 字共 6 次，"彼皮知是"4 字
共 5 次，总共 201 次。《王三》有 448 次，但是徐切里比重较大，
并且更突出地集中在之韵系。微韵系字不用。看来，这方言里的
之韵系字（和一些脂韵系字）的元音早已变成近乎单元音了，而
微韵系字是近乎蟹摄字的。

（2）蟹摄字不常用，有 57 次（总数的 4.3％，比《王三》的
1.4％似乎大得多；也许是受了汉字笔画的影响，不必细论）。

（3）果、假两摄用得比《王三》更少，只有"他"8，"火"
3"下"5，"华"1，共 17。麻三字绝不用，正同药韵字。

5. 去声的切上字，徐切只用了"况去处"等 14 字共 71 次
（其中"在"23，"下"5，共 28 次，可疑，参第一章）。充其量
不过 6％，比重跟《王三》差不多。去声切上字是要规避的（《论
语音义》也规避去声字）。

四　徐切的切下字

参第一章第四节。切下字的用法,《王三》切有两种明显的趋势。一则同一发音部位的破裂音或塞擦音字,总是清声的用得最多,浊声的其次,次清的极少,不论一、二、三、"四"等切都是这样。二则切下字以喉牙音字为大宗。这在二等切最为明显,其次是一等和"四"等。在三等韵,这趋势只在等韵的三等喉牙字和照二系字最为明显,而在四等喉牙字和照三、精、喻四等 12 母字不出现。

1. 徐切里,破裂音和塞擦音切下字出现的次数如下:

一等	见	66	〔匣	31〕	溪	9
	帮	8	并	1	滂	1
	端	32	定	23	透	—
	精	9	从	10	清	1
		115	34 + 〔31〕			11

二等	见	52	〔匣	14〕	溪	1
	帮	12	并	2	滂	—
	知	—	澄	—	彻	—
	照二	3	牀二	—	穿二	—
		67	2 + 〔14〕			1

"四"等	见	36	〔匣	20〕	溪	3
	帮	3	并	—	滂	—
	端	14	定	13	透	—
	精	2	从	2	清	2
		55	15 + 〔20〕			5

三等	见	67	群	18	〔喻三 25〕	溪	8
	帮	30	并	21		滂	2
	知	15	澄	1		彻	—
	照二	—	牀二	—		穿二	—
	照三	40	禅	26	〔牀三 2〕	穿三	7
	精	14	从	6		清	4
		166	82			21

一、二、"四"等没有群母,表上注出匣母字出现的次数。牀三

和禅的地位是有意倒过来的。四个等的总数是：

	徐		王三		论语 音义	
清	403	63.1%	1369	63.0%	192	63.6%
浊	198	31.0	682	31.4	96	31.8
次清	38	5.9	122	5.6	14	4.6

显而易见，送气的切下字要回避。3 种资料的百分数接近到这样的程度，那倒不必计较，因为百分数的"机差"是相当大的。总趋势无可怀疑。

2. 徐切用喉牙音字作切下字的趋势可以用两张简表来说明（一、二、"四"等只须记百分数）。

	喉牙	唇	舌	来母	齿
一等反切	254 51%	8%	23%	8%	10%
"四"等反切	148 51	5	20	14	10
二等反切	112 71	25	舌上无	无照二	4

喉牙音的切下字为数过半，二等切比一、"四"等切更集中在喉牙和唇，规避舌上和来母，但是有几个照二系字。一切情形同《王三》。（《论语音义》也同，只是二等有一次用舌上，没有照二）。

三等切下字不如凭实际出现的次数列表（表上 A 类指纯三等韵的喉牙唇字，B 类指一般三等韵的喉牙唇音字，C_3 类指三四等喉牙唇重出的韵里的喉牙唇三等字，C_4 指四等的。照三指照三系、精系、日和喻四共 12 母字（其实没有床三）。

	喉牙唇*	来	知	照二	照三
A 类用	(56)	×	×	×	×
B	57	18	—	—	14
C_3	67	10	2	—	8
	124	28	2	—	22
照二	10	14	4	—	2

来	9	×	4	—	10
知	19	30	5	—	24
C_4	23	9	4	—	59
照三	22**	42	8	—	142

*唇音字少，和喉牙音字合并。

**只有喉牙音字，没有唇音字。

A、B、C_3 类喉牙唇字集中用喉牙唇切下字。C_4 类喉牙唇字就不同，跟照三类十二母字所用的切下字同一分配类型。照二、来、知不具论。集中或不集中用喉牙音字的趋势，大致同《王三》(《论语音义》也同)。

一、二、三、"四"等字合起来看，在什么条件下集中用喉牙音切下字，徐切和《王三》切以至《论语音义》情况完全相同。绝不可能有这么巧合的并行现象。所以，更须要研究所依据的共同语音特点究竟是什么。

两种资料的参对，只剩下一个问题了，就是切上、下字的清浊搭配。这里不能像在第一章那样把三等字分为几类来处理，因为资料不充分。

	清清	清浊	浊浊	浊清
一等	64	72	44	72
二等	34	27	6	45
"四"等	38	49	23	38
	136	148	73	157
	47.9%	比 52.1%	31.7%	比 68.3%
三等	133	258	140	141
	36%	比 64%	49.8%	比 50.2%

一、二、"四"等反切里切上、下字的清浊搭配是清清和清浊次数差不多，浊浊远比浊清少。三等反切里，清清比清浊少，浊浊和浊清差不多。一、二"四"等避浊浊，三等避清清；总趋势同《王三》。三等反切没有分类处理，并不能掩盖清浊搭配的

大势。〔《论语音义》的反切为数更少。一、二、"四"等浊浊少于浊清的趋势不明显；三等反切里，清清比清浊是 25.6％ 比 74.4％，浊浊比浊清是 46.2％ 比 53.8％。三等避清清的趋势是很明显的。〕

总　　论

本章罗列了选用切上、下字的一些共同趋势而没有加以说明。得参考第一章，才能想像这些现象反映当代语音系统的哪些特征，哪样的结构轮廓。

徐邈的反切，有一部分大概是经过后人增删或是改写了的，但是本文作者以为大部分还保持了原样。陆法言也许沿用了一些徐切，可没有整体抄袭，字面上不同的反切居多。切上、下字的代表字多雷同，那是魏晋以后的共同现象，也都受了汉字笔画繁简的影响。哪样的切上、下字最常用，哪样的不宜用，基本上还是因为用时在读音上合适不合适。种种趋势还是造反切的人无意之中流露出来的，不是有意造作的。

本文只能把这两种史料在统计上当作独立的资料来处理。《论语音义》里不注明来历的反切，看来不是徐邈的（可能是陆德明本人的）。那末它就是一种很好的独立的参考资料。不同时代，不同方言的资料，在切上、下字的各种用法上竟然会相同到一步一趋的程度，那是本文作者在研究之前所没有意想到的。用法相同的地方，并不证明在"声类"上，"韵类"上，或是主元音上，声调上的细致音值也都相同；那是不能用这样的史料来肯定的。但是所反映的整个音韵系统一定有大体相同的轮廓。这种想法还须要长期的历史研究并且从各方面参证，才能把它肯定下来。那时，我们才能科学地描写出中古汉语的语音系统，不停留在枝枝节节地考订各个音素的平面上。

那末，第一章里提出的有关中古语音的推测，是否因为有了徐切（和《论语音义》）的参证而变为更有把握了呢？在某些细节上，例如中古浊声母的性质，塞音收声的性质，喉牙唇三、四等重出韵系的分析等，作者以为徐邈的反切加强了我们对于《切韵》的认识。所有已经提出的问题，都要求进一步的研究。中古反切的构造法越是表现出共同趋势，这种要求就越是迫切。

第三章　论吕忱《字林》的反切

吕忱生卒年月不可详考。《字林》成书约在徐邈为经籍注音之前一百年[①]。上离孙炎、王肃不到一百年了。

《字林》原书有无反切，至今还是问题。《隋书·经籍志》载宋扬州督护吴恭有《字林音义》五卷，有人就据称后世所传《字林》反切全出在吴恭之手，吕书只有直音。说近穿凿，但是不能绝对否认有一部分《字林》的反切是通过《字林音义》传下来的。隋唐人引《字林》，引"吕"，"吕忱"，"吕伯雍"，可是据作者所知，不引"吴恭"，或是《字林音义》。反过来说，引《字林》时，还是直音为多，反切较少。看来《字林》本有反切，可不像是大徐《说文》音那样几乎每字都有反切。

宋谢灵运《山居赋》自注引了一些《说文字林》音，其中有反切。谢跟吴恭是同时人，不像会引吴切。也不能说谢所引反切是《说文》旧音，而直音是《字林》音，《字林》切和所谓《说文》旧音的反切，二者之间关系微妙。有一些是相同的，不可能是偶合。这些，与其归功于"旧音"还不如归功于吕忱，《字林》

---

① 据《魏书·江式传》，吕忱作过"义阳王典祠令"。司马望封义阳王，事在265年（《晋书·帝纪三》）。司马威被杀，义阳国废，在301年（《帝纪四》，《列传七》）。徐邈397年卒。

本是《说文》的《字林》。也有不同的，居"《说文》旧音"的绝大多数。《说文》归《说文》，《字林》归《字林》①。

那末，所传《字林》反切都是本来面貌么？有一些例子几乎可以肯定是后人凭直音改写的，或本是反切而字面上传钞失真的。这对于本文是一个关键性的问题，因为像在第一章、第二章那样，我们要讨论《字林》反切的构造法，不能不讲究反切用的

① 谢所引鱼部12条，反切5，直音7。又鸟部11条，反切2，直音9；犬部12条，反切7，直音5，虽然不注明是"《就文字林》音"，按古书体例，当也是。谢引"鱄，居缀反"，《经典释文·尔雅·释鱼》引《字林》"几缀反"。谢引"鲂音房，鹭音路，鼗音曼"，《释文·尔雅·释鱼、释鸟、释兽》引《字林》"音房，音卢，音幔"。有同有不同。

《释文·诗·螽斯》"蝑，……许慎、吕忱并先吕反"，《匏有苦叶》，"鴜…《说文》以水反，《字林》于水反"，两书在同一条下并举，反切有同有不同。陆德明所见《说文》音和《字林》音，来历不同，像这样的引述，《释文》不少见。但是，有时又参差到叫人不敢置信。例如：

引《说文》《诗·駉駃》	獥力劒反	引《字林》《尔雅·释畜》同
	猲火遏反	猲大［火］遏反，同
《白华》	烘巨凶，甘凶二反	《释言》同
《易·睽》	臄之世反	《释畜》同
《尔雅·释鸟》	鷚……力幼反	《释鸟》同（重出）

同一反切，有时称《说文》，有时称《字林》，好像极随便似的。特别是像"甘凶反"，"甘"字如果不是"古"字之误，就更离奇了。"甘"字从来不大用作切上来，所传《字林》切只用了这一次，《说文》切也只用了这一次，魏晋、南北朝反切里好像此外从没有过。还有《尔雅·释诂》引《说文》"馨，口地反"，《释虫》引《字林》"馨，口地反"，也很离奇，"口地反"这样的反切，魏晋以后绝无仅有。从此看来，陆氏所见两书的反切又好像是大体相同的，可以随便举。有时单举《说文》，有时单举《字林》，也是随心所欲。分别当然是有的，上文已引"鴜"字。还有《诗·泮水》引《说文》、《字林》皆作"时审反"，《尔雅·释言》引《字林》"式忍反"（陆书自相矛盾）。《诗·晨风》，"鴥，《说文》作鸥，尹橘反，《字林》於寂反"。同篇，"鹯…《说文》止仙反，《字林》尸先反"。这样的例子，连可疑的在内，《释文》全书只见十来次。全书引《字林》反切四百来次，引《说文》反切，充其量（其中一大部分是某反切之后出"《说文》同"或"《说文》音同"）只有一百来次。大概是：陆氏所见《说文》，反切远少于《字林》，而大多数与《字林》雷同。两本孰先孰后，无从断定。

是什么上、下字。可以先检查一下所传《字林》反切在用字上的各种趋势，看看跟徐切和《王三》切是否相同。假若是不同的，那末，《字林》的原貌虽然经过后人的改装，精神宛在，轮廓没有改变。反过来说，假若没有什么不同之处，那倒难说了。内部证据也许能解决这问题。研究魏晋以后的反切时，常会遇到同样的困难，只是程度不同而已。实际上，所传《字林》反切跟徐切、《王三》切，面貌并不全同，如下述。

本文所用《字林》反切只限于任大椿《字林考逸》（1782年原本）所辑录的。该书显然未经细校，这次尽能力所及，把绝大多数的反切就原书校对了一次①。

又切不收，因为《字林》的性质跟徐邈音义不同，它是依傍着《说文》注音的，不该有那么多的又切。其中有些可以肯定不是《字林》音，不如一概从略。最叫人为难的反切是两书引《字

① 任书所辑《字林》反切约70％引自《经典释文》，其次是从玄应《一切经音义》，何超《晋书音义》，以及宋祁《汉书（补）注》从萧该《汉书音义》转引的。除此以外，都是零零碎碎的了，多引自宋以后人的著作。这次校对的只有《释文》，玄应，何超，和《汉书庄》（参考臧镛辑萧该《汉书音义》）。任书都有脱误。错误的改正了，脱漏的没有补上，因为这次研究，只求得到《字林》反切的一个"样本"，只要是可靠的，够用的，《字林》原貌反正是不能再见的了。并且作者一时无意把反切总表付刊。单用任书，读者如果要查对本文内容，也可以有所依据。理由正同在第二章论徐邈反切时，限于用《经典释文》。

一共删去了7条：（1）"痕，户林反"，不可读。前人议改"林"为"村"不可厚非，但不收为妥。（2）"帼，于回反"，在晋代也不该有这样的反切。"回"字《释文》音义古本阙，通志堂本补。（3）"铿，又衡反"，见玄应《佛本行集经》卷七。这反切应隶"铿锵"的"锵"，"又"当是"七"，"七衡反"是晋时精照二类隔切。不敢自信，不如删去。（4）"罩，竹卓反"，（5）"蚾，大替反"，这两条有错字，可是无从改订。（6）"绹，苍推反"。《释文·周礼·巾车》本作"字林、苍推〔雅〕及说文皆无此字"。（7）"卮，万遗反"，该是"玐，方廉反"，"方廉反"与他处重出。

"迦，丁各反，竹格反"见玄应《瑜加师地论》音义卷一，反切本隶"砒迦"的"砒"。

有一些切上、下字，据音理和字形互参的原则或内部证据改写了。（转下页）

林》同一个字而反切音同字不同。例如"觳，工豆反"又"公豆反"；"陂，北髪反"又"彼义反"，其中只有一个可能是原文。然而无从选择，只可兼收。这样的例子幸亏只有 12 条，为数不多，不牵动全局。

凭这手续，搜罗到的《字林》反切也只有 560，不到徐邈反切的一半。其中相当于等韵的一等切的 129，二等 59，"四"等 55，三等 317。本文只能选出一些比较突出的现象来讨论一下，不能像在第二章那样在各个问题上把徐切和《王₃》切详细参对。

一　《字林》切的大体结构

参第一、第二章。时常接触到《切韵》、《广韵》反切的人，遇到徐邈切，会觉得面貌还相当熟悉。《字林》切就有点怪样。切上、下字的笔画一般都比较简单。这里不嫌繁琐，把五画以下的切上字列举出来。并补上几个笔画较多的字，合成一张"声类"代表字表。

（接上页注）

踞戈〔弋〕世反　诠十〔七〕全反　羿已〔乙〕间反
　子〔于〕小反　剟因〔囚〕冉反　鲝手〔于〕刮反
倥日〔口〕弄反　狙子〔于〕丸反　摹七〔亡〕具反
攄尹〔丑〕於反　撑眞〔直〕庚反　卷立〔匸〕权反
鹮已〔尸〕仙反　智一皮〔丸〕反　隁一由〔回〕反
　·来力佳〔隹〕反　厝呼〔七〕故反　秜匹几〔九〕反　汙纤埅〔茞〕反
这四条也许改错了。

纠文忍反，任改"文"作"之"，今改作"丈"。

诺刃之反，任改作"刀支反"，"刃"宜改"丈"，"之"不必改（六朝本有这种"出韵"的反切）。

其他原书不误而任书误引的，已改正，不备录（例如"栅，侧白反"，原"侧"作"测"）。

古(11)工(9)公(7)甘(1)/几(5)九(4)己(3)

口(16)犬(1)/丘(2)〔邱〕(11)，本当是丘。

/巨(9)

五(8)/牛(3)

火(16)/〔许〕(3)

〔乌〕(5)/一(15)乙(8)央(3)

下(15)户(2)/于(13)

布(2)北(1)/方(16)必(2)夫(1)

〔普〕(2)/匹(14)疋(1)

〔蒲〕(2)/父(10)平(1)

〔忙〕(2)/亡(20)

丁(5)/〔竹〕(8)

他(13)/丑(13)

大(14)/丈(13)

乃(7)/女(4)

———　/力(17)

———　/子(22)

千(5)　/七(7)

才(13)　/〔字〕(1)

〔先〕(12)/〔息〕(2)

　　　/囚(2)

———　/〔壮〕(3)

———　/———

———　/士(3)仕(2)

山(5)　/〔所〕(2)

　　　/之(8)止(2)

　　　/〔昌〕(6)

　　　/尸(1)〔式〕(5)

　　　/上(7)

/人(5)仁(1)

/弋(12)允(1)尹(1)

表上"——"表示没有这一类的切上字出现。代表字在字下加圆点。笔画较多的字用〔　〕标出。

5画以下的切上字一共出现403次，加"丘"11次，约为总数的四分之三。有不少像"一人反，乙巾反，工了反"那样的怪反切，切上、下字合起来不到10画，约占总数的四分之一。各类的代表字跟徐切、《王三》切、《广韵》切多半不相同[①]。这种现象指出所传《字林》反切至少有相当大的一部分没有经过后人改写。它跟徐邈以后的反切不同来源，并且极可能是早一个时期的。

反切通例，切下字和被切字同开合口。《字林》切已经极少例外。"髁，口亚反，驮，于寂反，憨，于例反"是凭切上字定开合的，3例都是喉牙音字。"棣，大内反、槂，工内反"（其时"内"字方音也许已作开口）。"锣，乙大反"，"大"或"吷"误。开合口不协调的反切从来就很少见，可是直到隋、唐还随时会偶然出现。

切下字和被切字不同等次的例子，所辑《字林》切里找不到。

类隔切也不多。端知等8母共89个反切中，只有7次类隔，"偾，他竺反，蜘，他牟反（?），侗，敕动反，枺，大一反，鸙，乃俱反，孺，女沟反，親养，女奚反"。好像是在吕忱的方言里，端和知大体上已经分化了，比徐切分得更清楚，当然不能作此解释。

精照二类隔切只有一个可疑的"耗，疾加反"，这字又"丈

---

①　参第二章第三节附注。

加反"，凭谐声也不像是会有从母音的。但是三等字中，有的反切倒很像精照_类隔。"雏，匠于反，榛，似巾反，岑，才心反"，从徐邈到《广韵》从来不传这样的音①。这可能是比徐切更早一期的类隔切；三等切里精和照_也还没有完全分化。徐切的精照_类隔例限于一、二等字②。

二　《字林》切里切上、下字在等次上的搭配

参第一章、第二章，第二节。

	一、二、"四"等用 三等切上字	反过来	合计洪细 不协调的
《字林》	38%	15%	25%
徐邈	33%	9%	19%
《王_三_》	17%	2%	9%

总的说来，切上、下字要求协调的趋势早已在《字林》切形成，越到后来越清楚，但是始终不能做到洪细分界。非三等字用三等切上字的比重远超过三等字用非三等切上字，这种避重就轻的趋势在《字林》切已经很明显。《字林》的38%也许不代表原来的比重，因为有的反切是一定经后人改写的了。也许可以说《字林》的一、二、"四"等反切的切上字本来不计较洪细。

古反切根本不反映出有"声类"这概念。切上字的选用，开

---

① 据作者所知如此。《集韵》才有"榛，木名，…慈邻切"，"岑，岑崟高貌…才淫切"只能看作后起方言的 dʒ→dz。

② 《字林》有一些很突出的反切，应当记下。(a)"茴，昌亥反"，"腰，人兮反"，"挼，上泥反"，留传到后世。"鹲，尸先反"，假若"先"不是错字，就仿佛是"腰，人兮反"之类。(b)"伾，父之反"，"笥，先自反"，是脂之韵系乱杂的例子（参第二章第一节附注）。"谇，刃〔丈〕之反"是支之乱杂。(c)"枫，方廉反"（《释文·尔雅·释木》）。刘熙《释名·释天》，"风，兖豫司冀横口合唇言之，风泛也，气博泛而动物也。"吕忱比刘熙只晚一百来年，籍贯不可考。既为"义阳王典祀令"，又为"弦令"，可能是豫州人。西晋还保存这古音么？（该是凡韵字，而"廉"盐韵。）

始是避重就轻，因为三等字的韵母容易抛弃；后来才逐渐要求上、下字洪细协调，以为那样才会念起来比较顺口。

三　《字林》切的切上字

参第一章、第二章，第三节。

1. 规避二、"四"等切上字，正同徐切，《王三》切。二等字用了"下"15，"山"5，"江"1，共21次；"四"等字"先"12，"千"5，"丁"5，"犬"1，"达"1，共24次。都是些笔画简单的字。

2. 《字林》切用-ŋ, -k; -n, -t; -m, -p切上字，重点全同徐切和《王三》切。

-ŋ　108次　其中阳韵系字73次

-k　57次　其中职韵字44次

-n　27次

-t　48次　其中质韵字47次

-m　"甘"1次　　（或"古"字传误。）

-p　无

3. 合口字极少用。"火"十六，"犬匡允尹越"各1。趋势同徐切和《王三》。模、虞、鱼韵系的字同样是用得最多的。

	徐切	〔《论语音义》〕	王三
模 47次　总数的	8.4%	21.1%	22.5%	25.4%
虞 32次	5.9%	12.4%	4.4%	4.7%
鱼 40次	7.1%	13.7%	14.0%	19.5%
	21.4%	47.3%	〔40.8%〕	47.6%

《字林》切和别家反切的分别在乎模韵系字用得比较少。上文已经指出《字林》切多用三等切上字，那末，模韵系字自然用得比较少了。但是鱼韵系字也比较少用，也许语音上，跟徐切、《王三》切里的鱼韵系有所不同。

侯、尤韵系字就少用，正同徐切和《王三》。"口"16/"九"

4，"邱丘" 13，"臼" 1，"牛" 3，"丑" 13，"囚" 2，共 52。比重上比《王三》大（约 9% 比 3%）。参上，模虞鱼韵系比重小。《字林》切上字避-ou, -iou 的趋势可以肯定是远不及《王三》。多用在喉牙音字，这是和《王三》相同的。

4．其他各摄的切上字不能详细参对，只能提出下面这两点。效摄字全不用，同徐切《王三》切。止摄字也是常用的。

之韵系	"子（22）之（8）已（4）"等十三字	50 次
脂韵系	"几（5）毗尸"	7 次
支韵系	"卑彼知"	3 次
微韵系	——	

情形同徐切。跟《王三》切略有不同，用之韵系字特多。这一点，已经在第二章讨论过了，认为跟语音沿革有关。

5．去声字也规避。除了可疑的"下" 15，"在" 1 外，唯有"大" 14，"布" 2，"记具字达"各 1（"达"大概还是错字）。充其量不过总数的 8%。

总起来看，《字林》切，徐切，《王三》切，在使用切上字的各种趋势上大体符合，尽管《字林》切多受到字体的影响，面貌有所不同，所反映的语音背景还是逃不出中古汉语的整个音韵格局。我们从字面上看出，《字林》的反切虽然经后人改写了一些，大致的轮廓还存在。使用切上字的各种趋势也是原来就有的。

四　《字林》切的切下字

参第一章、第二章，第四节。

1．塞音和塞擦音切下字的使用情况：

一等	k	34	〔ɣ	20〕	k'	4
	t	11	d	12	t'	2
	ts	4	dz	6	ts'	1
		49		18〔+20〕		7

			（p 等无）			
"四"等	k	10	〔ɣ	10〕	kʻ	1
	t	7	d	6	tʻ	–
	ts	1	dz	–	tsʻ	2
		18		6〔+10〕		3
			（p 等无）			
二等	k	31	〔ɣ	11〕	kʻ	1
	p	2	b	1	pʻ	–
	ʈ	2	ɖ	–	ʈʻ	–
	tʃ	1	dʒ	-	tʃʻ	–
		36		1〔+11〕		1
三等	k	35	g	6	kʻ	5
	p	10	b	7	pʻ	–
	ʈ	12	ɖ	12	ʈʻ	1
	tɕ	21	禅	12	tɕʻ	4
	ts	2	dz	6	tsʻ	4
		80		43		14

出现的次数太少,有些项目看不出一定的趋势(tʃ-等无。床三无。两"地"字归ɖ);四个表的总数都是无可怀疑的,清＞浊＞次清。总共清183＞浊68(+41)＞次清25。跟徐切、《王三》完全相同,无须讨论。

2. 切下字集中用喉牙音字的情况:

	k 类	p 类	来	t, ʈ 类	ts, tʃ 类
一 等	71	6	13	28	11
"四"等	25	4	6	17	3
二 等	50	5	–	2	2

都集中在喉牙音字,二等字最为明显。同徐切、《王三》切。

三等切的情况如下(读法参第一章第八节和第二章第四节的三等字表)。

		k	p	tʃ	l	ȶ	tɕ
(1)	A 类的切下字	20	5	×	×	×	×
(2)	B 类 k, p 字	20	8	－	4	5	12
	C 类 k, p 三等字	21	7	－	14	4	7
	照二系字	2	2	－	6	1	2
		43	17		24	10	21
(3)	来母字	4	1	－	×	1	5
	知系字	6	2	－	6	3	17
		10	3		6	4	22
(4)	C 类 k, p 字四等	3	2		1	5	20
	照三系等 12 母字	25	1	－	6	6	63
		28	3	－	7	11	83

(1)和(2)集中用喉牙音切下字。(照二系字次数太少。归入(2)类的理由见第一章。)(3)不那么集中。(4)显见是不集中在喉牙了,而集中在照三等 12 母;当然喉牙音字用的次数还不少。趋势又全同徐切,《王三》切。说明见第一章。

　　3. 切上字和切下字的清浊搭配上,徐切和《王三》切都有一、二、"四"等反切规避浊浊的趋势。《字林》切资料不充分,不大能看出这特点。一、二、"四"等共清清 73 次,清浊 69 次,51% 比 49%;浊浊 48 次,浊清 62 次,44% 比 65%(分别不大,浊浊也许是少一点)。

　　三等切,在徐切和《王三》切都有程度不同的规避清清的趋势。《字林》的三等切,次数比徐切更少。清清 71 次,清浊 108 次,40%比 60%(分别不大,清清是少一点);浊浊 61 次,浊清 77 次,44% 比 56%。(单算 C4 类和照三等 12 母的反切,清清 27 次,清浊 47 次,36% 比 64%;浊浊 29 次,浊清 29 次,50% 比 50%。避清清。)

　　总起来说,清浊搭配的趋势,《字林》切里还是已经出现了。第一章里说,我们不能了解为什么有这趋势,以为也许跟"洪细"有关。

总　论

《字林》的反切是一个雏形。大体上是比徐邈切早一个时期的。从音韵类别上看，《字林》切和《王三》切只有些小分别而已，例如类隔切的多少和性质，之韵系和脂韵系的偶尔乱杂等。有分别，当然是反映出语音基础有所不同。没有分别，可未必指出语音完全一致，只是音韵类别上看不出分别罢了。

本文所研究的，倒是不受音韵类别限制的那些使用切上、下字的一般趋势，是切上字的韵母上和切下字的声母上的选择趋势。《王三》切在这上有各种趋避的倾向；每一种经我们分析出来的倾向都早已在《字林》切出现。事实如此，有的能凭音理来了解，有的不能。所有的趋势都是造反切的人在无意识之中流露出来的。我们只能含混地说：它反映出中古汉语的整个格局上，长时期具有某些共同的特点，一般是无关具体的音韵类别的，可是肯定地影响到反切作者的语感，因而在反映上不约而同。吕忱比徐邈约早一百年，比陆法言约早三百年。地邑也不同。可惜这里所谓"整个格局上"（轮廓上）的"共同特点"，无从比第一章描写得更细致一点。

第四章　论郭璞的反切

郭璞，河东闻喜人，276年生，324年卒。他的著作该比《字林》晚出若干年。我们先谈吕忱，后谈郭璞，因为实际上能用的资料更不充分，来历上也好像更为复杂，内部不一致。本章所述各节，更只能是略备参考而已。

郭璞的反切见于《方言》注的245条（重出的不算，音同字不同的并收，又切不收。下同）。《山海经》注22条。《上林赋》注四条。《子虚赋》注二条。《穆天子传》注2条。这些反切可以说是直接资料。

　　《尔雅》注的反切，只能从《经典释文》摘录①，共存 213 个不同的反切。《楚辞》注该是有反切的，今不传②。此外，唐人引郭切，为数不多，作者只略知一二，并且都不像所引《字林》切的确凿可靠，本文不敢补收③。

　　因此，本文只收了 498 个反切，还不及《字林》切的数目。这五百来条还是内部有矛盾的④。共计相当于等韵的一切等的 135，二

---

　　①　《尔雅·序》说，"别为音图，用祛未寤"。"音"本别出，与"图"并行；图亡音亦亡。唐写本没有反切（敦煌残卷存《释天》，《释地》一部分，可校。该卷盗存巴黎，北京图书馆有照片）。《释文·序》引"郭景纯反馔为羽盐"，本文没有收。书内它处引郭切尚有 25 次；其中有 3 次可疑，11 次与《尔雅释文》重出，余 11 次本文也没有收。《庄子音义》，陆用郭象注文，反切称"郭"者，除一次外，都不是郭璞切。

　　②　洪兴祖本王逸《楚辞章句》以及《文选》注，体例大乱，叫人无从知道保存了郭切没有。《上林赋》注"出乎椒丘之间"下有"善曰…郭璞曰，椒丘见楚辞曰'驰椒丘兮焉且，且音昌吕切'"，不可读，也不像是《离骚》注。

　　③　玄应《一切经音义》（丛书集成影印海山仙馆丛书本，805 页），"陶河"下，"江南言鹈鹕，亦曰黎鹕，…郭璞注三苍曰黎大奚反"，这一条可据。然而三苍注早亡，并且反切也不可读，不能收。

　　唐初，音义类的书载魏晋以后音切，以《经典释文》、《一切经音义》、《文选》注为主要。《释文》为本文所依据，《文选》注对本文无用，已如上述。《一切经音义》引郭璞注，不下 286 次，只有 66 次涉及音切，其中有 60 个反切出在"郭璞曰"后，有可能是郭切。但是逐条细校，得知绝大多数断非郭切。例如有关《方言》的各条，《方言》注都没有。有关《尔雅》的，有 7 条同《经典释文》，与本文已收的例子重复。有 4 条也同《释文》，但是《释文》不称"郭"。音同字不同 3 条，《释文》也不称"郭"。总的说来，只有 4 条可以考虑增补而已，也不必冒险了。

　　④　与本文有关的校记（不论义切）：

《尔雅》音，本文不收这几条：

　　妯，卢笃反（四部丛刊缩影本 401 页下）　"卢"当是"唐"或"度"误，不可决。

　　棲〔萋〕，苦兮反（405 页下）　"古"当是"七"或"千"误，不可决。

　　嵩，立屯反（407 页下）　"立"当是"去"或"丘"误，不可决。

　　芦，力何反（416 页上）　《集韵》有此音，本或是"力胡反"，《集韵》以讹专讹。

　　摄，祛浃反（424 页下）　不可读。

　　鹈，力买反（424 页下）　不可读。

　　（406 页下"殿屎"下，"香惟、许利"并作"屎"字切，并收。）

《方言》音，本文不收这几条：（转下页注）

等 72,"四"等 57,三等 234。

（一）第三章,曾经提到徐邈切和《王三》切的面貌大体相同而《字林》切有点异样。郭璞切又另具一种风格。例如切上字很有些别家几乎绝对不用的字。"错"4 次,"托"5 次,"妨"6 次,"洛"5 次,"恪"10 次（又重出一次）,全出在《方言》注。"诺"和"恶"各 5 次,《方言》4,《山海经》1。"度"10 次,《方言》9,《尔雅》1（可疑）。可以看出《方言》注的反切确是保存了郭切的本来面貌,至少大体上绝不会是经后人改写的。《经典释文》所传郭璞《尔雅》切不叫人有这特异的感觉,面貌上跟徐邈切、《王三》切没有显著的差别。不能说《尔雅》切在陆德明之前已经完全改了样,但是跟《方言》切不能同样是郭切的本来面貌（除非是两注年代不同,郭璞自己改了样）。

切上字用法的不同就影响到切上和切下的洪细搭配。总的说来,498 个反切中,非三等字用三等切上字的 18%,三等字用非三等切上字的 17%,切上下字要求有一定的洪细搭配,这趋势在郭切比在《字林》切和徐切更为明显,近乎《王三》切。这里看不出别家"避重就轻"的趋势（参第三章第一节）。要把《方言》切和《尔雅》

（接上页注）

亟,欺革反〔一〕　　存疑

洼,乌蛙反〔三〕　　疑本是"乌佳反",又疑是等于"音蛙",郭切偶有此例。

梢,丁侠反〔四〕　　"侠"当是"佼"误,"丁"仍不可读。

矗,又章反〔五〕　　不可读。

莽,嫫母反〔十〕　　周祖谟《方言校笺》说是"读如嫫","莽"从无"嫫"音,或是等于"音母"。

蛞,音坏沮反〔十一〕　　戴震《方言疏证》改"坏"为"牆",存此反切,不可从。宁从周校作"音沮"。

澳,禁耕反〔十三〕　　不可读。

笈,音都墓反〔十三〕　　戴改"都"为"那",以为"那墓反",可疑。

（此外,从《方言疏证》,改订了几个切上、下字,但是戴说不能全从,这里不必详记。"缫,相主反"〔五〕,"主"戴改"卞",宜从周校改"玄"。）

切单独提出来分析,出现的次数又都太少,但是不妨试一试。

	非三等切用 三等切上	三等切用非 三等切上	洪细不 协调共
《方言》245 个反切	12%	21%	19%
《尔雅》213	25%	14%	20%

《尔雅》切的分配趋势跟《字林》以至《王三》同一类型;《方言》切是特别的。这也是郭切内部不统一的一种表现。下文还是要把郭切作为一个单元来处理,因为除了上文说的,在其他要讨论的各个问题上,《方言》切和《尔雅》切没有不同趋势。

(二)先像在前三章那样讨论几个有关音韵系统全局的问题。

(1)郭切有切下字和被切字不同开合口的例子,并不多。

荐徂很(尔,四部丛刊缩影本 402 页下)

辖于厉(方九)　　蚗于列(方十一)

凭切上定开合。(可疑的例子不录。)

(2)切下字和被切字不同等次的问题无从讨论(参第二章第二节)。

(3)切上字"类隔"的,端知 8 母 104 个反切中有 26 次,例如:

媞得懈(方)　挃丁秩(尔)　滩勒丹(尔)

蒢他周(尔)　幢徒江(方)　𦫵徒留(尔)

拿奴加(方)　蚏奴六(尔)

除了一等字有 3 次用"勒"作切上字外,都是二、三等字端透定泥作切上字。那个时期,端系和知系混用,情况和《切韵》时期不同,两系也许还无所谓"类隔"。第二、第三章已经讨论过这问题。精照二"类隔"切为数也不少,大致同徐切。

第七角　钦错江　虦昨闲　笇昨江　槊徂学

楝霜狄　摻素槛　(这两条切下字疑误。)

咨庄伊　蓁子人　(见又切,《集韵》收这音。)

这是不容易认识的三等字精照_二"类隔"切。"咨，庄伊反"（精字用照_二切上），更是绝少见的。

(三)有一些选用切上字的明显趋势，跟《字林》切，徐切，《王三》切几乎完全相同。

(1)规避二、"四"等切上字。只用了"山"2，"下"2；"丁"9，"先"3，"千"2，5个笔划简单的字共18次。

(2)-ŋ，-k；-n，-t；-m，-p切上字：

-ŋ　100次　其中阳韵系字72次。

-k　82次　其中铎韵字47次，职韵字31次。（多用一等切上字是方言注反切的特点。）

-n　9次

-t　8次　全是质韵字。

-m　一

-p　一

(3)合口切上字只用了8次，"火"5，"匡狂荒"各1，全是喉牙音字。切下字6次是合口，2次是唇音。

模虞鱼系字：

模 145 次	占全数的 29.1%	
虞 13	2.6	
鱼 72	14.5	
	总 46.2%	同徐切、《王三》切。

侯尤韵系字：

侯3，尤12，只占全数的3%

从吕忱、郭璞以至陆法言，趋势都一样。

(4)郭切不用等韵的效摄字作切上字，也同其余各家。

(5)止摄字用得比较少：

之20，脂4，支4，微-。之的次数还是最多，微不用。

(6)去声字也规避：

"度错去"等 13 字共 29 次, 充其量只 6%

以上郭切使用切上字的各种趋势, 可以说是魏晋以后的一般趋势。各家除了一些细节上偶有不同外, 大致是不约而同, 不谋而合。

(四) 以下论切下字的用法和切上、下字的清浊搭配。

(1) 塞音和塞擦音切上字的使用情况:

四等合计	清		浊		次浊	
k	120	g	5(γ58)	k'	9
p	24	b	10	p'	—
t, ȶ	34	d, ɖ	16	t'	ȶ'1
ts *	1	dz	6	ts'	2**
tɕ	20	禅	11(牀三2)	tɕ'	1
	199	>	48	>	13

* 　没有 tʃ, dʒ。tʃ'。(有一"诊"字, 疑误。)

* * 　其中有一"蛆"字, 疑误。

(2) 从上表已经可以看出切下字集中用喉牙音字。k, k', g, γ 用了 199 次, 几乎是全数的 40%。总起来说, 一、二、"四"等字集中用喉牙音切下字无疑, 而二等字最为突出。三等字的情形, 参第三章, 分配的比重各家相同, 不再琐述。

(3) 切上、下字的清浊搭配也有一定的趋势, 同徐切、《王三》切。资料不充分, 也只有像在《字林》切那样, 结合着《王三》切和徐切来看, 才能把那种趋势肯定下来。

一、二、"四"等字	清清	86	57% 比 43%
	清浊	65	
	浊浊	42	37% 比 63%
	浊清	71	
		避浊浊, 不能说太显著, 因次数太少。	
三等字	清清	52	39% 比 61%
	清浊	81	

浊浊　　52　51%比49%
浊清　　49

　　　　　避清清,同。

这是一种最不容易了解的趋势,但是各家无不相同。

　　总的说来,从郭璞以至陆法言,3个世纪之中,反切反映出中古汉语的同一个音韵结构总局势(参第三章总结)。韵母的音值,当然不可能是各时各地相同的,上文已经指出支旨之韵系的混用等现象。但是万变不离其宗,各韵系的发音部位的相互关系上,好像看不出有什么大变动。声母上的变动,出在精和照﹦的分化,和后一时期的端和知的分化。

第五章　余绪

　　自有反切之后,以至陆法言写《切韵》,四百年间,至少有好几十家造过反切。但是除了郭璞、吕忱、徐邈,其余各家的反切,保存到现代的,都为数不多,不能用来研究本文第一章到第四章提出的问题。

　　吕、郭以前,不到一百年,就到了孙炎、王肃的时代。颜之推和陆法言都说过反切起自孙炎,本文作者是信以为真的。反对的人以为东汉(甚至可以说西汉)早已有反切。反过来,也有人说孙炎并没造反切(因为他的死对头王肃造了反切)。我们不必计较这一类的议论。应劭、郑玄、服虔等人就算是造过反切的,本文也无法研究它。孙、王的反切至少都各有六十多条留传下来,因为是最早期的,可以考查一下,跟郭璞、《王﹦》等反切参对。差不多同时期的,有韦昭、薛综的反切,从来以为是代表南方音的,因为地位重要,宜乎跟孙、王一并讨论。至于苏林、孟康等,所传反切不止六七十条,本文暂不备详。所求的,是大致观察一下最早期的反切的

"面貌"。

　　孙炎反切只从《经典释文·尔雅音义》摘录。《经典释文》别处偶引孙切,与《尔雅音义》重出。不计又切,共存 62 条(与陈澧《切韵考》所辑略有出入)。王肃反切也见于《经典释文》。除了又切,和若干条可能是王弼、王元规的,只有 69 条。韦昭反切大多数见于宋祁《汉书(补)注》转引萧该《汉书音义》,共 34 条;又见于颜师古《汉书注》,可读的只 8 条①。又见于《经典释文》,与上不重复的21 条②。共 63 条。

　　薛综反切,相传见于《文选·两京赋》注,如陈澧说。其实只有"综曰"下"耽,都南切,裨,必弥切,衍,以善切,跳,都雕切,踆,七伦切,眳,亡井切"6 条可能是薛切(正文夹注所引的反切都不是)。所以本文只讨论北孙,北王,南韦③。

　　六十多条反切,作为独立的资料来处理,当然是不够格的。但是如果选用切上、下字的趋势跟后起各家大致相同或十分相像,就满可以供参考了。拿切上、下字的整个面貌来说,孙切和徐切、《王三》切相像的程度叫人怀疑《经典释文·尔雅音义》是否保存了孙切的本来面貌。前在第四章里,已经提到《尔雅音义》所传的郭璞反切和《方言》注所传不同面貌,这里又遇到《尔雅音义》了。孙切似乎太"摩登"了。王肃的反切就不然。反切上字用到"縢否针刚遐妍袁冥唐遭"等字,都是六朝反切里不常见的。"遭",效摄字;效摄字别家从没有用过。但是王肃切又另有可以怀疑之处。例如《释文·易·师》"否,马、郑、王肃方有反";《左传》襄八年,"蔽,服虔、王肃、董遇并作婢世反";《易·蹇》"蹇,王肃、徐纪偃反"等等,王肃

---

①　臧镛(韦昭《汉书音义》)以为这几条是从宋注窜入"师古曰"下的。

②　《释文》称"韦昭"或"韦昭汉书音义"。个别的,只称"汉书音义"的,不录。

③　相传孙炎和薛综先后出于刘熙之门。

本有这些音,未必有这些切上、下字。所以,读下文,思想上宜乎有所保留。韦昭切似乎无可怀疑。

一　上、下字的洪细搭配

后世所谓"类隔"切,三家反切里只有痕迹而已。孙,又切有"巢,徂交反",韦有"才,仕兼反"("兼"疑"廉"之误)。精系和照_系,三家反切都只有少数几条,没有"类隔"。端知"类隔"也不多,孙 10 条中有"箹,都耗反,鶏,勑乱反",王 12 条中有"桡,乃教反,輮,奴又反",韦 8 条中有"擿,持历反"。无从下结论。

至于一般的,切上、下字要求一定的洪细搭配的趋势,三家反切里都能看出。

	洪用细切上		细用洪切上	共计
孙	10	>	2	19%
王	5	>	4	13%
韦	8	>	6	23%

二　选用切上字的趋势

(1)规避二、"四"等字,孙只用了 1 个"犬"字,王"下遏笺研丁冥"各 1 次,韦"下萌"① 各 1 次。

(2)-ŋ, -k＞-n, -t＞-m, -p。

-ŋ 孙9、王 8　都集中在阳韵系　韦"翁空萌平"

-k 孙3、王 4　　　　　职韵　　"尺薄"

-n 孙 1、王 3　　　　　　　　　—

-t 孙4、王 6　　　　　质韵　　"匹勃"

-m— 王"针"　　　　　　　　　—

-p— —

(3)合口切上字,孙无,王"火"1 次,韦"火"1 次(?)。

模、鱼、虞韵系的切上字:

---

① 宋祁所见又一本,"下"作"火"。

孙 33 次,总数的 53%　王 25 次,36%

韦 25 次,40%　（都是大宗。）

侯、尤韵系的切上字,孙"牛,九"2 次,王"否"(可疑),韦"丘,谋"2 次。

(4)止摄的切上字。

	之	脂	支
孙	6		
王	7	3	1
韦	17		4

没有微韵系字。"之"的比重似乎比后世为多,特别是在韦切。但是那个时代的"之"不可能是单元音韵母。

(5)规避去声字。孙"大去"2 次,王"下去备"3 次,韦"下(?)据去"3 次。

除了韦切多用之韵系字外,趋势全都跟后起各家一致。

三　选用切下字的趋势

(1)破裂音和塞擦音的切下字,清＞浊＞次清。三家反切都十分明显。

(2)集中用喉牙音字。孙切 30 次,48%。王切 26 次,38%。韦切 33 次,52%。

(3)切上下字的清浊搭配。资料远不够充分,但是不妨试列一表。

	一、二、"四"等切			三等切		
	孙	王	韦	孙	王	韦
清清	7	9	9	4	3	15
清浊	8	10	1	15	15	16
浊浊	4	3	4	8	9	4
浊清	8	8	10	8	12	4

孙切、王切里,洪音字的反切避浊浊,细音字避清清,好像还是可以看出来的。

　　本研究暂时告一结束。几乎四百年间，反切作家不断地表示出中古汉语的同一"精神面貌"。

　　本文作者多年接触到《广韵》、《切韵》的反切，再在这基础上回读《经典释文》以及一些别的古籍所转传的魏、晋、南北朝反切，常觉得有些家的切上、下字特别触目。那种特异的感觉并不全然反映所切的音是否正确或是语音是否跟着时代而变改，早想深入地了解它。近人的音韵学著作对作者也偶有启发。例如李荣《切韵音系》专门辑录"反切上字里的合口字"，这在拘谨的音韵学者看来，未免是节外生枝。本文作者倒因而想起切上字，为什么不大用合口字，为什么用时要有那些条件。最后才决定作一次专题研究。本文报告一些初步成果。

　　第二、三、四章所据资料，都是在第一章几乎写成之后才开始整理的。孙炎、王肃、韦昭的反切为数太少，只因为地位重要才讨论它。后起各家留传下来的反切，有的远不止六七十次。读者不妨自己整理一二家，看看选用切上、下字的一般趋势，是否跟本文所说的相同。

　　本文所举现象，作者以为不只是跟汉语语音史有关，并且在更深刻的研究之后，可能会发现是关键性的现象。不妨再申明一次，作者冒险提出来的种种猜测都是须要商讨的，也许一无当处。种种现象未必全是局部性的，各不相干的。例如切下字多用 k-类，切上字多用-k, -ŋ 类；切上字的主元音多是 o(u)类；作者以为是同一种势力的不同表现，但是说得远不够明确。同类的问题，也许还不少，都值得进一步研究。研究时当然会牵联到"反切构造法"范围以外的历史资料。

（原载《中国语文》1963 年第 5 期 349—385 页）

对于单音词的一种错误见解

  作者在《北京话单音词词汇》（人民出版社，1951 年）那本书里叙述了一种求出北京话的单音词的方法，从此得出一种对于单音词在方言上的地位的看法。那种看法是不合实际的，因为所根据的方法是错误的。

  按该书里的说法，北京话的单音词能分为三类：（1）在社会交际上能单说的一个单音节。例如"草"能单说，"花"不能。"店"在某种场合能单说，"铺"（名词）在任何场合不单说。"草"，"店"是句词，那是说它们在社交上能独立成为句子。[这里牵涉到对"句子"的看法，中国语法学界没有把它批判过。]（2）有的单音词在社交上不能单说。"很黄"的"很"，"去吧"的"吧"，"一个"的"个"，"桃花"的"桃"和"花"，"走出"的"出"（轻音）。这些单音词为什么是词呢？因为用"同形替代法"，可以说明它们在句子里能"自由"运用。（什么叫做"自由"？也没有严格地批判过。）例如：

很	愿意	知道	吧	一	个	桃	花	走	出
倒	高兴	喜欢	么	三	件	杏	树	跑	进

上面写出的格式是两两替代式，实际上是用了"多方替代式"

的。书里所举的例子，有少数几个只限于能两两替代。那是错了。但是主要的错误出在替代法本身。［所以用替代法的理由，大致可以这样说明。"铁"是单音词，又是"铁路"的"铁"。汉语不是曲折语。"铁路"的"铁"，在方法学上不知是凭词的资格加入的，还有凭"义素"的资格。这样提问题，就把"铁路"的"铁"，"桃花"的"桃"，"去吧"的"吧"平等看待的。原先的目的只是想在名词修饰名词的格式上处理得比英文，德文更合理一点。］

（3）在动宾结构上，书里用了另一种分析手续。例如"鞠躬"，"鞠完了躬"，"躬"不能单说。因为"鞠躬"能扩展，中间插入一般能单说的成份，所以"躬"是单音词。扩展法依然是"同形替代法"。格式是"鞠○躬"，"鞠完了躬"。

在一些"虚字"上，书里的写法自相矛盾。"了，着，得，的"注"轻音"，轻音的是词么？"了，着"之下用了替代式，"得，的"之下只注"（－得）（－的）"。"子"注"（－子）"，又注轻音，"头"注"（－头）"，不注轻音"因为少数几个"头"尾巴不是轻音"。根本没有了解这些字是构词法和造句法的界线上的关键性现象，一认错就牵动大局。［一般语法书上都不详细说明是在构词法的范围之内讨论这些字呢，还是在造句法的范围之内。凭有汉字，把这问题一混就混过去了。］

这种分析手续错在哪里呢？

先说这书是在十七八年之前写成的，解放之后，我只表面上把它修改了一下，就在 1950 年春天毛毛草草地付印了，不久，就念到斯大林的经典著作。我所能了解的马列主义基础是十分肤浅的，到现在还是这样，我不能说出斯大林的哪一句话指出了我哪一点错误。主要的，是我发现了我从没有真心诚意地从社会交际手段的角度来观察汉语的单字词，我一直是关起门来，只图在理论上自圆其说，建立一个构词法的系统，没有自觉地想到分析出来的东西在汉人的社交手段上存在不。这显然是中了布罗姆菲尔德学派的毒，不期然而然地跟后起的"结构派语音学"犯了同一种毛病①。

我也没有留意到词在儿童语言发展的程序上所占的地位，大人是用怎样的语言格式来教小宝贝建立起简单的第二信号系统来的。按理说，我做过儿童语言调查工作，不该不认识单音词。然而在这方面我也没有有系统地批判过十九世纪以来资产阶级的儿童心理学。

再一点，是我没有能从使用汉语的人民的历史受到教训。我要说的倒不是近代汉语里多音词大量发展的趋势。我没有诚诚恳恳地向旧时代的（马氏《文通》之前的）中国语言学家学习。中国人向来有"实字"和"虚字"的分别，"桃花"的"桃"和"去吧"的"去"不属于同一类。许慎在一千八百年前已经说"词"，那是"虚字"。"虚实"在构词法上占截然不同的地位，不论在文言，在口语，都是一样，处理"虚字"，我到现在还以为必得用类比法、排比法，也就是"同形替代法"。实字不能那样处理②。

---

① "结构派"的台柱子哈里斯在他的《结构语言学方法论》（1947年），179页提到我的替代法，根据赵元任先生保存的我的一份旧稿子。他说我的方法就是他的方法之一。其实我的错误比他犯的更为严重。"结构派"把分析音位的方法推广到语法上，词和词素不必有任何分别。我呢，是认识到词和词素必须有分别，并且希望找出北京话的单音词来。一方面受了资产阶级语言学的影响，又一方面单音汉字在作祟，旧的和"新的"夹杂在一起，加强了犯错误的趋势。我用的"同形替代式"也不全是"结构派"的方法，只是我考科举的时候学的对对子的法子。有一个时期，还以为那是语言学上的"民族形式"。

② 目前讨论词类，用一句古话说，"甚嚣尘上"。我想提一点意见，极不成熟的，本想写一篇文章，只是不敢写，但是说几知可能有一点用处：1）先肯定词是什么，"铁路"假若是两个词呐，就有"铁"是什么词类的问题。要不然，是一个词呐，

我的方法是违反历史主义的。更深刻的批评我还没有能力做到。

我清清楚楚地认识到错误是在我结合着汉语的拼音文字的写法，重新研究构词法的时候。一位人民干部对人民应有的责任，象一面镜子，时时刻刻地挂在面前，叫人不得不把理论联系实际，构词法必得符合汉语的实际，联写法必得为广大人民所能接受，两方面必得统一起来。

《单音词词汇》的长序，幸而没有在语法学界发生多大影响，偶然有人提出很好的意见，但是方法上的基本错误没有人严格地批判过，许是不值得批判的。我希望大家对于同样错误的，有的是影响更大的研究方法一并展开批判。

除去错误的部分，根本不能算词的，《单音词词汇》确是把北京人常说的或是偶而说的单音词罗列出来了。我开始收集这词汇是在三十年前。拉丁化新文字刚传到北京，我就想知道这样的拼音方案，能不能用来书写词汇上这么丰富的汉语。首先就遇到同音的单音词的困难。那怕是标上四声符号，还不免有困难。要克服困难，首先得仔仔细细认识他的面貌。与其把困难估计得太低，不如把各方面都考虑到了。掌握了拼音文字的人，爱怎么

(接上页注) 这一类的话等于废话。2) 分类法不是举例说明的方法。至少得有一、二、三万个词在手头，才能分出个道理来。这道理也只能应用在这些词上。3) "虚字"和"实字"分开讲。正像筋肉和骨头，在解剖学上是同类的，在生理学上就大不然。语法的研究近乎生理学。"虚字"和"实字"的分类法不必，也不可能相同。4) "虚字"至少有语助，狭义的副词，连词，量词。"实字"有名、动、形、数、代，"指"，主要的是名、动、形，名、动、形的类别得从意义着手，用广义的形态学校对。5) 这样，名、动、形都可以分为若干小类。每一小类的词应该都能担任某种造句的职务，假若其中有一小部分又能担任别的职务，那是一词属于两类，三类，不妨是五、六类，再假若绝大多数都能担任职务甲和乙，那是这一类词本有两种用法，比如说，"有的形容词能修饰名词，又能修饰别的形容词。

说，就得会怎么写，写下来要人念得懂。这是我大量收集词汇的动机。出了偏差，就是把困难夸大了，那是因为我在普通语言学上理论水平不够高。现象可是初步认识了。真正的单音词没有收入的已经不多了。我们可以先在这个基础上研究怎样辨别同音词。这是目前急切需要的工作。至少在一些小节上我们还得仔细琢磨。

这里，我不准备叙述我现在对于单音词的看法。书里注上替代式的项目一定是不可靠的。配合着文字改革的总任务，这一二年之内，一定会有好多人在这方面提供宝贵的意见。我愿意提出一个请求：面对着文字改革的急切要求，大家在语言学研究上，不论是在构词法方面，词汇方面，造句法方面，标准语的音系方面，语文教学方面，多多留意到拼音文字的推行，充分估计到理论，方法、资料，必须根据能用拼音文字写下来的劳动人民的语言。

（原载《中国语文》1955 年 4 月号 11—12 页）

汉语的并立四字格

汉语有这么一种特性：我们听一段话或是念一段白话文，老是会觉着句子里的字（音节）会两个两个，四个四个的结合起来。

武松|武二郎|走在|路上|防身|的|武器|就是|这|一条|哨棒。|什么|叫|哨棒|啊。|一根|木棒|木质|坚硬|分量|沉重|能工巧匠|把|他|造成|的。|（连阔如先生说《水浒》）

把这三句写下来，划上长道、短道，可以表明音节的结合。换一个人来划道儿，地位、长短，不必跟上文全然一致，但是字的两两，四四结合起来，还是明显的。

字的两两结合，语法书上早已留意到了。有的是"词"，有的不是"词"，也讨论得很上劲，很认真。这里只想谈谈四个字的结合。"走在路上"、"木质坚硬"、"能工巧匠"都是四字格。这三个例子又各不相同，内部的语法结构全不一样，并且大家会体会到第三个例子的结构要比前两个紧凑得多。假如不信，可以说说试试。说得慢些，"走在|路上"，"木质|坚硬"，中间可以停顿，"能工|巧匠"就不成话。像前面的两个例子一般语法书不必特别提出来讨论，因为语法结构上并无突出之处。偶然遇到问

题，像在"满不在乎"、"岂有此理"之类，也不过指出那是"成语"罢了。像"能工巧匠"那样的结构，不论是从造句法或是从构词法的观点来看，都应该特别留意。说起来不能停顿是特点之一。不单如此，四个字的内部组织更表现出汉语的特性。"能工"对"巧匠"，"能"对"巧"，"工"对"匠"。再像"奇形怪状"不只是对对子，并且"奇怪"和"形状"都是并立的双音词，穿插着使用。"不三不四"、"死吃死喝"、"东说西说"、"有的没的"都有两个字重复，可是内部结构又各各不同。我们管这些都叫做并立四字格，提出来作为专题研究。

做这项研究不妨说有两个动机。一则我们最近的工作上发生了一个理论性的问题。这样的一个并立四字格是汉语的什么东西呢？例如"东南西北"是四个词还是一个词呢？"青山绿水"是四个词，是前后两个，是交错的两个，还是一个呢？"不三不四"、"不大不小"、"不干不净"是几个词呢？"不……不"是什么呢""你死我活"是词呢，还是句子呢，还是两句句子呢？因为我们不能不把口语里所有的例子全都分析一下，排比一下，并且说明它们在句子里发生什么语法作用。

二则据我个人观察，并立四字格在现代汉语里还占相当重要的地位。有些重要文件里，前些年不那么用它，近来都用起来了。在文艺作品里，报道文学里，这趋势特别明显。杨朔《三千里江山》，九万多字里出现了肯定是并立四字格的例子六七百个。汉语为什么有这种现象呢？它是从哪里来的，从文言还是从古白话呢？问题不只在乎那些字眼，那些词藻，首先在哪里出现。种种不同的格式，例如"红男绿女"是语法上的并立向心格，"顶天立地"是并立动宾格等等，一个一样，可是每一样又自成一套，因为我们又能随便说"青山绿水"，"说长道短"等等——这些格式是从哪里来的呢？它们在现代汉语起什么作用呢？是在发展的，还是会逐渐消灭的？这是并立四字格的历史问题。

到目前为止，我还只能在这一联串问题上初步摸索了一下，也并没能掌握足够的资料。问题多得很，要把它们有条理的排列一下，也颇不容易。我只知道这些问题之中，有的是关乎词法、句法的，有的是关乎词汇发展的规律的，有的牵涉到修辞学和文艺修养方面。先就我所知道的一星半点做一次报告，为的是希望大家注意到并立四字格的多样性，然后分头做些深刻的研究。这种工作会帮助我们认识汉语是怎样的一种语言。

带有并立成份的四字格可以按照前后两段的并立不并立分为若干类。

（一）男：女/老：小　　瘦：小/枯：干　　两两并立，前后并立。

（二）打：扫/干：净　　开：辟/天：地　　两两并立，但是前后不并立。不在本文讨论之列。

（三）横七/竖八　　巴头/探脑　　前后并立，但是两两不并立。

此外白话里还有少数四个字一样并立的例子：

（四）春：夏：秋：冬。浆：洗：缝：补。
得合并讨论。

上面的（一）式又可以是前并后不并（"门：窗/板壁"），或是前不并后并（"香化/灯：烛"）。现代话少有这样的，文言也少有，古白话小说里可时常出现。要是前后两段都不并立，一般的就变成随便列举两件事，两样东西。

并立四字格当然只能算是汉语的骈体性的一种特殊表现。骈体的格式，短则两字（"国家"名词，"成立"动词，"新鲜"形容词，"刚才"副词，"并且"连词，以及种种双声叠韵词，种种双音象声词，感叹词，和"萝葡、凤凰、哏哆、醃髒"）之类，只是叫汉字打扮成骈体式的）。三字的骈体式有"天不怕，地不怕"，"光梳头，净洗脸"……，四字的有"上天无路，入地无门"，"前不巴村，后不巴店"……，以至五言律句、七言律句、演联珠、上百字的长联、大段八股文。我们只能从这样一个整整齐齐，四平八稳，一般一配的背景上来认识白话里的并立四字格。同时，我们也不能就此肯定说并立四字格是从哪一种骈体式发展出来的或是紧缩成的，这是待研究的问题。

单就字面上看，有些不并立的四字格可以跟并立的完全相同。

  开天辟地 保家卫国 左邻右舍 青山绿水 并立

  开辟天地 保卫国家 左右邻舍 青绿山水 不并立。

能这样互相交错的例子，现代白话里绝少见。更重要的问题是第一行的例子跟第二行比较，意义上和语法作用上都大不相同。"开辟"是一个在句子里能自由活动的单元，"天地"也是，合起来成一个通常的动宾格式。"开天"或"辟地"都不能自由活动，合起来才成一谓语。"保家卫国"是一个新起的四字格。"保卫国家"不常说。北京话不说"左右邻舍"，可是"左邻右舍"是活的。两个格式在意义上也不全然一样。"青绿山水"和"青山绿水"更不是同一回事。并立的四字格和不并立的不能相提并论。

下文先分门别类，详细罗列北京话的并立四字格的各种类型。表上只列举对仗工整的例子，像"拿糖作醋"，动字对动字，名字对名字，动宾格对动宾格。把四字全不相同的例子和叠字的例子（"家家户户"、"滴溜滴溜"、"没头没脑"、"倚势仗势"）分开着排列，好让讨论起来方便些。各个项目之下，有时候举两行例子，一行注明是"文"。"文"不是文言，是指北京人在"转文"的时候才说的。没有注上"文"的项目并非全然没有"转文"的例子，只是不常听到，不必特别标出来。

又有几项加上托弧（　　），表明这样的格式是"貌似"格。例如动宾类之下"挤鼻弄眼儿"，两件事并立；"搬砖砸脚"也代表两件事，只是前后不并立。同样，在向心类，"铜墙铁壁"前后并立；"人面兽心"，中间拐了弯了。象声格之下，"叮零当啷"之类是汉语的一种特别构词法，并立性可以怀疑。

北京话里各种各样的并立四字格（有的例子口语里不常听到）

动宾

挤鼻弄眼儿　拿糖作醋　留心在意

开宗明义　收缘结果　设身处地(文)　　〔宾是名〕

说长论短　寻死觅活　巴高望上

隐恶扬善　驾轻就熟　标新立异(文)　　〔宾是形〕

连踢带打　惹是招非　撒泼打滚儿

有始无终　发号施令　送往迎来(文)　　〔宾是动〕

接二连三　呼么喝六　颠三倒四　　〔宾是数〕

（搬砖砸脚　信口儿开河　对症下药）

主谓

门当户对　眉开眼笑　时来运转

心到神知　风调雨顺　男耕女织(文)　　〔宾是动〕

风平浪静　眉清目秀　心平气和

年高德重　水深火热　身微言轻(文)　　〔宾是形〕

（风吹草动　本大利宽　人穷志短）

向心

铜墙铁壁　针头线脑儿　狼心狗肺

枪林弹雨　凤毛麟角　牛鬼蛇神(文)　　〔名＞名〕

油腔滑调　奇形怪状　清锅儿冷灶

酸文假醋	轻车熟路	闲情逸致(文)	〔形＞名〕
落花流水	嘻皮笑脸	腾汤落(la)水	
行尸走肉	画栋雕梁	来龙去脉(文)	〔动＞名〕
鸡零狗碎	油光水滑儿	梗(?)苦冰凉	〔名＞形〕
老奸巨滑	穷凶极恶	漆满儿乌黑	〔形＞形〕
根生土长	狼吞虎咽	里应外合	
泥塑木雕	鞭打棍捶	珠围翠绕(文)	〔名＞动〕
胡思乱想	轻描淡写	大惊小怪	
深谋远虑	轻举妄动	明弃暗取(文)	〔形＞名〕
分割围歼	眠思梦想	冒撞冲犯(文)	〔动＞动〕
半斤八两	千头万绪	半夜三更	
五光十色	百孔千疮	三年五载(文)	〔数＞名、量〕
七大八小	三长两短	一干二净	〔数＞形〕
七折八扣	一来二去	千变万化	
四起八拜	百从千随	(三问六推)(文)	〔数＞动〕
(人面兽心)	一刀两断	明知故问)	

后补

| 翻来复去 | 赶尽杀绝 | 打净捞干 |

虚字

| 猫啊狗的 | 穷啊富的 | 吃啊喝的 |
| 丫头婆子 | 牢头禁子 | |

(象声)

| (叽溜骨录 | 叮零当郎 | 唏哩哗啦) |

四并

妖魔鬼怪	风花雪月	春夏秋冬	〔名〕
鳏寡孤独	甜酸苦辣	安富尊荣	〔形〕
行动坐卧	夹带藏掖	浆洗缝补	〔动〕

并并

家庭:骨肉　桌椅:床铺　风俗:习惯　　　〔名:名〕

正大:光明　脆快:了当　小巧:精致　　　〔形:形〕

收拾:打扫　盘旋:曲折　张罗:款待　　　〔动:动〕

这一格很复杂,又可以是名:形,名:动,形:名,形:动,动:名,动:形。

叠字格

甲甲乙乙

| 家家户户 | 里里外外 | 子子孙孙 | 〔名〕 |

| 心心念念 | 意意思思 | 口口声声(不作名词用) |

| 干干净净 | 齐齐整整 | 胖胖大大 | 〔形〕 |

| 大大小小 | 长长短短 | 肥肥瘦瘦 | (对比) |

| 吃吃喝喝 | 吵吵闹闹 | 思思想想 | 〔动〕 |

| 三三两两 | 千千万万 | (三三五五) | 〔数〕 |

| 啾啾咕咕 | 罗罗嗦嗦 | 沥沥拉拉 |

| 淅淅飒飒 | 吱吱扭扭 | 叮叮当当 |

不规则的

| 公公道道 | 特特意意 | 半半路路(lou lou) |

| 毛毛腾腾 | 坦坦然然 | 皱皱巴巴 |

甲乙甲乙

| 扭搭扭搭 | 滴溜滴溜 | 吧嗒吧嗒 |

| 呼掮儿呼掮儿 | 嗒拉嗒拉 | 咯噔咯噔 |

(通常不能两字单说)

| 动弹动弹 | 认识认识 | 研究研究 |

| 风凉风凉 | 暖和暖和 | 舒服舒服 |

(能单说;联了起来,语音上自成一个格式)

| 一个一个 | 一天一天 | 一下一下 |

一闪一闪	一楞一楞	一亮一亮
整棵整棵	大批大批	成团成团
精瘦精瘦	雪白雪白	贼亮贼亮
唱啊,唱啊	写吧,写吧	说着,说着
还有,还有	借光,借光	老王,老王(叠语)

甲乙甲丁

动宾

没头没脑	动手动脚	有滋有味儿	〔宾是名〕
没轻没重	问长问短	做好做歹	〔宾是形〕
没拘没管	若有若无	缺穿缺戴	〔宾是动〕

主谓

人来人往	人敬人高	谁是谁非

向心

徒子徒孙	仙童仙女	人山人海	〔名>名〕
大手大脚	滑头滑脑	实心实意儿	〔形>名〕
不阴不阳	乍冷乍热	又臭又硬
不知不觉	足吃足喝	全始全终
敢作敢为	该打该骂	能写能算
万稳万妥	百伶百俐	一递一和儿
(百发百中	现世现报	随来随走)
(且战且退	不打不招	越穷越急)

后补

想来想去	杀进杀出	挪上挪下

(填1-)

(怪里怪气	猴里猴气)
(糊里糊涂	懵里懵懂)

甲乙丙乙

卖空买空	倚势仗势	张口闭口
这痛那痛	风里雪里	七个八个
清醒白醒	东说西说	起满坐满
心肯意肯	心服口服	
有的没的	磕着碰着	哭呀叫呀
唧啦喳啦	擗通扑通	咭噔咯噔
（得过且过	待理儿不理儿	一狠百狠）
骑马儿找马儿	倚老卖老	人大心大）

壹、不叠字的四字并立格

一　内部结构

现代话里，有的并立四字格前后两段都可以单说，有的只有一段能单说，有的两段都不单说。譬如表上的动宾格：

留心|在意　两段都单说　　说长|论短　两段都不说

拿糖|作醋　前说后不说　　连踢|带打　后说前不说

两段都能单说的例子很少。前说后不说的例子比后说前不说的来得多，后面的一段好像只作陪衬，说说好听是的。

从另一方面看，四个字之中，一和三可以结合成一个并立的双音词，二和四也是这样。请看表上向心格的例子：

奇形怪状　奇怪　形状　　落花流水　××　××

剩汤落水　××　汤水　　里应外合　里外　××

表上有好些犬牙相错的例子。其实，单像"×汤×水"，里×外×"那样的结构已经引起一般语法书上从不留意的问题。

总而言之，这些现象都表示并立四字格的结构是十分紧凑的。要亲切认识汉语，这也是一个门径。当然，并不是所有并立四字格都表现像上文那样的结构。

现在按着表上所列举的各个类型分别解释一下。

甲、动宾格

拿糖作醋	宾是名。	说长论短	宾是形。
连踢带打	宾是动。	接二连三	宾是数。

白话里出现的例子，以宾语是名字的居多数。用别种宾语的，统通加起来，没有用名字的那么多。古白话文学里没有渗入现代语的例子，数目上也有同样的分别。

除了名、形、动、数之外，这格式还可以用别的字作宾语。"分斤掰两"、"经年累月"用量词性的成分，"有你没我"、"姓甚名谁"用代词性的成分，很少遇见。

这种种单字（单音词或是词根），当它们处在宾语的地位，实际上都是名词性的。因此，两个并立的宾语，就单字来说，满可以是不属于同一类意义的。对仗不工整的例子多得很。

返老还童	营私舞弊	离乡调远	名形杂用。
安居乐业	少调失教	调词架讼	名动杂用。
乐善好施	争强斗胜	为非作歹	形动杂用。

还有别的类型，不必详举。

动宾格里称为"动"的部分，照样也可以不是严格的动字。"平心静气"、"赤身露体"、"直眉瞪眼"、"轻财好义"……有的用一个形容字，有的用两个。这在语法书上，有时候叫做"形容词作动词用"，有时候干脆说"平、静、赤、直"……既是形容词，又是动词，有时候楞说"形容词也能有宾语"。这些话本是单为分析一个单用的动宾格说的，现在在并立格里，把不能对对子的两个动宾格并立起来，并且竟然有像"少调失教"（形动/动动），"急公好义"（形形/动名）等等的杂凑格，情形更糟糕。这种现象大可以供语法学家的参考。

用数字作宾语的例子北京话只有二十来个，别的方言里也不会很多。七十回《水浒传》只用了"夹七带八"和"拨千论万"。《红楼梦》用得多些，可是大多数是现代北京话所不说的，也不是南京话。是死去了的呢，还是作者胡诌出来的吧？

这样用数字可以跟单用的动宾格里的数字互相比较。单用的，白话里只有"接三、洗三、断七、忘八（?）、进九、出九"等，多不了十来个例子。宾语都有引申的意义，不是普通数字。并用的时候，像"呼么喝六"，意义变了又变，几乎不能认识是数字了。再像"颠三倒四"、"夹七带八"，可说没有数字意味了。

并立动宾格的内部结构都是极严密的，只有表上举的"连踢带打"是例外。这是一个半自由式，"连……带……"像是一个套子，中间能填进别的字，像"连泥带水"，"连大带小"。也能填进多音成分，像"连人带椅子"。《水浒传》有"连人和马"。"连……带……"，"连……和……"不是普通的动词，这格式也就不是普通的并立动宾格。

乙、主谓格

表上只举了两类例子。

　　眉开眼笔　谓语用动字。　　眉清目秀　谓语用形容字。白话里常用的例子，一般都是对仗工整的。谓语动、形杂用的例子为数不多，可以举"目瞪口呆、河落海干、上漏下湿"等等。像"更深夜半"那样乱杂的更是绝无仅有。

主语一般用名字。有用代词性成分"你我"的一种格式。

《水浒传》　你死我活(5回)　你撞我磕(18)　你揪我扯(35)

《红楼梦》　你言我语(9)　你来我去(13)　你推我让(37)这格式的结构不严密，尽能随意换上两个动字。用动字、形容字作主语的有一个"×多×少"格。

《红楼梦》　凶多吉少(33)　出多入少(106)　死多活少(119)

也是不严密的格式。现代白话里常听见"苦尽甘来"。"成三破二"其实也是主谓格。转交的时候，可以说"老来少怀、绿瘦红肥"等等。再像"阴差阳错、一干二"之类，是主谓格还是下文所说的向心格，不能肯定。

这两个格式有时候难以辨别，因为前面的名字表面上可以像主语，实在不是。像"车载斗量、木雕泥朔、根生土长"，一想就知道不是主谓格，但是很有些不容易认识的，像"狼嚎鬼叫、狼吞虎咽、风流云散"之类。这是汉语的一般造句法影响到四字格的。

丙、向心格

并立四字格之中，独数动宾格和向心格例子最多。向心格是一个极复杂的格式。

铜墙铁壁	名名向心	奇形怪状	形名
落花流水	动名	千头万绪	数名
鸡零狗碎	名形	老奸巨滑	形形
（飞热滚烫）	动形	七大八小	数形
（北京话找不到）			
根生土长	名动	轻举妄动	形动
冒撞冲犯	动动	一来二去	数动
（北京话不多）			
（朝三暮四）	（名数）	（横七竖八）	（形数）

（表上不列，一则因为未必是向心格，二则为数太少，算不上一个格式）。

以上所举例子都是对仗工整的。这样一个内容繁杂的格式里当然会发现种种在字面上不能严格并立的现象。我们只须记住文言文里，不论律诗、律赋，典雅的像《文心雕龙》，通俗的像《幼学琼林》，也都免不了是这样的。但是在现代白话的例子里，并举的字究竟杂乱到什么程度呢？单就"向心"的"心"是名字的例子来说，前面用形容字对动字的，很可以举一些，像，"明目张胆，残兵败将，善男信女"之类。名字对形容字的已经不多，例如"肉泥烂酱"。名字对动字的，举一个例子都难。为什么对仗上都是这样规规矩矩的呢？一种可能的解释是这些例子都是经文人雕琢过的。这未必然，因为文言文在向心格的对仗上并不十分规矩。还有一种可能是说汉语的人，不论识字不识，从来对于词类（名词、动词、形容词）的认识相当清楚，正像上文我管"铜"字叫名字，"落"字叫动字，"奇"字叫形容字，一点也没有考虑到语法书上的深文奥义，但是绝大多数说汉语的人能了解我说的是什么。因此我们研究汉语词类的时候，万不该忽略了汉人的"常识"。

上文谈到名字、动字、形容字。表上的例子，有些包含数字。那些数字也已经丧失计数的作用，就连"朝三暮四"的出典一般人也不会想到了。按理推测，这格式应该用到副词性的成份，因为副词是修饰动词和形容词的，造成向心格。（这里说的是单修饰动词、形容词而不作别用的单音词）。其实，北京话里，用两个不同的副词性的成份并立起来造成四字格的例子，一个也找不到。只用一个副词性成份的例子倒是有的，也不多，像"新来乍到、绝无仅有、半新不旧"。并立向心格当然不能不常用到副词性的成份，只是不属于不叠字的四字格的范畴，下文再说。

丁、后补格

这一类包含两个小类。（1）"赶尽杀绝、掰开揉碎、跌倒爬起、打净捞干"，补语是一般的动字或是形容字。北京话里例子不多。别的方言里大概也是这样。（2）"翻来复去"（参主谓格"言来语去"，向心格"小来大去"），补语是"来去、上下、进出"，有的语法书管这些叫动词的"词尾"。出乎意料之外的，这格式在白话里绝少发现。北京话就只有"翻来复去、颠来倒去、说来道去、思来想去",那么几个例子。古白话小说里也少见。《水浒传》只用到"翻来复去",《红楼梦》除了这,又有"出来进去"、"颠来倒去"、"死去活来"。其余像"支出纳入"、"入去出来"、"坐下起来",在当时是否口语都成问题。假若换一种说法,"翻来翻去、说来说去"……例子就数不尽了,下文再说。

戊、虚字格

从总表上可以看出"×啊×的"的前面能加上好些名字、动字、形容字。这是一个半自由式,比上文提到的"你×我"格,"连×带×"格,还来得自由。就"啊,的"来说,结构严密,不能随便更动一个字;就前面插进去的字来说,这格式是自由的。填两三个字进去也成,"门儿啊窗户的","豆浆啊杏仁茶的"。

"牢头禁子"不代表一个格式,因为不能类推,比如说:"木头石子"(《红楼梦》的"丫头婆子","奶子丫头"),就不能算并立四字格,只是两个带"头、子、见"的名词碰在一起。"牢头禁子"是说惯了的,并且可以单指称一个人。"猫儿耗子"也就惯了,也不指称两个动物。"儿"不是一个音节,这例子不成其为四字格,但是说话的人未必那样看法。北京人慢慢儿地说"百儿八十、千儿八百、万儿八千",成四字格。

己、象声格

叽里咕噜 [tɕ(k)ilikulu]。有些方言里 k-没有变 tɕ-。

叮零当啷 [tiŋliŋtaŋlaŋ]。

这是双声叠韵的并立格,但是跟别的格式比较,前后两段是否并立,大可怀疑。

北京话还有"稀里糊涂" [ɕ(x)ilixutʻu],"迷里模糊" [milimoxu] 那种说法,可能是从摹仿前一个格式变出来的。这可不是象声格，也断不是并立四字格。

要了解北方话的四字象声格，最好拿它来跟吴语比较。吴兴一带的方言里有 p'iə?liə?，有 p'a?la?，有 p'iʌ?p'a，有 p'iʌ?liʌ? p'a?la?。单这一个格式，声母是脣塞，韵母的主元音是 i, a 的，就有：ə 变成 ʌ

piʌ?liʌ?pa?la?	piŋliŋpaŋlaŋ
p'iʌ?liʌ?p'a?la?　p'ilip'ala　p'iʌ?liʌ?p'aŋlaŋ　p'iŋliŋp'aŋlaŋ	
biʌ?liʌ?ba?la?　bilibala　biʌ?liʌ?baŋlaŋ　biŋliŋbaŋlaŋ	

这一带的方言里有五百多个四字格的象声词，其中一百多用到 1-音节。北京话失去了入声，又失去了浊音，那末，上面表上的例子至多只能减成六个，实际上只有两个 p'ilip'ala 和 p'iŋliŋ p'aŋlaŋ。北京话里四字格的象声词数目上决不能达到吴语的十分之一。我们老是想一种语言的音韵系统的复杂性和他的词汇的丰富性没有关系，但是就四字格的象声词来说，音韵和词汇是有关系的。（有的语言学家以为象声词不能算十足的词，这在四字格也说不通）。

北京话的象声词既然不像吴语的成套，语音上容易发生个人的差异，也就不容易详细记录下来。用汉字来描写它当然更没有准儿。历史上就会发现一些怪现象。例如关汉卿，元朝大都人，他在六百多年前写的曲文里，就能找到一些现在无从认识的四字象声格的例子。他一共用了十次，其中有的或许不是象声①。

劈留扑录　必留不剌│必丢不搭

---

① 40 个字之中有 38 个入声字，十个平声字用在第二位，两个"良"字用在第四位（这是成套的，不比《红楼梦》54 回的"滴里搭拉"，书里偶然发现一次）。象声词有这成套的音韵结构，证明那时的北京确有入声。作者本就主张《中原音韵》的音韵系统是有入声的。参《燕京学报》第 35 期，1946 年，26 页以下。

| 七留七刀　出留出律 | 剔抽秃刷　滴羞笃速　滴羞踯躅。 |
| 乞留乞良　赤留乞良 | |

六个是属于-1-1类的，北京话里一个都没有保存下来。

庚、四并格和并并格

这两个格式有时候不容易辨别，白话里常说的一般是像表上那样的例子，不会弄糊涂。《红楼梦》有"山树木石"（16回）、"几案桌椅"（17）、"勤慎肃恭"（40）、"亲热厚密"（32）、"放纵驰荡"（19）、"祈救祷告"（35）那样的，不知是四并还是并并。"祈求祷告"还近乎白话。《水浒传》就很少这种雅致的字眼。

并并格的例子表上只举了一些名名：名名，形形：形形，动动：动动，对仗工整的。这是口语的实在情形。前后两段不同字类的并非没有，只是不常见。像《红楼梦》就有

名名:形形　僧道贫苦(25)	形形:名名　贤孝才德(2)
名名:动动　银钱吃穿(9)	动动:名名　妆饰衣裙(3)
动动:形形　堆砌生硬(36)	动动:形形　奸淫凶恶(1)

《水浒传》又是绝少用的。凡是现代话里找不到的，很难说是那时候口语里的并立四字格。

这两个格式在现代话不占重要地位。

二　不叠字的四字并立格的语法作用

"语法作用"是说一个并立四字格在句子里能占什么地位。四字格绝不能作"虚字"用。汉语的"实字"的用法，一般的是"动"的容易变"静"的，"静"的不容易变"动"的。并立四字格也有这特性么？这是应当留意的。至于一般"实字"的共同语法作用（像都能在某种条件之下，用作句子的主语等），那就无须乎在这里讨论。现在也按着表上各类的次序，逐项叙述一下。

甲、动宾格

并立的动宾格远没有单用的动宾格那样在语法上运用灵活。

它们的主要语法作用是相同的，就是作为句子的谓语，下面不必或是不能联上别的语词。

　　　　　你得留心（他）。　　　　你得留心在意。

注上"（他）"字，表明一般的单用的动宾格也不能常在宾语（"心"）之后再加宾语（"他"）。能加宾语的例子为数很少，语音前重后轻，在北京话已经不折不扣的变成双音动词，并立动宾格的后面决不能再加宾语。

　　好些单用的动宾结构能修饰名词，或是动词。

　　分身法　　喷水池　　替死鬼↓随意吃　拼命做　扫数归还。其中"扫数"只能用作修饰语，不能用作谓语。并立的动宾格作修饰语用，极有限制。现代白话里，只有在"抗美援朝运动"，"集会结社自由"那样的口号里才能直接修饰名词，否则像"顶天立地的人"，"顶天立地的英雄"，中间必须有"的"①。《水浒传》在每回煞尾赘上几句骈文，其中像"正是指挥说地谈天口，来作翻江搅海人"（13）用并立动宾格。七十回一共用了八双，还有零的。这种句法在文言文里，不论散文、韵文，都不常用。杜甫"堂成诗"有"桤林碍日吟风叶，笼竹和烟滴露梢"，那是很突出的。《水浒传》的格式得在宋词、元曲里找去，不像是白话。

　　修饰动词的时候，有些并立的例子能直接加在动词前面。"开诚布公说（话）"，"留心在意做人"，"谁能经年累月不说话呢?"，并且也像单用格，有的例子只能处在这修饰地位，用作谓语就很牵强。例如。"经年累月"，还有"无冬历夏，信马由缰，连本带利"……都是，不过跟单用格比起来，例子就少得多了。[参《水浒传》"正在厅上咬牙切齿忿恨"（59），"众军近山拢开

---

①　成药的名称有"开胸顺气丸、养荣益气丸、催生保命丹……"。

阵势，摇旗擂鼓搦战"（59）等等。]

单用的动宾格又能作名词用，"滴水，盖火，取灯儿，扑虎儿，掌柜，跑街"，不计其数。并立格没有这便利，除非是两个动宾格的名词偶然碰在一起，像《水浒传》（28）"只具着数杯酒相待，下饭、按酒不记其数"，《红楼梦》（13）"灵前供用、执事等物俱按五品职列……"，其实"下饭按酒"，"供用执事"并不具备四字格的资格。

那末，并立动宾格的语法作用，主要的是作谓语，其次是作动词的修饰语。一般的不能作名词用。一般的也不能直接修饰名词。最后的一种限制是一般四字格所共有的，只是在并立格上显得特别清楚。下文讨论别的并立四字格就不再多说这一点了。

乙、主谓格

并立主谓格的主要语法作用也是作谓语。在这方面，单用的主谓格有两种用法。（1）像"北京好"，"马吃"，"牛不吃"，是独立的句子。（2）像"头痛"，"心黑"，"脸皮厚"那样的，虽然也能独立成句，但是在日常听到的句子里，作谓语用，像"他头痛"……。并立主谓格的作谓语，像上（2），不像上（1）。所以说这格式的语法作用，主要的是作谓语。它是构成词组的格式，或是构词的格式，不是造句的格式。

有些单用的主谓例子能修饰名词。

骡驮轿　　人行道　　军用无线电　　（用动字作谓语）
月黑天　　地平线　　岁寒三友　　（用形容字作谓语）

现代白话里为数不多。很难肯定这些例子全都是主谓格，有的可能是像"毛织品"，"枣红领带"之类，是向心格修饰名字，不是主谓格。至于并立的主谓格，那是明显的不能修饰名词的。不论单用、并立，主谓格一般的不能修饰动词或是形容词。"门当户对结婚"、"这孩子人来疯"是例外。

　　单用的主谓格能作名词用，例如"霜降，夏至，皮重，领高"和一些医药专门名词。并立的主谓格不能单作名词用，而不作别用，"山高水低"也许是例外。

　　丙、向心格

　　先说"向心"的"心"是名字的那一种格式（名名，形名，动名），把单用的格式跟并立格比较一下。

　　　　这人傻瓜。　　　这人傻头傻脑。　　　这是傻瓜。

　　　　（这是傻头傻脑）。

　　　　（这地方铜墙）。　　这地方铜墙铁壁。　　　这是铜墙。

　　　　这是铜墙铁壁。

这里单用格指"什么 东西"，并立格指"怎么样"。

　　有的并立的例子用作谓语是极自然的，用作名词反而不自然，或是不通。

　　　　这人狼心狗肺。　　　比　　　这是狼心狗肺（？）

　　　　这人花天酒地。　　　比　　　　？

即此可见并立格用作谓语是比单用格灵活得多。单用格的用作谓语，主要的还是名词性的，并立格一定是形容词、动词性的。

　　再把句子的成份挪动一下：

　　　　鸡毛蒜皮，说了一大堆。

　　　　油头粉面，打扮得怪叫人恶心的。

这里并立格处在修饰地位，至少我以为这样分析句子随时随地为方便。第一句还可以说是"倒句"，"说了一大堆鸡毛蒜皮"，只是有点勉强，第二句绝不能那样解释。

　　并立×名向心格不是绝对不能作名词用，但是几乎没有一个例子不能又用作谓语或是直接用作动字的修饰语。有些例子作名词用十分勉强。那末，并立×名向心格的主要语法作用是跟并立动宾、并立主谓相同的。动宾、主谓都是近乎动词性的，他们能具有这样的语法作用也许是意想得到的。并立×名向心格的具有同样的语法作用，那得多分析一些句子才能认识它。

上方单说以名字为"心"的格式。至于第二、第四字是形容字、动字、数字的，无需乎讨论。它们决不能是名词性的。

（并立×动向心格不能直接联上宾语，不像单用格的便利。

胡出主意。　　　　　胡思乱想了好些主意（？）

穷凑（了）一点钱。　　　东拼西凑了一点钱。

这更显出并立格单独作谓语用的性质，不必或是不能补上宾语。）

丁、后补格，虚字格，象声格，四并和并并格

以上甲、乙、丙各种格式的主要语法作用都是作谓语，其次是作动词的修饰语。此外后补语，虚字格，象声格，四并和并并格的例子在现代汉语不占重要地位，为数不多。

后补格作谓语，"翻来复去"之类又能修饰动词。跟前面讨论过的各种格式大致相同。

虚字"×啊×的"构成的例子，凡是用到动字、形容字的，也作谓语用，或是修饰动词。凡是用名字构成的作名词用，正同"牢头禁子"。有的也能修饰动词，"他猫啊狗的罗嗦了半天"，可不能单独作谓语用。

象声的例子大多数也能作造句成分。它们的语法作用也是作谓语或是修饰语。

四字全然并立的格式，不论是用名字、动字、形容字构成的，都极容易在句子里处在主语或是宾语的地位，那是名词性的。个别的例子能作谓语用，例如表上用名字构成的"妖魔鬼怪"，形容字构成的"安富尊荣"，动字构成的"浆洗缝补"。四个形容字合起来，能作为形容词用的，也不能直接修饰名词。四个动字合起来，能作为动词用的，不能直接联上宾语。

并并格，凡是用名字合成的作名词用，用形容字合成的作形

容词用，用动字合成的作动词用，这是一般趋势。作形容词用，作动词用，那就是说能单独作谓语用。名名：形形，形形：名名，名名：动动，动动：名名，一般都作名词用。形形：动动，动动：形形，作形容词用或是动词用，就是作谓语用。

贰、叠字的并立四字格

这格式有双叠的甲甲乙乙，甲乙甲乙，有只叠两字的甲乙甲丁，甲乙丙乙。每一类又有各种不同的构造法，引起一些上文所没有提过的造句法和构词法上的问题。下文不再把结构内容和语法作用分开着说，合起来说方便些。先讨论最简单的甲甲乙乙格。

一　甲甲乙乙格

绝大多数例子的甲一乙一（和甲二乙二）是一个并立格的双音词。

子孙　　子子孙孙　　用名词　　吵闹　　吵吵闹闹　用动词

干净　　干干净净　　用形容词　　千万　　千千万万　用副词　　（由数字构成）

叮当　　叮叮当当　　用象声词

我们不能把这格式看成是四个字造成的，它是交错重叠了一个并立格双音词的两部分造成的。这是并而双叠的格式。无论把整个格式看成是一个词或是两个词的词组，都不能不留意这犬牙相错的情形。这是汉语（和一些别的汉藏语系的语言）在构词法上的特色之一。

确定了有这格式，然后能了解它能怎样变通。表上就有"心心念念"，"胖胖大大"，"心念"，"胖大"，北京话不常说。还有绝不能说的"家户"（"家"和"户"叠成"家家户户"），"口声"，"三两"，"沥拉"。这样的例子基本上不是交错式，不符合上面的总说，只是例外。但是交错式还有别的构造法。像"公公道道"，"特特意意"，"坦坦然然"，其中"公道"，"特意"，"坦然"确是双音词，可不是并立式。更有那两个字既不并立，又不成词的。口语里没有"毛腾"，"皱巴"；有"毛腾腾"，"皱巴巴"，变"毛毛腾腾"，"皱皱巴巴"。可见甲甲乙乙是一个相当顽固的格式，但是也不能横行霸道。"心心念念"，"胖胖大大"那样的例子还比较多，"家家户户"，"口口声声"那样的就少。像"公公道道"，"毛毛腾腾"那样的，一个方言里数不上几个。

　　这个格式的语法作用是多样性的，表上的各行例子各有各的用法。先比较第一行"家家户户"之类和第二行"心心念念"之类，都是用名字构成的。"家家户户"勉强可以作名词用，"心心念念"就不能。第二行的例子有的能单独作谓语用，像"意意思思"，第一行的例子绝不能。两行都能修饰动词，可是有一点小分别。"心心念念"的修饰动词在句子里一望而知，不像"家家户户"之类会引起语法问题。例如

　　家家户户搜查了一次。　　里里外外就只几件衣裳。

　　这样下去，子子孙孙没有好日子过。

有的语法学者把这些句子里的叠字格当作主语，特别像第三句。这里说他是作修饰语用的，不单是因为一般的遇到了这一类的句子，这么分析较为说得圆满，并且我们还得照顾到并立四字格的一般语法作用，像上文屡次说过的，是作修饰词语用的。那末，用名字构成的甲甲乙乙格，不妨分为两类。（一）是名词性的，在某种句子里又能修饰动词。（二）主要的语法作用是修饰动词，有的又能单独作谓语用。（二）是上文讨论过的所有并立四字格的一般作用。

　　再说"干干净净"和"大大小小"那两行。"干净"和"干干净净"有什么分别呢？我们能说"很干净"，不说"很干干净净"。"干净"有不同程度，"干干净净"就不那样。因此，甲甲乙乙好像比甲乙更肯定，更坚决。这可不然，我们能说"很马马虎虎"，"白白净净"也并不比"白净"更白净，"暖暖和和"并且还不及"暖和"的暖和。看来这两个格式的分别不能从意义上说明。从语法上着想，也许能说得清楚一点。例如：

　　①这地方干净。②干净地方。③〔干净吃完了〕。

　　这地方干干净净。〔干干净净地方〕。干干净净吃完了。

两个格式都能作谓语。甲乙能直接修饰名词，甲甲乙乙不能。甲甲乙乙能直接修饰动词，甲乙不能。然而这也不过说个大概情形，像"干脆"就不符合上③。

　　"大大小小"那一行的跟"大小"等的关系，性质就不同。"大小"是对比式的抽象名词，代表汉语的一种特殊构词格。它不能单独作谓语用。"大大小小"不是用名词"大小"叠成的，也不能作名词用①，它能单独作谓语用。像下面那样的句子里，

　　大大小小来了一大群人。　长长短短好些铅笔。

　　肥肥瘦瘦尽你挑选。

叠字格是修饰动词、形容词的（参上）。

　　那末，"干干净净"和"大大小小"虽然构词性质不同，但是构成之后，语法作用是一样的，都符合并立四字格的一般作用。

　　第五行"吃吃喝喝"之类，用双音的并立动词构成。双音动

---

　　①　这句话只是为了说得方便，没有严格的照顾到语法理论。"大大小小"、"干干净净"假若是词，里面所包含的"大小"、"干净"是什么呢？按理说，"词"不能是由"词"构成的。对于这一类的现象，大家在语法术语上还没有一致的意见。下同。

词有的能直接联上宾语，叠起来就不能。"思想一个问题"，不能"思思想想一个问题"。叠字格，又能像上文所说的那样，修饰动词。

第六行用数字构成的例子，北京话里只有两个。"三三两两"的语法作用同"大大小小"。"千千万万"还是数词性的，也能直接修饰名词："千千万万人"；它不是由副词"千万"叠成的。

第七、八行是象声词或是近乎象声的。象声词叠起来仍然作象声词用，只是比不叠的更容易取得一般造句成份的资格。这样，"淅淅飒飒"的语法作用就等于"啾啾咕咕"，"罗罗嗦嗦"，作谓语，又作修饰语。

双叠的象声词，北方话里从来不多用，关汉卿的曲子里一个也找不到。全部《水浒传》只用到"叮叮当当""必必剥剥"，还有一个可疑的"咿咿哑哑"。红楼梦用得也极少。现代北京话多不过有十来个例子，不像上文所提的那种吴语有一百三四十。

二 甲乙甲乙格

这个格式上，前后两段的互相结合绝不像上文所举的各种格式那样的严密。整个结构比"猫阿狗的"更来得稀松。按着四个字的语音轻重，甲乙甲乙能分为四类：

①扭搭扭搭 重音在第一字 前后段不能单说，结合得比较紧凑。

动弹动弹 重音在第一字 能单说，并且很多动词、形容词都能这样叠用。

北方话的古典文学里原先不常用这格式。全部《水浒传》只用了四次，（"计较计较"（13），"扶助扶助"（40），"宽恕宽恕"（46），"看觑看觑"（50））。后来渐渐用的多了。现代话里，这格式占极重要的地位。一部文艺作品假如不用到它，简直可以断定不是写口语的。

②一个一个　　　"一个一个""一闪一闪"是说事物顺着次
　一闪一闪　　　序出现。向心格，重音在第二、第四字。
　整棵整棵　　　有时候能说三次四次。中间又能停顿，轻
　　　　　　　　重音就没有一定的格式。那就算不上并立
　　　　　　　　四字格了。"整棵整棵"只是加重"整棵"
　　　　　　　　的意义，说的时候中间停顿，也不会说
　　　　　　　　三、四次。

③精瘦精瘦　　　头一段保持原来的重音，第二段轻些，但
　贼亮贼亮　　　是第四个字可以说得很重。这两个例子里
　　　　　　　　最重的音是头一个"贼"和第二个"瘦"。

④唱啊，唱啊　　这不能算四字格。能单说一段。联说的时
　还有，还有　　候，中间能停顿，停顿可以短到听不出
　小心，小心　　来。在这情形之下，第四个字往往加重，
　　　　　　　　那怕是虚字，像"唱啊唱啊"。"小心小
　　　　　　　　心"的比重大致是 2113。要不为了这特
　　　　　　　　别的语音格式，这一类的例子不必提出来
　　　　　　　　讨论。

　　论到语法作用：①是作谓语用的。双音的形容词"暖和"
（并立）"风凉"（不并立）之类这种叠起来，只能作谓语用，不
再作直接的修饰语。双音动词这样叠起来，凡是原来能联上宾语
的，照旧能联上。

　　②也能作谓语用，但是常听到的用法是作修饰语，跟①不
同。

一个一个（的）走不完　　一闪一闪的灯光
整棵整棵（的）斫下来了　大批大批的货。

　四字格不常能直接修饰名词，中间加"的"，那是一般性的。

　　③"精瘦精瘦"，"暖和暖和"和甲甲乙乙格的"暖暖和和"

都是用形容词构成的，也能作谓语用。"精瘦精瘦"近乎"暖暖和和"，能作修饰语用，反而跟"暖和暖和"不一样。

精瘦精瘦的人　　暖暖和和的地方　　暖和暖和××
(修饰名词)
　　×　　　　　×　　暖暖和和（的）睡一觉　　　××
(修饰动词)

"精瘦"是不并立的形容词，甲乙甲乙叠起来还是形容词性的。"暖和"是并立的形容词，甲乙甲乙叠起来是动词性的，甲甲乙乙叠起来，反而是形容词性的（这是北京话的格式。有的方言里，"雪白雪白"，"雪雪白白"，"蜡黄蜡黄"，"蜡蜡黄黄"都能说）。

总而言之，甲乙甲乙格的主要说法作用还是作谓语。此外有的例子容易修饰名词，有的容易修饰动词，各各不同。双音动词这样叠起来，依然能联上宾语，不同甲甲乙乙格。

三　甲乙甲丁格

这个格式的内部语法结构差不多跟不叠字的格式同样复杂，也有动宾，主谓，向心，动补，只短了虚字格和象声词，多了一个可疑的填 1-音节的格式。下文只简略的说说这格式的内容，提出一些构词法上的新问题。请参看上文壹章二。

甲、动宾格

表上的例子，第一行用名字作宾语，第二行用形容字，第三行用动字。也有用数字的："说千说万，夹七夹八，挑么挑六"等等。绝大多数用名字。所谓"动宾"的"动"也可以是形容字，例如："多情多义"，"少吃少穿"。

这格式的结构是很严密的，两个宾语合起来本是一个多音词，很少例外。四个字分为两段之后，多半不成独立的动宾格。就像"动手动脚儿"，在北京话整个格式"儿"化；在别的方言里，没有"儿"化的，"动手"和"动脚"虽然都能单说，然而"动手动脚"决不是"动手"加"动脚"。这里观察到的，正是在不叠字格上遇到的犬牙相错的现象。唯一分别只是在这里第一第三字相同。那末像"没头没脑"的"没……没"在语法学上算什么呢？是一个词呢，还是两个词呢，还是不成词呢？待下文再讨论。

表面上看来，在这样的半自由格式里，一个重叠动词（没……没……）后面应该能插入许多对的宾语，特别是能合成双音词的。反过来说，这样的一个双音词，前面也许能加上好些重叠动词。这情形实在是有的。北京话有十来个"没×没×"，十多个"无×无×"（"无情无义，无依无靠"，没有用形容字作宾语的），二十来个"有×有×"（"有滋有味儿"，有来有去"也没有用形容字作宾语的，除了临时凑合的结构，"有红有绿，有大有小"之类，那是数不尽的）。同样，一个并立的双音宾语前面也能加上好几个重叠动词。最突出的一个例子是"手脚"，有"动手动脚"，"碍"，"立"，"捏"，"蹑"，"缩"，"札"。此外只有联三、四个的，例如"探头探脑"，"缩"，"没"，"有"；"谢天谢地"，"谩"，"说"。也有好多别的例子不那么成套的。实际上，甲乙甲丁的动宾格在现代北京话里只能找到七十来个例子，当然临时凑合的"有×有×"之类不算在里头。

这格式的语法作用也是作谓语，有的能修饰动词，也有的只能修饰动词，像"撒头撒尾"，"打里打外"，"齐头齐脑"，"挨门挨户儿"。

乙、主谓格

为数极少，简直不能算是一个"格式"（不比不叠字的并立主谓格）。语法作用跟上甲、动宾格相同。

丙、向心格

这格式可以再分为两类：①是"向心"的"心"是名字的，②不是名字的。

①总表上第一行的例子，修饰语用名字。第二行用形容字，为数最多。用动字的只有像"说话人"口头的"飞龙飞虎"之类，白话不用。此外用"一"字的倒不少，"一刀一枪"，"一板一眼"，"一门一姓"，"一心一意"，"一"字有种种意义。第二字和第四字的关系呢，在大多数例子里是并立的双音词。也有少数不是这样的，"半人半鬼，仙童仙女，独门独院"等等。

"向心"的"心"虽然是名字，整个格式可不常作名词用。名词性极强，只有"徒子徒孙，仙童仙女，本乡本土"之类，北京话里找不到十个例子。其余只作谓语用。

这人滑头滑脑。　这地方人山人海。
有好些能直接修饰动词"大模大样儿出门"，"毛手毛脚做事"，"鬼头鬼脑说话"都成话。能直接修饰名词的只有"各式各样点心"。

②"心"不是名字的，情形复杂。口语里出现的例子并且难以计数。因为有些半自由的格式里，随时孳生四字结构，随便填上两个字，结构并不严密。

从表上的例子，一望而知，这格式不构成名词，只作谓语用，多数又能修饰动词。

这格式里的修饰语可以是形容字，"大摇大摆，高来高去"之类，也可以是变了意义的形容字，"臭吃臭喝，死吃死嚼"之类。还有的像"一还一报儿，半吞半吐，再三再四，双飞双宿，十全十美，百依百顺，万稳万妥，全归全受，尽善尽美"之类都有数量的意味。要详细讨论，未免太繁琐，并且这里也不发现上文所没有提到过的关乎造句法和构词法的问题。特别要留意的是一些窄义的副词成分，像

不阴不阳　乍冷乍热　或多或少　又臭又硬

忽上忽下　将信将疑　自暴自弃　可大可小……

还有一些助动词，像

敢作敢为　能写能算　会跑会跳　该打该骂……

这一类例子之中，中心语的两个字表现种种不同的关系，因而整个结构有严密，有不严密。例如最复杂的"不×不×"。

1．不伦不类　　"伦类"不是词，"伦"也不是单音词。

2．不干不净　　"干净"是词，"净"不是单音词。

3．不长不短　　"长短"是词，"长"和"短"都是单音词。

4．不依不饶　　"依饶"不是词，"依"和"饶"都是单音词。

（5．不尴不尬　　"尴尬"是词，"尴"和"尬"都不是单音词）。

（6．不穰不莠　　"穰莠"不是词，"穰"和"莠"都不是单音词）。（北京话平常不说）

7．不禁不由儿　　整个结构"儿"化，不是"由儿"。

8．不比不笑　　《红楼梦》22回，结构稀松。

语法上，我们对这些例子该怎么看待呢？

上文还没有提到"不三不四"，"不村不郭"那一类的，中心语不是动字，形容字。

别的结构不至于像"不……不……"那样复杂，不必逐一讨论。这里出现的关乎构词法和造句法的新现象，待下文说明。

丁、后补格

参上文论不叠字的并立动补格。"想来想去"正像"思来想去"，不能前后分为两段。"×来×去"，"×进×出"，"×上×下"都是极自由的格式，好些动字和一些形容字都容易组织进去。不叠字的格式不那么自由。

戊、填身格

这是"貌似"的并立格，是汉语构词法的一种突出现象。"怪气"可能有人怀疑是词，"怪里怪气"无可怀疑。语法作用也是作谓语，作修饰语。

四　甲乙丙乙格

这格式在北京话能举的例子并不多。别看像表上第五行的例子是半自由式的，好像能随便填进一些甲丙，实际上并不这样。例如我们不能把"吃的喝的"和"有的没的"同样看成四字格，"有的没的"是说一回事，"吃的喝的"还是说两回事。"磕着碰着"比"说着笑着"，"哭啊叫啊"比"跑啊跳啊"，结构的严密性不同。结构的严密不严密在这里当然不能分得一刀两段。"磕着碰着"比"说着笑着"严密得多，"哭啊叫啊"就跟"跑啊跳啊"差得不远。地道的结合得十分严密的例子并不多。

表上头一行是动宾格，第二、三行是向心格，第四行是主谓格，绝无仅有。第五行是虚字格。第六行是象声格，上文提到的那种吴语里反而找不到这样的象声词。

论到语法作用，绝大多数例子又是作谓语用的，有些能作修饰语用。名词性很强的只有像"有的没的"，"风里雪里"极少数的几个。

叁、说并立四字格的汉语的构词格

这是说，据我看来，有些并立四字格的例子是汉语的词，或许是大多数，可不肯定一切全都是词。再试念上文所举"不×不×"的例子，我们可能有四种看法：①说"不长不短"是四个词组成的词组，因为"不，长，短"都是单音词。但是"不伦不类"的"伦"绝不能是单音词，除非把一切具备"形声义"的汉字全当作词。从汉字的观点出发，谈构词法只是兴风作浪，庸人自扰。不那么看呢，好些并立四字的例子就不能当做四个词构成的了。②那末，让我们把"不长不短"看作前后两段，每一段一个词，成么？大多数的并立格不能腰斩，这倒不是说并立格的"意义"不能截成两段；语法学上并不禁止一个单纯的"意义"用两个以上的词表达出来。这是说"不伦不类"假若分为两段，在活的汉语里都不成话，都不独用，文言倒是可以这么写的。"不稂"和"不莠"就连在文言里都不成"言"。能独用正是上文所以说"不长不短"可以当做四个词的理由，也是这里说它可以算两个词的理由。这样的看法只能勉勉强强对付表上的并并格和甲乙甲乙的一些例子。③还可能有另一种看法："不长不短"，"风平浪静"和"奇形怪状"都是第一、第三字成词，第二、第四字成词，两个词交错着联合起来。这在构词上倒是新看法，汉人说两个词都东半个，西半个，再是东半个，西半个，从从容容的那样说。此外又包含另一个新主张，"不……不"，"又……又"都是词。外国语并非没有类似的现象。例如俄语的 и…и，или…или，либо…либо，像是扩展了的超级"词素"①。这在俄语不大会引起问题，因为两个"词"之间能插进好些别的词。汉语就不同，中间往往只插进一个能单说或是不能单说的音节，后面又补上一个，成为四字格。假若用拼音文字把这样一个结构写下来，

---

① "词素"译 морфема。

"超级词素"反译成西方也许是 сверхсегментальная морфема，suprasegmental morpheme，不大成话。美国的"描写语言学"里有时候也提到 suprasegmental morpheme，可不是指"不……不"，"又……又"那一类的。这里不想造一个新术语，更不想为普通语言学提出一个新观念。这看法还需要仔细批评。目前只希望说明汉语的一些现象。

会有什么形式呢？用特殊符号表明半个半个的词呢，还是简单的联写呢？假若联写，一经用惯了，自然会当它是一个词，不是两个，不管语法学家作什么看法。либо один либо другоий 译"或这或那"，either this/or that 译"非此即彼"，在拼音文字里好像非联写不可。这样的看法当然也只能顾到少数的四字格。"不稂不莠"不能那样对付，除非又把文言和口语弄混了。"不依不饶"更显然不合这规格。④最后是把"不长不短"看成是一个词。这看法也得在语法学上找到理论的根据。并且这也未必能推广到同一格式的别的例子上。"不说不笑"是一个词么？"不比不笑"是词么？别的格式上更不能一概说。

　　四种看法都只照顾到一部分事实。那没有照顾到的怎么办呢？共同的弱点是把一个四字格先看成是语言里的独立单位组成的。先是说四个词，不成再放大，放大到前后两段两个词或是交错的两个词，再不成再放大，说整个格式是一个词。那又觉得是太大了。这样的手续骨子里还是跟从汉字出发差不多。它不能掌握活的语言。

　　说到这里，我们还不如退回来问一问"词"究竟是什么，然后再问并立四字格是词不是。"词"的说法，汉人从来没有，但是说话的人确有"词"的经验。一句话里，各个音节前后互相联结，程度上有严密，有不严密。比如说，"睡了三天觉，做了许多梦"，这里面"三天睡觉许多"是突出的现象。"睡"和"觉"不联说，照样会叫人觉得他们中间有联系。"三天"和"许多"的内部结构又不一样。暂且不提"睡觉"。单说"许多"是一个词，"三天"是一个词组，"做了许多梦"是一句句子，在这里是一句复合句的分句，绝大多数人会同意。这就说明这样粗浅的分析是符合作为汉人的社会交际手段的汉语的一些现象的。那也就是说"词"是存在的。问题是语法学上怎样把词找出来。上文说，先把一个四字格割裂成独立的单元，然后肯定四个字代表多少个词，那样的手段顾此失彼，并且完全忘记了这格式在句子里起什么作用。

常言道，句子是词组成的，这是天经地义。但是在英语说这话，跟在一种现代印欧语说这话，所指现象，在造句法上和构词法上都引起一些需要特别解决的问题。现代印欧语一般都有历史悠久的词典，词记录在词典里。词典里的词可能有不合理的，大致不错。汉语到现在还只有字典和佩文韵府之类的辞典。用拼音文字把音节联写的，号称为词典的书并非没有，困难是社会上还不承认那样的书是汉语的或是一种方言的词的记录。显而易见的，语言工作者对于词的范围，词的数目，词的写法，都还没有共同的见解，连约法三章都谈不上。要不然，我们也不必讨论一个并立四字格包含多少个词了。

谈问题的人心目中多少有汉字，大多数人又至少有一种印欧语或是汉台语系之外的别的语言的构词局面打个底子。近来不短听人提到汉语构词法的"灵活性"。为什么能"灵活"呢？一部分，也许大部分，是因为我们先是用汉字来造词，可是选出来的东西，或是可能造的东西又不像所熟悉的那种印欧语里的一板一眼，确有把握是了。我们肯定有"词"，有слово，word，mot，也明知"词"和"слово"的共同点只在乎它们都是成分，而就具体的构词规律来说，连"слово"和"word"的内容都不一致，何况是"词"和слово呢？实际上，我们一着手工作，不由得不想到某种印欧语。例如外国语有"词头"，"词尾"，我们就在汉语里找"词头"，"词尾"。到现在为止，我们还没有找到一个东西，它的造形作用是等于印欧语里作为形态成分的"词头"，"词尾"的。假若我们时常能记住"词头"不等于префикс，"词尾"不等于конец，ending，那就好了。一忘记，就上了当。反过来说，就是在十分"解放了"的人，也不免受了汉字的束缚。在并立四字格上，前些年，一般研究拉丁化新文字的同志们还主张在两个字，两个字之间加一道短横，明知多半的并立四字格是不能腰斩的。

上文怕已经说得太罗嗦了，因为我们并不在研究一般的构词法，只是要问一问一个并立四字格，从任何观点看来，是词不是。"任何"观点当然只是汉语所许可的观点，不是印欧语的观点。上文也指出来了，我们不能采取用汉字或是用单音词造成大词的观点。

词有词的"意义"，譬如说"不三不四"的"意义"是单纯的，就算一个词吧。词在句子里能起特定的作用。从这作用上也可以看出一串音节代表多少个词。不妨说得粗野一点，在汉语里找词，只有这两种办法①。上文谈了好些四字格的结构，其实还没肯定并立四字格是构词格。又谈到它们在句子里所起的作用，也没肯定那是词的作用。

从"意义"来看，显然绝大多数并立四字的例子可以算作"词"，因为"意义"都是相当紧凑的。有的语法书上干脆说一个词代表一个"概念"，可是从没人主张一个"概念"只能用一个词来代表。并且一个四字格所表达的"意义"是"概念"么？这且不必细谈。最大的困难倒是在乎"意义"的是一是二，不能凭直觉肯定。假如我说"不三不四"是一个"意义"，"不大不小"

---

① 这里有意不讨论变轻音，变声调的现象，虽然上文、下文都偶然找到轻重音。也不讨论类乎词头、词尾和别的类乎曲折形态的现象。单就四字格来说，这些都不是构词法上的主要现象。此外，有些并立四字的例子另有一个特色，就是整个格式的"儿化"。"实心实意儿"的"儿"不加在"意"上，也不加在"实意"上，是加在整个格式上的。上文提到过这现象，表上也有好几个例子。这"儿"不必是"形态"成份，但是把四个字团结在一起，不能再分析，下文所讨论的分析手段也管不住它。

是两个"意义"，"不大"和"不小"。另一个人说不，那是"不……不"和"大小"两个"意义"。第三个说那是三个"意义"，"不……不"，"大"，"小"。第四个人说四个字都有"意义"。那怎么办呢？单凭"意义"来找词，至少在汉语行不通。

那末，我们只能从句子的结构上来认识并立四字格是词不是了。换句话说，我们要问一个并立四字格在句子里是一般语法书上所承认的能自由活动的最小单元么？

这个最小单元得凭什么手段来认识它呢？所谓"描写语言学"的著作里，我们念到过好些巧妙的方法，有的是玄虚的。下文所叙述的手续，可说是简单到无可再简单，近乎儿戏，只是为分析四字格而把手续十分简化了。因此我们不必管这样的语言学叫做"什么派的语言学"。至少所谓"结构派"的语言学不大谈到他们以为无足轻重的词，而我们肯定汉语的词，并且要知道并立四字格是词呢，还是词组。这简单的手续叫做同形代替法。可以分两层来说明它：用〇代替和互相代替。

一、用〇代替的手续。例如有像下面的一些同形式的句子。

买一棵菜。（〇菜）　　　买一棵油菜。（油菜）

买一棵白菜。（白菜）　　买一棵芥菜。（芥菜）

"菜"是一个词。这方法不肯定，也不必再申明"白菜"，"油菜"，"芥菜"是什么。但是为对付汉语，不妨再问一问"白"，"油"，"芥"能否单独说。假若代替出来的零碎东西本身还是能独立的，也可以叫做词。那末"白菜"，"油菜"都是两个词，"芥菜"是一个词。这样的分析，对于一种我们所不熟悉的语言，也许就混过去了。对于自己的母语，就是我们能掌握为社会交际手段的，这可不成。有人会责问"白菜"，"油菜"还不是词么？这方法还是在把句子当做书面上的公式来分析，不是社会交际上的一段语言现象。真正在说"买一棵白菜"那样的语言环境里，在那样交换思想的时候，"白"，"油"能单说么？不能①。

这是用〇代替法。机械式的用在汉语上太不中用，会把构词法拆卸得鸡零狗碎。然而我们不妨就用这毒辣的手续来试试并立四字格。我们只得留意所分析的是并立的四个字，不是任何别的并立结构。并立四字格在句子里突出，说起来不能停顿。我们要试用代替法来分析这样的结构。

半夜三更来干吗？半夜〇〇来干吗？〇〇三更来干吗？

俩人半斤八两。俩人半斤〇〇。俩人〇〇八两。

6句话都成话，每3句成一套。"意义"当然改变了，"半夜三更"变得少些，"半斤八两"变得不成样子，但是凭这个手续，"意义"并不在讨论范围之内。那末，"半夜三更"，"半斤八两"可能都是两个词了。这样的例子能找到多少呢？有的例子只是当它发现在某种句子里才能这样分析，在别的环境里就不成。

朝鲜有青山绿水。朝鲜有青山〇〇。朝鲜有〇〇绿水。

青山绿水，好个地方。——————　——————

更多的例子只能用〇代替一段，有的两段都不能代替。

就爱他这嘻皮笑脸。就爱他这〇〇笑脸——————

就讨厌他这油腔滑调。——————　——————

以上举了些向心格的例子。动宾格上同样的例子也能找到一些个，例如"留心在意"，"撒泼打滚儿"都能在某种语言环境里分为两段。不叠字的并立四字格上，统通合起来，找不到多少合格的例子。可见单凭用〇代替法，不叠字的并立四字格是词。那少数例外，凡是不能肯定是词组的，不如都当作词到方便些。格式

———————————

① 乍一看，这样提问题是语言学上的"野狐禅"。应该另写一篇论文，说明我们为什么不能不这样讨论汉语的构词法。

是相同的①。

　　再试试叠字格。甲甲乙乙的例子有极少数合格，也只在某种句子里。

　　家家户户点红灯。家家〇〇点红灯。(户户点红灯)。

　　我也吃吃喝喝。我也吃吃〇〇。我也〇〇喝喝。

甲乙甲乙格比较容易分为两段。表上一共有十行例子。其中"扭搭扭搭"，"呼搧儿呼搧儿"那两行不能分割，因为通常不能单说俩字。"整理整理"，"一闪一闪"，"精瘦精瘦"，"唱啊，唱啊"，"还有，还有"那五行决不是词，极容易在一句句子里用〇代替前段(＝后段)。"一个一个"那一行，有的例子在有的环境里能代替。"动弹动弹"和"风凉风凉"那两行，在某种语言环境里都能代替，只是"风凉风凉"不像"动弹动弹"那样容易。上文已经说过了，甲乙甲乙格的结构原不像甲甲乙乙格和不叠字的并立四字格那样严密。在整句里用〇法试一试，情形更明显了。

---

　　① 这里谈构词法的目的只是要说明并立四字格是一个构词格，不肯定同一个格式的例子全都是词，更不是为了列举不是词的例子。实际上，在确定一个具体的例子是词不是的时候，需要留意细微曲折的地方，要求意义的紧凑和语法上的紧凑能统一起来。上文所举"青山绿水"就是一个疑难的例子。"朝鲜有青山(和)绿水"不但是语法上说得通的，并且有时候确是那么说的。"青山"和"绿水"分为两段，多数人会同意这里有四个词。说"青山和绿水，好个地方"就不通。作为修饰语的"青山绿水"不能分为两段。理论上，我们可不能肯定这修饰语，副词性的，一定得当做一个词，它满可以是四个单音词合成的词组。就在这问题上，四个字的格式给我们指出一条解决问题的道路。把"青山绿水"跟上文表上同类的例子"油腔滑调，奇形怪状"等比一比，再放宽一点，跟表上所有的×＞名的例子比一比；更放宽一点，跟所有的向心的例子比一比，可见把副词性的"青山绿水"当做一个词是符合汉语构词法的规律的。同时也更能明了名词性的"(朝鲜有)青山绿水"决不能当做词。

　　这个例子的分析并不代表一切别的例子的分析。特别像用在下文"不……不……"，"又……又……"那样的格式上，这分析手续就不全然合适，那就得另作规定。本文不能细谈。

甲乙甲乙格和甲乙丙乙格的个别例子，在某种句子里也是能拆成两段的，不妨举"动手动脚"（不加"儿"），"各式各样"，"张口闭口"，"哭呀叫呀"。读者可以用表上所没有的例子来试试，会了解除了极少数，甲乙甲丁和甲乙丙乙格的都是词。

像上文那样用〇代替，当然只照顾到一方面，把四字腰斩了。还有一三、二四、犬牙相错的结构上也可以试用代替法，〇×〇×。在不叠字的格式里，动宾动宾的动字可以是双音动词，主谓主谓的谓语可以是双音动字或是形容字，向心向心的"心"可以是各种双音词。句子里就会发现这样的情形：

动宾　他正在摇（头）摆（尾）。　　　"头尾"是词。"摇头摆尾"是两个词？

他正在摩拳擦掌。　　"拳掌"不是词。　　　"摩拳擦掌"是一个词。

主谓　　这人（眉）清（目）秀。　　"眉目"是词。"眉清目秀"是两个词？

这人心毒口辣。　　"心口"不是词。　　　"心毒口辣"是一个词。

向心　　看他（奇）形（怪）状。　　"奇怪"是词。"奇形怪状"是两个词？

看他这虎头蛇尾。　　"虎蛇"不是词。　　　"虎头蛇尾"是一个词。

这一类的例子十分难得，反而可以证明不叠字的并立四字格实在是构词格。

再说叠字格。在甲甲乙乙格，凡是甲乙不成双音词的，甲甲乙乙一定是词，例如"家家户户"，"三三两两"。甲乙是词的，甲甲乙乙不一定能拆开。

这些东西大小不一样。　　　钞票千千万万的存进去。

　　这些东西大大小小不一样。　　　　钞票千万别让他拿走。
这些不是同形式的句子，不能互相比拟。还有的例子，用在某种
句子里，能抽掉一个甲乙，在别的句子里就不能。

　　叠得齐整。　　　　　　　────────

　　叠得齐齐整整。　　　齐齐整整（的）叠起来。
在这犬牙相错的结构上，挖空两个字确比腰斩法能多斥开一些四
字格。"思思想想"，"罗罗嗦嗦"只能挖空，不能腰斩。

　　甲乙甲乙格不必讨论，结构本是不严密的，不是犬牙相错
的，跟挖空两字的手段是牛唇不对马嘴。用这手续来对付甲乙甲
丁格，又是比腰斩法能多斥开一些例子。

　　动宾格。你还是问长问短？　　你还要问问？　　　（声音变
了）。

　　动补格。我想来想去想不通。　　我想想，想不通。
（声音大变了）。

　　主谓格。不管谁是谁非。　　不管是非。

　　向心格。有好些徒子徒孙。　　　　有好些子孙。

　　必得实报实销。　　必得报销。
实在同形式的句子太不容易找到了。至于甲乙丙乙格，例子本就
很少，更是不常用在像上文那样同形式的句子里。读者不妨试试
"东说西说"，"哭呀叫呀"。

　　从此看来，用○代替，不论把四字格腰斩或是挖空，除了个
别例子，没有能把不叠字的并立四字格分为两个词（或是三、四
个）。一些甲甲乙乙的，甲乙甲丁的例子能挖空。甲乙甲乙的例
子多半能腰斩。大体说来，不叠字的并立格（除了并并）比叠字
的组织得更严密。叠字格之中，有些甲甲乙乙的例子是极稳固
的，最不稳固的是甲乙甲乙式。

　　绝大多数并立四字的例子是词。并立四字是汉语的一个重要

构词格。

　　二、用同形的格式互相代替。这是用〇代替法的补充手续，因为怕一个四字格，虽然不能腰斩，不能挖空，但是前后两段或是一三、二四两段，还是能相当自由活动①。先从一个简单的不并立的例子说起。

　　这是　红　布。
　　这是　白　墨水。
　　这是　好　花儿。
　　这是　×1　×2。

在这些同形式的句子里，任何修饰语可以加在任何中心语的前面。因此就断定"红、白、好，×1，布，墨水，花儿，×2"全都是造句成份。假如这些成份是单音的，就都是汉语的词。像"墨水"不是单音的，就得再用同样的手段来分析它直到不能再分析为止。最后所得，不论是单音的，多音的，全都是词。从前我采取过这手续②，主要的是为对付汉语里的"×名"结构（名词前面加上任何修饰语），那是现代话里最普通又是孳生得最快的格式。这格式里用上好多口语里不单说的成份。例如上文的"花"北京话单说是"花儿"（单说"花"是指另一种东西或是变了形容词）。"花"的"意义"是单纯、明显的，在好些方言里"花"能单说，管它叫"词根"也不合适。用了这手续，可以让"花"取得一个词的资格。最近的工作上，我已经放弃了这手续，因为假若真的把汉语当做活人的社会交际手段来研究，亲切体会到说每一句话的时候的社会环境，每个语言格式在句子里所据的

　　① 按方法说，"用〇代替"只是"同形格式互相代替"的一种手续。零位（〇）只是一种"形"。
　　② 《北京单音词词汇》，科学出版社，1956，第一章。

地位，工作上可能就不需要那样的毒辣手段。这手续毛病很多，不必细说①。

这手续用在并立四字格上，决不会比用〇代替能拆开更多的例子。其实我们不必尝试就能知道必然会得到这结果，因为互相代替比用〇代替更是毒辣的手段；越毒辣，越不能对付汉语的又灵活又顽固的构词法。但是不妨赘上一点粗浅的说明，免得说话太空洞。

不叠字的并立四字格，不论分为前后两段或是交错的两段，都不能用同形的例子互相代替，就连并并格，最容易前后分为两段的，也没有一个例子能合格。叠字格之中，甲甲乙乙格不能分割。甲乙甲乙格，就是结构得最稀松的格式，能内部代替的也只限于"唱啊，唱啊"，"还有，还有"那样的重叠语。把规格放低一点，可以建立像下面的格式：

整批整批	大批大批	一批一批	〞
整棵整棵	大棵大棵	一棵一棵	〞
整箱整箱	大箱大箱	一箱一箱	〞
…………	…………	…………	……

在甲乙甲丁格上，读者可以自己试试动宾格的"有×有×，没×没×，无×无×"，向心格的"又×又×，不×不×，忽×

<hr/>

① 参陆志韦《对于单音词的一种错误见解》，《中国语文》，1955年4号，11—12页。"结构派"语言学最近也用到差不多同样的手段。参 Z. S. Harris 的 *Methods in Structural Linguistics*，1947。他在179页上提到他的手段之一就是我的手续，其实是大有分别的。我的目的要认识汉语的词，也许没有认识清楚，那是错误。"结构派"只把词当做可有可无的概念。凭他们的方法只能得到词素，也正是他们所希望得到的。他们所谓"同形的"格式在汉语未必同形。从前我只用了旧时候书房里对对子的方法，对仗极工整的例子才算是同形的，用起来极不方便。两本书目的不同，方法上的相像是偶然的。我不必批评他的工作成功了没有，他的方法当然不能全挪用到汉语上。至于我自己的工作至少在这同形代替法上是失败的。

忽×"，"敢×敢×，能×能×，会×会"，后补格的"×进×出，×上×下，×来×去"。甲乙丙乙格上，可以试试"×着×着，×呀×呀，×吧×吧"。要找到同形的例子互相代替，倒并不难，可都只是口语里可能说而不常说的。"磕着碰着"和"坐着卧着"是同形式么？"磕着碰着"能用"说吧笑吧"来代替么？这同形式代替的手续当然只能顾到形式，不牵涉到意义。这不是在形式上我们也尽能用别的更简便的方法来说明这一类的例子不是词，或是不一定是词，不必像同形式代替法那样的累赘。

那末，用最狠的手段来分析并立四字格也不能否认绝大多数口语里出现的例子一定是词。读者尽可以想出别的方法来分析并立格，只是别说"四个字界限分明，各有本义，并且大多数是能独用的单音词"那一类的话，那是超乎讨论范围之外了。谁能说"单音词"不论发现在任何地方都是单音词呢？那又是汉字在作怪了。

再回去说，我们并不主张一切并立四字的例子都是汉语的词。有机会，大可以造一个北京话的或是任何别的方言的并立四字的词汇，或是某种方言里某种格式的并立四字的词汇，例如上文提到的某种吴语的象声词。读者也可以凭自己的见解先判断一下前面总表上所列举的各种格式的各个例子是词不是。

并立四字格假若是词呐，我们对于汉语的构词法实在已经采取一种很宽的，也许是很粗野的看法。习惯于印欧语法的人听来会不顺耳，看来会不顺眼。并立四字格的内部结构有内心，有后补，把他们当作词还不足为奇。又有四并，又有并并，那也只代表汉语的骈体性，但是把动宾和主谓也归到构词范围里去，这是有点突兀的。我以为汉语的现象强制我们作出这样的一个结论。一般的印欧语里没有这现象，印欧语的语法书上当然不能说这一套话①。

肆、现代话的并立四字格的来源

研究并立四字格的来源是语言史的问题。我只做了初步尝试。这篇论文本是尝试性的，以下所说更只是把问题摸了一摸，把它提出来请大家共同研究。

把七十回《水浒传》的各种并立四字格跟《红楼梦》比较一下，前文已经提到只发现了一点小分别，就是甲乙甲乙格的"计较计较"之类，《水浒传》只用了四次，《红楼梦》就用了101次（加重出的62次）。这格式在施耐庵的口语里已经存在，要不然他决不能胡诌那四个例子。三百年左右之间，古典白话文学里用并立四字格的局面没有大改变。中间可以参考北方人写的《金瓶梅》，南方人写的《三言二拍》之类的著作；假若为南方人写"蓝青官话"留点余地，在运用并立四字格上也看不出来有什么分别。

《水浒传》、《红楼梦》的并立四字格究竟接近口语到什么程度呢？这很难说。当时的纯粹口语没有记录下来。跟现代方言比较吧，施耐庵的方言到现在还无从肯定。《红楼梦》是用北京话为基础的。不妨都跟现代北京话比较比较。《水浒传》用了肯定是并立四字格的例子约2100次，《红楼梦》约3970次。有多少

---

① 印欧语里有一种变相的动宾构词格，把宾语倒置在动词成分的前面。像英语有 watercarrier, wood-cutter；俄语更紧缩，водонос, дровосех。宾语按顺序搁在动词的后面，只成词组，不成词。至于主谓格，那更不是构词法所容许的，除非把 Godforbid, Heaven knows 之类算作词。主谓是造句形式，有称谓关系（предикативный）。表示这种关系的结构不只是词而已，还不能是词组，只是句子。参 В. В. Виноградов，*Вопросы изучения словосочетания*，第一节 воп. язк. 1954，第3分。

例子是跟现代北京话相同或是相近的呢？单说相同的，为数极少。相近的，譬如只差一字而意义一样的，多些。要判断两个例子的相近不相近，免不了有点主观，因此这里只能说个大概情况，不能举确数。这里只须举出两个重要的格式来和现代北京话比较一下，（一）不叠字的并立动宾格，（二）不叠字的并立名名向心格。

北京话现存的百分数

	（一）约	（二）约
《水浒传》	18％	10％
《红楼梦》1—80回[①]	20％	11％
《红楼梦》81—120回	30％	23％

假若作者全是用的口语的例子，保存的百分数不能那么少。水浒传也罢了，因为有方言的分别，还有差不多五百年的距离。《红楼梦》用的例子多半是文气很重的，首80回比末40回更厉害，这当然不是说末40回是不文雅的。表上又可以看出来，并立名名向心格的例子要比并立动宾的文雅得多，保存的百分数少得多。别的格式上，现在的百分数可以大些，例如并立数名向心格"三头六臂"之类，（水42％，红60％）。大致说来，两部书里叠字的格式比不叠字的更近乎现代口语；口语里常用而文言不常用的格式上，保存的百分数也比较大。

但是把《水浒传》、《红楼梦》的资料粗枝大叶的分为文言、口语两类，也是不合实际的。让我们随便从《红楼梦》选一些并立动宾格的例子来看看：

---

① 《红楼梦》首80回是曹霑写的，末40回相传是高鹗写的，故此分开了计算。拿这两个格式来说，末40回确是更近乎现代北京话。此外还有些别的格式上也能看出分别来。详细情形不能备述，下文还得讨论。

（1）搬是弄非	（2）拍膝摇头	（3）惜老怜贫
探头缩脑	堆山积海	显身成名
拿腔作势	登山渡水	瞻情顾意
挺胸叠肚	惧贵怯官	种竹栽花
赌神发誓	念佛诵经	分畦列亩
调三窝四	换衣卸妆	铭心刻骨

（1）是白话式，（3）是文言式，（2）是半文不白的，照从前的规矩用在文言里算是不通的。现代白话里这三类都能发现。

在某种方言里可以听出来文言怎样渗入白话。例如某些吴方言里，"不知不觉"可以说成 pʌʔtsɿpʌʔɕioʔ，又可以说成 fʌʔtsɿfʌʔkoʔ；"无千无万"也有两种说法，wu tsʻie wu vɛ 和 m tsʻie m mɛ。前一种是读音，后一种是口语。口语里可能本有这语词，"说话人"等等又从话本上的字眼另给它一种读音，这读音渗入了口语。无论如何，在这方面，话是受了字的影响的，经典文学是影响了语言的。小说、词、曲里有好些并立四字的例子可能跟当时的口语并没有关系，后来渗入了口语。有些格式不容易渗入，像那些不叠字的。像"不知不觉"，甲乙甲乙向心格，"无千无万"，甲乙甲丁动宾格，代表口语里本来已经常用的套子，就更容易流通。当然口语里任何一个并立四字的例子，一开头总得有某甲、某乙先用作交际手段的一个环节；或是说着玩儿，那也因为在某种说话的环境里有这需要。这就无需乎通过书面了。从一个方言传到另一个方言，年代上也可以猜想到一点。例如那种吴方言里的 wusəŋ wuɕiø（"无声无臭"）一定是新起的，可能是从蓝青官话里学去的。再像"不三不四"，吴语 fʌʔsɛfʌʔsɿ，北京 pusanpusʔ，书面上也出现了好几百年了。

那末，在并立四字格上，文字和语言的关系，文言怎样渗入口语，这一段历史还能查清楚么？特别是像上文所举的（2）半文不白的例子，有的渗入了方言，是哪一类人创造的呢？不像是规规矩矩的文人，也不像是一字不识的粗人。是"说话人"么？是从小说上慢慢的积累下来的么？

上文说，《红楼梦》运用并立四字格的局面在《水浒传》的时代已经确定了，也决不能是施耐庵一手创造的。再往前呢？我们所追求的不只是某一个例子，在哪书上，哪种方言里首先出现。问题要比这广泛得多，深得多。我们更想了解并立四字格的各种类型是怎样出现的。叠字的和不叠字的，用到虚字的和不用虚字的，动宾格的，向心格的等等，各在历史上占什么地位，因而在现代汉语里我们该怎样认识他们，——这一类的研究我们全没有着手。

我只初步摸索了一下。一提到《水浒传》以前的资料，我们首先会想到元曲和宋元话本。元曲之中，我只整理了关汉卿的曲文的四字格[①]。上文已经提到他怎样写四字的象声格，那是一点发现。前面总表上所举的各小类他差不多全用上了，只在下面这几类没有找到：

不叠字的　翻来复去类　七折八扣类　接二连三类　老奸巨滑类。

叠字的　　三三两两类　啾啾咕咕类　淅淅飒飒类
这又把《水浒传》的局面上推了一百多年。元曲是应该大量整理的，我们没有做到[②]。

---

① 不用《张君瑞庆团圆》、和《相如题柱》和《钱大尹智勘绯衣梦》三种杂剧。其余只用曲文，不用道白。

② 关汉卿曲子里所没有的"翻来复去"类，《西厢记诸宫调》卷二有"颠来倒去"。"七折八扣"类，《刘知远传诸宫调》第一有"一言再问"，《西》卷二有"四分五落"、"七上八下"，卷三有"千惊万怕"。"三三两两"类，《刘》第三有"双双对对"，第十二有"两两三三"。"啾啾咕咕"类西卷四有"啾啾唧唧"。"淅淅飒飒"类，

　　小说、话本的路子我更没有走通。问题在乎确定资料的年代。《宣和遗事》只比《水浒传》略早一点[①]。所谓"宋人话本"已经是"词话"的体裁，极可怀疑[②]。看来我们只能利用唐宋以后的变文、诗、词、语录。一个白话式的并立四字格在语录里，或是文言文里出现了，并不难认识它。就是在唐诗里，像杜甫"千朵万朵压枝低"，白居易"千呼万唤始出来"，都是一望而知的。这方面也需要长期研究。

　　总而言之，现代方言运用并立四字格的局面，七百年前已经大定了。

　　从《水浒传》再往上追溯并立四字格的来源是历史法的一方面。又一方面，我们可以先从最古的文献开始，看看四字格怎样在文言里最初发现。我们把《诗经》，屈赋（只用离骚、九歌、天问），《易经》，《论语》、《孟子》、《庄子》（只用内篇）里找到的例子也像总表上那样分为好些类。这里只须简略的报告一下分析毛诗的结果（三家异文，别的经籍异文对认识并立四字格没有多大帮助）。《诗经》的资料比较丰富，肯定是并立的例子发现557次，并且从这些例子上我们确能找到线索来了解并立四字格的来源。

　　表面上看来，现代话里所有各种类型，绝大多数已经在《诗经》里出现了，这里不必琐碎举例。那是当时口语的构词法呢，还是文言缩写呢？《诗经》的典型是四字一句，谁也不敢肯定当

（接上页注）《西》卷四有"埗埗腾腾"（当时话里有"埗腾腾"，这也许是强凑四个字）。诸宫调可能早于关汉卿一百多年；可惜这时期的文献并不多。

　　①　《宣和遗事》不是宋人的作品。书里已经提到"一汴二杭三闽四广"。就文体说，"梁山泺"，"李师师"两段除外，多不过是全相平话之类的东西。那两段近乎明人小说，更是明出。

　　②　例如"拗相公"的故事好像出在《宣和遗事》之后。

时的汉语是这么说的，民歌是这么唱的。先把例子按着叠字的和
不叠的分一分类，就发现了一种很特别的现象①。

	国风	小雅	大雅		颂
甲甲乙乙：委委佗佗	1	11	11	(2)	23
甲乙甲乙：委蛇委蛇	38	10	—	(6)	48
甲乙甲丁：是刈是濩	51	108	112	(52)	271
甲乙丙乙：颉之颃之	24	24	8	(5)	56
	114	153	131	(65)	398
不叠字的：日居月诸	35	25	18	(16)	78
	149	178	149	(81)	476

颂的年代有的在大雅之前，有的满可以在某些篇国风之后，四字
格的次数不容易了解，总数里没有算上。不叠字的例子发现得如
此之少（占全数 16.4%），跟《水浒传》、《红楼梦》相比，简直
是另一个世界。时代不必隔得那么远，拿国风和《荀子》、汉赋
比一比，已经是不同天地了。是怎么一回事呢？还有一点，大
雅、小雅，国风的不叠字的例子虽然都很少，可是在增加；大雅
占 12.1%，小雅占 14%，国风 23.5%。国风和大雅相比，数字
上的分别一定可靠。那又为什么？

———————

　　① 《诗经》里不叠字的例子虽然只有94，不必再分门别类，但是跟《易经》比
较，也能看出分别来。现代话的例子最多并立向心和并立动宾。《诗经》有肯定是向
心的 42，动宾的 20，《易经》有 7 和 42，分别是显著的。别的先秦文字里，这两个
类型在数目上的分配大致像《易经》，不像《诗经》（有例外，像《论语》就有向心
8，动宾 6，数目太少，不能比较。《荀子》可惜没有仔细统计过）。这情形可以跟下
文讨论不叠字的并立格相参证。假若向心格是由两个词组紧缩成的，动宾格是由两
个短句紧缩成的，不难想像在古汉语那样的一种语言里，两句骈句比两个对对子的
向心词组容易紧缩。《诗经》为了硬凑四字句，不得不多造向心的例子。

　　现在再把各种叠字格互相比较一下。现代话里，甲甲乙乙是组织得最严密，词性最强的一个格式。甲甲乙乙格呢，除了少数几个例外，其余都能在某种句子里只说一段，足够独立。特别是像"唱啊，唱啊"，"还有，还有"，本不具备构词的资格。甲乙甲丁的例子，绝大多数是两个甲构成一个空套子，例如"有×有×"，"没×没×"，"不×不×"，"又×又×"。把一个并立双音词的两个成份填进去，就可以构成一个词。用两个不成双音词的字填进去，词性就不强，或者根本算不上词。更能把这格式扩展了，填上多音词，或是词组，或是短句，那就无所谓四字格了。"有椅子，有沙发"，"不这么稀松，不这么随随便便的"。甲乙丙乙也有成套的。虽然不像甲乙甲丁的容易填字，实际上并不是不许填，只是填了进去之后不符合语言习惯。有这习惯，就可以成词。"心服口服"是词，"心服嘴服"假若确是口语里有的，也得算词；同样，"心焦口焦"假若在某种语言环境里突然发现了，是一个新词。

　　我们可以从这样的背景上来衡量《诗经》的叠字格。词性最强的甲甲乙乙，在398个例子之中只有23个，5.8％。其余的三类上（甲乙甲乙，甲乙甲丁，甲乙丙乙），不妨举些实例，看看《诗经》的叠字格究竟该跟现代话的哪些类型相提并论。每类举几个国风里发现的可以作为类型的例子。

甲乙甲乙	委蛇委蛇	羔羊1，2，3
	归哉归哉	殷其雷1，2
	式微式微	式微1，2
	简兮简兮	简兮1
	其雨其雨	伯兮3
	硕鼠硕鼠	硕鼠1，2，3
	乐土乐土	硕鼠1

	采苓采苓	采苓 1
	舍旃舍旃	采苓 1，2，3
	如何如何	晨风 1，2，3
甲乙甲丁	是刈是濩	葛覃 2
	为絺为绤	葛覃 2
	于沼于沚	采蘩 3
	勿翦勿伐	甘棠 1
	以敖以游	柏舟 1
	采葑采菲	谷风 1
	载脂载舝	泉水 3
	其虚其邪	北风 1，2，3
	谁因谁极	载驰 5
	不日不月	君子于役 2
甲乙丙乙	颉之颃之	燕燕 2
	父兮母兮	日月 4
	赫兮咺兮	淇澳 1，2
	恩斯勤斯	鸱鸮 1

这些例子最近乎现代话里组织得最不严密的格式。甲乙甲乙近乎现代话里"唱啊，唱啊"，"老王，老王"。甲乙甲丁和甲乙丙乙近乎现代话的空套子，填进两个字去，也可以成词。但是在写诗的时候可能只是造句格，句法上跟填上两个多音成分并没分别。并且我们毫无理由肯定那是民歌的原本格式，满可以是"删诗"的人楞把他凑成四个字的。在叠字格上填两个字不像造一个不叠字的四字格那么麻烦。语法上已经有一个叠字的在空套子存在，把两句骈句一挤就挤成并立四字。不叠字的格式不能这样紧缩，语言里必先具备两个能对对子的双音成分。这样的例子，《诗经》里还没有像晚周和汉朝的散文里、赋里那么多，那是由文人精工

制造的。至于那种用两个骈体的汉音词交错着构成的四字格，《诗经》里更没有①。

到了晚周，出现了另一种不叠字四字格的文体。《离骚》和《九歌》的格式是这样的。

屈心（而）抑志（兮）　　　理弱（而）媒拙（兮）

（启）九辩（与）九歌（兮）

忍尤（而）攘诟　　　　（謇）朝谇（而）夕替

壹阴（兮）壹阳

（路）幽昧（以）险隘　　　瑶席（兮）玉瑱

（路）眇眇（之）默默（?）〔悲回风〕

（心）犹豫（而）狐疑　　　绿叶（兮）紫茎

同是屈原写的《天问》又有。

勤子屠母　冥昭瞢暗　何本何化　明明暗暗

撰体协胁　平胁曼肤　九辩九歌　东南西北　等等。

究竟哪一个是古汉语的语音格式呢，中间有虚字的还是没有的？假若本是一个紧凑的格式，"骚体"里就不能把他随便拆开，能拆开就不是现代语的不叠字的并立四字格了。假若语言里本没有这格式，诗经的四字格只是文言缩写，天问用的是文言体，这样的看法我以为近情些。那也并不肯定古汉语不能有并立四字联说的。"东南西北"，"明明暗暗"那样的例子几乎不可能想像本不联说。（相传孔子已经说过"今丘也东南西北之人也"）。那时候这已经是构词格了。

我姑且下这么一个结论：不叠字的并立四字格原先只是文人

---

① 实际上，念书人并没有把《诗经》的叠字格当做语言资料。例如"优哉游哉"已经渗入现代口语。说"优哉游哉"，重音大致是4121，念《诗经》就得拉长调儿。

的缩写，后来渗入口语。凡是不能再拆开的，成为口语的词。叠字的四字格里，甲甲乙乙可能是很早的构词格。甲乙甲乙，甲乙丙乙，从来就是缩写的，或是两句话重复说的，到现在也只有少数例子能认为词。甲乙甲丁原先也是缩写格，比不叠字的甲乙丙丁更容易缩写，因为两句话、两个词组本就有一部分重叠。在这重叠的套子里，填进单音成份，不能拆开了，成为词。现代话的那些套子，"不×不×"，"可×可×"……是这样产生的，直到现在，他们的词性还是可疑的①。

---

① 这样的历史研究上，能掌握一些比较语言学的资料，会起决定性的作用。可惜我除汉语之外，别的汉藏语系的语言几乎一无所知。我的同事王辅世、王德光（苗族）为我尽量收罗了威宁苗语的一些例子，不外像下面的类型。

甲甲乙乙　t'iˇ t'iˇ t'auˌt'au　挨挨蹭蹭

　　　　　ȵuˇ ȵuɯ moˇ moˇ 日日夜夜

甲乙甲乙　ʔiˇ ȵuˇ ʔiˇ ȵuˇ 一天一天

　　　　　ts'aˇ g'auˇ ts'aˇ g'auˇ 每次每次

甲乙甲丁　tsuˇ mpauˇ tsuˇ diˇ 练臂练手（动手动脚）

　　　　　ndl'auˇ vəˇ ndl'auˇ ntauˇ 叶石叶木（树叶）

　　　　　hiˇ mb'auˇ（变 mpauˇ）hiˌ pœyˌ相帮相结（团结互助）

　　　　　t'auˇ dl'auɯ t'auˇ zoˇ（变 z'ˇ）用劲用力（dl'auɯ zo是双音节词，dl'auɯ没有意义）。（努力）。

　　　　　t ḷauˇ ntuˇ t ḷauˇ ntuɯˇ 腹（腹浮）　〔ntuˇ ntauˇ是双音节词，是 ntauˇ（浮）的不肯定式。动词的不肯定式都在动词原形之前加一同声母的音节，韵母是 u。假若动词原形的韵母本是 u, o, au，所加音节的韵母改为 i〕。（马马虎虎）。

甲乙丙乙　ŋg'auˇ fauˇ nḍauˇ fauˇ 女离男离（离了婚的男女）

　　　　　ni ˇ ȵuˇ v'aeˇ ȵuˇ 这天那天（这里一天，那里一天）。

甲乙丙丁　dʐ'aˇ diˇ g'auˇ tɕɑuˇ 九品十种（万物）

　　　　　ts'aeˌliˌ baˇ dʐuˇ（变 dʐ'uˇ）半月合周（dʐuˇ是地支的一周，从第一个子到第二个子，第一个丑到第二个丑）。（十几天）

　　　　　ts'ieˇ e'eˇ（变 ȵeˇ）v'auˇ ɕauˇ千年万载（岁）（这是借词）。

不叠字格只有用数字的一种。据同事喻世长说，布依语里也只有这一种（"三边四面"，意思是"四面八方"）。我对汉语并立四字格的看法，也许不全然是妄想。

伍、并立四字格在现代词汇的地位

这问题关涉到修辞学和文体学，远超乎作者能力所及。这里只附录一些零星的发现。

一个并立四字的例子，不论是从文言来的或是从口语里别的格式锻炼成的，一经通用，就变成民族遗产。语言里大量保存这样的词汇，说明社会交际手段有这需要。四字格的主要语法作用是作谓语，作修饰语，那也具体说明语言有这需要。

一个四字格所表达的意义不能用别的词，别的四字格来表达。他也不能用他所由组成的部分来代替。"青山绿水"不是"青山"和"绿水"，也不是"青绿"加"山水"。"思想"，"思思想想"，"思想思想"意义各不相同。词典里并且不容易用一句简单的话来说明各该意义。这是每一个四字格的例子所以能在口语里生存下去的理由。科学性的文章里不常用他，不敢用他，不能用他；干巴巴的叙事文章里没有用到他，可是活的口语里时常用到他；翻译文章的罗里罗嗦，结结巴巴，一部分也许是因为没有用上他。这一切都是意想得到的。

遗产那么丰富，可是并立四字格并不是现代词汇的"生长点"。解放以来出现了"抗美援朝"，"繁荣幸福"载在宪法，一定会巩固下来。"三从四德"也许能借尸还魂。新的例子实在太少了。四个字固定为口语的词，也许得比一个普通向心格的名词需要更长的时间，三年五载的观察不中用。但是五十年，一百年来出现了多少例子呢？这还得研究。假若像上文说，不叠字的例子本是由文人创造然后渗入口语的，那末，往后就更少有孳生的希望了。可是方言互相假腊，现在比从前更容易。叠字格之中，甲甲乙乙也不再孳生，但是也容易有方言的假借。甲乙甲丁，甲乙丙乙，一些甲乙甲乙，词性不强的例子随时能从两个并立的词组或是短句紧缩成功，那又当别论。无论如何，现代汉语里，组织得最严密的格式是不大会发展的。

日常谈话和接近口语的"文学语言"里，并立四字格所占字数的百分数并不很大。（一百个字里出现一次，就是 4%）。试举几个例子。连阔如说"武松打虎"那一段一共 7，500 多字，用了 67 次并立四字格，3.55%。这一段故事，在《水浒传》原文 4300 多字，四字格用了 24 次，2.23%。这是相当高的数目，连先生要是把这一段"说话"写下来，就未必用得那么多了；平常跟他谈话，当然用得更少。全部《水浒传》的百分数大概是 1.9%，《红楼梦》首 40 回 2.7%，中 40 回 2.3%，末 40 回 1.8%，还是比口语多些。杨朔的《三千里江山》是用并立四字格的最特别的书，也不过 3%。这情形可跟《水浒传》不大一样。杨先生用的例子全是北京话里或是他的方言里活着的，正像连先生的说《水浒》，但是《水浒传》本身的例子不能那么看待，有些也许从来没有在口语里活过，只是词藻。我们念古典白话小说跟念现代文艺，态度上就不同。杨先生的文章，有的人念起来觉得沉重。旧小说假若在这方面堆砌得过分了，念上去当然也会觉得不顺溜，例如《拍案惊奇》里"张溜儿熟布迷魂局"那一篇；实际上也只用到 4%，就是每一百个字里出现一次。文言文，像王褒《僮约》之类，倒很有人能欣赏，那不是说话；《诗品》、《千字文》照样是文学作品。

因此，在书面语里，先打定主意非得用上一些四字并立格不可，那是危险的。比如最近，我念过一篇报道文字，二千来字用了二十来次，形状六十字就用了三次，头一道菜就叫人腻胃。翻译文字也是这样。译者必得先把母语掌握得十分谙熟，再加上能体会外国语的神情，并立四字格才能用得天衣无缝。谁也料想不到在翻译马列主义的经典著作里能大量用上并立四字格的。《列宁主义基础》，短短的一本书，竟用了四十多次。其中像"根深蒂固"译 всеми корнями своего существования，"心慌意乱"译 "впацаег в панику" 叫人念了心怡神快。这样的手法不容易学到，语言艺术的造就上需要达到极高的程度。（书里把 огня 译成 "洪水猛兽"，就不免过分了）。

　　口语里不常把并立四字格联接着使用，因为用四字格本是为了点缀，不是堆砌，但是在紧要关头，严重关头，又像非联用不可。旧小说里也是这样。

	《水浒传》	《红楼梦》	首 40 回	中 40 回	末 40 回
双联	114 次		85	66	38
三联	14 次		5	8	3
四联	5		2	1	0

跟全书里发现的总次数互相参照，这样的数目并不算大。《红楼梦》的末 40 回又显然比首 40 回更近乎一般口语。

　　三、四个例子联用的时候，通常不重复同一个格式，例如不叠字的，不联用三个动宾格或是向心格，叠字的不联用甲甲乙乙"大大小小，男男女女，挨挨挤挤"。《水浒传》的 14 次三联式里只有六次是同格式的。毛主席这次在人民代表大会的开幕词里说，"老老实实，诚诚恳恳，互勉互助，力戒任何的虚诿和骄傲"，两个甲甲乙乙接上一个甲乙甲丁，并且后面"虚夸"，"骄傲"之间加进一个"和"字，一句话就显得更庄严，更生动，更有力量。

1954 年秋

1955 年秋校补

（原载《语言研究》1956 年第 1 期 45—82 页）

从"谓语结构"的主语谈起

一　缘起

近来常跟几位年轻的同人漫谈怎样研究古汉语语法，怎样为汉语语法史从方法上奠定基础。我提出过这样的意见：至少有两件事我们一开头就得留意，一是怎样把先秦文献里表现出来的语法结构和唐五代以后北方话白话文里表现出来的语法结构互相联络起来。那一千年间的文言文献该怎么对待，怎样才能有系统地从中吸取研究资料。二是研究先秦语法和现代语法，须要在手续上以至方法论上统一、联贯起来，否则写不成汉语语法史。宜乎先总结一下，古今不变的语法结构是哪些。在这基础上才会更容易认识哪些结构是衰退了的或是消失了的，逐渐发展了的或是突然出现了的。这些情况须要简短、明朗地描写出来。特别是在第二点上，提问题容易，作业时不勉会遇到种种困难。例如怎么认识某个语法结构是古今不变的呢？

常言道"古为今用"。在本问题上，这是说我们先得大致领会现代汉语的语法结构，然后从历史演变来更深刻地了解它。反过来说，研究古语法，手续上可得有所不同了。时常出现须要"今为古用"的情况。古注疏家所作到的，一般不过是把古语翻译成当代的表达形式，这就是"今为古用"。有时我们认为他们是作对了，那也就是说我们有理由相信古今语法结构是相同的，否则就说注疏错了，翻译失去了原意，误解了古语的语法结构。比较精细的训诂学能不依靠翻译，单从古语本身的词序和句型排比来研究古语的结构，我们因而知道某种句式、某种词序在古语和今语的不同语法意义。但是归根到底，如果要贯通古今，总得把现代语法先大致弄清楚了。

近些年来，现代汉语语法研究上无疑地有了很大的进展。一些新的术语出现了，其中一部分代表着新发现的语法范畴。对于句子形式的新认识，分析的手段，描写的方法，实际上也有所改变了。但是要说已经有了一个大家公认的语法系统，或是某一位专家自己已经有了完整的语法系统，我看还有相当距离。创业艰难，还须要若干年的精心描写和严格批判。有各种各样的问题等待着要解决。这里试举一些不同类型的问题。意见的分歧有时是不可能调和的，至少在同一个系统是不可能调和的。例如"书不念"的"书"必得是主语，或是宾语，不可能在同一系统里既是主语又是宾语。单是这一点就常牵联到整个系统，不只是在某些个具体的句式上各家的分析手段偶然有所不同而已。更多的问题是出在同一个系统内部的，该是比较容易解决的，例如连动式，既不是并列式，又不是偏正式，又不是"正偏"式，那末是什么式呢？能说"连动式"是"两个动词连用的形式"么？连起来是作 什么的呢？换句话说，读者有权利要求作者说出语法意义来。我看必得有一句很抽象的话，或是一句很啰嗦而确能包罗一切的话，把意义和形式结合起来。这样的一句话也许就会把汉语里有关"形式"怎么"结合""意义"的种种难题和盘托出。再说兼语式吧，也是描写得不够清楚的。"我知道他没有来"，"我知道，他没有来"，"我知道他，没有来"，这三个句子有什么分别呢？"倒杯茶你喝"是兼语式么？最近又重新提起"连锁式"来了，这当然是连动、兼语以外的一个新式。这新式的内容是有点不伦不类的，好像是无可奈何地把一大堆无从处理的材料暂时搁着罢了①。

语法书的所以难读、难教，有多方面的原因。首先是像上文说的，术语没有确切、明朗的定义，语法意义没有明确地说出来。除此以外，我们有时会在两种情况下弄得不知所措。第一，尽管书本上列举了好些语法结构，还是会遇到不少例句，不能归在任何结构的名义之下。这种困难可以出在读者没有小心学习，也可以出在作者并没有掌握足够的研究资料，或是有时隐瞒了一些不知怎么处理的资料。情况并不严重，多学习，多研究，必要时修改一些定义(扩大一些语法范畴)，或是填补几个结构项目，早晚会把问题解决了。原来的语法系统基本上不会改变。第二种情况就比较严重。一个例句的结构，既像是甲，又像是乙，还可是又像是丙；甲和乙和丙，凭定义是互相排斥的，而事实并不这样。可见我们描写一种语法结构时，尽管能随意列举成千上百的无可怀疑的例句，仍然没有充分照顾到这结构和别的结构的关系。那末，最应该从理论上来反省了。这里我不敢妄谈怎样来解脱这种困难，因为经验太不够了。且举一个我认为是相当尴尬的例子。

---

① 指《现代汉语语法讲话》，丁声树、吕叔湘等著，1962年，商务印书馆。下文简称《讲话》。本文论到现代语法，都依据这书。《讲话》的修订是经过仔细斟酌的。本文作者同意他们的基本主张，只是在个别论据上不得不提出疑问。书里的一些话，为什么要说得那样的含混，我是能深深体会到的。专门引证这书，也可以免去节外生枝，因为作者全都是我多年相处的同人，不会引起误会。

他要是这么胡涂，真叫人没有办法了。(复合句)

他这份儿胡涂，真叫人没有办法了。(主谓单句)

他这么胡涂，真叫人没有办法了。(?)

"他这么胡涂"是"主语"呢，还是"子句"呢？这三句并不是难分析的，谁都会在"胡涂"之后砍上一刀，砍出两个"直接成分"（IC）来。这两个成分是什么成分呢？连起来，代表什么语法意义呢①？

---

① 我说的是：先肯定了、认识了语法意义，才能开始分析，那怕是肯定错了，也不能不先有所肯定。分析手段能帮助我们把一种语法意义的表达形式合理地描写出来，或是矫正可能的错误认识。分析根本代替不了语法意义的认识，所以说，没有"意义"的一串声音或一排汉字是无从分析的，因为根本不是语言。古今汉语语法结构的精神面貌决定我们得在这上面多加思索，多说几句"废话"倒不妨。多学习现代描写语言学的方法或是方法论，那是好的，但是西洋的理论不能随便搬到汉语研究上来。某一套理论，或是好几套理论，或是理论的片段，近来已经影响到现代汉语语法研究，最后是会影响到古语法研究的。近年来我们时常谈到、听到有关"意义结合形式"的议论，怎么了解这问题呢？那得看我们在分析的手续上和描写的词句上怎样表现出来，空说无凭。西洋的一些描写语言学者（结构派），他们的话有时是会叫中国读者莫名其妙的。他们一方面否定"意义"，一方面又竭力肯定"意义"，惟恐人家误会这一派的语言学是"无意义"的。其实，没有人不把某些基本的语法意义先肯定了的，所否定的是不在语法形式上表达出来的"意义"。

回到汉语来举一个例子吧。有"我们先读论语孟子"八个字，要我们分析。是有法子对付它的。"分析"就是把它拆成零件。现在大家都主张不要乱拆，大多数人以为一刀一刀地砍较为妥当。一刀两段，砍成"直接成分"（IC）。头一刀大概会砍在"们"的后边。为什么呢？因为先肯定了一个语法结构（一个语法范畴，一种语法意义），就是主谓结构。不肯定是不会砍这一刀的。这一刀先砍，又肯定了这八个字里主谓结构是最基本的结构，最应该首先描写出来。也许不必这样肯定；有人会把头一刀砍在"读"的后边。这就先肯定了另一个语法结构，就是一般所谓动宾结构。我想很少有人会把这一刀砍在"语"字后边的，更不会是在"先字后边的，几乎绝不会砍在"我，论，孟"等字后边的。等到"砍"完了之后，总结起来描写，可以从头至尾一个字、一个字地，或是逐段地谈；但是那些"字"（所谓"语素"）和那些"段"（所谓"语素序列"），只是分析出来的东西。要分析，一般总得讲究层次，否则使不上"直接成分"这原则。要谈"直接成分"，就得肯定种种语法意义，以及描写它们的程序。

那末，如果在古汉语遇到同样的句式，"今为古用"就无从谈起了。跟我谈话的青年们正是提出了这个难题。《论语》一开头就出现这样的句子：

　学而一章

　　学而时习之/不亦说乎

　　有朋自远方来/不亦乐乎

　　人不知而不愠/不亦君子乎

　二章

　　其为人也孝弟而好犯上者/鲜矣

　　不好犯上而好作乱者/未之有也

　　孝弟也者/其为仁之本与

（接上页注）反过来说，我们遇见的资料可以不是上面的八个字，而是像下面那样的：

　(1) 我们先读仲子论语　　　　(2) 我们先读仲丑论语

　(3) 我们先读孟子也好　　　　(4) 子论们读语我先孟

"仲子'是古人名，有具体意义，但是这具体意义这里使用不上，等于没有"意义"。重要的是 (1) 的八个字依然能用上文说的那种手段来分析。就是说，不了解这一点儿具体"意义"，这里并不妨碍语法意义的分析。(2) 和 (1) 有点小分别。"仲丑"可说全然没有"意义"，除非是为了语法分析，我们硬给它加上"意义"。不了解"仲丑"，就不能了解它和"论语"的语法关系。除了这一点，整个段落的语法结构还是能分析的。(3) 是另一种情形了。整句能了解，但是包含着新的语法结构，须要使用另一套分析程序。(4) 几乎全没有"意义"。"们"我们知道只能联着上文读，仍然有语法意义。"语我"在古汉语有意义，这里只能是望文生义而已。八个字联起来，无从分析了。汉字随处会叫人望文生义。古书念得越多，就越会卖弄。印欧语里，据我所知，把八个音节这样颠来倒去，真会变得全无"意义"。但是，哪怕是在现代英语，有好些音节（或是字母的次序）一般是代表语法成分的，就可以凭它们来把乱七八糟的一大串字母分成段落。有的人就在这上面耍把戏，说没有"意义"的材料也能分析。

第二章的分析不成问题，头一刀砍在三个"者"字的后边，"者"字保证前面的一段是句子的主语，三个句子都是主谓简单句。第一章的三句是复合句么？从来是这么解释（翻译）的，对不对呢？新近出版的现代汉语语法书里一个"主谓结构"是能作句子的主语的，例如"小孩儿多吃点水果好"，只一个"好"字是谓语①。那末，"人不知而不愠"在古汉语不也能作主语么？这个句子不也是主谓简单句子么？

　　"主谓结构"既然能作主语，没有"主"而只有"谓"的结构当然更有资格作主语了。"这么做好得很。"②古汉语文献里也时常出现这样的句子。《左传》："蔓难图也"，"厚将崩"，"盟于唐复修旧好也"，"光昭先君之令德可不务乎"，这些句子都是同一形式的么？都和"制岩邑也"，"颍考叔纯孝也"同一形式么？这是难以回答的问题，能依靠现代语法来帮助解决么？因此，我们得回到现代语法，看看那里的复合句和"主谓结构"作主语的简单句究竟是凭什么语法形式标志来区分的。下文试图找出这种必须有的形式标志。照上文说的"主谓结构"这名称用在这里已经不大合适，下文改称"谓语结构"的主语。名称上自相矛盾，势所难免，否则话会拉得很长。

二　现代汉语里"谓语结构"作主语的简单句

　　我们从《红楼梦》和《儿女英雄传》的对话部分，若干种现代北京话的小说、话剧，若干篇最近发表的重要论著，以及《现

---

① 《讲话》132页。
② 《讲话》132页。

代汉语语法讲话》所引的例句里挑选了六七百个这样的句子：
（1）照《讲话》的标准可以肯定是"谓语结构"作主语的，（2）
好像是这样的简单句，但是不敢肯定的，因为是和复合句，甚至
和连语式、兼语式容易混淆的。不收可以肯定是复合句（或是连
动式、兼语式）的句子。所选《红》和《儿》的例句完全符合现
代口语语法。下文分析这次挑选的例句。不注出处，免占篇幅。
自己编造的句子，在句前加＊号。

1．"是"字句。"谓语结构"＋"是"＋宾语。这是现代汉
语里最清楚不过的"谓语结构"作主语的简单句。这类句子是上
古汉语所没有的；现代汉语里时常遇到，特别是在摆事实、讲道
理的论文里。

最简单的"是"字句是"a是a"式，a最长不过是几个字。

＊不懂就是不懂。＊红是红，白是白。＊来是来，不过…。

这样的句子容易跟复合句鉴别，例如：

＊念书就是念书。〔单〕　　＊除了念书就是念书。〔复〕

＊念书是念书。〔单〕　＊念书就念书。〔复〕

＊念书呐，就是念书。（有语助词，有停顿，语调也特别。
但是据我看来，这一句还是和上边两个简单句同形式的。）

这里可以引起不少争论。例如：（1）"是"前后的"念书"
是否变成名词或是名词化了呢？果然，就无所谓"谓语结构"作
主语的问题了。（2）"除了"句能算是复合句么？我以为这样的
争执在汉语语法研究上没有多大意思，这里也无须讨论。（3）加
了语助，有了停顿，变了语调，句子还是同形式的么？这问题极
复杂，我没有资格来讨论它；这里姑且肯定"念书呐"还不过是
"谓语结构"的主语。

现代汉语里，"是"字句可以扩展得很长（但不能是"a是
a"式）。

　　以尼赫鲁为首的印度统治集团挑起中印边界事件，直到
对中国发动大规模的武装侵犯，正同他们干涉中国西藏一
样，都不是偶然的现象，而是同帝国主义利益密切结合的资
产阶级大地主的阶级本性所决定的。

句子一拉长，内部结构有时就不必像这一句的那样紧凑。例如主
语和谓语之间可以插进一个成分，好像叫句子改变了基本形式。

　　……尼赫鲁偏偏认为印度不能同中国友好相处，这是完
全违反印度人民的愿望和利益的。

(1) 这"这"字不能删去。(2) 有了"这"字，前面又必须有停
顿，(3) 并且整段话是一句还是两句，也只能凭相当微妙的语调
标志来鉴别，原文是当作一句话写下来的。能就此把它看作"意
合的"复合句么？这里，条件（2）有停顿没有，一般不能用来
区别复合句和"谓语结构"作主语的简单句。条件（3）其实是
跟本问题不相干的；说成两句或是一句，各有各的语调。条件
(1)，"这"字能不能删去，不容易掌握；总结不出来在什么情况
之下，"这"字一定能删去或是一定不能删去。试回到上文的长
句，删去"正同…一样"一段，下面，在"都不是"之前，就能
插进一个"这"字。能说有"这"字的是复合句，没有"这"字
的是简单句么？个人以为"这"的这种用法只能看成是跟它前面
的成分处在"同位"①。换句话说，整个句子还是"谓语结构"
作主语的简单句，对于不能删"这"的句子。暂时也只能采取同
样的看法。

　　除了"这"、"那"、"这些事"、"这一切"等等插在"是"字
前面的成分之外，还可以在句子的别的地方插进各种各样的成

---

　　① "这是"相当于古语法的"是为"或"是乃"。包含这种成分的古汉语句子也
不能看成是复合句。

分，叫句子的结构变得特别稀松。下文还得讨论这一类的现象。综合起来看，把"a 是 b"式的句子一律看作简单句是相当冒险的。"谓语结构"（包括"主谓结构"）作主语这个语法概念，即便是在"是"字句，也至少是难以肯定，难以跟别的语法概念划清界限的。

2. 次论跟"是"字句同类的句式。谓语是简短的陈述语、判断语，这样的谓语花样很多。《讲话》所举的例子是"小孩儿多吃点水果好"，这里也先从"好"字谈起，因为例句多，花样也多。然后再简略地谈谈别的。

　　　　小孩儿多吃点水果好。　　　　长而空不好，短而空就好么？

　　　　那银子有处寄去，很好。

　　　　我看就叫金桂把家务交给老人家也好。

　　　　叫你母亲随着你去最好。　　　　还是叫他不爱你好一点。〔好些〕

　　　　睡一会儿午觉也正好。　　　　先生，你认识我，那就更好了。

　　　　你给我老老实实的玩一会子睡你的觉去好多着呢。

　　　　他不来可怎么好呢？（?）　　　　别这样，叫人看多不好。（?）

　　　　带了你妹子投你姨娘家去，（你道）好不好？

　　　　何不用稻香村的妙。（?）

　　　　让×××听见就坏了。

　　　　生在大年初一就奇了。

　　　　夜里风大，等明早再去不迟。

　　　　他应当如何安慰你才对。（?）

　　　　或是你去，或是我去，都行。

唱戏只有这样才成。

只别见我的东西才罢，…。

不和我说别的还可，…。你叫我月亮也可以。

那怕南山里，北山里，也使得。　　说亲戚就使不得。

往前赶赶得了。

共实无非是一种惰性，对于新制度不容易接受罢了①。〔我一个人是奴才命罢了②，难道连我的亲戚都是奴才命不成？〕

我算缠不过我们这位少姑太太就完了。

只求听一两句话就有了。〔有多好啊，又有什么用，没有什么，没有什么的，没有关系，才有趣儿，等等。〕

说了多少回也没用。〔多没劲，也没的说，就没意思了，等等。〕

我念了书，明了理，就可以自由恋爱，是不是？

竟先看脉，再请教病源为是。

有人就怎样？我溜不好怎么办？（?）

快来给我写完了这些墨才算呢。〔就算好了，就算难得，等等。〕

吃了两丸子羚翘解毒丸不管事。

现在取印也来不及了。

心里难过就别提了。

纵的家里人这样，还了得么？

须得我二爷还到东府里混一混，才过得去呢。

其实马虎也得分什么事。

---

① "罢了"一般语法书归在语助类，不伦不类。

② "罢了"一般语法书归在语助类，不伦不类。

让我把…病症说一说再看脉如何？

只怕这事倒有十拿九稳也不见得。〔亦未可知。〕

我们慢慢进城谈谈，未为不可。

说说不要紧。

你生气要打骂人，容易，（何苦摔那命根子）。

〔…真不容易呀。〕

回去最合适。

人多了倒麻烦了。

我出门没有表真别扭。

这一大堆例句选得未必全对。上文有意列入少数可疑的句子，后面加（？．），表明后段未必是前段的陈述语。"谓语结构"作主语这个语法概念怎样在形式上表达出来，在这一类句式里比在"是"字句里更不容易认清。下面试举一些分析例句时实在碰到的难题。试比较：

　　a. 闹得吐了／才好了。

　　b. 吃点药发发汗／就好。

这两句表现上看来好像是同形式的。a"闹得吐了"能是"才好了"的主语，因为凭"意义"，"病"能"好"，"吐"是不能"好"的。b不能这样肯定。"好"可以有两种"意义"，一是"病就好"，二是"发发汗"这件事"好"。凭第一种"意义"这句话是运动式的简单句或是"意合的"复合句（要看怎么给"复合句"下定义）。凭第二种"意义"，这是"谓语结构"作主语的简单句。光从词序和语调来描写，不论是凭哪一种"意义"，能说的话都是一样。如果要求"意义结合形式"，这句话就不够"形式"，必得凭上下文才能确实了解它的"意义"。

　　"小孩儿多吃点水果好"，上文说只有一种"意义"，就是"这件事好"。试改成"还是让小孩儿上外边去玩好"，就可能有三种"意义"，一是"小孩儿好"，或是"让…"的人好，二是"这件事好"，三是一切都好，"天下太平，省得在屋里闹得一世八界的。"二和三分别不大，句子都还是"谓语结构"作主语。一，包含两种"意义"，都不像是这一类的句子了。要"凭上下文"，这就是说一个"意义完整"的句子还不具备语法描写的形式要求。这就在语法理论上引起一联串的问题，牵涉到我们该从什么观点来建立现代汉语语法学，当然不能在这里随便谈。这里我只想指出："谓语结构"作主语这个概念是怎样难以了解，技术上是怎样难以把握罢了①。

其次，句子内部结构的稀松也时常会引起困难。"先生，你认识我，那就更好了。"上文别的例句，有的也同样可以在谓语之前插入"这"、"那"之类。在"是"字句，我们认为这一类的插入语和前面的一段话"同位"，这里可以同样处理。尽管出现了另一个主语"这"、"那"，前面又必须有停顿，句子的结构我以为没有改变，更难对付的情况出在前面的主语里。像下面这样的例句里，主语还是"谓语结构"么？

A. 一家子那哭啊，就别提了。

那年雪大，那个冷呀，把人冻得鼻酸头痛。

大家这份着急呀，可就不用提了。

这永不适人便从我何玉凤作起，（又有何不可）。

---

① "意义结合形式"这个问题近年来颇有一些人注意到了。我看我们还没有充分了解问题的本质，就是怎样就汉语来分析这个问题。也已经有人能严肃地学习和批判描写语言学。西洋的描写语言学，骨子里究竟还不过是印欧语的语言学，对我们的帮助只能是有限的。试把本文这一段里所引的例句逐一翻译成一种印欧语（例如俄、英、德、法），据我所知，他们根本没有句式或是语法结构上的困难。我们的问题是我们自己的问题。并且除了一些一般原则之外，我以为也没有什么"普通的"理论或手法可以具体地运用到祖国语言上来。一不小心，就会说废话，浪费了好多研究时间来说废话。

〔这一去可就要蟾宫折桂了。〕（一般语法书大概不会把这一句列在这里。）

什么腰酸，腿疼，头昏，眼花，这时都忘记掉。

B. 这一个月的访查，吃、喝、住店，可真叫没办法。

鹰的捕雀，不声不响的是鹰，吱吱叫喊的是雀①。

（有几个谓语不属于简短陈述语之类。这里连带着列举，便于讨论主语的结构。）

一定会有人把这里的主语一律看成"名词结构"的。我怀疑这样的看法，可惜不能在本文论述理由。这里的问题不在乎简单句和复合句怎么区分，而在乎同是简单句里，主语是"名词结构"还是"谓语结构"。我是把它当作"谓语结构"的，也许错了。总而言之，"谓语结构"作主语这概念，不怎么清楚②。

最严重的困难还是在乎简单句和复合句的不能区分。

若可以领我见一见更好。

倘或又着了凉，更添一层病，还了得。

如果×××有钱，也可以。

这些是现成的例句，无疑是复合句。试比较：

〔如果〕那银子有处寄去，〔就〕很好。

〔即便〕现在〔就〕取印也来不及了。

〔就是〕不爱我也没有关系。

上文所举的例句，有不少都能这样机械式地改造一下。能不能这

----

① 这样的"的"，几乎随处都可以随便删去或是加上。"成渝铁路（的）通车充分表示中国人民的力量。"

② 上古汉语里也有同样的问题：

《诗经》：公侯之事　南涧之滨　羔羊之皮　唐棣之华

　　　比：桃之夭夭　兹之永叹　云谁之思　巧笑之瑳

　　　　　击鼓其镗　卜云其吉　北风其凉　雨雪其雱

　　　　　　（"北风那个吹，雪花那个飘"）

么规定呢：有连词的是复合句，没有连词的是简单句（这里是"谓语结构"作主语的简单句）？我看不能。汉语的复合句，可以说是经常不用连词的，是所谓"意合的"复合句。甚至偏句和正句连起来，表达什么逻辑范畴，有时只能凭猜测。试大量记录活的语言，哪怕是文化水平很高的人，也轻易不用连词，不会"转文"的"老百姓"更不用说了。最奇怪的是：须要用"如果"、"就是"、"哪怕"的时候，他们都会用；他们是完全能"逻辑"一下的。

　　不爱我也没有关系。（"谓语结构"作主语的简单句）

　　就是不爱我也没有关系。（表示"让步"的复合句）

这样"划地为牢"，一点也不符合汉语的"自由自在"的精神。并且这样做，也只是为了在某些例句上维护"谓语结构"作主语这语法概念，遇到模棱两可的句子还是没有办法。例句的花样越多，这个语法概念就越模糊。我并不否认汉语是有这样的句式的，只是清楚的形式条件还没有分析出来。

　　3. 除了上面1、2类之外，还有谓语比较复杂的例句。这里，"谓语结构"作主语的形式标志就更不容易认清了。下文只能简略地指出一些突出的现象。

　　有些例句里，前段是后段的受事（"宾语倒置"）。

　　　a. 我要人养活我，你难道不知道？

　　　b. 谁说他瞎子，他也不在乎。

　　　c. 人家这样做，他就不愿意。（前后段能倒置）

　　　d. 这样活下去，我受不了。

　　　e. 好不好，春天就知道了。

　　　f. 看个信，开个条儿，也能对付。（不能倒置）

按《讲话》的体例，例句的前段只能是主语，不能是宾语。要不然，整句是"意合的"复合句吧？那是凭什么说的呢？这也就是我自己解决不了的问题。

> 你要不想着我，我也不知道呀？

作者有意把这句话写成复合句，删去一个"要"字，就变成 a 句
的形式，就是"谓语结构"作主语的简单句了么？再看：

> 金大爷火了！你不知道？

这是两句。其实，除非特别加强第一句的语调，后面留一个长停
顿，这两句话连着说，语调上和 a 句的分别是微乎其微的。那
末，还是管 a 句叫"意合的"复合句好些。上文所举例句，能这
样拆成两句的也并不少。"谓语结构"作主语这概念更弄得纠缠
不清了。

> 还有一些例句，我简直不知怎么对付了。前段和后段的中心
语（动词或形容词）是相同的，有点像"不懂就是不懂"。这样
的例句可以代表几种不同的结构。

> 说干就干，不能大干就小干，能干多少就干多少。

这是复合句，因为凭"意义"，每一个子句里后一段不能是前一
段的"陈述。"

> 我看了他，心眼儿里爱还爱不过来呢。

这大概是连动式，也因为"爱不过来"不像是"爱"的陈述语。

> 怎么说，怎么依着。〔复合句〕

> 怎么说，怎么好。〔复合句？〕

> 都照你的，怎么说怎么好。〔这就太像"谓语结构"作
> 主语的简单句了〕

类似末一句的形式的例句可以随便举。

> 多并不算多。好还怕不好哩。

> 古怪还古怪不过我们州城里的这位城隍爷咧。

> 你悔悔也不应该悔悔至此。

这些都是判断句，没有理由不把它们看作"谓语结构"作主语的

简单句。一定会有人说是连动式的。可惜是"连形"而不是"连动",把形容词改成动词:

　　太阳出来就出来得了。

　　事情包也包不住了。

　　说虽然说了…。

第一句是连动式,第二个"出来"不是第一个"出来"的陈述语。第二句既像连动,又像主谓。第三句看来更像主谓。我只能把问题提出来就正于高明。

　　末了,可以再举另一类的疑难例句。上文已经提到"让小孩儿上外边去玩好。"

　　你冷眼瞧媳妇是怎么样?〔兼语式〕

　　里头还有些不干不净的话,都告诉了姐姐。〔还能算是兼语式〕

　　说出一句话来,比刀子还利害。〔这不能是兼语式了吧?〕

　　看看别人吃点心,多么香甜呢。〔不知是"点心香甜"还是"吃点心香甜"。但是究竟还不能说"看看别人吃点心"这件事"香甜",不能是"谓语结构"作主语。〕

　　你瞅冷子说出句话,还算有用。〔是"话有用"呐,这例句是兼语式。如果是"说话有用",或是"你说话有用",这例句是"谓语结构"或"主谓结构"作主语的简单句。〕

兼语和"谓语结构"作主语的分别,我希望是容易说清的(不比连动和"谓语结构"作主语,更不比复合句)。研究资料不够,不便多谈。

三　余绪

像"缘起"里说的，写这篇文章并不是为了研究或批判现代语法学。因为要求古汉语和现代汉语的语法研究在方法上和系统上能统一起来，偶然发现了"谓语结构"作主语这个问题。假若在别的结构上同样遇到难以"今为古用"的情况，也应当回头来重新学习现代语法。所以，论文的题目就是"从某谈起。"

本文单就一个问题，提出了一些疑问，往后还不知会碰到多少难题。如果古汉语语法研究只是训诂学或是考古学，这样的难题是不会发生的。问题已经发生了，并且还继续会发生，古语法研究该怎么办呢？我以为还得加强学习现代语法学，努力做到古今不违背，立论不荒唐，更不要"数典忘祖"，为古汉语写洋话的注疏。遇到现代语法学还不能解决的问题，只能凭古语的内部结构暂时采取自以为最合理的分析手段。要是小心地做，在若干问题上未始不能做到"古为今用"。

至于现代汉语语法的研究，理论上是没有什么要仰仗古语法研究的。单从古语法研究的需要来说，可以对现代语法研究提出这样的要求：（1）术语要有定义，语法结构要有定义性的描写。（2）在"意义结合形式"这一基本的方法论问题上要有明确的符合汉语的精神面貌的主张，从大处落墨。（3）在语法观点不能调和的地方，要坚决展开论争。宁可在论争之后，各家各行其是，但是不可折衷、迁就。（4）自己无法分析的语言素材要公开出来，好让大家共同研究，不要隐藏起来，除非在初级教科书里或作通俗演讲时，不得已才那样做。

（原载《中国语文》1963 年第 4 期 284—290 页）

作者语言学论著目录

著　作

The Voiced Initials of the Chinese Language: When Were They Aspirated?　哈佛燕京社英文单行本,1940 年出版

《古音说略》　《燕京学报》专号之 20,1947 年出版;台湾学生书局 1971 年重排本

《诗韵谱》　《燕京学报》专号之 21,1948 年出版

《北京话单音词词汇》　人民出版社 1951 年出版;科学出版社 1956 年修订版

《汉语的构词法》(合作人管燮初等)(科学出版社 1957 年初版,1964 年修订版

《陆志韦语言学著作集》(一)(二)中华书局 1985 年、1999 年出版

《陆志韦近代汉语音韵论集》　商务印书馆 1988 年出版

论　文

《汉语和欧洲语用动词的比较》《燕京学报》1936 年 20 期,225—243 页

《中国字和中国教育》《教育学报》1937 年 2 期,10—13 页

《论节奏》　《文学杂志》1937 年 1 卷 3 期

《证〈广韵〉五十一声类》　《燕京学

报〉1939 年 25 期, 1—58 页

〈三四等与所谓"喻化"〉 〈燕京学报〉1939 年 26 期, 143—173 页

〈唐五代韵书跋〉 〈燕京学报〉1939 年 26 期, 83—128 页

〈〈说文〉〈广韵〉中间声类转变的大势〉 〈燕京学报〉1940 年 28 期, 1—40 页

〈试拟〈切韵〉声母的音值并论唐代长安语之声母〉 〈燕京学报〉1940 年 28 期, 41—56 页

〈〈说文解字〉读若音订〉 〈燕京学报〉1946 年 30 期, 135—278 页

〈中国音韵学研究〉(高本汉著) 〈燕京学报〉1946 年 30 期, 296—299 页

〈与唐兰教授论〈切韵〉中齐先等十八韵书〉(附唐兰复书) 北平〈经世日报·读书周刊〉1946 年 10 月 16 日第 10 期

〈释〈中原音韵〉〉 〈燕京学报〉1946 年 31 期, 35—70 页

〈记邵雍〈皇极经世〉的"天声地音"〉 〈燕京学报〉1946 年 31 期, 71—80 页

〈记蓝茂〈韵略易通〉〉 〈燕京学报〉1947 年 32 期, 161—168 页

〈记徐孝〈重订司马温公等韵图经〉〉 〈燕京学报〉, 1946 年 32 期,

169—196 页

〈记毕拱宸〈韵略汇通〉〉 〈燕京学报〉1947 年 33 期, 105—113 页

〈金尼阁〈西儒耳目资〉所记的音〉 〈燕京学报〉1947 年 33 期, 115—128 页

〈楚辞韵释〉 〈燕京学报〉1947 年 33 期, 95—104 页

〈记〈五方元音〉〉 〈燕京学报〉1948 年 34 期, 1—13 页

〈记〈三教经书文字根本〉〉(附〈谐声韵学〉) 〈燕京学报〉1948 年 34 期, 15—20 页

〈国语入声演变小注〉 〈燕京学报〉1948 年 34 期, 21—28 页

〈借字浅说〉 〈燕京社会科学〉1948 年 1 期, 1—6 页

〈目前所需要的文字改革〉 〈观察〉1948 年 4 卷 9 期, 8—10 页

〈谈中国文字改革〉 〈中国语文的新生〉, 上海时代出版社 1949 年版, 第 428—431 页

〈关于拼音文字的方案的意见〉 〈人民日报〉1949 年 9 月 6 日

〈〈经典释文〉异文之分析〉(合作人林焘) 〈燕京学报〉1950 年 38 期, 1—102 页

〈目前能做些什么?〉 〈新建设〉1950 年 2 卷 2 期, 3—4 页

《经典释文·异文之分析》补正　《燕京学报》1951 年 40 期,65—88 页

《外国语人地名译音统一问题》《中国语文》1953 年 8 期,14—17 页

《在方言复杂的情况下,拼音文字能行得通吗?》《光明日报》1954 年 5 月 26 日

《拼音文字联写问题》(合作人蒋希文)《中国语文》1954 年 2 期,9—14 页

《关于赫迈莱夫斯基先生的〈汉语的句法和形态问题〉》《中国语文》1955 年 3 期,22—24 页

《对于单音词的一种错误见解》《中国语文》4 期,11—12 页

《关于北京话语音系统的一些问题》《现代汉语规范问题学术会议文件汇编》,科学出版社 1955 年版,48—68 页

《汉语的并立四字格》《语言研究》1956 年 1 期,45—82 页

《构词学的对象和手续》《中国语文》1956 年 12 期,3—11 页

《什么叫做"押韵"》《中国语文》1957 年 12 期,41—42 页

《关乎简体字和拼音方案》《文字改革》1958 年 2 期,19—21 页

《补〈试论副动词〉——并略谈〈汉语语法教材〉论"介词"的部分》《中国语文》1960 年 5 期,220—221 页

《试谈汉语语法学上的"形式与意义相结合"》《中国语文》1861 年 6 期,12—18 页

《从"谓语结构"的主语谈起》《中国语文》1963 年 4 期,284—290 页

《古反切是怎样构造的》《中国语文》1963 年 5 期,349—395 页

《对于自造简化字的几点意见》《北京日报》1964 年 1 月 16 日

附:作者心理学著译目录

《社会心理学新论》　商务印书馆 1924 年出版

《订正比内—西蒙智力测验说明书》　商务印书馆 1924 年出版

《教育心理学概论》(译著,桑代克原作〔Edward Lee Thorndike: Educational Psychology. New York, Teachers College, Columbia University, 1913—1914〕)　商务印书馆 1926 年出

版，1932 年重印

《普通心理学》（译述，亨德原作
[Walter Samual Hunter: General
Psychology. The University of
Chicago Press, 1919]）　商务印
书馆 1926 年出版，1933 年重印

《中国儿童的无限制联想》　北平燕
京大学心理学系燕京大学心理
学研究专刊第一种，1932 年

《第二次订正比内—西蒙测验说明
书》（陆志韦、吴天敏修订）　商
务印书馆 1936 年出版

作者生平年表[*]

1894 年 2 月 6 日陆志韦先生出生
于浙江省湖州府乌程县（今
吴兴县）南浔镇。原名陆保
琦，后改今名。父亲为拔贡，
但此时家道衰落，衣食维艰，
靠在镇上刘姓当铺任管账先
生维持生计，生活清苦。

1901 年 8 岁。母亲去世。

1902 年 9 岁。入刘家私塾读书，
聪颖过人，过目成诵，记忆
力极强。

1905 年 13 岁。进江苏省吴江县
震泽镇小学读书。开始学习
英文、算术等新学科。一年
即完成了全部小学学业，并

取得优异成绩。

1907 年 14—16 岁，由当铺主人
刘家资助，进苏州东吴大学
附属中学学习。后藏书家嘉
业堂主刘承干也在经济上给
予补贴，再加陆先生自己所
获学校奖学金，使学业得以
维持下去。

1910 年 17 岁。进入东吴大学学
习。

1911 年 18 岁。由于父亲寄人篱
下，陆先生时有前途飘忽之
感，为了有所寄托，于春季
加入了基督教。虽对学校强
制作礼拜、上圣经班有反感，

* 本文由邵荣芬编撰，重点参考资料为《陆志韦传》编写小组编《陆志韦传》，
见《文史资料选编》第 40 辑 1—69 页，北京出版社 1991 年版。

对耶稣被称为救世主能使灵魂永生的说法也并不完全相信，但对《新约》所说天堂就在人间，人生不是让人服侍而是服侍人的等教义却很赞同，认为应当有这样的人生观。

此年夏，陆先生赴北平考取了清华学校留美预备班。入学后，感到在学习上、社交上都不能适应，于辛亥革命前两周又只身回到东吴大学。

1912 年　19 岁。由于刘家对其加入基督教会不满，不便再去求助，遂决定兼任苏州惠寒义务小学教员，以薪酬及奖学金维持学业。

1913—1915 年　20—22 岁。1913年夏，东吴大学毕业，取得文学学士学位。留校任附属中学中文、英文和地理教师，直至 1915 年。任教期间，读了不少学术著作，如皮尔逊（Pierson）的语法、杰姆斯（Janmes）的实用主义哲学，以及有关康德哲学的著作等英文书籍。这对他影响较大，使他懂得了一些科学知识，提高了英文水平，认识到无论是科学方法，还是人生态度，都不是随意摆布的。

1915 年获得了一笔教会保送优秀学生赴美留学的助学金。

1916 年　23 岁。赴美国留学。先入范德比尔特（Vanderbrilt）大学及彼阿伯第（Peabady）师范学院学习宗教心理学。

1917 年　24 岁。那时美国的宗教心理学只涉及到宗教史、民俗学的一些传说和现代的迷信现象，这使陆先生很失望。经过努力，他又获得一笔助学金和半工半读的机会，于这一年转入芝加哥大学研究院生物学部心理学系，学习生理心理学。在校期间，学习勤奋，成绩优异，被接纳为美国各大学自然科学研究生 EX 学会会员。

1920 年　27 岁。以博士论文《遗忘的条件》（The Conditions of Retentions）取得芝加哥大学哲学博士学位。在校 5 年期间，他还兼学了生理学和神经系学的课程。

通过数年的观察和感觉，

他对美国的科技水平很敬佩，但认为他们所提倡的民主和自由只不过是有钱有势人的专利品而已。

毕业后，离美回国，在南京高等师范学校任教授。

1921年　28岁。10月与刘文瑞女士结婚。

1922年　29岁。任东南大学心理学教授，兼系主任。

1923年　30岁。集结了90首白话诗的新诗集《渡河》出版。陆先生不仅是一位科学家，而且还是一位诗人。被认为是"五四"新文化运动文体改革的推动者，新诗的开路先锋之一。

1924年　31岁。任教期间，孜孜不倦地潜心研究心理学。本年出版了《订正比内—西蒙智力测验说明书》和《社会心理学新论》两书。

1926年　33岁。所译美国学者桑代克的《教育心理学概论》及亨德的《普通心理学》相继出版。

秋天，军阀孙传芳派人到东南大学逮捕两名进步学生，陆先生将他们藏在家中，并亲自去下关买火车票送他们逃往上海。

1927年　34岁。4月5日应燕京大学之聘，携家北上，任燕京大学文学院心理学教授，兼心理学系主任。短短几年间，就把心理学系建成了具有一定规模和装备水平的系科。

1928年　35岁。被推举为燕京大学教师会主席。曾多次为谋求中国教职员工的利益而仗义执言，与校方力争。

1932年　39岁。《中国儿童的无限制联想》一书出版。

1933年　40岁。获得中美文化教育基金会奖学金，再度赴芝加哥大学，从事生理心理学（主要内容是神经学技术）研究。

新诗集《申酉小唱存》与《渡河后集》合订本出版。

1934年　41岁。完成在美国的进修回国，被任命为燕京大学代理校长。

由于时局动荡，学校经费短缺，没有条件进行心理学的实验研究，加以陆先生早就"由生理心理以知语言学

之大要"（《古音说略·序》），
于是转而研究语言学方面有
关心理学的问题，从此逐渐
走向专门研究语言学的道路。

1936 年　43 岁。修订本《订正比
内－西蒙测验说明书》（与吴
天敏合作）出版。发表论文
《汉语和欧洲语用动词的比
较》。年底，鲁迅先生逝世。
陆先生冲破当局禁令，在燕
园举行了北平追悼鲁迅先生
的第一次大会。

1937 年　44 岁。夏天蒋介石召集
各大学校长赴庐山"集训"，
陆先生托故未往。七七事变
日寇占领北平后，他中止了
代理校长职务，由司徒雷登
兼任，以应付日本侵略者的
干扰。但仍然要参理校务。

　　发表论文《中国字和中国
教育》、《论节奏》。

1938 年　45 岁。发表了《国语单
音词词汇导言》（即后来《北
京话单音词词汇》中的《说
明书》)。

　　这一年日本军车在白石桥
轧死燕大学生冯树功，燕大
向日军当局提出了书面抗议，
陆先生在校内主持召开了追

悼会，发表了抨击日寇的悼
词。

1939 年　46 岁。发表论文《证
〈广韵〉五十一声类》、《三四
等与所谓"喻化"》、《唐五代
韵书跋》。

1940 年　47 岁。出版专著《The
Voiced Initials of the Chinese
Language: When Were They
Aspirated?》。发表论文《〈说
文〉、〈广韵〉中间声类转变的
大势》、《试拟〈切韵〉声母之音
值并论唐代长安语之声母》。

1941 年　48 岁。12 月 7 日夜日本
军国主义者发动了太平洋战
争。次日日军占领了燕大，
当即宣布解散燕大，并对在
校师生实行所谓"甄别"。陆
先生与其他十余名教职员被
捕入狱。在狱中敌人频频威
逼利诱，陆先生大义凛然，
不为所动。

1942 年　49 岁。在敌人的摧残下，
5 月病倒于狱中。中旬日寇允
准取保监外就医。但不久又
要他去受审，想逼他出山。
陆先生断然予以拒绝。敌人
恼羞成怒，竟以"违反军令"
罪，判处他一年半徒刑，缓

刑 2 年。回到槐树街家中，受到敌伪特务的严密监视，实际上被软禁起来。敌伪军警还多次闯入他的家中搜查和骚扰，不少珍贵稿件散失。困危如此，陆先生却能"排除烦虑，专治音学"（《古音说略·序》）。《古音说略》即于此时开始撰写。

1943 年　50 岁。10 月，《古音说略》初稿完成。

下半年日寇监视渐松，来陆先生家探望的人渐多，其中有些是中共有关的地下党工作者。陆先生曾不同程度地支持过他们的工作。比如为他们在家中储存药品，以便伺机运往解放区。

1945 年　52 岁。8 月 15 日日本政府宣布投降。21 日燕京大学复校工作委员会成立，由陆先生主持复校的一切筹备工作。10 月 10 日开学复课。复校后陆先生任燕京大学校务委员会主席、代理校长。

1946 年　53 岁。夏初主持了迎接成都燕京大学复员回平师生和两校间的协调工作。

发表论文《〈说文〉读若音订》、《与唐兰教授论〈切韵〉中齐先等十八韵书》、《释〈中原音韵〉》、《记邵雍〈皇极经世〉的"天声地音"》）。

1947 年　54 岁。燕京大学虽是美国人出钱办的，但陆先生一贯主张要按中国需要办学，并常说"盗泉之水，可以灌田"。为此与美国托事部经常发生争执。后来托事部以不断削减经费的手段，想迫使他就范，陆先生一怒之下，于暑期借故休假一年，不理校政。

发表论文《记蓝茂〈韵略易通〉》、《记徐孝〈重订司马温公等韵图经〉》、《记毕拱宸〈韵略汇通〉》、《金尼阁〈西德耳目资〉》所记的音》、《楚辞韵释》。

1948 年　55 岁。夏，在各方人士苦苦相劝下，陆先生复任燕京大学校务委员会主席。8 月 19 日国民党军警包围了燕大，要逮捕 31 名学生。陆先生让这些学生紧急撤离，使军警完全扑空。

秋天，东北即将全部解

放，胡适向陆先生发出"向南迁移"的邀请，陆先生予以拒绝。12月15日解放军进驻京郊燕园地区，燕大解放。

发表论文《记〈五方元音〉》、《记〈三教经书文字根本〉》（附《谐声韵学》)、《国语入声演变小注》、《借字浅说》、《目前所需要的文字改革》。

1949 年　56岁。1月16日纽约托事部任命陆先生为解放后的燕大校长，陆先生谢绝，并表示他想做真正的校长，而不是做纽约托事部的幌子。

1月31日北平和平解放。3月毛泽东主席和其他党政领导人来到北平。陆先生是到西郊机场参加迎接的少数民主人士和高级知识分子之一。

春天，请示毛主席和中央，建议政府接管燕大，不再用美金办学。由于新中国财政困难，只能给燕大补贴日常急需的现金和口粮，维持学校主要还需美金解决。美国基督教会不肯放弃燕大，自然同意给予经费。但是提出了条件，即学校"仍属在华基督教团体指导的私立学校，而不应改为国立学校"，并反对在学校里开设政治课。陆先生当然没有按美方的条件办，燕大既接受了政府补贴，也开设了政治课。托事部也无可奈何。

在迎接中华人民共和国诞生之际，中国共产党邀请他以无党派民主人士身份参加中国人民政治协商会议，任中国人民政治协商会议第一届全国委员会委员。

发表论文《谈中国语文改革》、《关于拼音文字的方案的意见》。

1950 年　57岁。发表论文《〈经典释文〉异文之分析》（与林涛合作)、《目前能做些什么?》。

6月，中国科学院成立心理研究所筹备处，陆先生任筹备委员会主任。6月7日报文教委员会备案。

1951 年　58岁。2月12日教育部接管了燕京大学。自此燕大由基督教办的私立大学改为中国人民的国立大学，与美国托事部完全断绝了关系。陆先生的夙愿得以实现。2月

20日中央任命陆先生为国立燕京大学校长。

3月，政务院批准成立心理研究所，曹日昌任所长。陆先生卸去筹备委员会主任之职。

5月16日参加了全国政协组织的土地改革工作团。政协邀请他担任中国西南地区土改分团副团长。

秋，他提出清华、北大、燕京三校合并的建议，希望自己能做研究工作，不再担任校长。

出版专著《北京话单音词词汇》，发表论文《〈经典释文异文之分析〉补正》。

1952年　59岁。春，参加了教师思想改造学习运动，受到了不公正的批判。被毫无根据地指责为"一贯忠实执行美帝国主义文化侵略"，"为美帝大特务司徒雷登一手栽培的他的继承人"等等。

夏，全国各大学院系调整，燕京大学被撤消，大部分院系并入了北京大学。10月陆先生被调到中国科学院语言研究所从事语言学的研究工作，任一级研究员。

冬，语言所举办俄文速成班，陆先生主动出任辅导教师，有时患病，也不休息。其培养青年的满腔热忱，令人敬佩。

1953年　60岁。接受科学院交下的译名规范任务，制定英、俄、德、法四种语言人名、地名汉字译音表，作为统一标准方案（与邵荣芬合作）。

发表论文《外国语人地名译音统一问题》。

1954年　61岁。1月语言所组建《汉语构词法》研究组，陆先生任组长。4月任《中国语文》杂志编辑委员会委员。12月16日任中国文字改革委员会委员。

发表论文《在方言复杂的情况下，拼音文字能行得通吗?》、《拼音文字联写问题》（与蒋希文合作）。

1955年　62岁。2月任拼音方案委员会委员。

10月25日至31日中国科学院在京召开了现代汉语规范问题学术会议。陆先生在会上作了《关于北京语音系统的一些问题》的重点发言。

《北京话单音词词汇》修订本出版。发表论文《关于赫迈莱夫斯基先生的〈汉译的句法和形态问题〉》、《对单音词的一种错误见解》。

1956 年　63 岁。1 月语言研究所成立了普通话审音委员会，负责对北京语音的内部分歧现象进行规范。陆先生被聘为委员会委员。

发表论文《汉语的并立四字格》、《构词学的对象和手续》（即《汉语构词法》的序）。

1957 年　64 岁。被聘为中国科学院哲学社会科学部委员。［编者按：《中国语言学家》编写组编《中国现代语言学家·陆志韦传》（河北人民出版社，1981 年版）记载陆先生 1955 年开始任学部委员。以后的传记也沿用此说。本文根据陆先生的自述资料改为此年。自述是 1958 年写的，事隔一年，他当不会记错。］

陆先生一贯勤俭自持，生活非常朴素。任学部委员后，国家每月发给他 100 元津贴，他觉得太优厚了，多年未领。后来财务部门对这笔钱无法处理，逼他领出。他仍然把它单独存入银行，一直没有动用。

《汉语的构词法》脱稿（与管燮初等合作），11 月出版。发表论文《什么叫押韵》。

1958 年　65 岁。发表论文《关于简体字和拼音方案》。

1959 年　66 岁。一度负责《现代汉语词典》哲学社会科学条目的审定工作。

1960 年　67 岁。任语言研究所古汉语研究组组长。领导制订了语音史、语法史以及词汇史的研究计划。

发表论文《补〈试论副动词〉——并略谈〈汉语语法教材〉论"介词"的部分》。

1961 年　68 岁。发表论文《试谈汉语语法学上的形式与意义相结合》。

1962 年　69 岁。发表论文《试论杜甫律诗的格律》。

1963 年　70 岁。发表论文《从"谓语结构"的主语谈起》、《古反切是怎样构造的》。

1964 年 71 岁。发表论文《对于自造简化字的几点意见》。《汉语的构词法》修订本出版。

1966 年 73 岁。"文化大革命"开始。6 月受到纠斗和批判。除了以前的所谓"罪名",又被戴上了"反动学术权威"的帽子,并被隔离起来。

1970 年 77 岁。春,精神已经恍惚,但还是与语言所同志们一起被下放到河南信阳专区息县"五七"干校。

4 月,夫人刘文瑞在家中逝世。

不久,陆先生病情加重,生活完全不能自理。10 月,由军宣队批准,回北京家中养病。11 月 21 日病逝。

编者按:1979 年语言研究所经过详细调查,为陆志韦先生彻底平了反,撤消了加在他身上的所有不实之辞,并于同年 12 月 11 日在北京举行了有 600 多人参加的追悼会。追悼会由中国社会科学院院长胡乔木主持,邓小平、方毅等领导同志送了花圈。12 月 13 日《人民日报》对此作了较长篇幅的报道。